青 森 県

〈収録内容〉

■ 平成30年度は、弊社ホームページで公開しております。
本ページの下方に掲載しておりますQRコードよりアクセスし、データをダウンロードしてご利用ください。

2023 年度 ……………………… 数・英・理・社・国

2022 年度 ……………………… 数・英・理・社・国

2021 年度 ……………………… 数・英・理・社・国

2020 年度 ……………………… 数・英・理・社・国

2019 年度 ……………………… 数・英・理・社・国

平成 30 年度 ……………………… 数・英・理・社

解答用紙・音声データ配信ページへスマホでアクセス! ⇒

※データのダウンロードは 2024 年 3 月末日まで。
※データへのアクセスには、右記のパスワードの入力が必要となります。 ⇒ 954283
※リスニング問題については最終ページをご覧ください。

〈各教科の受検者平均点〉

	数 学	英 語	理 科	社 会	国 語
2022年度	53.1	54.0	56.9	55.6	67.5
2021年度	56.2	63.4	65.0	67.8	66.8
2020年度	54.7	58.7	64.8	64.0	70.7
2019年度	44.1	54.4	47.0	60.4	60.4
2018年度	48.0	59.2	55.5	61.2	57.5

※各100点満点。
※数字はすべて前期選抜。
※最新年度は、本書発行の時点で公表されていないため未掲載。

本書の特長

POINT 1　解答は全問を掲載、解説は全問に対応！

POINT 2　英語の長文は全訳を掲載！

POINT 3　リスニング音声の台本、英文の和訳を完全掲載！

POINT 4　出題傾向が一目でわかる「年度別出題分類表」は、約 10 年分を掲載！

実戦力がつく入試過去問題集

▶ 問題 ……………… 実際の入試問題を見やすく再編集。

▶ 解答用紙 …… 実戦対応仕様で収録。

▶ 解答解説 …… 重要事項が太字で示された、詳しくわかりやすい解説。
※採点に便利な配点も掲載。

合格への対策、実力錬成のための内容が充実

▶ 各科目の出題傾向の分析、最新年度の出題状況の確認で、入試対策を強化！

▶ その他、志願状況、公立高校難易度一覧など、学習意欲を高める要素が満載！

解答用紙ダウンロード　解答用紙はプリントアウトしてご利用いただけます。弊社ＨＰの商品詳細ページよりダウンロードしてください。トビラのＱＲコードからアクセス可。

リスニング音声ダウンロード　英語のリスニング問題については、弊社オリジナル作成により音声を再現。弊社ＨＰの商品詳細ページで全収録年度分を配信対応しております。トビラのＱＲコードからアクセス可。

famima PRINT　原本とほぼ同じサイズの解答用紙は、全国のファミリーマートに設置しているマルチコピー機のファミマプリントで購入いただけます。※一部の店舗で取り扱いがない場合がございます。詳細はファミマプリント（http://fp.famima.com/）をご確認ください。

UD FONT　見やすく読みまちがえにくいユニバーサルデザインフォントを採用しています。

2023年度/青森県公立高校入学者選抜出願状況(全日制)

地域	学校	学科	募集人員	出願者数	倍率
東青	青森	普通	240	229	0.95
	青森西	普通	240	249	1.04
	青森東	普通	240	272	1.13
	青森北	普通	160	154	0.96
		スポーツ科学	40	39	0.98
	青森南	普通	160	194	1.21
		外国語	40	37	0.93
	青森中央	総合	200	228	1.14
	浪岡	普通	70	17	0.24
	青森工業	機械	35	36	1.03
		電気	35	30	0.86
		電子	35	27	0.77
		情報技術	35	46	1.31
		建築	35	35	1.00
		都市環境	35	30	0.86
	青森商業	商業 情報処理	200	202	1.01
西北五	五所川原	普通 理数	200	148	0.74
	木造	総合	160	168	1.05
	鰺ヶ沢	普通	40	16	0.40
	五所川原農林	生物生産	35	20	0.57
		森林科学	35	12	0.34
		環境土木	35	23	0.66
		食品科学	35	42	1.20
	五所川原工科	普通	70	68	0.97
		機械	35	22	0.63
		電子機械	35	33	0.94
		電気	35	15	0.43

地域	学校	学科	募集人員	出願者数	倍率
中弘南黒	弘前	普通	240	269	1.12
	弘前中央	普通	240	286	1.19
	弘前南	普通	200	217	1.09
	黒石	普通	120	91	0.76
		情報デザイン	40	38	0.95
		看護	40	38	0.95
	柏木農業	生物生産	35	25	0.71
		環境工学	35	17	0.49
		食品科学	35	23	0.66
		生活科学	35	18	0.51
	弘前工業	機械	35	35	1.00
		電気	35	28	0.80
		電子	35	30	0.86
		情報技術	35	45	1.29
		土木	35	40	1.14
		建築	35	43	1.23
	弘前実業	商業	80	86	1.08
		情報処理	40	46	1.15
		家庭科学	40	38	0.95
		服飾デザイン	40	38	0.95
		スポーツ科学	40	46	1.15

地域	学校・学科		募集人員	出願者数	倍率
上十三	三本木	普通	160	147	0.92
	三沢	普通	240	234	0.98
	野辺地	普通	80	32	0.40
	七戸	総合	120	91	0.76
	百石	普通	80	76	0.95
		食物調理	40	32	0.80
	六ヶ所	普通	40	35	0.88
	三本木農業恵拓	普通	70	64	0.91
		植物科学	35	22	0.63
		動物科学	35	36	1.03
		環境工学	35	38	1.09
		食品科学	35	28	0.80
	十和田工業	機械・エネルギー	35	38	1.09
		電気	35	30	0.86
		電子	35	37	1.06
		建築	35	29	0.83
	三沢商業	商業 情報処理	120	109	0.91
下北むつ	田名部	普通	200	166	0.83
	大湊	総合	160	117	0.73
	大間	普通	70	50	0.71
	むつ工業	機械	35	32	0.91
		電気	35	34	0.97
		設備・エネルギー	35	22	0.63

地域	学校・学科（コース）		募集人員	出願者数	倍率
三八	八戸	普通	240	259	1.08
	八戸東	普通	200	239	1.20
		表現	30	24	0.80
	八戸北	普通	240	253	1.05
	八戸西	普通	200	233	1.17
		スポーツ科学	40	41	1.03
	三戸	普通	40	33	0.83
	名久井農業	生物生産	35	30	0.86
		環境システム	35	14	0.40
	八戸水産	海洋生産	35	21	0.60
		水産食品	35	11	0.31
		水産工学	35	10	0.29
	八戸工業	機械	35	31	0.89
		電気	35	33	0.94
		電子	35	48	1.37
		土木	35	23	0.66
		建築	35	35	1.00
		材料技術	35	30	0.86
	八戸商業	商業	80	60	0.75
		情報処理	40	37	0.93

青森県公立高校難易度一覧

目安となる偏差値	公立高校名
75 ~ 73	
72 ~ 70	
	青森
69 ~ 67	八戸
	弘前
66 ~ 64	
63 ~ 61	八戸北
	青森東
	青森南，五所川原(普・理数)，八戸東
60 ~ 58	弘前中央，弘前南
	三本木，八戸東(表現)
	青森南(外国語)，八戸西
57 ~ 55	
	青森北，弘前工業(情報技術)
54 ~ 51	木造(総合)，八戸工業(電子)，弘前実業(商業／情報処理)
	青森工業(情報技術)，弘前工業(建築)，三沢
	青森西，田名部，八戸工業(機械／土木／建築)，弘前実業(スポーツ科学)
	青森北(スポーツ科学)，八戸工業(電気)，八戸西(スポーツ科学)，弘前工業(機械／電気／電子)，弘前実業(服飾デザイン)
50 ~ 47	青森工業(機械／電気)，黒石(看護)，八戸工業(材料技術)，八戸商業(商業／情報処理)
	青森中央(総合)，三沢商業(商業・情報処理)
	青森工業(都市環境)，五所川原工科(普)，弘前工業(土木)
	青森工業(電子)，黒石，五所川原工科(機械／電子機械／電気)，弘前実業(家庭科学)
46 ~ 43	青森工業(建築)，青森商業(商業・情報処理)，三戸
	大湊(総合)，黒石(情報デザイン)
42 ~ 38	鰺ヶ沢，三本木農業恵拓(普)，七戸(総合)，八戸水産(海洋生産／水産食品／水産工学)，百石
	三本木農業恵拓(植物科学／動物科学／環境工学／食品科学)，十和田工業(機械・エネルギー／電気／電子／建築)，浪岡
	むつ工業(機械／電気／設備・エネルギー)，百石(食物調理)
	五所川原農林(食品科学)，名久井農業(生物生産／環境システム)
37 ~	柏木農業(生物生産／環境工学／食品科学／生活科学)，五所川原農林(生物生産／森林科学／環境土木)，野辺地，六ヶ所
	大間

＊(　)内は学科・コースを示します。特に示していないものは普通科(普通・一般コース)，または全学科(全コース)を表します。
＊データが不足している高校，または学科・コースなどにつきましては掲載していない場合があります。
＊公立高校の入学者は，「学力検査の得点」のほかに，「調査書点」や「面接点」などが大きく加味されて選抜されます。上記の内容は想定した目安ですので，ご注意ください。
＊公立高校入学者の選抜方法や制度は変更される場合があります。また，統廃合による閉校や学校名の変更，学科の変更などが行われる場合もあります。教育委員会などの関係機関が発表する最新の情報を確認してください。

数学 ●●●● 出題傾向の分析と合格への対策 ●●●●

出題傾向とその内容

〈最新年度の出題状況〉

本年度の出題数は，大問が5題，小問にして27問であった。中学数学の全領域からまんべんなく，標準レベルの問題が出題されている。難問はないが，よく練られた良問がそろい，45分の検査時間内に完答するにはかなりの計算力，判断力が必要である。

出題内容は，大問1が数・式の計算，平方根，文字を使った式，資料の散らばり・代表値，因数分解，一次関数，角度，線分の長さ，箱ひげ図の問題など，基本的な数学的知識を問う小問群，大問2は作図，場合の数，確率の問題，大問3は三角錐の展開図を題材として線分の長さ，体積，角錐の高さを計量させる空間図形の問題と，平面図形の合同の証明と面積の計量，大問4は直線の式の立式や，距離，面積が指定されたときの関数$y=ax^2$のaの値を問う図形と関数・グラフの融合問題，大問5は方程式の応用，一次関数，数の性質の問題であった。

問題の解答にあたっては，後半の問題にじっくり取り組めるよう，要領よく計算を進めることや，時間配分には十分注意しよう。

〈出題傾向〉

問題の出題数は，ここ数年，大問5題，小問30問前後が定着している。

問題の内容は，大問1が基本的な数学能力を問う小問群であり，数・式の計算，平方根から計算問題が5問，数・式の計算，平方根，資料の散らばり・代表値，標本調査等から基本問題が7問が出題されている。毎年，大問1には45点前後の配点がされており，教科書を中心とした学校の教材をしっかり学習すれば十分解ける問題である。大問2，3は大問1よりも応用力を要求される小問群である。主に，方程式の応用，三平方の定理，図形の計量，図形の証明，作図，確率，規則性等から出題されている。大問4，5は融合問題であり，主に，図形と関数・グラフや動点問題等から出題されている。空間図形や規則性の問題は出題されない年もあるが，いつ出題されてもいいような準備をしておこう。

来年度の予想と対策

来年度も，出題の形式，内容，量，レベルに大きな変化はないであろう。前述した通り，標準レベルの問題を，速く正確に解くことがポイントとなろう。

まず，教科書で苦手分野を克服しよう。例題から練習問題まで完全に解けるように繰り返し練習すること。次に入試問題集などで，全領域の標準問題を解いてみよう。その際，ノートに，途中式や使った定理などをていねいに書くようにし，記述式の問題の準備とするようにしよう。

また，計算問題なども，決して手を抜くことなく，短時間で処理できるように訓練すること。文章題，関数，図形はとくに集中的に演習し，解法のパターンを覚えるようにしよう。一つの問題をいろいろな角度からとらえられるよう，論理的な思考力を養っておくことも必要だろう。

⇨学習のポイント

- 授業や学校の教材を中心に全分野の基礎力をまんべんなく身につけよう。
- 過去問や問題集を使って図形と関数・グラフの融合問題や図形の計量問題への対策を立てよう。

年度別出題内容の分析表　数学

※H26は前期を対象

出題内容			26年	27年	28年	29年	30年	2019年	2020年	2021年	2022年	2023年
数と式		数の性質	○							○	○	○
		数・式の計算	○	○	○	○	○	○	○	○	○	○
		因数分解										○
		平方根	○	○	○	○	○	○	○	○	○	○
方程式・不等式		一次方程式	○	○	○	○	○	○	○		○	○
		二次方程式	○	○	○	○	○	○		○	○	○
		不等式			○			○				
		方程式の応用	○	○	○	○	○	○	○		○	○
関数		一次関数	○	○	○	○	○	○	○	○	○	○
		関数 $y = ax^2$	○	○	○	○	○	○	○	○	○	○
		比例関数	○		○		○		○	○	○	
		関数とグラフ	○	○	○	○	○	○	○	○	○	○
		グラフの作成			○	○	○	○	○	○		
図形	平面図形	角度	○	○	○	○	○	○	○	○		○
		合同・相似	○	○	○	○	○	○	○	○	○	○
		三平方の定理	○	○	○		○	○	○	○	○	○
		円の性質	○			○	○		○	○	○	
	空間図形	合同・相似										
		三平方の定理				○						
		切断										
	計量	長さ	○	○	○	○	○	○	○	○	○	○
		面積	○	○	○	○	○	○	○	○	○	○
		体積	○	○		○	○		○	○	○	○
		証明	○	○	○		○	○	○	○	○	○
		作図		○				○			○	○
		動点			○		○	○				
データの活用		場合の数										○
		確率	○	○	○	○	○	○	○	○	○	○
		資料の散らばり・代表値(箱ひげ図を含む)	○	○		○	○	○		○	○	○
		標本調査			○				○			
融合問題		図形と関数・グラフ	○	○				○	○	○	○	○
		図形と確率	○						○			
		関数・グラフと確率		○								
		その他					○					
その他			○	○		○		○			○	

—青森県公立高校—

英語 出題傾向の分析と合格への対策

出題傾向とその内容

〈最新年度の出題状況〉

本年度は，リスニングが1題，会話文問題が2題，長文読解問題が2題の計5題という構成であった。

リスニング問題は，質問の答えとして適切な絵・グラフや英文を選択するもの，質問に対して英語で答える記述問題が出題された。配点は100点満点中27点で，他の都道府県と比較すると割合はやや高い。

会話文問題中で出題された語句整序問題・語句問題は，基本的な単語や構文を問うものであった。ただし，各所に文を補充する問題や和文英訳も出題されており，注意が必要だ。

長文問題の小問は，要約文の完成，要旨把握，英問英答，日本語で答える問題，条件英作文など多岐にわたっている。

特に語句問題，表現力を問う問題が多い。

〈出題傾向〉

ここ数年，出題傾向はある程度安定してきている。

リスニングは，英語で答える記述問題が含まれる点以外は，問題形式としては一般的なものだ。

大問2以降は,「書く」問題の割合が高い。空所補充，整序，英問英答，和文から英文への書き換え，条件英作文と英文を作成する問題が多い。いっぽう大問4・5では，日本語で説明する設問が出題されている。問題文自体は平易ではあるが，記述式問題が多いため，注意が必要である。

来年度の予想と対策

来年度も問題量，内容ともに同じような傾向が予想される。

聞き取り問題は，日頃から音声を利用するなどして，英語を聞く習慣を身につけておくことが大切だ。また，少しでも過去の入試問題に目を通して，設問の傾向をつかんでおきたい。聞きながらメモを取る習慣もつけた方がよいだろう。

本県の特徴は記述問題が多いという点である。英文法の基本をしっかりと押さえて，ふだんから英文を書く練習をしよう。教科書に出てくる基本文の暗記は効果的といえる。

長文読解については，質・量ともに標準的な内容で教科書レベルの知識で対応可能であるため，しっかりとした既習事項の復習をしておきたい。

⇨学習のポイント

- 選択や穴うめだけでなく，「文」を書く問題に多く触れよう。日本語による記述問題への対策も必要。
- 出題形式が特徴的なので，本書を活用し，過去問の傾向に慣れておくこと。

年度別出題内容の分析表　英語

※H26は前期を対象

出題内容			26年	27年	28年	29年	30年	2019年	2020年	2021年	2022年	2023年
設問形式	リスニング	絵・図・表・グラフなどを用いた問題	○	○	○	○	○	○	○	○	○	○
		適文の挿入										
		英語の質問に答える問題	○	○	○	○	○	○	○	○	○	○
		英語によるメモ・要約文の完成										
		日本語で答える問題										
		書き取り										
	語い	単語の発音										
		文の区切り・強勢										
		語句の問題								○	○	
	読解	語句補充・選択（読解）	○	○	○	○	○	○	○	○	○	○
		文の挿入・文の並べ換え	○	○		○	○	○	○	○	○	○
		語句の解釈・指示語	○	○	○	○			○	○	○	○
		英問英答（選択・記述）	○	○	○	○	○	○	○		○	○
		日本語で答える問題	○	○	○	○	○	○	○	○	○	○
		内容真偽	○				○	○	○	○		○
		絵・図・表・グラフなどを用いた問題			○		○		○			○
		広告・メール・メモ・手紙・要約文などを用いた問題	○	○	○	○	○	○	○	○	○	○
	文法	語句補充・選択（文法）										
		語形変化										
		語句の並べ換え	○		○	○	○	○	○	○	○	○
		言い換え・書き換え										
		英文和訳										
		和文英訳	○	○	○	○	○	○	○	○	○	○
		自由・条件英作文	○	○	○	○	○	○	○	○	○	○
文法事項		現在・過去・未来と進行形	○		○		○		○	○	○	○
		助動詞	○	○	○	○	○	○	○	○	○	○
		名詞・冠詞・代名詞							○			
		形容詞・副詞	○				○	○	○			
		不定詞	○	○	○	○	○	○	○	○	○	○
		動名詞	○		○	○	○	○	○	○	○	○
		文の構造（目的語と補語）	○		○	○	○				○	○
		比較	○	○		○	○		○	○	○	○
		受け身	○	○	○	○		○	○	○	○	○
		現在完了	○			○	○	○	○	○	○	○
		付加疑問文										
		間接疑問文	○		○	○		○	○		○	○
		前置詞	○		○		○	○		○		○
		接続詞	○		○	○	○	○	○	○		○
		分詞の形容詞的用法			○	○		○	○			
		関係代名詞			○	○	○		○		○	○
		感嘆文										
		仮定法										

―青森県公立高校―

理科 ●●●● 出題傾向の分析と合格への対策 ●●●●

出題傾向とその内容

〈最新年度の出題状況〉

大問は6題で，小問数は例年とほぼ変わらず枝問が40問ほどである。[1]は第二分野，[2]は第一分野からの小問集合で構成され，用語記入の解答にもほぼそれぞれ配点されている。[3]～[6]は第一分野から2題，第二分野から2題の出題になっている。[3]は生態系における炭素の循環と土中の微生物のはたらき，[4]は金属の酸化，[5]は凸レンズ，[6]は日本の天気についての出題で，それぞれの配点は例年同様に17点または15点であった。

〈出題傾向〉

第一分野は実験を中心としたものが多く，考察力や思考力が問われている。実験の設定についてはかなりていねいに述べているが，小問ごとの問題文は比較的短く複雑な問題は少ない。しかし，基本的な内容をしっかり理解していないと簡単には解答できない。第二分野は，実験操作だけでなく観察の様子や図表についても出題されるので，用語の暗記だけでなく，実験・観察の意味や手順の理解も必要である。

一つの大問中では比較的に関連問題が少なく，それぞれの小問が独立しているものが多い。また，発展的内容は少ない。すべての単元をしっかりと学習しておくことが必要である。

物理的領域　小問集合では，電流と磁界，仕事，[5]では凸レンズについて出題された。さほど難しくない内容だが，作図や計算による数値記入など，解答に注意が必要な出題であった。

化学的領域　小問集合では密度，化学変化と電池，[4]では化学変化と物質の質量を中心として出題された。与えられたデータを用いて計算したり，金属の酸化と物質の質量の関係を考察させる出題になっており，問題に慣れているかどうかが影響する内容であった。

生物的領域　小問集合では無せきつい動物とヒトの排出，[3]では炭素の循環と微生物のはたらきについて出題された。食物連鎖による炭素の流れと，その中における分解者のはたらきについての考察がキーポイントになる。

地学的領域　小問集合では地層，太陽の日周運動，[6]では天気の変化について出題された。気象についての基本的な知識をもとに，天気図に示された内容を読み解き，さらに，日本の天気の変化とその理由を考えさせる出題になっている。

来年度の予想と対策

小問数が多いので，時間配分を考えて解きやすい問題から取り組んでいくことを心がけなければいけない。また，記述式問題の対策として，ふだんからノートのまとめや図解による整理を行い，自分の言葉で説明できるようにしておこう。

さらに，基本レベルの問題集を用いて，まちがえた内容を何度も繰り返し学習し，正確に解けるまで練習しておくことが大切である。

⇨学習のポイント

・過去問を多く練習し，さまざまなパターンの問題に慣れておこう。
・近年出題されていない単元についても，ひと通り問題演習を行っておこう。

年度別出題内容の分析表　理科

※★は大問の中心となった単元

分野	学年	出題内容	26年	27年	28年	29年	30年	2019年	2020年	2021年	2022年	2023年
第一分野	第1学年	身のまわりの物質とその性質	○	○				○				○
		気体の発生とその性質	○		★			○		○	○	
		水溶液	○	○		○	○	○	★	○		
		状態変化	○							○		
		力のはたらき(2力のつり合いを含む)	○			○	○	○	○			
		光と音		★	★		○				○	★
	第2学年	物質の成り立ち										○
		化学変化，酸化と還元，発熱・吸熱反応		○	○	○	○		○			○
		化学変化と物質の質量	★	○	○	★		○		○	○	○
		電流(電力，熱量，静電気，放電，放射線を含む)	○	○	○	○	★		★	○	○	
		電流と磁界		★				○				○
	第3学年	水溶液とイオン，原子の成り立ちとイオン	○	★						★		
		酸・アルカリとイオン，中和と塩				○	★		○			
		化学変化と電池，金属イオン			○			○			○	○
		力のつり合いと合成・分解(水圧，浮力を含む)	○			○		★	○	★		
		力と物体の運動(慣性の法則を含む)		○		★			○		○	
		力学的エネルギー，仕事とエネルギー	★	○	○			○		○	★	○
		エネルギーとその変換，エネルギー資源	○		○							
第二分野	第1学年	生物の観察と分類のしかた				○	○					
		植物の特徴と分類	○		○			★				
		動物の特徴と分類						○		★		○
		身近な地形や地層，岩石の観察		○								○
		火山活動と火成岩				★		○			○	
		地震と地球内部のはたらき			○		★		○			
		地層の重なりと過去の様子		★						★		○
	第2学年	生物と細胞(顕微鏡観察のしかたを含む)	○						○			
		植物の体のつくりとはたらき		★	○	○	○			○	○	
		動物の体のつくりとはたらき			★	○	★		○		★	○
		気象要素の観測，大気圧と圧力	○	○	○	○			★	○	○	
		天気の変化	★				○	○			○	
		日本の気象	○									★
	第3学年	生物の成長と生殖	★	○		○		○	★	○		
		遺伝の規則性と遺伝子				★			○			
		生物の種類の多様性と進化										
		天体の動きと地球の自転・公転		○	★	○	○		○	○	★	○
		太陽系と恒星，月や金星の運動と見え方	○					★				
		自然界のつり合い					○				○	★
自然の環境調査と環境保全，自然災害					○							
科学技術の発展，様々な物質とその利用												
探究の過程を重視した出題			○	○	○	○	○	○	○	○	○	○

社会

出題傾向の分析と合格への対策

出題傾向とその内容

〈最新年度の出題状況〉

本年度の出題数は大問7題，小問42題であった。解答形式は，語句記入が19問であり，記号選択は17問であった。さらに，短文記述問題が6問出題されている。大問は，日本地理1題，世界地理1題，歴史2題，公民2題，地理・歴史・公民から構成される大問1題となっており，各分野からバランスよく出題されている。

地理的分野では，略地図など各種資料をもとに出題され，グラフ・雨温図・表などの資料を読み取らせる出題となっている。広い視野に立ち，基礎知識を組み合わせて答えさせる問題もあった。

歴史的分野では，生徒の学習カードを題材とし，大きな流れやできごとの前後関係を問うものが多い。世界史の問題も出題されている。

公民的分野では，政治・経済などについて，幅広く出題されている。基本的な語句の意味を理解しているかを確認する内容となっている。

〈出題傾向〉

地理的分野では，略地図・統計資料・グラフ・表などを読み取らせることで，基本知識の定着度を確認している。

歴史的分野では，生徒の学習カード・略年表・史料・グラフなどを題材とし，各時代の特徴をきちんと把握しているかを確認している。

公民的分野では，グラフや写真を題材とし，政治・経済を軸にして，現代社会に対する理解の程度を問う内容となっている。そして，教科書の重要事項を幅広く理解しているか確認している。

全体として難問は少ないので，基礎を固め，問題練習をくり返せば，高得点も可能である。

来年度の予想と対策

来年度も出題数・出題内容ともに大きな変化はないと思われる。基本的な問題が多いので，教科書や資料集を用いて基礎知識の習得に努めるのがよいだろう。考える力をつけておくことも大事である。また，短文記述問題が出題されるので，普段から重要事項について文章にまとめる練習をしておくことも大切である。特に入試過去問題集に取り組んでおくことが必要である。

地理的分野では，地図や表・グラフなどを正しく読み取れるようにしておくことが必要である。必ず地図帳や資料集を参照しながら，主要国・諸地域の産業や気候などの特色に対する理解を深めておくべきである。

歴史的分野では，年表などで時代の流れを把握しておくことが必要である。また，教科書や図説等にのっている写真や絵を確認し，資料を考察することが大切である。

公民的分野では，幅広く基礎的用語を理解すること，さらに，グラフや表などを読み取る練習をしておくことが必要である。また，ニュースや新聞などで，政治・経済のしくみや国際社会の動きなどに興味・関心を持つことが大切である。

⇨学習のポイント

- 地理では，略地図等に慣れ，統計資料を読みとり，分析する力をつけておこう！
- 歴史では，教科書で基本的事項を整理し，時代の大きな流れをつかみ世界史にも目を配ろう！
- 公民では，政治・経済の基礎を幅広く理解し，国内外のニュースについても視野に置こう！

年度別出題内容の分析表　社会

		出題内容	26年	27年	28年	29年	30年	2019年	2020年	2021年	2022年	2023年
地理的分野	日本	地形図の見方	○				○					
		日本の国土・地形・気候	○	○	○	○	○	○	○	○	○	○
		人口・都市	○		○	○		○	○		○	○
		農林水産業	○	○	○	○	○		○	○	○	○
		工業		○	○	○				○	○	○
		交通・通信									○	○
		資源・エネルギー					○					
		貿易										
	世界	人々のくらし・宗教		○	○	○			○	○	○	○
		地形・気候	○	○	○	○	○	○	○	○	○	○
		人口・都市			○	○	○				○	
		産業	○	○	○	○	○	○	○			
		交通・貿易	○				○			○	○	○
		資源・エネルギー					○	○	○		○	○
	地理総合							○				
歴史的分野	日本史—時代別	旧石器時代から弥生時代			○							
		古墳時代から平安時代		○	○	○	○	○	○	○	○	○
		鎌倉・室町時代		○	○	○	○	○	○	○	○	○
		安土桃山・江戸時代	○	○	○	○	○	○	○	○	○	○
		明治時代から現代	○	○	○	○	○	○	○	○	○	○
	日本史—テーマ別	政治・法律	○	○	○	○	○	○	○	○	○	○
		経済・社会・技術	○	○	○	○	○	○	○	○	○	○
		文化・宗教・教育	○		○	○	○	○	○	○	○	○
		外交				○	○	○	○	○	○	○
	世界史	政治・社会・経済史	○			○	○	○	○	○		○
		文化史									○	○
		世界史総合									○	
	歴史総合											
公民的分野		憲法・基本的人権		○		○		○	○	○	○	○
		国の政治の仕組み・裁判	○	○	○	○		○	○	○	○	○
		民主主義										
		地方自治		○					○		○	
		国民生活・社会保障	○		○	○	○		○			○
		経済一般	○	○	○	○	○	○	○	○	○	○
		財政・消費生活	○	○	○	○	○	○	○	○	○	○
		公害・環境問題				○	○	○	○			
		国際社会との関わり	○				○	○	○			○
時事問題												
その他				○							○	

—青森県公立高校—

国語 ●●●● 出題傾向の分析と合格への対策 ●●●●

出題傾向とその内容

〈最新年度の出題状況〉

今年度も，昨年までと同様，6つの大問で構成されている。

第1問は，放送による聞き取り問題。資料が示され，放送内容に関する問題が出題された。

第2問は漢字。読み，書き取り，同じ漢字を用いる熟語を選ぶ問題があった。

第3問は，古文と漢文の読解問題。仮名遣いや書き下し文についても出題されている。

第4問は，論説文の読解問題。文章の内容について問う問題の他，文法についても出題された。

第5問は，小説の読解問題。登場人物の心情や人物像について問われた。

第6問は，作文。資料として「いいです。」と答えた二つの場面が示され，それをもとに気づいたことや自分の意見を150～200字で書くものであった。

〈出題傾向〉

放送による聞き取りと，作文は，毎年出題されている。

古典は，古文や漢文が出題される。本年度は両方とも出題された。

現代文読解は，文学的文章と説明的文章が1題ずつ出題される。いずれも読みやすく，理解しやすい文章である。記述問題は，本文の内容をまとめたものが示され，指定された字数で空欄を補うという形が特徴的である。内容を把握するだけでなく，前後の語句につながる形でまとめる必要がある。

知識については，漢字は独立問題だが，語句や文法は読解問題の中で問われる。中学の学習範囲を逸脱する内容ではないが，盲点になりそうなところや間違えやすいものが出題される場合がある。

来年度の予想と対策

多少の変化はあるかもしれないが，来年度もあらゆる分野から出題され，基本的な読解力や記述力が試されるだろう。総合的な国語力を身につけて対処してほしい。

現代文の文学的文章は登場人物の心情や情景を想像すること，説明的文章は文脈に注意して筆者の主張を読み取ることが大切である。場面や段落の内容をまとめる練習もしておこう。

古文や漢文は，仮名遣いや返り点，基本古語などの知識を身につける。また，教科書をくり返し音読して古文や漢文の表現に慣れ，おおまかな内容をつかめるようにしたい。

漢字・語句・文法などの知識は，日ごろからきちんと学習しておく。

作文は，書き慣れることが肝要である。新聞のコラムなどを読んで，自分の意見を200字程度でまとめる練習を繰り返すとよい。初めは大変かもしれないが，次第に書くことが楽になるはずである。

⇨学習のポイント

- テレビやラジオなどで，聞き取りの練習をしよう。
- さまざまな種類の読解問題に取り組み，多くの出題パターンに触れよう。
- 漢字や文法などの基礎知識もしっかり身につけよう。

年度別出題内容の分析表　国語

※H26は前期を対象

		出題内容	26年	27年	28年	29年	30年	2019年	2020年	2021年	2022年	2023年
内容の分類	読解	主題・表題										○
		大意・要旨	○		○	○						
		情景・心情	○	○	○	○	○	○	○	○	○	○
		内容吟味	○	○	○	○	○	○	○	○	○	○
		文脈把握	○	○		○	○		○	○	○	○
		段落・文章構成										
		指示語の問題										○
		接続語の問題		○								
		脱文・脱語補充	○	○	○	○	○	○	○	○	○	○
	漢字・語句	漢字の読み書き	○	○	○	○	○	○	○	○	○	○
		筆順・画数・部首										
		語句の意味		○	○		○					
		同義語・対義語										
		熟語										
		ことわざ・慣用句						○				
		仮名遣い				○		○		○		○
	表現	短文作成						○				○
		作文(自由・課題)	○	○	○	○	○	○	○	○	○	○
		その他										
	文法	文と文節					○					○
		品詞・用法	○	○	○	○		○	○	○	○	○
		敬語・その他							○		○	
	古文の口語訳		○	○	○							
	表現技法・形式		○			○						
	文学史											
	書写											
問題文の種類	散文	論説文・説明文	○	○	○		○	○	○	○	○	○
		記録文・報告文										
		小説・物語・伝記	○	○	○	○		○	○	○	○	○
		随筆・紀行・日記					○					
	韻文	詩										
		和歌(短歌)	○									
		俳句・川柳										
	古文		○	○		○		○		○		○
	漢文・漢詩				○		○		○		○	○
	会話・議論・発表		○	○		○						
	聞き取り		○	○	○	○	○	○	○	○	○	○

不安という人なつっこい怪物。

曽我部恵一｜ミュージシャン

曽我部恵一
'90年代初頭よりサニーデイ・サービスのヴォーカリスト／ギタリストとして活動を始める。2004年，自主レーベルROSE RECORDSを設立し，インディペンデント／DIYを基軸とした活動を開始する。以後，サニーデイ・サービス／ソロと並行し，プロデュース・楽曲提供・映画音楽・CM音楽・執筆・俳優など，形態にとらわれない表現を続ける。

受験を前に不安を抱えている人も多いのではないでしょうか。今回はミュージシャンであり，3人の子どもたちを育てるシングルファーザーでもある曽我部恵一さんにご自身のお子さんに対して思うことをまじえながら，“不安”について思うことを聞いた。

── 子どもの人生を途中まで一緒に生きてやろうっていうのが，何だかおこがましいような気がしてしまう。

子どもが志望校に受かったらそれは喜ばしいことだし，落ちたら落ちたで仕方がない。基本的に僕は子どもにこの学校に行ってほしいとか調べたことがない。長女が高校や大学を受験した時は，彼女自身が行きたい学校を選んで，自分で申し込んで，受かったからそこに通った。子どもに「こういう生き方が幸せなんだよ」っていうのを教えようとは全く思わないし，勝手につかむっていうか，勝手に探すだろうなと思っているかな。

僕は子どもより自分の方が大事。子どもに興味が無いんじゃないかと言われたら，本当に無いのかもしれない。子どもと仲良いし，好きだけど，やっぱり自分の幸せの方が大事。自分の方が大事っていうのは，あなたの人生の面倒は見られないですよって意味でね。あなたの人生はあなたにしか生きられない。自分の人生って，設計して実際動かせるのは自分しかいないから，自分のことを責任持ってやるのがみんなにとっての幸せなんだと思う。

うちの子にはこの学校に入ってもらわないと困るんですって言っても，だいたい親は途中で死ぬから子どもの将来って最後まで見られないでしょう。顔を合わせている時，あのご飯がうまかったとか，風呂入るねとか，こんなテレビやってたよ，とかっていう表面的な会話はしても，子どもの性格とか一緒にいない時の子どもの表情とか本当はちゃんとは知らないんじゃないかな。子どもの人生を途中まで一緒に生きてやろうっていうのが，何だかおこがましいような気がしてしまう。

── 不安も自分の能力の一部だって思う。

一生懸命何かをやってる人，僕らみたいな芸能をやっている人もそうだけど，みんな常に不安を抱えて生きていると思う。僕も自分のコンサートの前はすごく不安だし，それが解消されることはない。もっと自分に自信を持てるように練習して不安を軽減させようとするけど，無くなるということは絶対にない。アマチュアの時はなんとなくライブをやって，なんとなく人前で歌っていたから，不安はなかったけど，今はすごく不安。それは，お金をもらっているからというプロフェッショナルな気持ちや，お客さんを満足させないとというエンターテイナーとしての意地なのだろうけど，本質的な部分は“このステージに立つほど自分の能力があるのだろうか”っていう不安だから，そこは受験をする中学生と同じかもしれない。これは不安を抱えながらぶつかるしかない。それで，ぶつかってみた結果，ライブがイマイチだった時は，僕は今でも人生終わったなって気持ちになる。だから，不安を抱えている人に対して不安を解消するための言葉を僕はかけることができない。受験生の中には高校受験に失敗したら人生終わると思ってる人もいるだろうし，僕は一つのステージを失敗したら人生終わると思ってる。物理的に終わらなくても，その人の中では終わる。それに対して「人生終わらないよ」っていうのは勝手すぎる意見。僕たちの中では一回の失敗でそれは終わっちゃうんだ。でも，失敗しても相変わらずまた明日はあるし，明後日もある。生きていかなきゃいけない。失敗を繰り返していくことで，人生は続くってことがわかってくる。子どもたちの中には，そこで人生を本当に終わらそうっていう人が出てくるかもしれないけど，それは大間違い。同じような失敗は生きてるうちに何度もあって，大人になっている人は失敗を忘れたり，見ないようにしたりするのをただ単に繰り返して生きてるだけなんだと思う。失敗したからこそできるものがあるから，僕は失敗するっていうことは良いことだと思う。挫折が多い方が絶対良い。若い頃に挫折とか苦い経験っていうのはもう財産だから。

例えば，「雨が降ってきたから，カフェに入った。そしたら偶然友達と会って嬉しかった」。これって，雨が降る，晴れるとか，天気みたいなもうどうしようもないことに身を委ねて，自然に乗っかっていったら，結局はいい出来事があったということ。僕は，無理せずにそういう風に生きていきたいなと思う。失敗しても，それが何かにつながっていくから，失敗したことをねじ曲げて成功に持っていく必要はないんじゃないかな。

不安を感じてそれに打ち勝つ自信がないのなら，逃げたらいい。無理して努力することが一番すごいとも思わない。人間，普通に生きると70年とか80年とか生きるわけで，逃げてもどこかで絶対勝負しなきゃいけない瞬間っていうのがあるから，その時にちゃんと勝負すればいいんじゃないかな。受験がどうなるか，受かるだろうか，落ちるだろうか，その不安を抱えている人は，少なからず，勝負に立ち向かっていってるから不安を抱えているわけで。それは素晴らしいこと。不安っていうのは自分の中の形のない何かで自分の中の一つの要素だから，不安も自分の能力の一部だって思う。不安を抱えたまま勝負に挑むのもいいし，努力して不安を軽減させて挑むのもいい。または，不安が大きいから勝負をやめてもいいし，あくまでも全部自分の中のものだから。そう思えば，わけのわからない不安に押しつぶされるってことはないんじゃないかな。

MEMO

大切なことはメモしておこうネ！

ダウンロードコンテンツのご利用方法

※弊社 HP 内の各書籍ページより，解答用紙などのデータダウンロードが可能です。

※巻頭「収録内容」ページの下部 QR コードを読み取ると，書籍ページにアクセスが出来ます。（ Step 4 からスタート）

Step 1　東京学参 HP（https://www.gakusan.co.jp/）にアクセス

Step 2　下へスクロール『フリーワード検索』に書籍名を入力

Step 3　検索結果から購入された書籍の表紙画像をクリックし，書籍ページにアクセス

Step 4　書籍ページ内の表紙画像下にある『ダウンロードページ』を
クリックし，ダウンロードページにアクセス

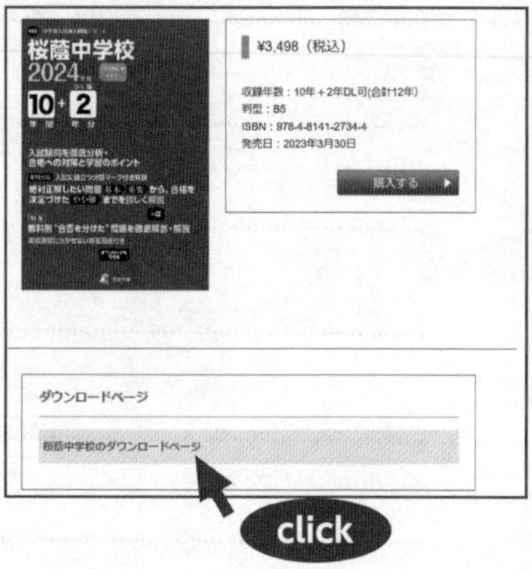

Step 5　巻頭「収録内容」ページの下部に記載されている
パスワードを入力し，『送信』をクリック

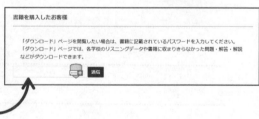

解答用紙・+αデータ配信ページへスマホでアクセス!　⇒

※データのダウンロードは 2024 年 3 月末日まで。
※データへのアクセスには，右記のパスワードの入力が必要となります。 ⇒ ●●●●●●

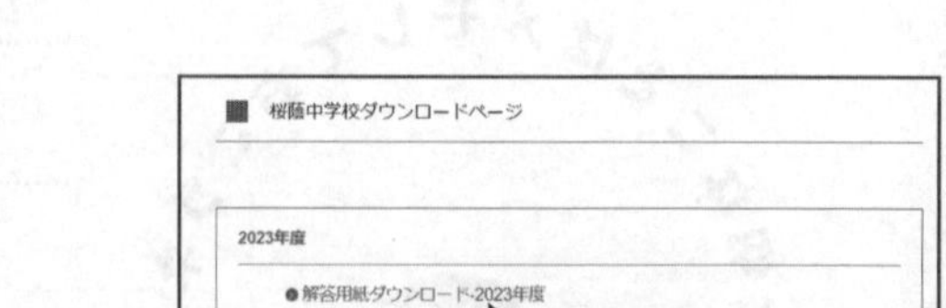

Step 6　使用したいコンテンツをクリック
※ PC ではマウス操作で保存が可能です。

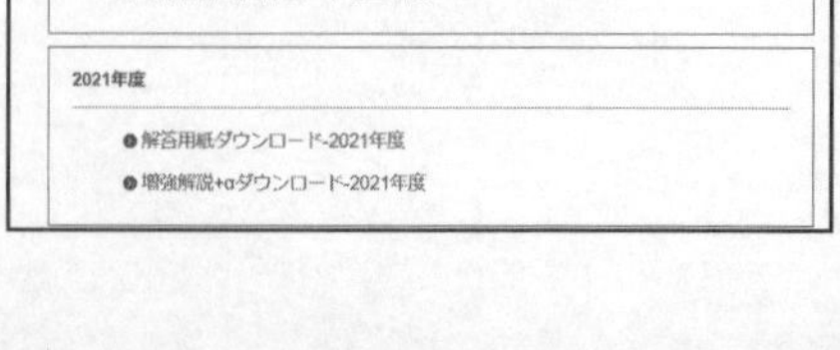

青森県公立高等学校

2023年度

入 試 問 題

●くわしい解説……43ページ

＜数学＞

時間　45分　　満点　100点

1　あとの(1)～(8)に答えなさい。(43点)

(1)　次のア～オを計算しなさい。

ア　$4-10$

イ　$(-2)^2\times 3+(-15)\div(-5)$

ウ
$$\begin{array}{rr} & 6x^2-x-5 \\ -) & 2x^2+x-6 \\ \hline \end{array}$$

エ　$(6x^2y+4xy^2)\div 2xy$

オ　$\sqrt{\dfrac{3}{2}}-\dfrac{\sqrt{54}}{2}$

(2)　縦が x ㎝，横が y ㎝の長方形がある。このとき，$2(x+y)$ は長方形のどんな数量を表しているか，書きなさい。

(3)　右の表は，あるクラスの生徒20人のハンドボール投げの記録を度数分布表に整理したものである。記録が20m以上24m未満の階級の相対度数を求めなさい。また，28m未満の累積《るいせき》相対度数を求めなさい。

階級(m)	度数(人)
16以上～ 20未満	4
20 ～ 24	6
24 ～ 28	1
28 ～ 32	7
32 ～ 36	2
合計	20

(4)　次の式を因数分解しなさい。

$3x^2-6x-45$

(5)　関数 $y=ax+b$ について，x の値が2増加すると y の値が4増加し，$x=1$ のとき $y=-3$ である。このとき，a，b の値をそれぞれ求めなさい。

(6)　右の図で，$\ell /\!/ m$ のとき，$\angle x$ の大きさを求めなさい。

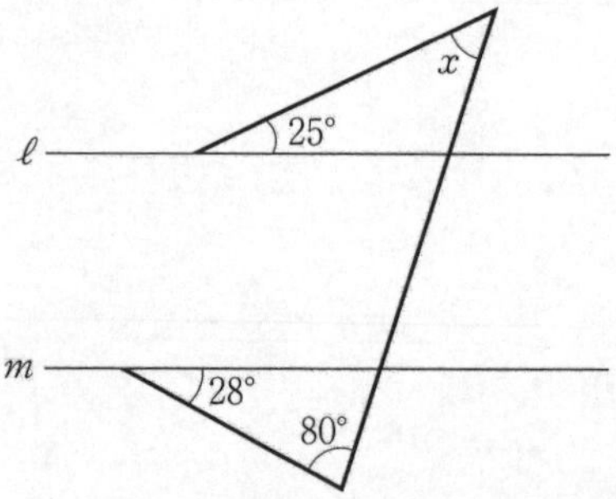

(7)　右の図で，辺BCの長さを求めなさい。

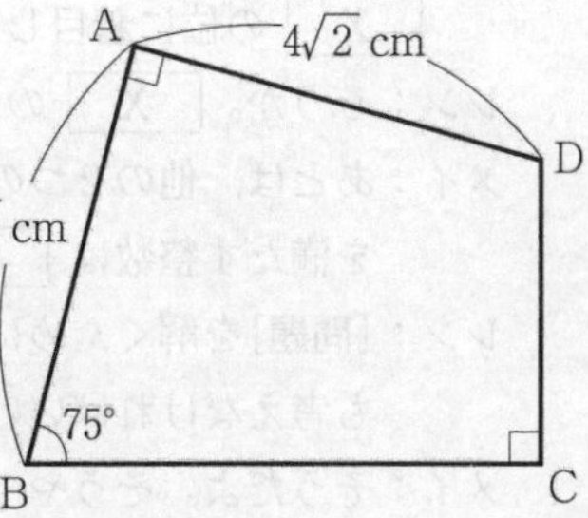

(8)　データの分布を表す値や箱ひげ図について述べた文として**適切でないもの**を，次のア～エの中から１つ選び，その記号を書きなさい。

ア　第２四分位《しぶんい》数と中央値は，かならず等しい。

イ　データの中に極端にかけ離れた値があるとき，四分位範囲はその影響を受けにくい。

ウ　箱ひげ図を横向きにかいたとき，箱の横の長さは範囲（レンジ）を表している。

エ　箱ひげ図の箱で示された区間には，全体の約50%のデータがふくまれる。

2　あとの(1)，(2)に答えなさい。(15点)

(1)　下の図の点Aを，点Oを中心として，時計回りに90°回転移動させた点Bを作図によって求めなさい。ただし，作図に使った線は消さないこと。

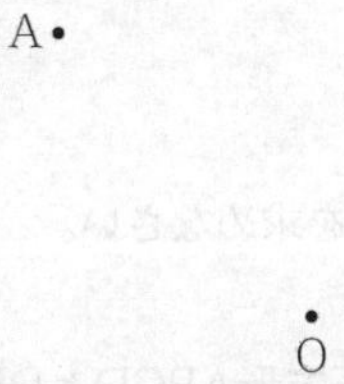

(2)　下の［問題］とそれについて考えているレンさんとメイさんの会話を読んで，次のページのア，イに答えなさい。

［問題］　右の図のように，1から５までの数字が書かれた５枚のカードが袋の中に入っている。このカードをよくまぜてから１枚ずつ続けて３回取り出し，取り出した順に左から並べて３けたの整数をつくる。このとき，３けたの整数が350以上になる確率を求めなさい。

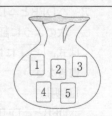

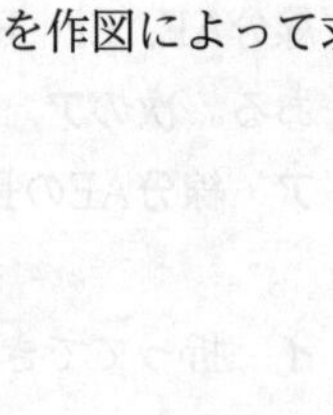

レン：例えば，１回目に1，２回目に3，３回目に4のカードを取り出したら，３けたの整数は134で，これは［問題］の条件を満たさないよね。

メイ：３けたの整数は全部で ［あ］ 通りできるよ。

[X] の位に着目して考えてみてはどうかな。

レン：そうか。[X] の位が３のときは，条件を満たす整数がいくつかできるね。

メイ：あとは，他の２つの位がどのカードになるかを考えると，[X] の位が３のとき，条件を満たす整数は [㋑] 通りできるよ。

レン：[問題]を解くためには，[X] の位が３のときだけではなく，[㋒]，[㋓] のときも考えなければいけないね。

メイ：そうだよ。そうやって少しずつ条件を整理して考えると，確率を求めることができるんだ。

ア [㋐] ～ [㋓] にあてはまる数をそれぞれ書きなさい。また，[X] に共通してあてはまる位を書きなさい。

イ ［問題］を解きなさい。

3 あとの(1)，(2)に答えなさい。(16点)

(1) １辺の長さが８㎝の正方形の紙ABCDがある。右の図は，辺BC，CDの中点をそれぞれE，Fとし，線分AE，EF，FAで折ってできる三角錐《すい》の展開図である。次のア，イに答えなさい。

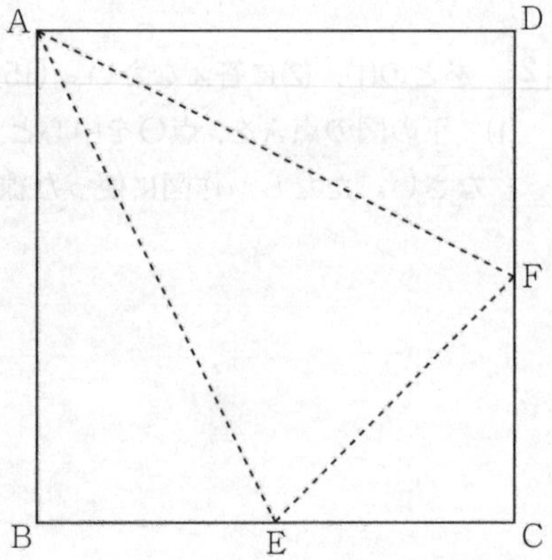

ア 線分AEの長さを求めなさい。

イ 折ってできる三角錐について，次の(ア)，(イ)に答えなさい。

(ア) 体積を求めなさい。

(イ) △AEFを底面としたときの高さを求めなさい。

(2) 下の図のように，作図ソフトで，正方形ABCDとDB＝DEの直角二等辺三角形DBEをかき，辺AB上に動く点Fをとる。また，線分DFを１辺とする正方形DFGHをかくと，点Hは辺CE上を動く点であることがわかった。辺BCと辺FGの交点をＩとするとき，あとのア，イに答えなさい。

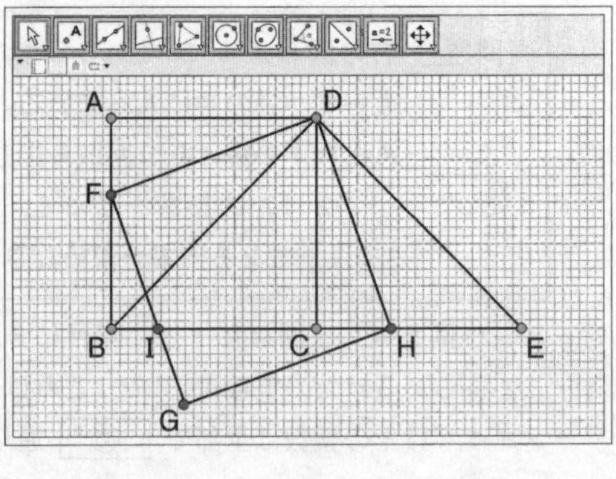

ア △DFBと△DHEが合同になることを次のように証明した。[㋐]，[㋑] には式，[㋒] には適切な内容をそれぞれ書きなさい。

[証明]

△DFBと△DHEにおいて

△DBEは二等辺三角形だから

DB＝DE ……①

四角形DFGHは正方形だから

［　　　あ　　　］　……②

また，２つの直角三角形DAFとDCHにおいて

∠DAF＝∠DCH＝90°，DF＝DH，DA＝DCであるから　△DAF≡△DCH

したがって，∠ADF＝∠CDH　であり

∠BDF＝45°－∠ADF，∠EDH＝45°－∠CDH　であるから

［　　　い　　　］　……③

①，②，③から

［　　　う　　　］がそれぞれ等しいので

△DFB≡△DHE

イ　AB＝５㎝，CH＝２㎝のとき，△FBIの面積を求めなさい。

4　図１で，①は関数 $y = ax^2$（$a > 0$）のグラフである。点Aは①上にあり，x 座標が２である。また，点Bは x 軸上にあり，x 座標は点Aの x 座標と同じである。次の⑴，⑵に答えなさい。ただし，座標軸の単位の長さを１㎝とする。(11点)

⑴　次の**ア**，**イ**に答えなさい。

ア　$a = \dfrac{1}{2}$ のとき，点Aの y 座標を求めなさい。

イ　２点A，B間の距離が６㎝のとき，a の値を求めなさい。

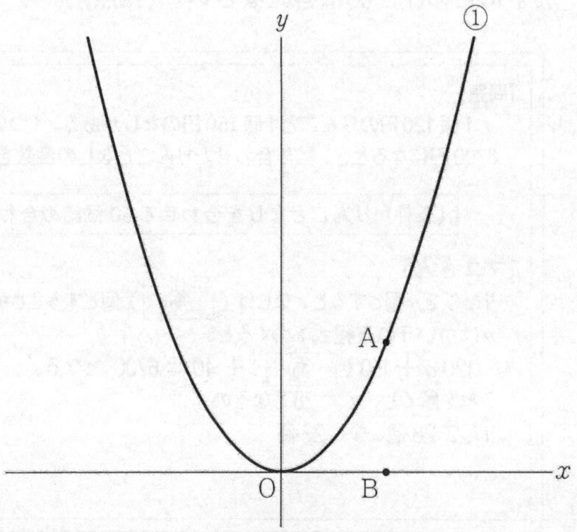

図１

⑵　次のページの図２は，図１に正方形ABCDと△BDEをかき加えたもので，点Eは①上にあり，x 座標は－１である。このとき，次の**ア**，**イ**に答えなさい。ただし，点Cの x 座標は点Bの x 座標より大きいものとする。

ア　２点B，Dを通る直線の式を求めなさい。

イ　△BDEの面積が80㎠であるとき，a の値を求めなさい。

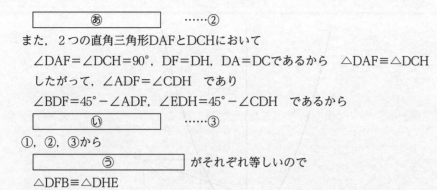

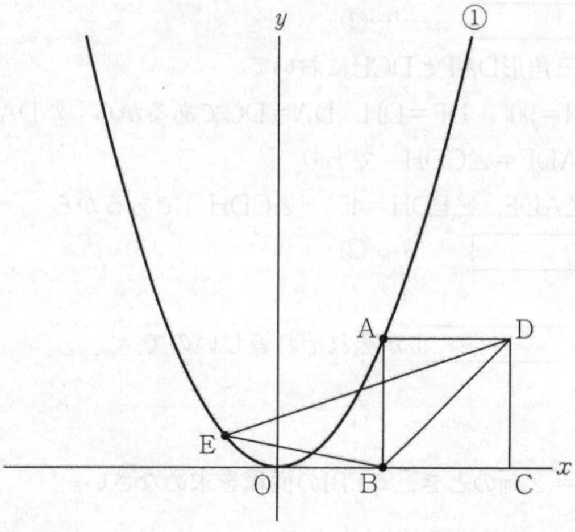

図2

5 マユさんとリクさんは数学の授業で，下のように，ホワイトボードに書かれた【問題】を解いた。あとの(1)，(2)に答えなさい。(15点)

> **【問題】**
> 1個120円のりんごと1個150円のなしがある。1つの箱にりんごとなしを詰め合わせて，箱代40円をふくめて6700円になるとき，詰め合わせたりんごとなしの個数をそれぞれ求めなさい。ただし，次の〔条件〕を満たすこと。
>
> 〔条件〕りんごとなしを合わせて50個詰め合わせる。
>
> 〔マユさん〕
> りんごをa個とすると，なしは（ あ ）個とすることができる。
> aについての方程式をつくると，
> $120a + 150($ あ $) + 40 = 6700$ となる。
> これを解くと，$a = 28$となるので，
> りんご28個，なし22個
>
> 〔リクさん〕
> りんごをa個，なしをb個とする。
> a，bについての連立方程式をつくると，
>
> い
>
> これを解くと，$a = 28$，$b = 22$ となるので，
> りんご28個，なし22個

(1) あ ，い にあてはまる式をそれぞれ書きなさい。

(2) 【問題】を解いた後，先生からプリントが配られた。下は，マユさんが取り組んだプリントの一部である。次のページのア，イに答えなさい。

> ● 【問題】の〔条件〕を，次の〔条件A〕と〔条件B〕に変えて，その2つを満たすりんごとなしの個数をそれぞれ求めましょう！
>
> 〔条件A〕りんごとなしはどちらも18個以上詰め合わせる。
> 〔条件B〕りんごとなしを合わせて50個より多く詰め合わせる。

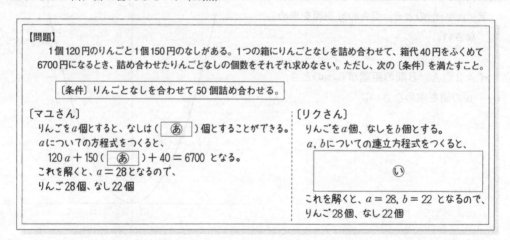

〔解答〕

〔条件A〕を満たすために、りんごとなしの個数をそれぞれ$(x+18)$個、$(y+18)$個 とする。
（x, yは0以上の整数）

x, yについての二元一次方程式をつくると、

［　　㋒　　］$=6700$ となる。

㋓ これを整理すると、$4x+5y=60$ となる。
この式の解を座標とする点は、すべて1つの直線上にあるから、
〔条件A〕を満たすx, yの値は、次の4組である。
$(x, y)=$［(　,　), (　,　), (　,　), (　,　)］

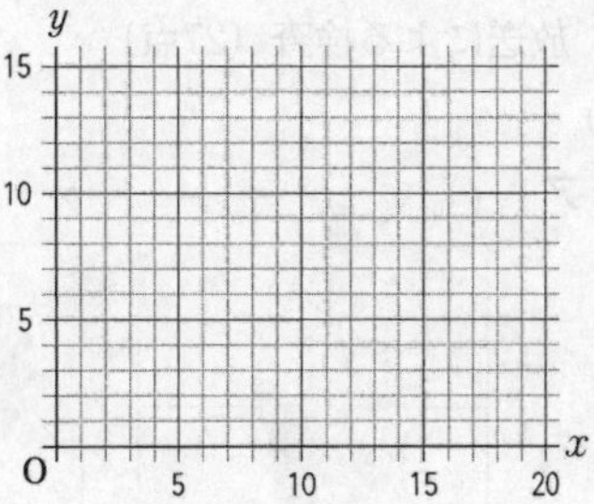

㋔ さらに、〔条件B〕を満たすのは、
$(x, y)=$［(　,　)］だけだから、
りんご［　　］個、なし［　　］個 となる。

● 今日の授業を通して、気づいたことを書きましょう！

ア ［㋒］にあてはまる式を書きなさい。

イ ㋓, ㋔の［　］について，あてはまる座標や数をそれぞれ求めなさい。

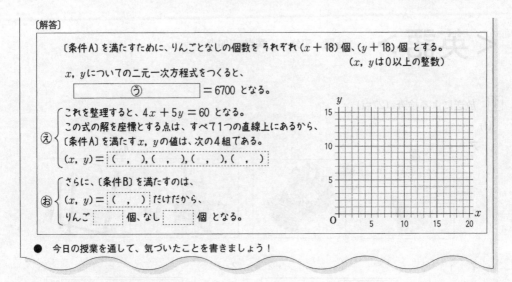

＜英語＞ 時間 50分 満点 100点

1 放送による検査（27点）

(1)

ア

1

2

3
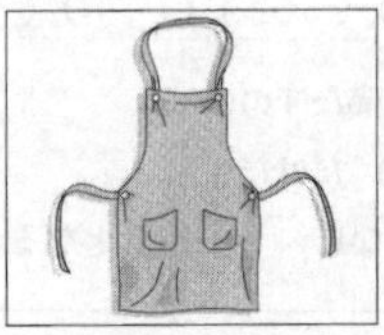

4

イ

1
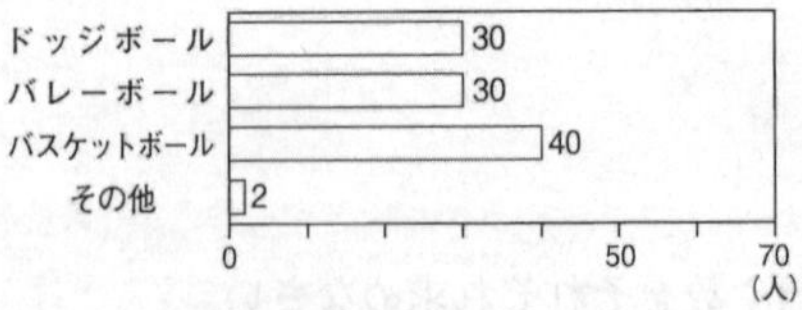

2
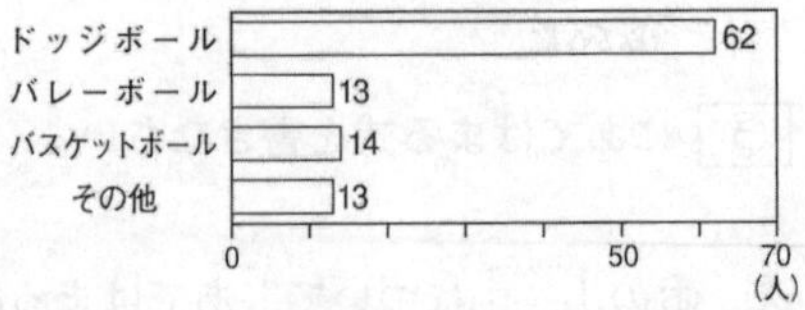

3
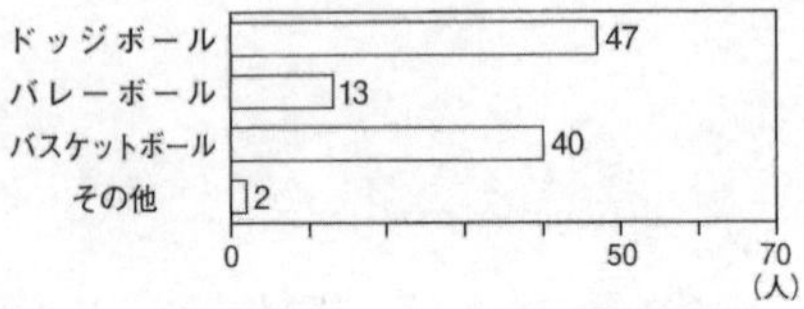

4
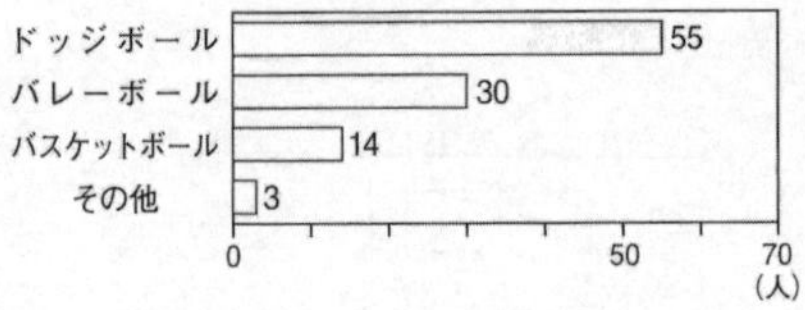

ウ 1 10:10 a.m. 2 10:20 a.m. 3 10:30 a.m. 4 10:50 a.m.

(2)

ア 1 About her family. 2 About winter.
3 About her dream. 4 About her town.

イ 1 She went there today. 2 She went there when she was a child.
3 She went there last summer. 4 She went there last winter.

ウ 1 They got gold medals. 2 They practiced harder than Kate.
3 They went to some countries. 4 Their dreams came true.

(3)

ア 1 She enjoyed camping with Mr. Sato.
2 She saw many stars on TV.
3 She invited Mr. Sato to camping.
4 She went to the mountain with her family.

イ 1 OK, I will. 2 OK, you should.
3 Let's go to our school. 4 Go to bed.

(4) （ ）

2 次の英文は，中学２年生のショウタ（Shota）と，アメリカ人留学生のエマ（Emma）の対話の一部です。ショウタは，エマに，九九の一覧表を見せながら話をしています。これを読んで，あとの(1)～(3)に答えなさい。（14点）

九九の一覧表

×	1	2	3
1	1	2	3
2	2	4	6
3	3	6	9
4	4	8	12

Shota : How do you *memorize this in America? ア(me about tell you it can), please?

Emma : As an example, when we memorize $2\times2=4$, we say "two *times two is four," and when we memorize $2\times3=6$, we say "two times three is six." Is this different from yours?

Shota : No, it isn't. It sounds the same, but we have an interesting way to say this in Japan. イ(what know is you it do)?

Emma : Not really. You usually count numbers, "*ichi, ni, san, shi, go, roku....*"

Shota : That's right. We use them to say numbers like singing a song. When we memorize $2\times2=4$, we can say "*ni-nin-ga-shi*." When we see $2\times3=6$, we can say "*ni-san-ga-roku*." They sound like songs, right?

Emma : Yes, that's amazing!

Shota : It is said that this way helps Japanese people memorize this easily. Well, have you ever heard that Japanese people also say numbers, "*hi, fu, mi, yo, itsu, mu...*?" It can be used when we want to memorize several numbers easily.

Emma : I've [　　　] heard of it! It is new information to me.

Shota : This gives us a faster and easier way to memorize numbers. How do you remember the $\sqrt{2}$? You know it is 1.41421356.... We remember it with the *phrase, "*hitoyohitoyoni-hitomigoro*." It is very famous and popular among Japanese students because it is fun just by saying it.

Emma : Oh, "*hitoyohitoyoni-hitomigoro*?" Interesting!

Shota : I like making phrases by using these two ways. For example, I saw a long number, 8724164, on a magazine last week. The number wasn't important to me, but I made a phrase, "*hanani-yoimushi*." In this example, I could imagine a picture that shows a cute *bee on a flower. We can sometimes create the picture of it with the phrase.

Emma : If I think about the number like that, I'm sure that I can't forget it easily! ウ This is a (to lot example remember good a) of numbers. Thank you for telling me.

（注） memorize ～を暗記する　times ～倍　phrase(s) 言い回し，フレーズ　bee ミツバチ

(1) 下線部ア～ウについて，文の意味が通るように，(　)内の語をすべて用いて，正しい順序に並べかえて書きなさい。大文字にする必要のある文字は大文字にしなさい。

(2) [　　] に入る最も適切な英語を，次の１～４の中から一つ選び，その番号を書きなさい。

1　once　　2　before　　3　ever　　4　never

⑶ 次の文章は，ショウタと話をした日の夜に，エマがショウタに送ったメールの内容の一部です。下線部１，２をそれぞれ一つの英文で書きなさい。

Hi, Shota. I was happy to talk with you today. 1 私は日本に来てからずっと日本語を勉強しています。 Japanese has *hiragana*, *katakana*, and *kanji*, but I'm not good at reading *kanji*. 2 日本語は他の言語よりも難しいです。

3 次の英文は，アメリカ人留学生のジェフ（Jeff）と，ホストファミリーの母のヒロコ（Hiroko）の対話の一部です。二人は，食卓で話をしています。これを読んで，あとの⑴，⑵に答えなさい。

（13点）

Jeff : The pizza you made is so delicious. I love it. [A].

Hiroko : Thank you, Jeff. Today I used something special for this pizza. Do you know it?

Jeff : Something special? You put *green pepper, onion, tomato, *sausage and cheese... Are the vegetables special? Did you *grow the vegetables for the pizza?

Hiroko : No, I didn't grow any vegetables.

Jeff : Then, did you make the sausage?

Hiroko : No, I can't make it. I bought it at the supermarket.

Jeff : I see. Well, it is the cheese, right?

Hiroko : That's right! You may be surprised, but the cheese is made from rice! Did it taste like rice?

Jeff : No, not at all! [B], so I can't believe that the cheese is made from rice. It is very surprising to me.

Hiroko : I was also surprised to know that this cheese was made from rice. When I found it at the supermarket, I wanted to use it for my pizza. I think that rice cheese is great food for us.

Jeff : Why do you think so?

Hiroko : First, it is easy for Japanese people to get rice because most of the rice we usually eat is made in Japan. That means we can make rice cheese in Japan. Second, people who *are allergic to milk can also enjoy eating cheese pizza.

Jeff : Oh, that is good news for my brother. He is allergic to milk, so he has never eaten milk cheese pizza. He should try rice cheese pizza someday.

Hiroko : [C]!

（注） green pepper ピーマン　sausage ソーセージ　grow ～を育てる
be allergic to ～に対してアレルギーのある

⑴ 二人の対話が成立するように，［A］～［C］に入る最も適切なものを，あとの１～７の中からそれぞれ一つ選び，その番号を書きなさい。

1 I hope you'll eat cheese pizza

2 You are good at cooking
3 You told me that cheese was made from milk
4 I hope that day will come soon
5 I hope he'll never eat pizza
6 You've cooked the pizza I don't like so much
7 I thought that this cheese was made from milk

⑵ 二人の対話の内容に合うものを，次の1～6の中から二つ選び，その番号を書きなさい。

1 Hiroko enjoyed growing the vegetables for the pizza.
2 Jeff is allergic to milk.
3 Something special for the pizza was the rice cheese.
4 Jeff's brother has eaten milk cheese pizza.
5 Hiroko cooked a delicious pizza.
6 The rice cheese for the pizza tasted like rice.

4 次の英文は，中学3年生のアユミ（Ayumi）が，授業で行った発表の内容です。これを読んで，あとの⑴～⑶に答えなさい。(21点)

What is language to you? My answer is that language is a necessary thing to change myself. I want to continue improving myself through my life. I know it's not so easy and I cannot do it only by myself, but "meeting and talking with people" can help me. When I meet and talk with people, their way of thinking always touches my heart. I usually feel happy, sometimes sad, or even surprised, but every feeling gives me something. I can learn something from people.

However, if I don't have a way to communicate, I cannot talk with people and I cannot understand them. We have many ways to communicate, but I believe that language is the most useful to understand each other because language has the power to change people through talking.

One day, I bought a book written by my favorite singer at a bookstore. He was there, and I could talk with him. I asked him, "How can I use exciting words in songs like you?" He said to me, "Bring a notebook with you, and go around the town. When you find something wonderful to you, write your feelings in your own words. Then, you can get words which move someone's heart." It was a happy day for me because I was sure that talking with him changed me. Of course, I have a small notebook in my *pocket now.

There are many people in the world. So, to change yourself, who do you want to meet and talk with?

（注） pocket　ポケット

⑴ 次のページの文章は，アユミの発表の内容をまとめたものの一部です。発表の内容と合うように，（ア）～（ウ）に入る最も適切な日本語をそれぞれ書きなさい。

・アユミにとって，言語は（　ア　）ために必要なものである。
・アユミの大好きな歌手は，「素敵なものを見つけたときに，自分の気持ちを（　イ　）で書き留めることで，（　ウ　）言葉を自分のものにすることができる」と話した。

(2) アユミの発表の内容と合うように，次の１～３の質問に対する答えをそれぞれ一つの英文で書きなさい。

1 What does Ayumi want to do through her life?

2 Is language the only one way to communicate?

3 Why was Ayumi happy on that day?

(3) 下線部に関して，「あなたが話をしてみたい人」について，その理由を含めて**英語20語以上**で書きなさい。文の数はいくつでもかまいません。また，人名を用いる場合は，ローマ字で書いてもかまいません。

5 次の英文は，高校１年生のコウスケ（Kosuke）が，英語の授業で発表した内容です。これを読んで，あとの(1)～(3)に答えなさい。(25点)

I gave my five-year-old sister a toy on her birthday. Then she brought the toy's box with a *2D code and asked me, "What's this? I always see this around me." Before I answered, I put my smartphone's camera over it. Then, information about the toy appeared on my phone. She was very surprised with this new world behind the 2D code. I said to her, "If we have this 2D code, we can easily get this information from it."

*Innovation sometimes comes from simple, easy answers and improves our lives. The 2D code was invented by a Japanese man. His company kept many boxes with *barcodes, but there was a problem. It was not easy to know all the box's information without any trouble. One day, workers were playing a traditional game, **igo*. Don't you think it looks similar to a 2D code? He focused on its *pattern of black and white pieces. This gave him the great idea about how to keep a lot of information, and he thought what good change this would bring to his daily life. 2D codes have more information than barcodes. They are now found in textbooks, video games, and websites. This shows some people tried to find better ways to use them in their daily lives. Through this story, I respect this Japanese man and how he invented the 2D code, and I also respect people who want to make it better.

The 2D code is a good example of innovation and helped me realize <u>an important thing</u>. We can get great ideas from anything, anywhere, and at any time. So, innovation doesn't need to come from something big and special. There are *inconvenient things and simple problems around us. Sometimes, answers to them can be very easy. They can be the key to innovation. We just need to look around and ask ourselves, "What can be improved?" Do we look for new ideas or do we stay with only old ideas?

When I thought about this more, I found I often heard, "If I had..." or "If there were..." around me. Before, I thought these "If" *sentences would not create anything, but now I believe they can be the first step to innovation. We don't need to keep listening to and saying "If" without doing anything. Look around you to see what you can improve. How many doors of innovation have been waiting to be opened around you? You can be on the way to discover and create something better. Use people's "If" to open the doors and make our society better in ways we have never imagined.

（注）2D code（s）二次元コード　innovation 革新　barcode(s) バーコード　*igo* 囲碁
pattern 模様　inconvenient 不便な　sentence(s) 文

⑴ 本文の内容と合うように英文を完成させるとき，次のア～エに続く最も適切なものを，1～4の中からそれぞれ一つ選び，その番号を書きなさい。

ア When Kosuke talked with his sister about 2D codes,
1 it was her first time to see them.
2 he didn't know anything about them.
3 she saw some of them before.
4 he let her put his smartphone over them.

イ 2D codes
1 were born because many Japanese people tried hard to invent them.
2 have less information than barcodes.
3 were used in a company to keep many boxes.
4 became popular because there were people who wanted to find ways to use them.

ウ The thing Kosuke learned is that
1 innovation is only born from something big and special.
2 answers to inconvenient things can sometimes be very easy.
3 he doesn't need to look for new ideas and should stay with old ideas.
4 a great idea can spread in the society even if we especially don't do anything.

エ Kosuke is thinking that
1 he can create a better society by focusing on "If" around him.
2 it is important to keep listening to "If" from people and waiting for innovation.
3 the society around him has no doors of innovation, so he has to make them.
4 "If" will create nothing and people should stop saying "If."

⑵ 下線部 an important thing が表している内容を日本語で書きなさい。

⑶　本文の内容をふまえて，次の英文の（ア）～（ウ）に入る最も適切な語を，下の１～７の中からそれぞれ一つ選び，その番号を書きなさい。

When a Japanese man had（ ア ）in keeping a lot of information in his work, he found an answer from an *igo* board in his daily life. Kosuke understood that he could use a（ イ ）way of thinking to make the society around him better. We should look around and（ ウ ）what we can improve without keeping only old ideas. Each of us will be one of the people who will make a good change in the future.

1　stay	2　similar	3　easy	4　convenience	5　trouble
6　find	7　traditional			

＜理科＞

時間　45分　　満点 100点

1　あとの(1)～(4)に答えなさい。(20点)

(1)　無せきつい動物について，次のア，イに答えなさい。

ア　クモやエビのように，外骨格をもち，からだに節がある動物のなかまを何というか，書きなさい。

イ　次の1～4の中で，動物名とその特徴の組み合わせとして適切なものを二つ選び，その番号を書きなさい。

	動物名	特徴
1	カブトムシ，バッタ	3対のあしがある。
2	カニ，ミジンコ	からだが頭部と腹部からなる。
3	イカ，タコ	内臓が外とう膜でおおわれている。
4	アサリ，サザエ	肺や皮膚で呼吸している。

(2)　右の図は，ヒトの排出にかかわる器官を模式的に表したものであり，下の文章は，排出のしくみについて述べたものである。次のア，イに答えなさい。

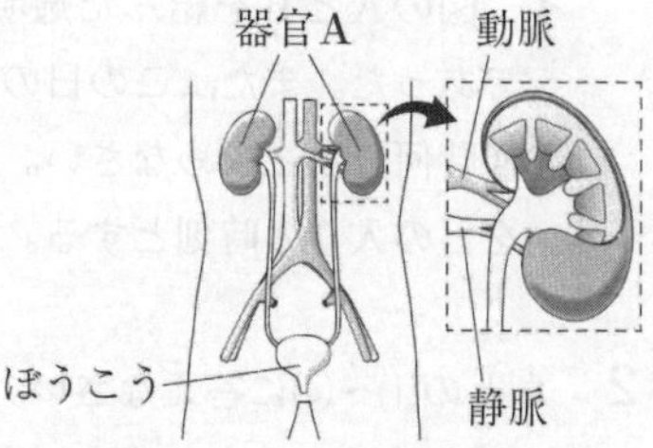

> 細胞の活動によって，ある有毒な物質ができるが，肝臓で尿素という無毒な物質に変えられる。尿素は，血液によって図の器官Aに運ばれ，水などとともに血液からこしとられて，尿として体外に排出される。

ア　下線部の名称として適切なものを，次の1～4の中から一つ選び，その番号を書きなさい。

1　アミラーゼ　　2　アンモニア　　3　グリセリン　　4　胆汁

イ　器官Aの名称を書きなさい。また，図の動脈と静脈のうち，尿素をより多くふくむ血液が流れている血管はどちらか，書きなさい。

(3)　右の図は，ある地点で観察した地層のようすを模式的に表したものである。この地層に見られる岩石は，もろくくずれやすくなっていた。次のア，イに答えなさい。

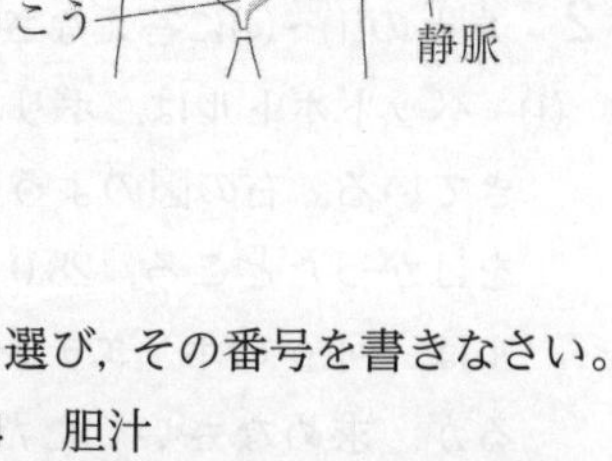

ア　下線部のように，岩石が長い年月の間に，気温の変化や雨水などのはたらきによって，もろくくずれやすくなることを何というか，書きなさい。

イ　図の地層が堆積する間に海水面はどのように変化したと考えられるか，適切なものを，次のページの1～4の中から一つ選び，その番号を書きなさい。ただし，この地層は海底で連続して堆積したものである。また，断層やしゅう曲はないものとする。

1 上昇した。 2 上昇した後，下降した。

3 下降した。 4 下降した後，上昇した。

(4) 青森県のある場所で，夏至の日の８時から16時まで，太陽の位置を透明半球上に１時間ごとに●で記録し，なめらかな曲線で結んだ。右の図は，その結果を表したものであり，1時間ごとの曲線の長さは同じであった。また，A，Bは，曲線を延長して透明半球のふちと交わる点を示したものである。次のア，イに答えなさい。

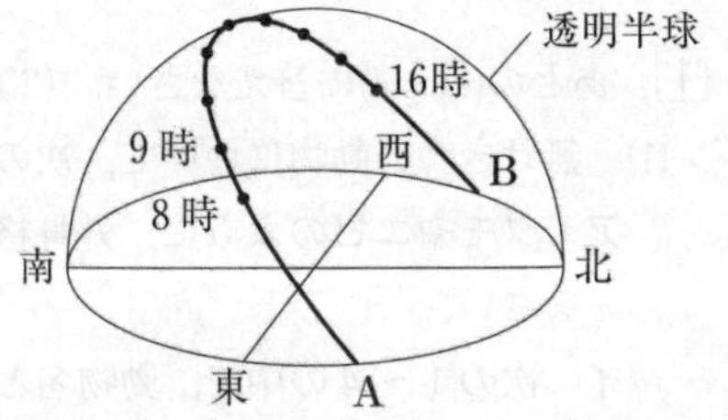

ア 下線部の理由について述べたものとして適切なものを，次の１～４の中から一つ選び，その番号を書きなさい。

1 太陽が一定の速さで自転しているため。

2 太陽が一定の速さで地球のまわりをまわっているため。

3 地球が一定の速さで自転しているため。

4 地球が一定の速さで太陽のまわりをまわっているため。

イ 図のAとBを結んだ透明半球上の曲線の長さは30.2㎝，１時間ごとの曲線の長さは2.0㎝であった。また，この日の日の入りの時刻は，19時12分であった。この日の日の出の時刻は何時何分か，求めなさい。ただし，太陽の位置がAのときの時刻を日の出，Bのときの時刻を日の入りの時刻とする。

2 あとの(1)～(4)に答えなさい。(18点)

(1) ペットボトルは，ポリエチレンテレフタラートでできている。右の図のように，空《から》のペットボトルの質量をはかったところ，28.0ｇであった。このペットボトルは，何㎤のポリエチレンテレフタラートでできているか，求めなさい。ただし，ポリエチレンテレフタラートの密度は1.4ｇ/㎤であるものとする。

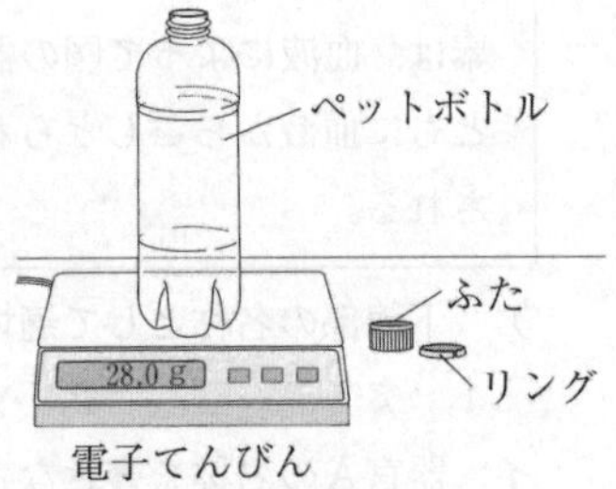

(2) 右の図のように，亜鉛板を硫酸亜鉛水溶液に入れたものと，銅板を硫酸銅水溶液に入れたものを，セロハンで隔《へだ》てて組み合わせた電池を作った。これにモーターをつないだところ，モーターがまわった。次のア，イに答えなさい。

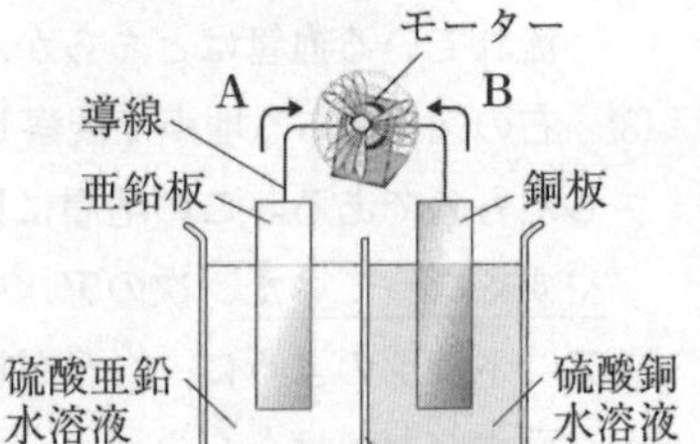

ア 下線部のような化学電池を何というか，書きなさい。

イ 次のページの文章は，モーターを十分にまわした後の亜鉛板と銅板の表面の変化と，電子の移動の向きについて述べたものである。文章中の ① に入る内容として適切なものを，次のページの１～４の中から一つ選び，その番号を書きなさい。また， ② に入る電子の移動する向きは，図のA，Bのどちらか，その記号を書きなさい。

モーターを十分にまわした後，［　①　］。このことから，電子は，図の［　②　］の向きに移動していることがわかる。

1　亜鉛板では亜鉛が付着し，銅板では銅が溶《と》け出した
2　亜鉛板では亜鉛が付着し，銅板では銅が付着した
3　亜鉛板では亜鉛が溶け出し，銅板では銅が溶け出した
4　亜鉛板では亜鉛が溶け出し，銅板では銅が付着した

(3)　図1の装置を用いて，コイルAに電流を流したところ，コイルBにつないだ検流計の針が＋にふれた。次のア，イに答えなさい。

ア　下線部について，このとき流れた電流の名称を書きなさい。

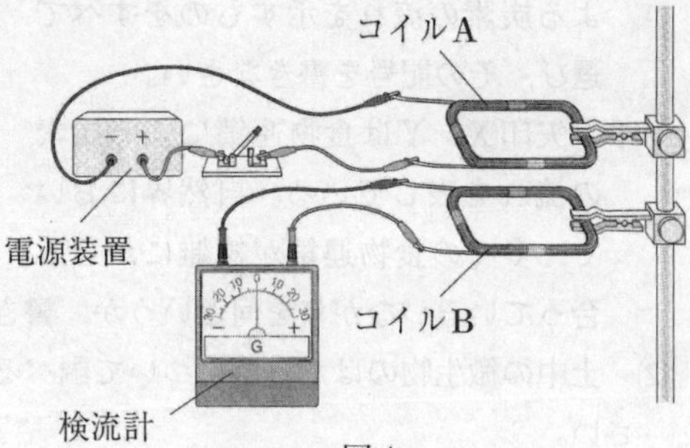

図1

イ　図2のように，図1のコイルBの真上からS極を下にして棒磁石を落下させるときの，検流計の針のふれのようすについて述べたものとして適切なものを，次の1～4の中から一つ選び，その番号を書きなさい。

1　＋にふれた後，－にふれて0に戻る。
2　＋にふれた後，0に戻る。
3　－にふれた後，＋にふれて0に戻る。
4　－にふれた後，0に戻る。

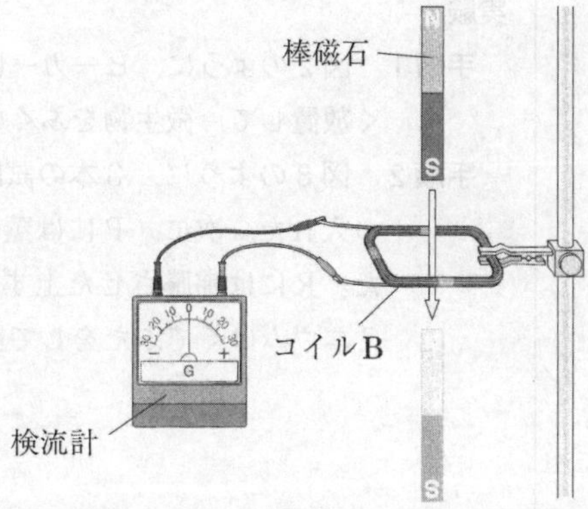

図2

(4)　図1のように，300 gの物体にひもをつけ，床から40㎝の高さまでゆっくりと一定の速さで引き上げた。次に，図2のように，同じ物体を斜面に置き，床から40㎝の高さまで斜面に沿ってゆっくりと一定の速さで引いたところ，ばねばかりは2.0Nを示した。次のア，イに答えなさい。ただし，100 gの物体にはたらく重力の大きさを1Nとし，ひもの重さや物体と斜面との摩擦は考えないものとする。

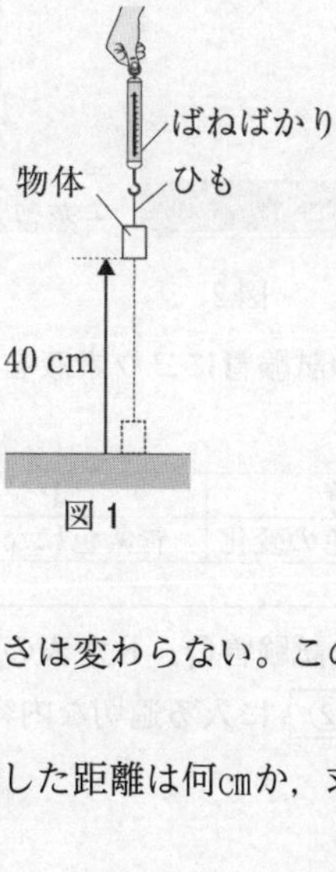

図1

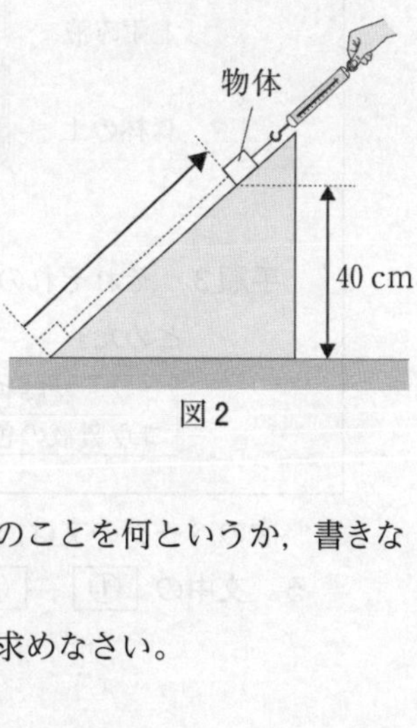

図2

ア　図1，2で，手が物体にした仕事の大きさは変わらない。このことを何というか，書きなさい。

イ　図2について，物体が斜面に沿って移動した距離は何㎝か，求めなさい。

3 生態系における生物のはたらきについて，あとの⑴，⑵に答えなさい。（15点）

⑴ 図１は，生態系における炭素の循環を模式的に表したもので，矢印は炭素の流れを示している。次の**ア**～**ウ**に答えなさい。

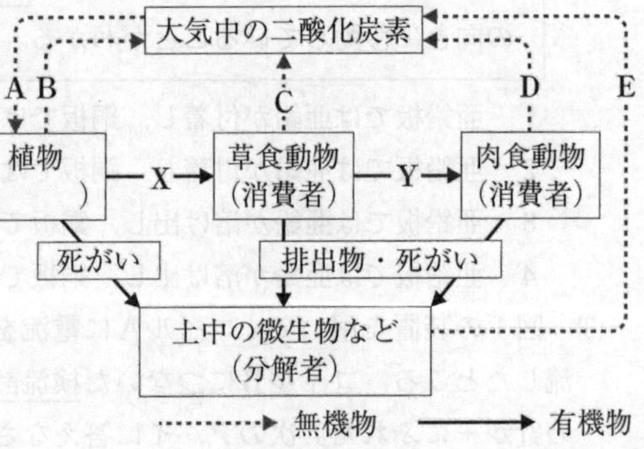

図１

ア 図１の（　）に入る語を書きなさい。

イ 矢印A～Eの中で，生物の呼吸による炭素の流れを示すものをすべて選び，その記号を書きなさい。

ウ 矢印X，Yは食物連鎖による炭素の流れを表している。自然界において，多くの食物連鎖が複雑にからみ合っているつながりを何というか，書きなさい。

⑵ 土中の微生物のはたらきについて調べるために，下の**実験**を行った。あとの**ア**，**イ**に答えなさい。

実験

手順１ 図２のように，ビーカーに森林の土と蒸留水を入れ，よくかき混ぜた後しばらく放置して，微生物をふくむ上ずみ液をつくった。

手順２ 図３のように，３本の試験管P～Rを用意し，0.5％のデンプン溶液を５cm^3ずつ入れた。次に，Pには蒸留水を，Qには上ずみ液を，それぞれ５cm^3ずつ加えた。Rには沸騰《とう》させた上ずみ液を室温に戻してから５cm^3加えた。その後，アルミニウムはくでふたをして室温で３日間放置した。

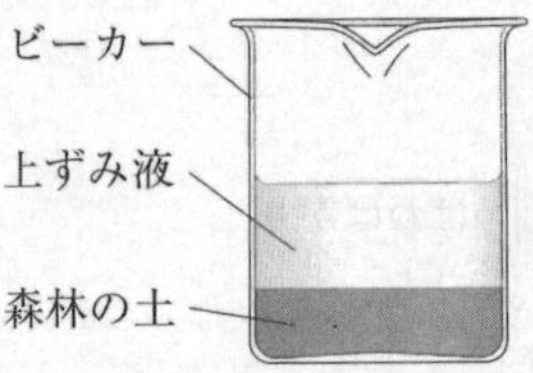

図２

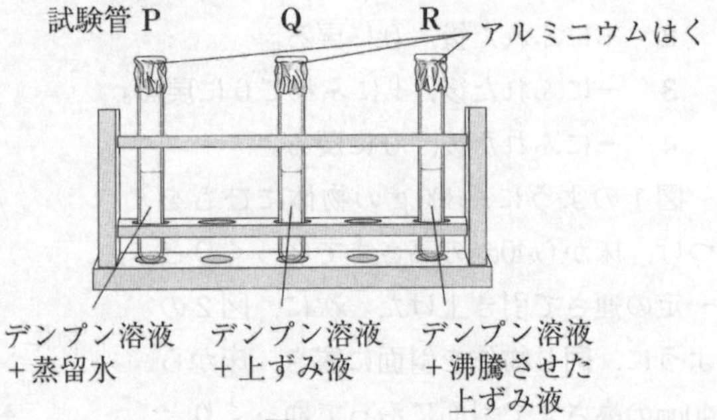

図３

手順３ それぞれの試験管にヨウ素液を加えて色の変化を調べ，その結果を下の表にまとめた。

試験管	P	Q	R
ヨウ素液の色の変化	青紫色になった	変化しなかった	青紫色になった

ア 次のページの文は，試験管Q，Rが表のような結果になった理由について述べたものである。文中の ① ， ② に入る適切な内容を書きなさい。

試験管Q：微生物が［　①　］ため，ヨウ素液の色が変化しなかった。
試験管R：上ずみ液を沸騰させることで，微生物が［　②　］ため，ヨウ素液の色が青紫色になった。

イ　試験管にアルミニウムはくでふたをせずに同じ実験を行うと，試験管Pや試験管Rでもヨウ素液の色が変化しないことがある。その理由について述べたものとして最も適切なものを，次の1～4の中から一つ選び，その番号を書きなさい。
1　試験管の中で発生した二酸化炭素が空気中に出るため。
2　試験管の中に空気中の酸素が入るため。
3　試験管の中に空気中の微生物が入るため。
4　試験管の中の温度を一定に保てないため。

4　金属の酸化について，下の**実験1，2**を行った。あとの(1)～(4)に答えなさい。(17点)

実験1　ステンレス皿にマグネシウムの粉末1.20gをはかりとり，図1の装置を用いて，全体の色が変化するまで加熱した後，よく冷やしてから物質の質量をはかった。
　これをよく混ぜてから一定時間加熱し，よく冷やして質量をはかった。この操作を，物質の質量が一定になるまでくり返し，その結果を，下の表にまとめた。

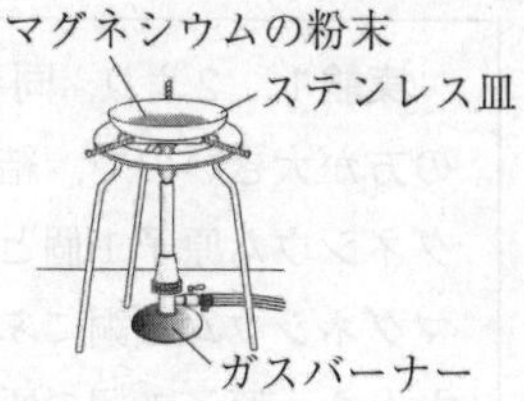

図1

マグネシウムの粉末の質量〔g〕	加熱後の物質の質量〔g〕				
	1回目	2回目	3回目	4回目	5回目
1.20	1.56	1.80	1.94	2.00	2.00

実験2　ステンレス皿に銅粉1.20gをはかりとり，**実験1**と同じ装置を用いて，かき混ぜながら全体の色が変化するまで加熱した後，よく冷やしてから物質の質量をはかった。
　これをかき混ぜながら一定時間加熱し，よく冷やして質量をはかった。この操作を，物質の質量が一定になるまでくり返した。
　さらに，最初にはかりとる銅粉の質量を1.60g，2.00gと変えて，同様の操作を行い，その結果を，図2にまとめた。

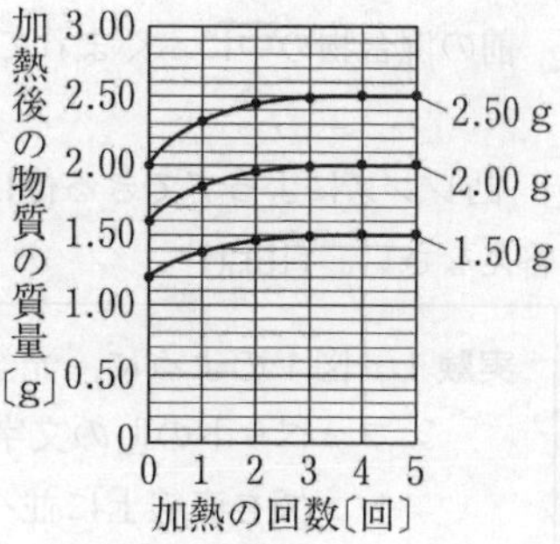

図2

(1)　**実験1**について，次の**ア**，**イ**に答えなさい。
ア　マグネシウムの酸化を表した右の化学反応式を完成させなさい。

［　　　］＋［　　　］→ 2MgO

イ　1回目の加熱で，酸素と反応したマグネ

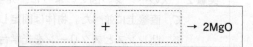

シウムの質量は何gか，求めなさい。

(2)　実験2について，次のア，イに答えなさい。

ア　銅粉を加熱したときに見られる変化として適切なものを，次の1～4の中から一つ選び，その番号を書きなさい。

1　激しく熱や光を出して，黒色の物質に変化する。
2　激しく熱や光を出して，白色の物質に変化する。
3　おだやかに黒色の物質に変化する。
4　おだやかに白色の物質に変化する。

イ　加熱後の物質の質量が一定になったときの結果をもとに，銅の質量と結びついた酸素の質量との関係を表すグラフをかきなさい。

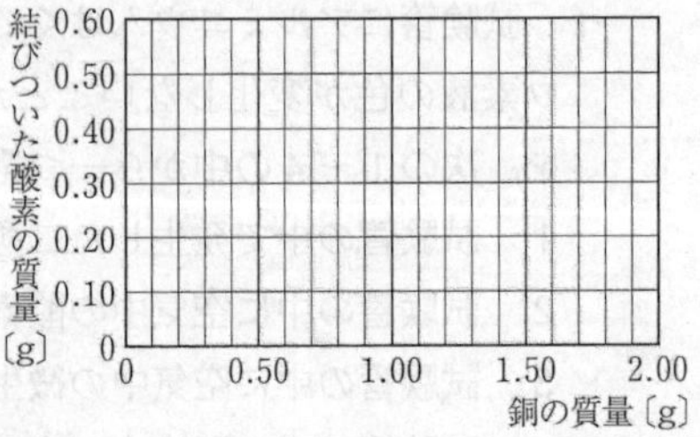

(3)　下の文章は，マグネシウムと銅の質量と原子の数について考察したものである。文章中の ① ， ② に入る語の組み合わせとして適切なものを，次の1～4の中から一つ選び，その番号を書きなさい。

> 実験1，2より，同じ質量のマグネシウムと銅を比べると，結びつく酸素の質量は ① の方が大きいので，結びつく酸素原子の数も ① の方が多いことがわかる。また，マグネシウム原子1個と銅原子1個は，それぞれ酸素原子1個と結びつくため，同じ質量のマグネシウムと銅にふくまれる原子の数も ① の方が多いことがわかる。これらのことから，原子1個の質量は， ② の方が大きいと考えられる。

1　①　銅　②　マグネシウム　　　　2　①　マグネシウム　②　マグネシウム
3　①　銅　②　銅　　　　　　　　　4　①　マグネシウム　②　銅

(4)　ある生徒が実験をしていたところ，マグネシウムの粉末と銅粉が混ざってしまった。この混合物の質量をはかると，1.10gであった。これをステンレス皿に入れて，実験1と同様の手順で実験を行った。全体の質量が一定になったとき，物質の質量は，1.50gであった。加熱する前の混合物の中にふくまれていた銅粉の質量は何gか，求めなさい。

5　凸レンズによってできる像について調べるために，下の実験1，2を行った。あとの(1)，(2)に答えなさい。(15点)

実験1　図1のように，光学台の上に物体（アルファベットのLの文字を記した方眼紙），凸レンズを直線上に並べた。物体が凸レンズの焦点よりも内側にあるとき，凸レンズを通して物体を見ると文字の像が見えた。

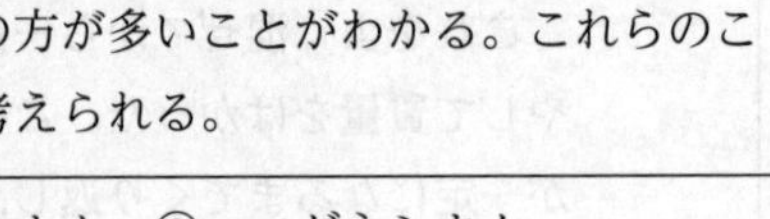

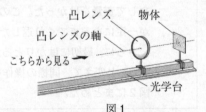

図1

実験2　次のページの図2のように，光学台の上に方眼付きの半透明のスクリーンを加えて，直線上に並べた。物体は固定し，スクリーンに文字の像がはっきりとうつるように，凸レンズとスクリーンを光学台上でそれぞれ動かした。次のページの図3は，物体を表したもので，方眼の１目盛りは１㎝であり，物体の中心は●で示している。物体から凸レンズまでの距離と，物体からスクリーンまでの距離，物体の文字の高さと比べた像の高さをそれぞれ測定すると，下の表のようになった。

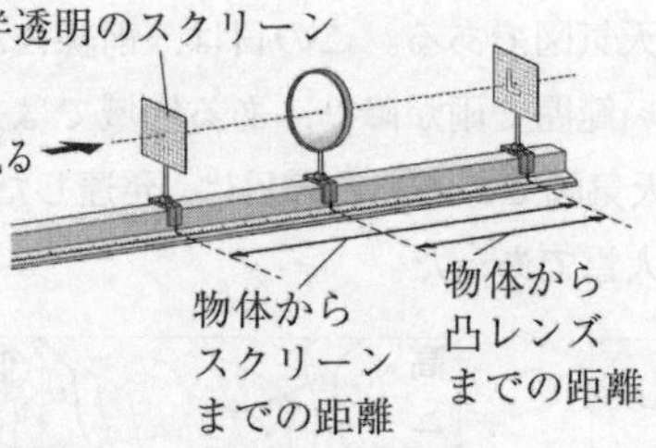

図２

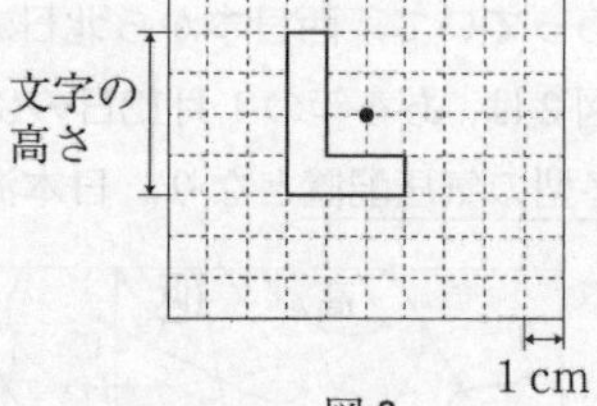

図３

物体から凸レンズまでの距離〔cm〕	28	30	36	40	(　　)	60	70
物体からスクリーンまでの距離〔cm〕	98	90	81	80	81	90	98
物体の文字の高さと比べた像の高さ〔倍〕	2.50	2.00	1.25	1.00	0.80	0.50	0.40

ただし，物体，凸レンズ，スクリーンは光学台に対して垂直であり，それぞれの中心は，光学台に平行な凸レンズの軸上に並んでいるものとする。

(1)　**実験１**について，次の**ア**，**イ**に答えなさい。

ア　下線部のとき，凸レンズを通して見える像を何というか，書きなさい。

イ　図１において，凸レンズを物体に少しずつ近づけていくと，凸レンズを通して見える文字の像はどのようになるか。適切なものを，次の１～４の中から一つ選び，その番号を書きなさい。

１　少しずつ大きくなり，やがて実際の文字より大きく見える。
２　少しずつ小さくなり，やがて実際の文字より小さく見える。
３　少しずつ大きくなるが，実際の文字より大きく見えることはない。
４　少しずつ小さくなるが，実際の文字より小さく見えることはない。

(2)　**実験２**について，次の**ア**～**ウ**に答えなさい。

ア　用いた凸レンズの焦点距離として適切なものを，次の１～４の中から一つ選び，その番号を書きなさい。

１　15㎝　　２　20㎝　　３　30㎝　　４　40㎝

イ　表の(　)に入る適切な数値を書きなさい。

ウ　物体から凸レンズまでの距離が30㎝のとき，スクリーンにうつった文字の像をかきなさい。ただし，スクリーンの方眼の１目盛りは１㎝であり，スクリーンの中心は●で示しているものとする。

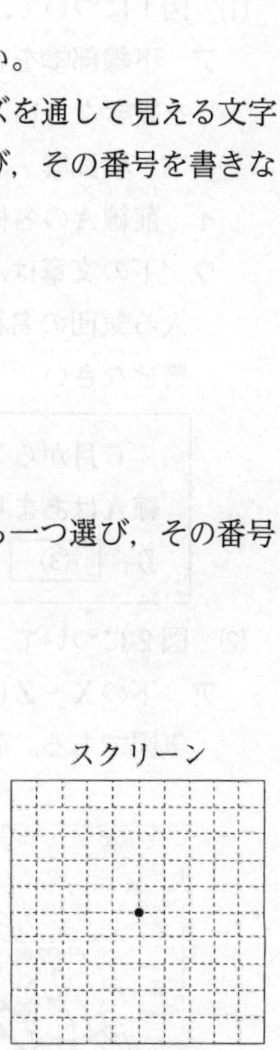

6 下の資料は，日本の天気の記録についてまとめたものの一部である。あとの(1)，(2)に答えなさい。(15点)

資料

図1は，ある年の7月11日の13時の天気図である。この日は，前線Aが日本列島付近にいすわっていて，西日本から北日本の広い範囲で雨が降り，ある地域では(あ)雷雨であった。

図2は，ある年の1月12日の13時の天気図である。この日は，発達した気団の影響を受け，(い)冬型の気圧配置となり，日本海側で大雪であった。

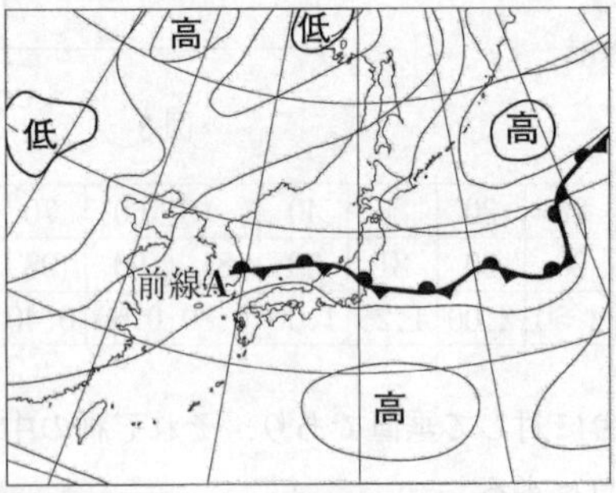

図1

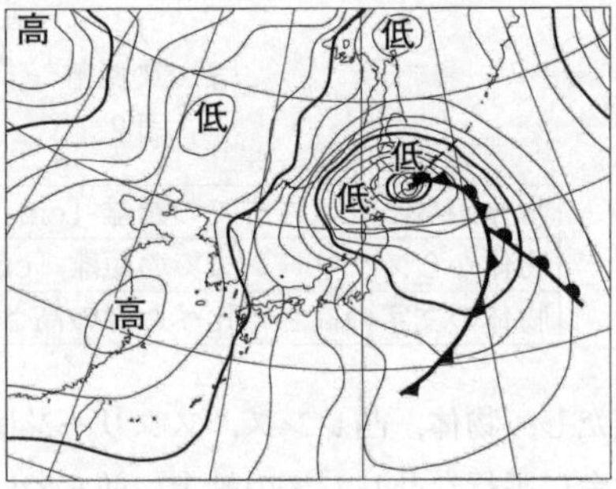

図2

(1) 図1について，次のア～ウに答えなさい。

ア 下線部(あ)をもたらす雲として最も適切なものを，次の1～4の中から一つ選び，その番号を書きなさい。

1 積乱雲　2 乱層雲　3 高積雲　4 巻雲

イ 前線Aの名称を書きなさい。

ウ 下の文章は，前線Aと気団の関係について述べたものである。文章中の ① ，② に入る気団の名称を書きなさい。また，③ に入る方位は，**東**，**西**，**南**，**北**の中のどれか，書きなさい。

> 6月から7月にかけて，日本列島付近では ① と ② の勢力がつり合って前線Aはあまり動かなくなる。7月の後半になると，前線Aは勢力を増した ① により，③ に移動させられたり消滅させられたりする。

(2) 図2について，あとのア，イに答えなさい。

ア 下のX～Zは，この年の1月10日，1月11日，1月13日のいずれかの日における13時の天気図である。X～Zを日付の早い順に左から並べて書きなさい。

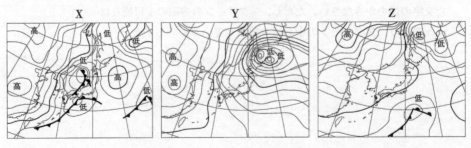

X

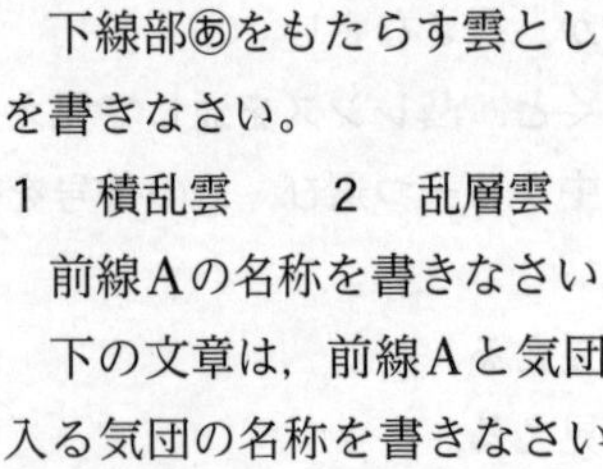

Y

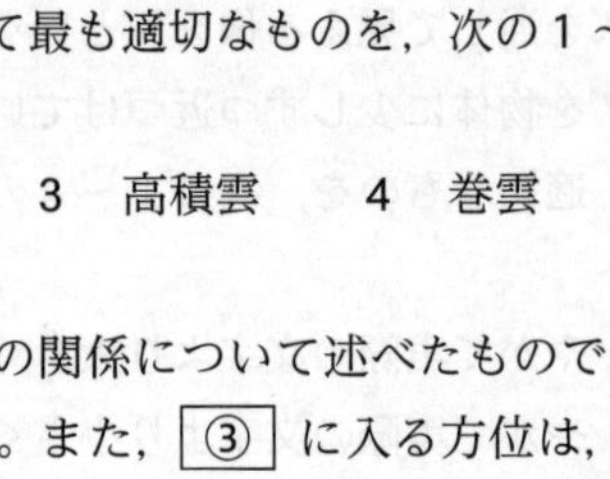

Z

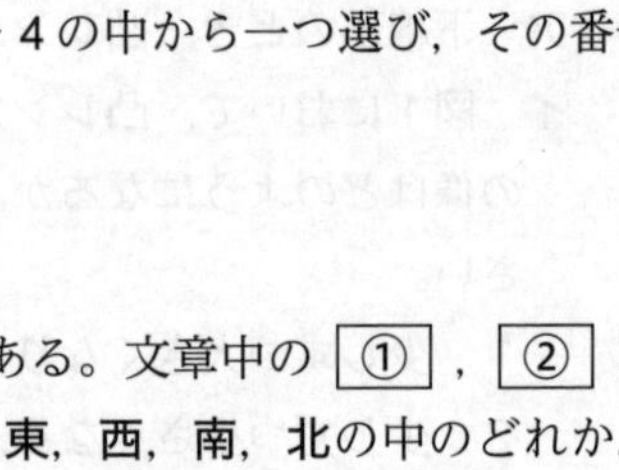

イ　下線部Ⓘについて，下の文章は，日本海側に雪が降るしくみについて述べたものである。文章中の（　）に入る適切な内容を書きなさい。

ユーラシア大陸からふく冷たく乾燥した季節風は，日本海をわたるときに，比較的あたたかい海水から（　　　　　　）ことで，雲を生じさせるようになる。この雲が日本の中央部の山脈に当たって上昇することによって，日本海側に雪が降る。

＜社会＞

時間　45分　　満点　100点

1　下の略地図や資料を見て，あとの(1)～(5)に答えなさい。(13点)

略地図１

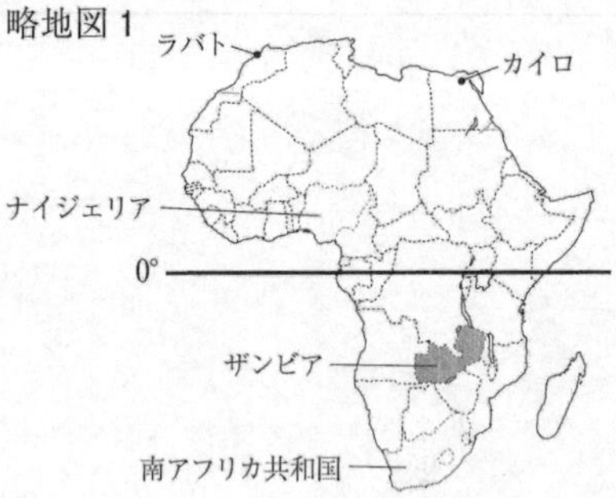

略地図２

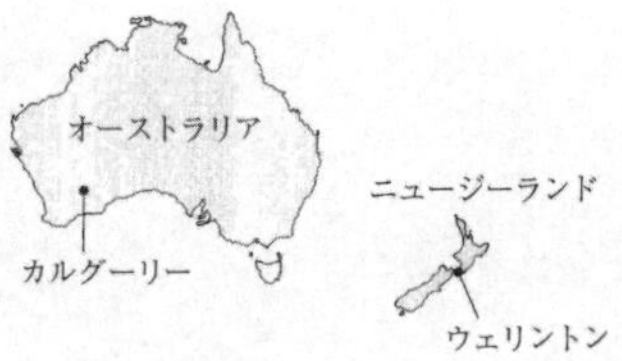

(1)　略地図１中の０度の緯《い》線を何というか，書きなさい。

(2)　略地図２中のオーストラリアの先住民を何というか，書きなさい。

(3)　下の１～４は，略地図1，略地図２中のラバト，カイロ，カルグーリー，ウェリントンのいずれかの都市の雨温図を表している。ウェリントンの雨温図として適切なものを一つ選び，その番号を書きなさい。

1

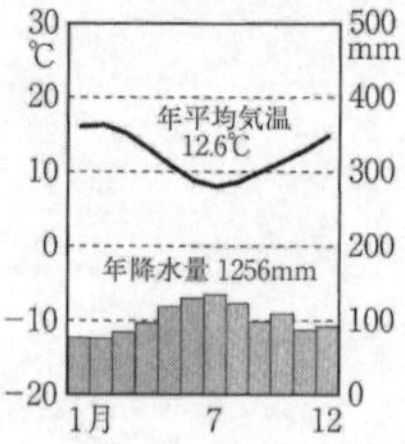

2

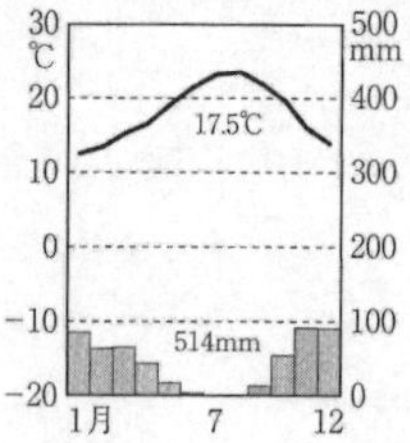

3

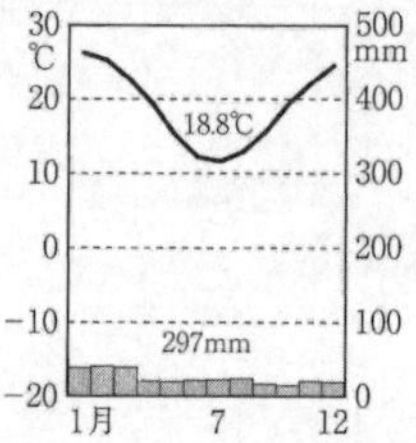

4

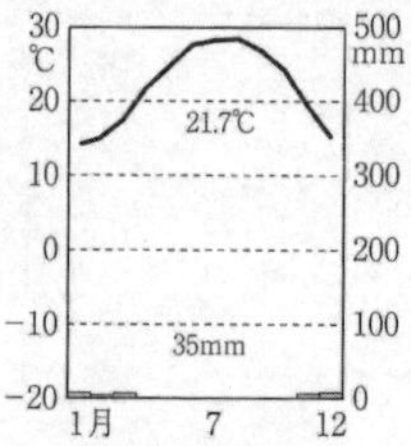

〔「理科年表 2022」などによる〕

(4)　略地図１，略地図２中のナイジェリア，南アフリカ共和国，オーストラリア，ニュージーランドについて，次のア，イに答えなさい。

ア　下の文中の［　　］に共通してあてはまる国名を書きなさい。

・これらの４か国は，かつて［　　］の植民地や自治領であった。
・オーストラリアとニュージーランドは，［　　］の国旗を自国の国旗の一部にしている。

イ　資料１は，４か国の国内総生産，日本からの輸入額，日本への輸出額，日本への主な輸出品を表している。資料１中の１～４のうち，南アフリカ共和国を表しているものを一つ選び，その番号を書きなさい。

資料１　〔2016年〕

	国内総生産（百万ドル）	日本からの輸入額（百億円）	日本への輸出額（百億円）	日本への主な輸出品
1	404649	3.6	9.4	液化天然ガス，アルミニウム，ごま
2	1304463	153.2	332.1	石炭，液化天然ガス，鉄鉱石
3	295440	24.2	45.8	プラチナ，自動車，鉄鋼
4	187517	23.8	25.5	アルミニウム，果実，酪農《らくのう》品

〔「世界人口年鑑」2017年版などによる〕

(5)　資料2は，略地図1中のザンビアの輸出額と輸出額にしめる銅の割合の推移を，資料3は，銅の国際価格の推移を表している。資料2，資料3から読み取ることができるザンビアの経済の課題を，次の2語を用いて書きなさい。

　　国際価格　収入

資料2

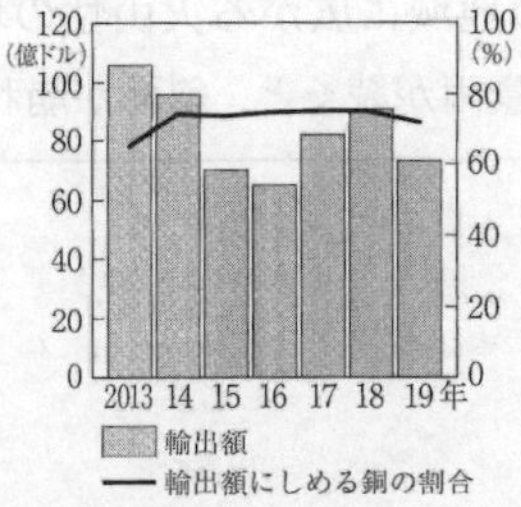

〔「世界国勢図会 2021/22」などによる〕

資料3

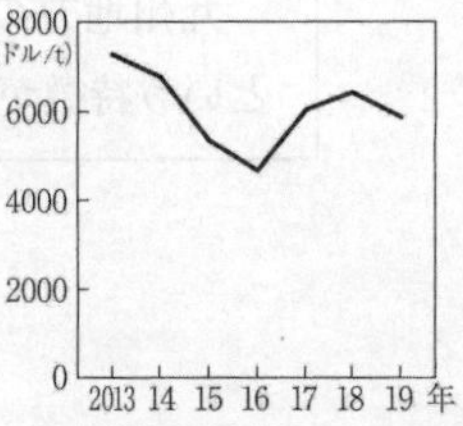

〔「世界銀行資料」による〕

2　下の略地図や資料を見て，次の(1)，(2)に答えなさい。(16点)

(1)　略地図について，次のア～エに答えなさい。

ア　政府の出先機関や企業の支社，支店などが置かれ，人口100万人をこえる中国・四国地方の中心都市はどこか，書きなさい。

イ　（斜線の楕円）で表された平野は，九州地方の北部を代表する稲作《いなさく》地帯である。この平野を何というか，書きなさい。

ウ　宮崎平野や高知平野では，温暖な気候を利用して，野菜の出荷時期を早める工夫をしている。このような栽培《さいばい》方法を何というか，書きなさい。

略地図

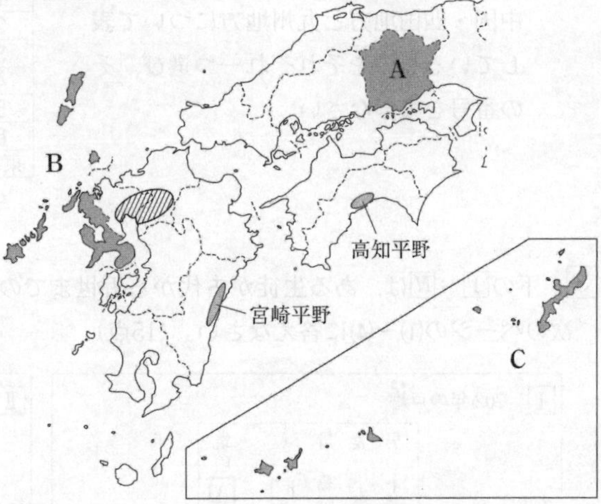

エ　下の1～3は，略地図中のA～C県のいずれかの人口増減数（千人），外国人のべ宿泊者数（万人），漁業産出額（億円），果実産出額（億円）を表している。1～3のうち，A～C県について表しているものをそれぞれ一つ選び，その番号を書きなさい。

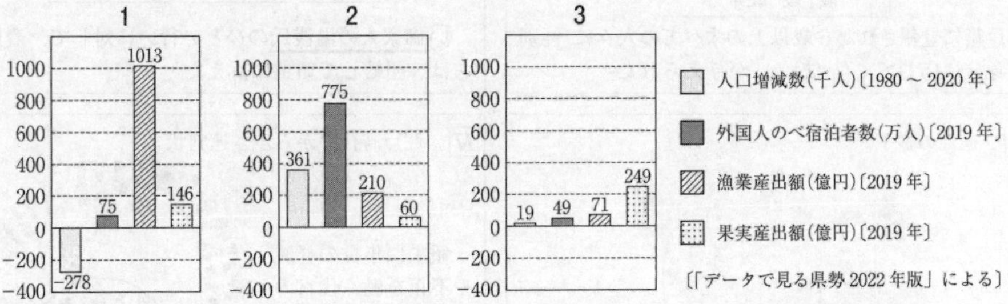

〔「データで見る県勢 2022年版」による〕

(2)　日本の7地方区分についてまとめた次のページの資料1，資料2について，あとのア，イに答えなさい。

ア　資料1は，各地方を土砂災害発生件数の多い順に並べたものである。九州地方で土砂災害が多い理由について，地質と気候を関連付けてまとめた次のページの文中の［　　］に入る適切な内容を書きなさい。

九州地方の多くの地域に広がる火山性の地層には，□という特徴があり，豪雨が続くと，斜面が崩れやすくなるから。

資料1
〔令和2～3年の合計〕

地方区分	件数
九州	850
中国・四国	473
中部	439
関東	292
近畿	128
東北	97
北海道	12

〔「国土交通省資料」による〕

イ　資料2は，各地方の人口，農業生産額，工業生産額，年間商品販売額を表している。資料2中の1～6のうち，中国・四国地方と九州地方について表しているものをそれぞれ一つ選び，その番号を書きなさい。

資料2

	人口（万人）2018年	農業生産額（兆円）2018年	工業生産額（兆円）2018年	年間商品販売額（兆円）2016年
1	2129	1.4	95.7	84.4
2	2237	0.6	64.2	94.8
3	1108	0.9	36.7	35.3
4	1431	1.9	25.7	45.0
5	4336	1.7	84.7	274.3
6	529	1.3	6.3	18.9
東北	875	1.4	18.6	28.9

〔「国土地理院資料」などによる〕

3　下のⅠ～Ⅳは，ある生徒が古代から近世までの農村に関する資料をまとめたカードである。次のページの(1)～(4)に答えなさい。(15点)

Ⅰ　702年の戸籍《こせき》

筑前Ａ嶋Ｂ戸籍川邊Ｃ
戸主　卜部乃母曽　年四十九歳
母　葛野部伊志賣　年七十四歳
妻　卜部甫西豆賣　年四十七歳
男　卜部久漏麻呂　年十九歳
（氏名／年齢）

戸籍に登録された6歳以上のすべての人々に，性別や身分に応じて，（　あ　）が与えられた。

Ⅱ　鎌倉時代の農民の訴状《そじょう》

阿《あ》氏《て》河荘《がわのしょう》上村の百姓《ひゃくしょう》たちがつつしんで申し上げます。……一（領主に納める）材木のことですが，Ｄが上京するとか，あるいは近所の労役《ろうえき》だとかいっては，このように人夫《にんぷ》としてＤの所でこき使われるので，ひまが無いのです。……（部分要約）

い御家人《ごけにん》の湯浅《ゆあさ》氏のひどい行いに対して，農民たちは，団結して領主に訴えた。

Ⅲ　検地の様子

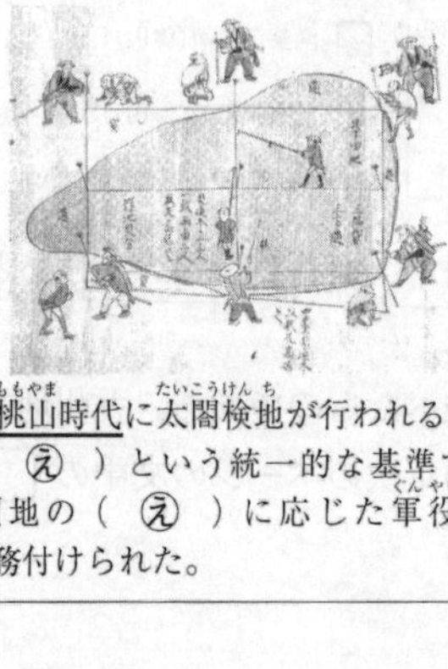

う安土桃山《あづちももやま》時代に太閤検地《たいこうけんち》が行われると，全国の土地が（　え　）という統一的な基準で表され，武士は領地の（　え　）に応じた軍役《ぐんやく》を果たすことが義務付けられた。

Ⅳ　江戸時代のからかさ連判状《れんばんじょう》

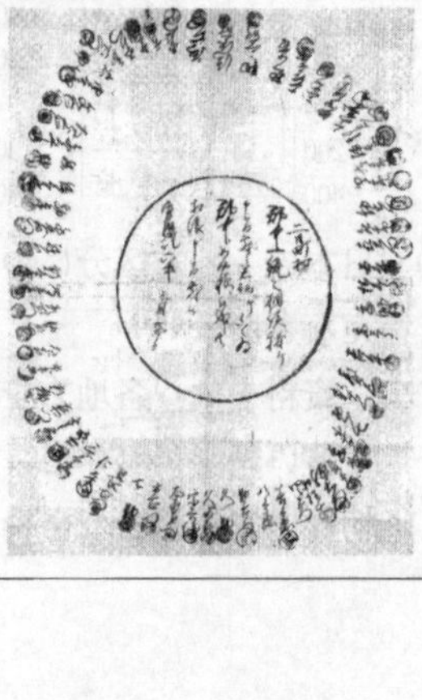

領主に年貢《ねんぐ》の軽減や不正を働く代官の交代などを求めて一致団結した農民たちは，□お□ために円形に署名したとされる。

(1) Ⅰについて，次のア，イに答えなさい。

ア (あ) にあてはまる語を書きなさい。

イ A～Cにあてはまる，律令《りつりょう》体制における地方行政の区分の正しい組み合わせを，次の1～6の中から一つ選び，その番号を書きなさい。

1　A－郡　B－国　C－里　2　A－里　B－郡　C－国
3　A－国　B－里　C－郡　4　A－国　B－郡　C－里
5　A－郡　B－里　C－国　6　A－里　B－国　C－郡

(2) Ⅱ中の D に共通してあてはまる，下線部いが幕府から任命された役職名を漢字で書きなさい。

(3) Ⅲについて，次のア，イに答えなさい。

ア 下線部うのころに栄えた，桃山文化の特色について述べた文として**適切でないもの**を，次の1～4の中から一つ選び，その番号を書きなさい。

1　狩野永徳《かのうえいとく》は，城の室内におかれた，ふすまや屏風《びょうぶ》に，力強く豪華な絵をえがいた。
2　井原西鶴《いはらさいかく》は，武士や町人の生活を基に浮世草子《うきよぞうし》（小説）を書き，庶民《しょみん》の共感を呼んだ。
3　千利休《せんのりきゅう》は，禅宗《ぜんしゅう》の影響を受け，内面の精神性を重視し，質素なわび茶の作法を完成させた。
4　出雲《いずも》の阿国《おくに》という女性が始めたかぶき踊りが人気を集めた。

イ (え) に共通してあてはまる語を書きなさい。

(4) Ⅳ中の お に入る適切な内容を書きなさい。

4 下の年表は，ある生徒が日本の政治に関する主な出来事をまとめたものである。あとの(1)～(6)に答えなさい。(15点)

西暦	主な出来事
1889年	あ大日本帝国憲法が発布される
1898年	大隈重信《おおくましげのぶ》が初めて政党内閣《せいとうないかく》を組織する
1918年	い原敬《はらたかし》を首相とする，本格的な政党内閣が成立する
1924年	う加藤高明《かとうたかあき》を首相とする，連立内閣が成立する
	↕ え
1940年	政党が解散し，新たに結成された（　お　）に合流する
1945年	連合国軍最高司令官総司令部（ＧＨＱ）による占領政策がはじまる
	↕ か
1952年	日本が独立を回復する

(1) 下線部あを制定するために，ドイツやオーストリアなどの各地で憲法について学び，内閣制度ができると初代の内閣総理大臣に就任したのは誰か，人物名を書きなさい。

(2) 下線部いについて，当時の衆議院第一党を，次の1～4の中から一つ選び，その番号を書きなさい。

1　立憲改進党《りっけんかいしんとう》　2　立憲政友会《りっけんせいゆうかい》　3　憲政会　4　自由党

(3)　下線部㋒は，政治により多くの国民の意向が反映される政策を実施した。右の資料は，1920年と1928年の衆議院議員選挙における有権者数と全人口にしめる有権者の割合の変化を表している。この変化について述べた下の文中の X にあてはまる法律名を書きなさい。また，Y に入る適切な内容を，**納税額**という語を用いて書きなさい。

資料

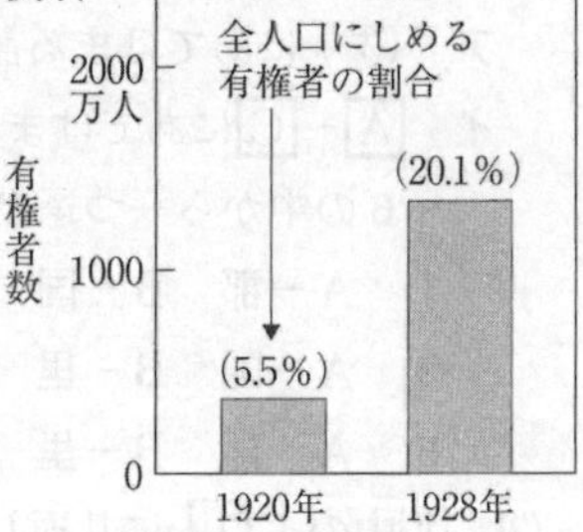

〔「衆議院議員選挙の実績」による〕

> 1925年に成立した X により，Y に対して選挙権が与えられたため，有権者がそれまでの約４倍に増えた。

(4)　㋓の時期に起こった，次の１～３の出来事を年代の古い順に並べ，その番号を書きなさい。

1　中国で国民党が共産党の呼びかけに応じて，内戦を停止した。
2　ドイツでヒトラーが首相になると，ワイマール憲法が停止された。
3　ニューヨークの株式市場《しじょう》で株価が大暴落した。

(5)　(㋔) にあてはまる語を書きなさい。

(6)　㋕の時期について述べた文として適切なものを，次の１～４の中から一つ選び，その番号を書きなさい。

1　ＧＨＱは戦後改革《せんごかいかく》を急ぐため，日本の経済を支配してきた財閥《ざいばつ》との連携を強化した。
2　沖縄と奄美《あまみ》群島，小笠原諸島では，本土と同様に間接統治の方法が採られた。
3　朝鮮戦争《ちょうせんせんそう》が始まった影響で日本の経済は不景気となり，復興が遅れた。
4　冷戦が東アジアにおよぶと，ＧＨＱの占領政策は，経済の復興を重視する方向に転換された。

5　下の文章は，ある生徒が日本国憲法と現代の民主政治について学習した内容をまとめたものである。あとの(1)～(4)に答えなさい。（14点）

> ・日本国憲法の三つの基本原理は，国民主権，基本的人権の尊重，(　㋐　) である。
> ・産業や，情報化などの科学技術の発展にともなって，日本国憲法には直接的に規定されていない㋑「新しい人権」が主張されるようになった。
> ・㋒裁判は，正しい手続きによって，中立な立場で公正に行われなければならない。
> ・選挙権年齢は，2016年から満18歳以上に引き下げられた。選挙の主な課題として，有権者が投票に行かない棄権《きけん》が多くなり投票率が低下していることや，有権者が持つ 　㋓　 ことなどがあげられる。

(1)　(㋐) にあてはまる語を書きなさい。

(2)　資料１は，臓器提供意思表示カードを表している。下線部㋑について述べた次のページの文章中の A ，B にあてはまる語の組み合わせとして適切なものを，次のページの１～４の中から一つ選び，その番号を書きなさい。

資料１

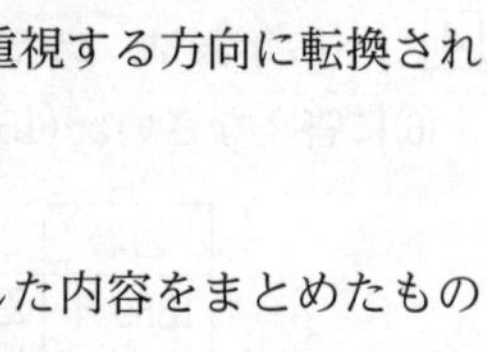

「新しい人権」は主に，日本国憲法第13条に定められている「生命，自由及び［A］に対する国民の権利」に基づいて主張されている。この人権のうち，［B］が尊重された例の一つとして，自分の意思を記入した臓器提供意思表示カードを持つことがあげられる。

1　A－平等　B－自己決定権　2　A－平等　B－プライバシーの権利
3　A－幸福追求　B－自己決定権　4　A－幸福追求　B－プライバシーの権利

(3)　下線部㋒について，次のア～ウに答えなさい。

ア　国会や内閣は裁判所に干渉《かんしょう》してはならず，一つ一つの裁判では，裁判官は自分の良心に従い，憲法と法律だけにしばられるという原則を何というか，書きなさい。

イ　下線部㋒について述べた文として適切なものを，次の1～4の中から一つ選び，その番号を書きなさい。

1　裁判員が参加するのは，高等裁判所で行われる第二審までである。
2　裁判員制度の対象となるのは，殺人や強盗致死《ごうとうちし》などの重大な犯罪についての刑事裁判である。
3　下級裁判所は，法律などが合憲か違憲かについて審査する違憲審査を行わない。
4　日本の裁判所は，最高裁判所，高等裁判所，下級裁判所に分かれる。

ウ　刑事裁判について述べた下の文中の［C］，［D］にあてはまる語を，それぞれ書きなさい。

［C］官は，被疑者《ひぎしゃ》が罪を犯した疑いが確実で，刑罰《けいばつ》を科すべきだと判断すると，被疑者を［D］人として，裁判所に訴《うった》える。

(4)　資料2は，衆議院議員選挙・小選挙区の議員一人あたりの有権者数を表している。［㋓］に入る適切な内容を，資料2を参考にして，価値という語を用いて書きなさい。

資料2

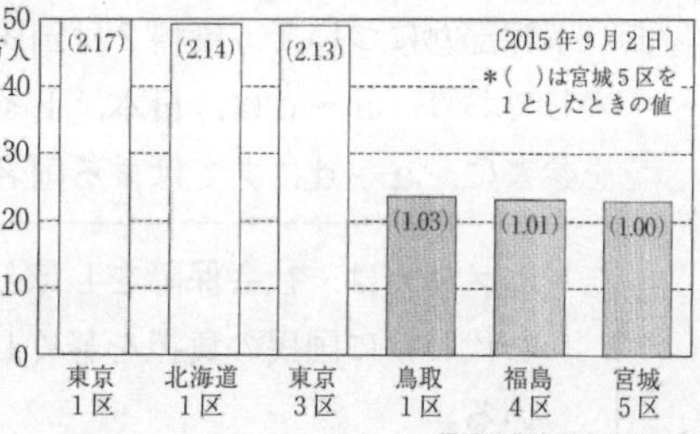

〔「総務省資料」による〕

6　下の表は，ある生徒が生活と経済についてまとめたものである。次のページの(1)～(6)に答えなさい。(15点)

雇用と労働条件の改善	・質の高い充実した仕事をするうえで，休息の時間をしっかり取り，家族や地域の人と過ごす時間が必要である。そのためには，労働時間を短縮し，育児や介護のための休暇を充実させることで，性別や年齢に関わりなく，仕事と個人の生活とを両立できる（㋐）を実現することが重要である。 ・㋑賃金や労働時間などの労働条件は，原則として，労働者と使用者との間で，契約の形で決められる。
貿易と経済のグローバル化	・それぞれの国が得意な商品の生産に力を入れ，その商品を貿易する（㋒）の実現で，それぞれの国が，国民の暮らしをより豊かにできる。外国と貿易したり，海外旅行をしたりするときには，㋓日本の通貨である円を，外国の通貨と交換する必要がある。
私たちの生活と㋔財政	・社会保障費が増加する現在の日本にとって，㋕社会保障の充実と経済成長とをどのように両立させていくかが，大きな課題となっている。

(1)　(あ)にあてはまる語を，次の１～４の中から一つ選び，その番号を書きなさい。

　１　フェアトレード　　２　ワーク・ライフ・バランス

　３　バリアフリー　　４　ストライキ

(2)　下線部(い)について，最低限の基準を定めている法律を何というか，書きなさい。

(3)　(う)にあてはまる語を，次の１～４の中から一つ選び，その番号を書きなさい。

　１　国際分業　　２　保護貿易　　３　マイクロクレジット　　４　クラウドファンディング

(4)　下線部(え)について，資料１は日本の通貨（円）とアメリカの通貨（ドル）の為替相場《かわせそうば》の変動を模式的に示したものである。為替相場の変動について述べた下の文章中の A ， B にあてはまる数字を，それぞれ書きなさい。また， X ， Y にあてはまる語の組み合わせとして適切なものを，次の１～４の中から一つ選び，その番号を書きなさい。ただし，為替相場以外の影響は考えないものとする。

資料１

月	為替相場(月平均値)
1月	1ドル＝ 80円
6月	1ドル＝100円
12月	1ドル＝120円

> 資料１中で最も円安なのは， A 月である。１台240万円の日本製自動車がアメリカへ輸出された場合，この月の為替相場（月平均値）で計算すると，１台 B ドルとなる。一般的に円安は，輸出が中心の日本の企業にとって X となり，日本からアメリカへ旅行する観光客にとって Y となる。

　１　X－有利　　Y－有利　　２　X－有利　　Y－不利

　３　X－不利　　Y－有利　　４　X－不利　　Y－不利

(5)　下線部(お)について，国や地方公共団体が税金を使って，道路や公園，水道などの社会資本の整備や，社会保障や消防などの公共サービスの提供を行う理由を，次の２語を用いて書きなさい。

　　利潤　民間企業

(6)　下線部(か)について，資料２は国民負担率と国民所得（ＮＩ）にしめる社会保障支出の割合を表しており，ａ～ｄは，日本，ドイツ，アメリカ，スウェーデンのいずれかである。下の文章を参考に，ａ～ｄにあてはまる国名をそれぞれ書きなさい。

> ・アメリカは，社会保障をしぼりこむ代わりに国民の負担を軽くしている。
> ・スウェーデンは，社会保障を充実させる代わりに，税金などの国民の負担を大きくしている。
> ・日本の社会保障負担の比率と租税負担の比率は，いずれもドイツよりも低い。

資料２

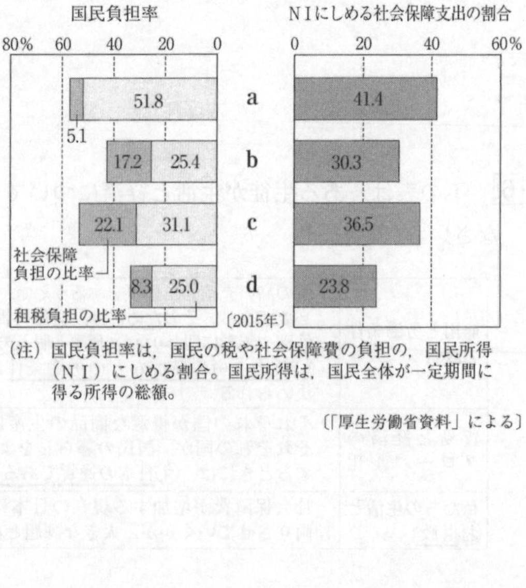

（注）国民負担率は，国民の税や社会保障費の負担の，国民所得（ＮＩ）にしめる割合。国民所得は，国民全体が一定期間に得る所得の総額。

〔「厚生労働省資料」による〕

7　下の資料1，資料2は，ある生徒が海上輸送に大きな役割を果たしている運河について調べてまとめたものの一部である。あとの(1)～(5)に答えなさい。ただし，資料1と資料2の地図の縮尺は同一ではない。(12点)

資料1

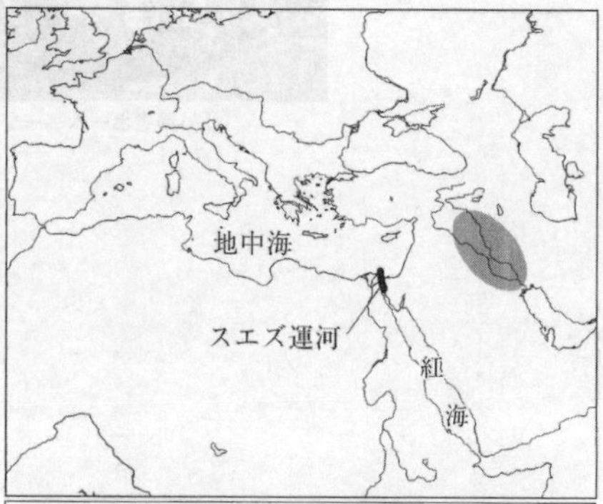

・スエズ運河は，地中海と紅海を結ぶ全長約163 km（建設当時）の運河で，あ1869年に完成した。
・ヨーロッパとアジアを結ぶ航路は，バスコ・ダ・ガマが開拓した，(　X　)を回る航路に比べて大幅に短縮された。

資料2

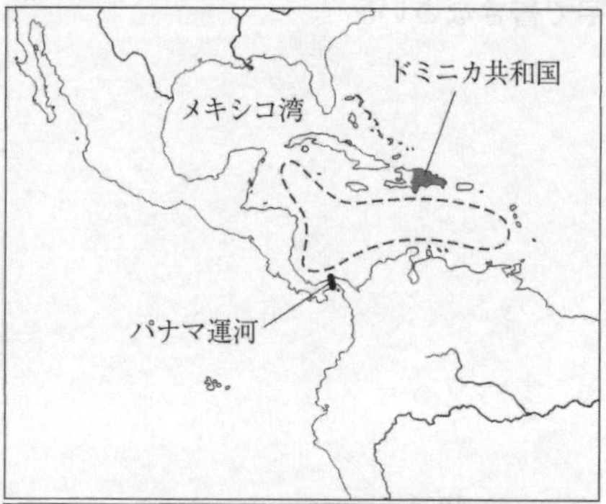

・パナマ運河は，大西洋と(　Y　)を結ぶ全長約80 kmの運河で，1914年に完成した。
・北アメリカ大陸東岸と西岸を結ぶ航路は，南アメリカ大陸南端を回る航路に比べて大幅に短縮された。

(1)　(X)，(Y)にあてはまる語の組み合わせとして適切なものを，次の1～4の中から一つ選び，その番号を書きなさい。

1　X－アフリカ大陸南端　Y－太平洋　　2　X－アフリカ大陸南端　Y－インド洋
3　X－ユーラシア大陸北端　Y－太平洋　　4　X－ユーラシア大陸北端　Y－インド洋

(2)　資料1中の  で栄えた古代文明について述べた文として適切なものを，次の1～4の中から一つ選び，その番号を書きなさい。

1　各地に都市国家が建設され，男性市民全員が参加する民会を中心に民主的な政治が行われた。
2　川のはんらんの時期を知るための天文学が発達し，太陽暦が作られ，象形《しょうけい》文字《もじ》も発明された。
3　楔形《くさびがた》文字《もじ》が発明され，太陰暦《たいいんれき》，時間を60進法で測ること，1週間を七日とすることが考え出された。
4　文字や長さや重さ，容積の基準，貨幣が統一され，北方の遊牧民の侵入を防ぐための長城が築かれた。

(3)　下線部あの後に起こった，日本に関する次の1～3の出来事を年代の古い順に並べ，その番号を書きなさい。

1　イギリスとの日英同盟が結ばれた。
2　清との下関条約が結ばれた。
3　関税自主権の完全な回復を実現した。

(4)　主に資料2中の 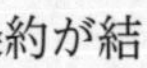 で発生し，西インド諸島，北アメリカ大陸南部や南東部をおそう熱帯低気圧を何というか，書きなさい。

(5) 資料３は，資料２中のドミニカ共和国にある，日本の協力で整備された消化器疾患《しっかん》センターを表している。このように，発展途上国の社会・経済の開発を支援するため政府が行う資金や技術の協力を何というか，その略称を**アルファベット３文字**で書きなさい。

資料３

〔「外務省ホームページ」より〕

【資料】

「いいです。」と答えた二つの場面

A　部活動の先輩から「一緒に帰らない？」と聞かれ、私は一緒に帰りたいと思い、「いいです。」と答えた。しかし、先輩は「じゃあ、また今度ね。」と言って帰ってしまった。

B　レストランで店員から「お皿をお下げしましょうか？」と聞かれ、私はまだ食べている途中だから下げないでほしいと思い、「いいです。」と答えた。しかし、店員は皿を下げてしまった。

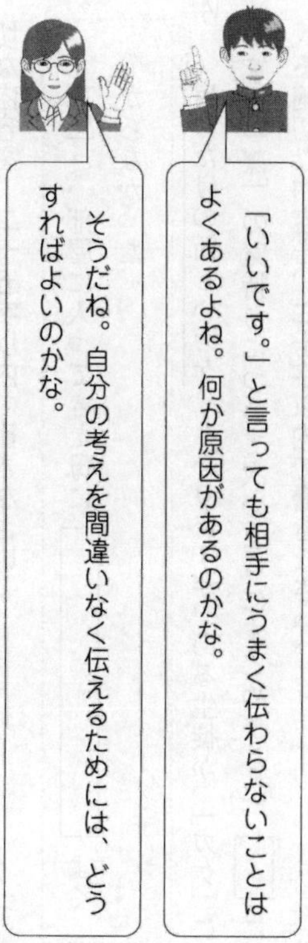
「いいです。」と言っても相手にうまく伝わらないことはよくあるよね。何か原因があるのかな。
そうだね。自分の考えを間違いなく伝えるためには、どうすればよいのかな。

(1)　題名を書かないこと。

(2)　二段落構成とし、それぞれの段落に次の内容を書くこと。

・第一段落では、【資料】の「いいです。」の意味や使い方について気づいたことを書くこと。

・第二段落では、第一段落をふまえて、**自分の意見**を書くこと。

(3)　百五十字以上、二百字以内で書くこと。

3　すばやく動く。
4　先生も笑う。

(2)　(あ)異変を感じた　とありますが、「母」が「凜」の状態を見て動揺している様子を表した語句を、本文中から**十四字**で**そのまま**抜き出して書きなさい。

(3)　(い)動かなかった　とありますが、ある生徒が、動けないでいる時の「凜」の様子について次のようにまとめました。□に入る適切な内容を、**二十五字以内**で書きなさい。

「凜」は、部屋に入ってきた母に□よく分からなかった。

(4)　(う)自分だけの新しいカケ　とありますが、ある生徒が、「カケ」に対する「凜」の気持ちについて次のようにまとめました。□に入る適切な内容を、**二十字以内**で書きなさい。

カケは、弓よりも□から、「凜」は自分だけのものが欲しくて仕方なかった。

(5)　(え)「ごめんね……」、(お)「ごめんなさい……」　とありますが、ある学級で、この二つの表現について話し合いをしました。次は大森さんのグループで話し合っている様子です。[A]、[B]に入る適切な内容を、[A]は**十五字以内**で、[B]は**十字以内**で書きなさい。

大森　「ごめんね……」は、カケに対して、二ヶ月ほどしまい込んでいたことを謝っているんだよね。
渡辺　カケに触ったことで、買ってもらったばかりのカケを着けて寝ていた日々が [A] ことを思い出したんだよ。
水木　このとき、弓道の大切さを再確認したんだね。
大森　「ごめんなさい……」は、「母」に対して謝っているとも考えられるね。
渡辺　「母」は「凜」が無理をしていたことに以前から気づいていたんだね。「母」は、「安心した様子」だけど「怒ったように」言っているよ。「凜」のことを [B] からこそ、「母」は強い口調で言ったのではないかな。

(6)　この文章について述べたものとして最も適切なものを、次の1〜4の中から一つ選び、その番号を書きなさい。
1　比喩を用いて体の様子を描写することで、「凜」にとって「母」が必要不可欠な存在であることを表現している。
2　言葉を省略する「——」を用いることで、「凜」が「母」に対して言い返せずに悩んでいることを表現している。
3　弓道に関する単語を多用することで、「凜」が弓道の難しさについて認識していることを表現している。
4　現在の場面に回想する場面をはさむことで、「凜」が弓道に懸命に向き合ってきたことを表現している。

6　ある中学校で、**【資料】**を見ながら、自分の考えの伝え方について話し合いをしました。次のページの**【資料】**と生徒のやりとりを読んで、あとの(1)〜(3)に従って文章を書きなさい。（10点）

在せず、学校で必要なものとは別に何でも理由を言えばそれに応じて足りなくなったお金は出してくれる。その代わり、どんなつまらないものでも、使った用途は報告しなければならない。変なものにお金を使ってしまっても、鼻で笑われることはあっても怒られることはない。ただその後、他にもっと欲しいものが出てきた時に「あの時あんなものを買ってなければねえ……」としばらく嫌みを言われることになる。そうして少しずつ、自分が本当に欲しいのかどうか、どれくらいのお金を出す価値があるかということを学ばされてきた。

小学校まではともかく、中学に入って以降、使うお金の九割は弓道関係だった。それ以外のことに払う関心が残っていなかったのだ。学校帰り、コンビニやなんかでちょっとしたスナックを買って食べたりする以外、同級生が飛びつくようなアクセサリーやチャーム（注2）、ファッショングッズも文具もどうでもよかった。可愛いペンケースより、可愛い握り革（注3）が、かっこいい矢が欲しかった。そしてもちろんいつかは自分のカケ、そして自分の弓――。

カケは弓よりも身体に密着するものだから、それが馴染《なじ》んでいるかどうかは弓よりも重要とされる。弓はある意味消耗品でもあるし、貸し借りもさほど問題なくできるが馴染んだカケはそうはいかない。「掛け替えのない」という言葉は「弽《カケ》は替えが利《き》かない」ということから来ているという説もあるという（棚橋先生（注4）はあまり信じてはいない様子でそんな話をしてくれた）。新品のカケはなるべく常に身に着けておき、手に馴染ませるのがよいと聞いて、凜も買ってもらったばかりのカケを一ヶ月ほどは、授業中以外はほぼ毎日着け、そのまま寝ていたものだった。

どんなに可愛いぬいぐるみよりも嬉《うれ》しく、新しい鹿革の匂いを嗅ぎながら眠りに落ちる日々は、希望に満ちていて、それまでの人生で一番幸せだったかもしれない。

弓のことは頭から追い出そうとクロゼットにしまい込んで二ヶ月ほど。久しぶりに触るその革の感触は記憶していた以上に滑らかで優しく、母の手以上に凜の心を慰めてくれた。

下掛け（注5）をしていないことを若干申し訳なく思いながらも、我慢できずに紐《ひも》を解き、型崩れ防止の木を引き抜いて手を差し入れた。手から全身に、じいんと震えのような波が駆け抜ける。

㋓「ごめんね……」

責められているような気がして、凜はカケをぎゅっと抱いて謝った。

「言ったよね。無理しないでいいよって。凜には無理なんだよ。弓をやめるとか、我慢するとか。お母さん、分かってたよ」

少し安心した様子の母が、それでも怒ったように言う。

㋔「ごめんなさい……」

母に謝っているのかカケに謝っているのか、自分でもよく分からないまま繰り返した。

――我孫子武丸《あびこたけまる》『残心《ざんしん》　凜の弦音《つるね》』より――

（注1）カケ……弓道の道具。革製の手袋状のもので、右手にはめて親指を保護するために使う。

（注2）チャーム……かばんやアクセサリーなどにつける小さな飾り。

（注3）握り革……弓の握り持つ部分に巻く革。

（注4）棚橋先生……凜の師匠。

（注5）下掛け……汗からカケの革を守るために着ける布製の手袋。

(1)　扉を開ける　の文節相互の関係と同じ関係のものを、あとの1～4の中から一つ選び、その番号を書きなさい。

1　少女が歌う。

2　晴れたので見える。

を、「多様」という語を用いて三十字以内で書き、［B］には最も適切な語を、本文中から五字でそのまま抜き出して書きなさい。

松田　「ほかでもないあなたを必要としている」とは、どういうことかな。
高橋　オーケストラにおいて、一人一人の奏者は、代わりになる者がいない存在であることを言っているんだよね。
中村　奏者たちが代わる者のない存在なのは、「個性ある音楽家ならではのずれ」があるからだと思うよ。
松田　そうだね。奏者たちの［A］ことから生じた「ずれ」が重なることで、オーケストラの魅力ある音は生み出される、ということなんだね。
高橋　オーケストラには社会のあるべき姿が反映されているようだともあるね。
中村　それは「ずれ」を［B］社会の姿なのではないかな。

5　次の文章を読んで、あとの(1)～(6)に答えなさい。（26点）

高校三年生の篠崎凜《しのざきりん》は、中学生の頃から弓道に打ち込んできたが、自分の進む道が分からず、進路について悩んでいた。そこで、勉強に集中するために、ずっと続けてきた弓道から離れることにした。

鳴り続ける目覚ましに㋐異変を感じたのだろう、母が凜の部屋に入ってきて、じっと見下ろしている。エプロンをして、手には菜箸を持ったままだ。朝食の用意をしていたところなのだろう。
（お母さん）
そう呼びかけようとしたが声が出たのか出ていないのかよく分からなかった。口が動いたのかどうかも。
母はしばらく青ざめた顔で立ち尽くしていたが、やがてゆっくりと手を伸ばして目覚まし時計を止めると、そのまま凜の額に手を当てて熱を測っているようだった。
温かい。
家族と――というか、人と触れあうのが随分久しぶりな気がした。
起きられない、と言おうとした途端、母は身を翻《ひるがえ》して小さなクロゼットの扉を開ける。何やらゴソゴソしていたかと思うと、引き返してきて布団《ふとん》を少しめくり、娘の胸に何かを押しつける。
「熱はないようだけど、今日は休みなさい。学校には連絡しとくから。分かった？」
母が一体何を押しつけてきたのかと首を無理矢理起こして見ると、それはクロゼットの奥に自ら押し込めておいたカケ（注1）だった。思わず両手を伸ばしてそれを握る。金縛りが解けたように身体が動く。
「なんで……？」
さっきまでどうやっても㋑動かなかったのに。
「『なんで』じゃないでしょ。あなたにはそれがいるってことじゃないの？　まったく、もう」
中二の春、一生弓を続けたいと既に思っていた。借り物のカケではない、㋒自分だけの新しいカケが欲しくて仕方なくて、両親に頭を下げてねだったのだった。道着に足袋にその洗い替え、袴《はかま》や細かい諸々《もろもろ》のお金を出してもらっている上での、さらなるお願いだった。中学の間、備品を借りて済ます部員も珍しくはなかった。弓ほどではないにしろ中学生にとって安い買い物ではない。
篠崎家はずっと、基本的に毎月の決まったお小遣いというものは存理的に起こりえない。誰がどのポジションにいようとも、いつでも替えがきくからだ。そんな㋒非人間的な社会で、ひとがいきいきと、各々《おのおの》の役割を果たせるとは思えない。

手触りのやさしい社会は、個々人の価値観が多少ずれていても、正否の基準が人によって違っていても、それを(注4)鷹揚《おうよう》に受け入れる共同体ではないか。端的にいうと、いつでも互いに迷惑をかけあえる集団であるはずだ。であればこそ、顔が見える。

だとすると、各奏者の発する音が微妙にずれるオーケストラは、全員が全員に対してずれているという事実ゆえに、一人としてその奏者に代わる者はいないことになる。互いに歩み寄ろうとしても埋めることのできない溝が、かけがえのない顔の象徴でもあったわけだ。

どうやら、ひとびとを魅了してやまないオーケストラの響きは、音楽観が違い、美意識が違い、正否の基準が違う奏者たちの多様な価値観から生み出されるものであったようだ。個性ある音楽家ならではのずれが一つずつ重なることによって、オーケストラは初めて魅力ある音を奏でることができる。「いったんその席に座ったものは断固として、その人間の責任で音楽を作らねばならない」という言《げん》は、じつはオーケストラからの「あなたの代わりになる奏者はどこにもいない」という呼び声ではなかったか。㋓「ほかでもないあなたを必要としている」という音楽からの招きに応えて、奏者たちは、作品のなかに深くに入り込むことができる。たとえそれが、孤独な作業であったとしても、だ。

――大嶋義実《おおしまよしみ》『演奏家が語る音楽の哲学』より――

(注1)　オケ……オーケストラの略。
(注2)　アンサンブル……二人以上でする演奏。
(注3)　ヴィブラート……音程を細かく上下させて、震えるように音を響かせる奏法。
(注4)　鷹揚……小さなことにこだわらないで、おっとりとしているさま。

(1)　試みる は他動詞です。次の1～4の――の中から他動詞を**すべて**選び、その番号を書きなさい。

1　注文の品を届ける。　2　街の風景が変わる。
3　喜びが顔に表れる。　4　手伝いの人数を増やす。

(2)　㋐そう とありますが、どのようなことをさしているか、次のようにまとめました。[　] に入る適切な内容を、**十五字以内**で書きなさい。

奏者が、まわりとの調和を願って[　　　　]こと。

(3)　㋑結構それらしく聞こえる とありますが、ある生徒が、この語句について次のようにまとめました。[　] に入る最も適切な語句を、本文中から**六字**で**そのまま**抜き出して書きなさい。

さまざまな音楽的要素を一致させない音楽は、まるで本物のオーケストラのような、[　　]サウンドとして聞こえる。

(4)　㋒非人間的な社会 とありますが、この語句について述べたものとして最も適切なものを、次の1～4の中から一つ選び、その番号を書きなさい。

1　集団の成員が自分の役割をそれぞれに務める社会。
2　そこにいるのが特定の誰かでなくてもよい社会。
3　全員が違うことを言い、別々の行動をとる社会。
4　いつでも互いに迷惑をかけることを勧める社会。

(5)　ある学級で、㋓「ほかでもないあなたを必要としている」という音楽からの招き について話し合いをしました。次のページは、松田さんのグループで話し合っている様子です。[A] には適切な内容

4　次の文章を読んで、あとの(1)～(5)に答えなさい。（22点）

オーケストラのあの豊饒《ほうじょう》な響きは、孤独な魂が、なお他者とひとつになることを試みる、という葛藤のなかからしか生まれ得ないものだ。

どんなに耳を澄ましても聞こえようもない小さな音にまで、オーケストラの奏者がこだわりを見せるのも、その調和を願えばこそ、だ。わずかな音の差が全体のパフォーマンスに影響することを知っている者の責任感が㋐そうさせる。だから現場で音を発するときの奏者は、全員が皆「自分の奏でる音は正しい音である」ことを信じている。その確信がなければ、怖くてオケ（注1）のなかで音を出すことなど不可能だ。しかもそれは、まわりとの調和をはかることを要求される音でもある。自分とは違う他者の音に寄り添うことを前提に、自分の信じる正しい音を作るという芸当が至難の業であることは容易に想像がつこう。でも、それをしないことにはオーケストラメンバーとしての使命を果たすことはできない。

ただ、もう一方の真実は、オケで正しい音を奏することは結果的には誰にもできていない、という事実でもある。それぞれの奏者の奏でる音はそれぞれに微妙にずれているからだ。ひとり一人の奏者は音楽家として美意識が異なり、価値観が異なるのだから当然ともいえる。音楽家としての訓練を受けてきたからには、そこには必ず奏者の解釈が加わる。こころひとつに音楽を奏でることを目指しているにもかかわらず、不一致の溝を埋めるにはあまりに芸術家としての自我が確立しているのだ。いかにまわりと合わせようとしても、埋めようのないずれが生じてしまうのもいたしかたなかろう。

アンサンブル（注2）に集中し、相互に音を聞き合うほどに、それは露《あら》わになる。発音のタイミングや音の立ち上がり、立ち下がり、音のつながりや切り方、強弱、ヴィブラート（注3）の周期や深さまで、すべての音のふるまいについて、鋭敏な耳はそのちがいを感知する。調和を願う心が、かえって奏者に疎外感をもたらす。オーケストラ奏者は自分の思い描く理想の音と、他人《ひと》の思い描く理想の音のあいだに挟まれて、いつもストレスを抱えている。互いが互いに対してちょっと迷惑なのだ。

ところが面白いことに、コンピュータを使い、音程はもとより発音のタイミング、音の立ち上がりなどすべての要素をぴたりと一致させてオーケストラ音楽をシミュレートすると……、これほど味気のない音もあるまいという音楽が聞こえてくるらしい。ずれを排除し、すべてが完璧に一致する音楽は砂をかむような響きだ、という。

そこで、さまざまな音楽的要素を微妙にずらしてみる。これが、㋑結構それらしく聞こえる、というではないか。本物のオーケストラの音を録音したかのようにさえ聞こえてくる瞬間もあるようだ。

こうした実験の結果から考えられるのは、じつはひとを包み込むような豊かで温かなオーケストラのサウンドは、それぞれの奏者の奏でる音の一致しなさから生まれてくるのではないかということだ。皆が一致することよりも、一致しないところに充実したオーケストラサウンドの魅力は隠されていると想像するほかはない。そう考えると、ますますオーケストラは社会のあるべき姿を映しているようではないか。

もしも成員の全員が一分のすきもなく、与えられた役目に同じことをする社会が実現したとしたら、それはとりもなおさず、あなたがあなたである必要はなく、私が私である必要のない社会を意味しよう。誰もが一つの課題に対し同じことを言い、同じ行動をとるのだから個人の顔の必要性はなくなる。そこにいるのが特定の誰かである必然性はない。誰かの代わりが見つからなくて困る、というようなことは原

コ　船の上から海に釣り糸を夕らす。

(2) 次の――のカタカナの部分を漢字で表したとき、その漢字と同じ漢字が使われている熟語を、あとの1～4の中から一つ選び、その番号を書きなさい。

一歩ずつケンジツに勉強する。

1 謙虚　2 貢献　3 賢明　4 堅固

3 次の(1)、(2)に答えなさい。(14点)

(1) 次の文章を読んで、あとのア～ウに答えなさい。

弥生《やよひ》も末の七日《なぬか》、明《あけ》ぼのの空朧々《ろうろう》(ぼんやりとして)として、月は有《あり》あけにてひかりおさまれるものから、富士の峰幽《かすか》に見えて、上野・谷中《やなか》(注1)の花のこずゑ、又いつかは(またいつの日に見られるのか)と心ぼそし。むつましきかぎり(親しい人々は皆)は宵よりつどひて、舟に乗りて送る。千じゆ(注2)と云《い》ふ所にて舟をあがれば、前途《せんど》三千里(この先の三千里もあろうかという非常に長い道のり)のおもひ胸にふさがりて、幻のちまた(はかないこの世の分かれ道)に離別の泪《なみだ》をそそぐ。

――松尾芭蕉《まつおばしょう》『おくのほそ道』より――

(注1) 上野・谷中……旅立つ芭蕉が船着き場に向かう途中に通った場所。

(注2) 千じゆ……千住という地。ここから芭蕉の旅が本格的に始まる。

ア　こずゑとありますが、**すべてひらがなで現代かなづかいに書き改めなさい。**

イ　幽に見えてとありますが、その理由として最も適切なものを、次の1～4の中から一つ選び、その番号を書きなさい。

1 一月で雪が降っていたから。

2 空が少し明るくなったから。

3 月の光がまぶしすぎたから。

4 富士山が花で隠れていたから。

ウ　ある生徒が、本文の内容について次のようにまとめました。□に入る適切な内容を、**三十字以内**で書きなさい。

> 作者は、旅に出るにあたり、「花をまたいつの日に見られるのか」という心細さを感じている。親しい人々が、舟に乗って送ってくれる。舟から上がると、「この人たちとはもう会えなくなるかもしれない」と感じ、□こともあって、はかないこの世での皆との別れに涙を流した。

(2) 次の漢詩を読んで、あとのア、イに答えなさい。

春暁《しゅんげう》　孟浩然《まうかうねん》

A 春眠暁を覚えず　　春 眠 不レ覚エレ暁ヲ

B 処処□　　処 処 聞ク二啼 鳥ヲ一

C 夜来風雨の声　　夜 来 風 雨ノ声

D 花落つること知る多少　　花 落ツルコト知ル多 少

ア　書き下し文の□に入る適切な語句を書きなさい。

イ　場面が大きく転換するのは、どの句か。A～Dの中から一つ選び、その記号を書きなさい。

＜国語＞

時間　五〇分　満点　一〇〇点

【注意】問題の1は放送による検査です。問題用紙は放送による指示があるまで開いてはいけません。

1　放送による検査（16点）

【資料】

資料1　放送委員会での話し合いの記録

> 放送委員会
>
> ○生徒総会での意見
> 　昼の放送について、もっと興味をもてる内容にしてほしい。
> 　↓
> ○生徒が放送に興味をもてない理由
> 　内容が［　　　　　　］。
>
> ○委員から出された案
> 　・アンケート
> 　・クイズ
> 　・インタビュー

資料2　インタビューのためのメモ

> ○インタビューする相手
> 　卓球部　井上太郎さん
> 　（3年1組）
>
> ○集めた情報
> 　・小学校5年生から卓球を始めた。
> 　・卓球部部長。
> 　・シングルスで県大会優勝。
> 　・先週、東北大会に出場。
>
> ○井上さんの思いや考えをきく質問
> ［　　　　　　］

2　次の(1)、(2)に答えなさい。（12点）

(1)　あとのア～オの――の漢字の読みがなを書きなさい。また、カ～コの――のカタカナの部分を楷書《かいしょ》で漢字に書き改めなさい。

ア　褐色のかばんを購入する。
イ　迅速な対応を心がける。
ウ　彼は寡黙で落ち着きがある。
エ　運動会を明日に控える。
オ　前の列との間を狭める。
カ　停電はすぐにフッキュウした。
キ　新企画をゴクヒのうちに進める。
ク　休日に公園をサンサクする。
ケ　チョークのコナが手につく。

国語放送台本

今から、国語の、放送による検査を行います。はじめに、解答用紙を出して、受検番号を決められた欄に記入してください。

次に、問題用紙の2ページを開いてください。

□《しかく》一は、【資料】を見ながら放送を聞いて、質問に答える問題です。

ある中学校で放送委員会が開かれました。司会を務めるのは加藤さんで、意見を述べるのは三浦さんと田村さんです。これから、その委員会の様子を紹介します。そのあとで、四つの問題を出します。それを聞いて、解答用紙の(1)、(2)、(3)、(4)、それぞれの欄に答えを書きなさい。委員会の様子、問題は、それぞれ一回しか言いません。必要なことは、メモを取ってもかまいません。

それでは、始めます。

［加藤さん］

これから放送委員会を始めます。今日の議題は「放送内容の改善について」です。先日の生徒総会で、「昼の放送について、もっと興味をもてる内容にしてほしい。」という意見がありました。皆さんはこのことについてどう思いますか。三浦さん、意見をどうぞ。

［三浦さん］

はい。今の放送の主な内容は、行事予定や給食の献立の紹介です。生徒が放送に興味をもてない理由は、内容が掲示板で確認できるものと同じだということです。私たちの放送ならではの内容を考えることが必要です。そこで私は、生徒が登場する場面をつくるのがよいと思います。

多くの生徒が放送に参加できる企画を考え、皆さんで楽しめる内容を盛り込むのはどうでしょうか。例えば、全校生徒に好きな本や音楽などのアンケートをとって、結果をランキング形式で発表したり、クイズ大会を行ったりするとよいと思います。全校生徒と一緒に楽しい昼のひとときをつくりたいですね。

［加藤さん］

それは楽しそうですね。では次に、田村さん、意見をどうぞ。

［田村さん］

はい。私も三浦さんと同じで、生徒が登場する場面をつくるのがよいと思います。私は、一人の生徒に注目して紹介することを考えました。部活動で活躍している人にインタビューを行い、その内容を放送します。例えば、何かに全力で取り組む人の話は、放送を聞いた全校生徒に多くの影響を与えるのではないでしょうか。

［加藤さん］

そうですね、インタビューも面白そうですね。インタビューを行うには準備が大切だと思いますが、田村さんはどのような準備をすればよいと思いますか。

［田村さん］

はい。インタビューの前に、相手の思いや考えをきく質問をあらかじめ考えておきます。そのために、相手に関する情報を集めます。例えば、最近活躍している卓球部の生徒なら、活動の状況や出場した大会について調べておきます。そして、集めた情報を利用して質問を考えます。質問してわかったその人の思いや考えを、全校生徒に紹介したいと思います。

以上、委員会の様子は、ここまでです。続いて問題に移ります。

(1)の問題。今日の議題は何でしたか。書きなさい。

(2)の問題。資料1は、放送委員会での話し合いの記録です。空欄に入る適切な内容を書きなさい。

(3)の問題。三浦さんと田村さんの意見について述べているものとして最も適切なものを、これから言う、1、2、3、4の中から一つ選んで、その番号を書きなさい。

1　三浦さんも田村さんも、全力で取り組むことについて、複数の生徒から話してもらうとよいと述べている。

2　三浦さんも田村さんも、生徒が参加する企画について、全校生徒に意見を募集するとよいと述べている。

3　三浦さんは、多くの生徒が参加できる企画を提案しているが、田村さんは、一人の生徒を紹介する企画を提案している。

4　三浦さんは、みんなを楽しませる生徒を紹介したいと述べているが、田村さんは、必ず運動部を紹介したいと述べている。

(4)の問題。資料2は、放送委員が用意したインタビューのためのメモです。集めた情報を利用して、卓球部の井上さんの思いや考えをきく質問を考えて書きなさい。

これで、放送による検査を終わります。では、あとの問題を続けてやりなさい。

MEMO

大切なことはメモしておこうネ！

2023年度

解答と解説

《2023年度の配点は解答用紙集に掲載してあります。》

＜数学解答＞

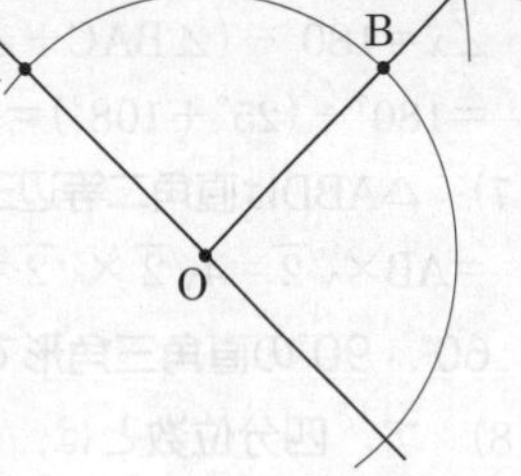

1　(1)　ア　-6　　イ　15　　ウ　$4x^2-2x+1$　　エ　$3x+2y$
オ　$-\sqrt{6}$　　(2)　(例)周の長さ　　(3)　相対度数　0.30
累積相対度数　0.55　　(4)　$3(x+3)(x-5)$　　(5)　a　2
b　-5　　(6)　47(度)　　(7)　$4\sqrt{3}$ (cm)　　(8)　ウ

2　(1)　右図　　(2)　ア　(あ)　60　　(い)　3　　(う)　4
(え)　5　　X　百　　イ　$\frac{9}{20}$

3　(1)　ア　$4\sqrt{5}$ (cm)　　イ　(ア)　$\frac{64}{3}$ (cm^3)
(イ)　$\frac{8}{3}$(cm)　　(2)　ア　(あ)　DF＝DH　　(い)　∠BDF＝∠EDH
(う)　2組の辺とその間の角　　イ　$\frac{9}{5}$ (cm^2)

4　(1)　ア　2　　イ　$\frac{3}{2}$　　(2)　ア　$y=x-2$　　イ　5

5　(1)　(あ)　$50-a$　　(い)　$\begin{cases} a+b=50 \\ 120a+150b+40=6700 \end{cases}$
(2)　ア　$120(x+18)+150(y+18)+40$　　イ　(え)　(0, 12), (5, 8), (10, 4), (15, 0)
(お)　(15, 0)　　りんご　33(個)　　なし　18(個)

＜数学解説＞

1　(数・式の計算，平方根，文字を使った式，資料の散らばり・代表値，因数分解，一次関数，角度，線分の長さ，箱ひげ図)

(1)　ア　異符号の2数の和の符号は絶対値の大きい方の符号で，絶対値は2数の絶対値の大きい方から小さい方をひいた差だから，$4-10=(+4)+(-10)=-(10-4)=-6$

イ　四則をふくむ式の計算の順序は，指数→かっこの中→乗法・除法→加法・減法となる。$(-2)^2=(-2)\times(-2)=4$だから，$(-2)^2\times3+(-15)\div(-5)=4\times3+3=12+3=15$

ウ　$(6x^2-x-5)-(2x^2+x-6)=6x^2-x-5-2x^2-x+6=6x^2-2x^2-x-x-5+6=4x^2-2x+1$

エ　$(6x^2y+4xy^2)\div2xy=(6x^2y+4xy^2)\times\frac{1}{2xy}=6x^2y\times\frac{1}{2xy}+4xy^2\times\frac{1}{2xy}=\frac{6x^2y}{2xy}+\frac{4xy^2}{2xy}=3x+2y$

オ　$\sqrt{\frac{3}{2}}=\sqrt{\frac{6}{4}}=\frac{\sqrt{6}}{\sqrt{4}}=\frac{\sqrt{6}}{2}$，$\frac{\sqrt{54}}{2}=\frac{\sqrt{9\times6}}{2}=\frac{\sqrt{9}\times\sqrt{6}}{2}=\frac{3\sqrt{6}}{2}$だから，$\sqrt{\frac{3}{2}}-\frac{\sqrt{54}}{2}=\frac{\sqrt{6}}{2}-\frac{3\sqrt{6}}{2}$
$=\left(\frac{1}{2}-\frac{3}{2}\right)\sqrt{6}=-\sqrt{6}$

(2)　長方形の縦が$x$cm，横が$y$cmのとき，$2(x+y)=2\times$(縦＋横)　これは周の長さである。

(3)　相対度数＝$\frac{\text{各階級の度数}}{\text{度数の合計}}$であり，度数の合計が20人，20m以上24m未満の階級の度数が6人だから，この階級の相対度数は$\frac{6}{20}=0.30$　また，24m以上28m未満の階級の累積度数は$4+6+1=11$(人)だから，28m未満の累積相対度数は$\frac{11}{20}=0.55$

(4) **共通な因数**3をくくり出して，$3x^2-6x-45=3(x^2-2x-15)$ たして-2，かけて-15になる2つの数は，$(+3)+(-5)=-2$，$(+3)\times(-5)=-15$より，$+3$と-5だから$3(x^2-2x-15)=3\{x+(+3)\}\{x+(-5)\}=3(x+3)(x-5)$

(5) **一次関数$y=ax+b$では，変化の割合は一定で，aに等しい。** xの値が2増加するとyの値が4増加するから，**変化の割合**$=\dfrac{y\text{の増加量}}{x\text{の増加量}}=\dfrac{4}{2}=2=a$ $x=1$のとき$y=-3$だから，$y=2x+b$に代入して，$-3=2\times1+b$ $b=-5$

(6) 右図において，△DEFの**内角と外角の関係**から，∠DEC=∠EDF+∠DFE=28°+80°=108° ℓ//mより**平行線の同位角は等しい**ことと，**三角形の内角の和は180°**であることから，$\angle x$=180°−(∠BAC+∠ACB)=180°−(∠BAC+∠DEC)=180°−(25°+108°)=47°

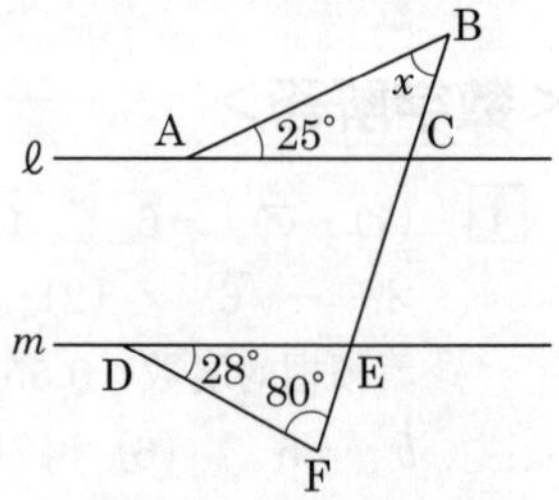

(7) △ABDは**直角二等辺三角形**で，**3辺の比は1：1：$\sqrt{2}$**だから，BD$=\text{AB}\times\sqrt{2}=4\sqrt{2}\times\sqrt{2}=8$(cm) ∠DBC=∠ABC−∠ABD=75°−45°=30°より，△BCDは**30°，60°，90°の直角三角形**で，**3辺の比は2：1：$\sqrt{3}$**だから，BC$=\text{BD}\times\dfrac{\sqrt{3}}{2}=8\times\dfrac{\sqrt{3}}{2}=4\sqrt{3}$(cm)

(8) ア **四分位数**とは，全てのデータを小さい順に並べて4つに等しく分けたときの3つの区切りの値を表し，小さい方から**第1四分位数**，**第2四分位数**，**第3四分位数**という。第2四分位数は**中央値**のことである。適切である。 イ **四分位範囲**はデータの散らばりの度合いを表す指標として用いられる。データの中に極端にかけ離れた値があるとき，最大値や最小値が大きく変化し，**範囲**はその影響を受けやすいが，四分位範囲はその影響をほとんど受けないという性質がある。適切である。 ウ **箱ひげ図**を横向きにかいたとき，箱の横の長さを四分位範囲といい，第3四分位数から第1四分位数を引いた値で求められる。適切でない。 エ 箱ひげ図の箱で示された区間には，全てのデータのうち，真ん中に集まる約半数のデータが含まれる。適切である。

2 (作図，場合の数，確率)

(1) (着眼点)点Bは点Oを通る直線AOの垂線上にあり，AO=BOである。 (作図手順)次の①～③の手順で作図する。
① 直線AOを引く。 ② 点Oを中心とした半径AOの円を描き，直線AOとの交点のうち，点Aと異なる方をCとする。
③ 2点A，Cを中心として，交わるように半径の等しい円を描き，その交点と点Oを通る直線(点Oを通る直線AOの垂線)を引き，②で描いた円との交点をBとする。(ただし，解答用紙には点Cの表記は不要である。)

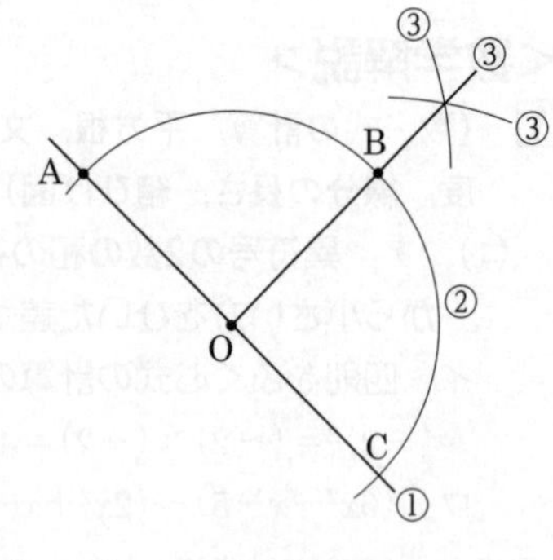

(2) ア 百(X)の位が1のとき，図1の樹形図に示す通り，3けたの整数は12通りできる。百の位が2，3，4，5のときも，同様にして12通りずつできるから，3けたの整数は全部で12×5=60(あ)通りできる。百の位が3のとき，条件を満たす整数は，図2の樹形図で示す通り，3(い)通りできる。百の位が1，2のときは，明らかに3けたの整数は350未満になるから，[問題]を解くためには，百の位が4(う)，5(え)のときも考えなければいけない。
イ 百の位が4，5のときは，明らかに3けたの整数は350以

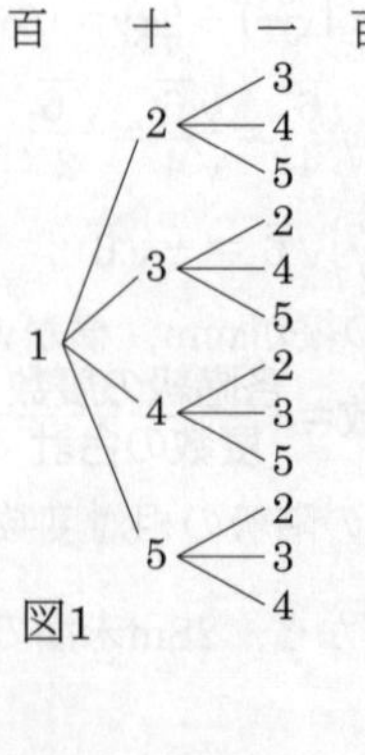

図1

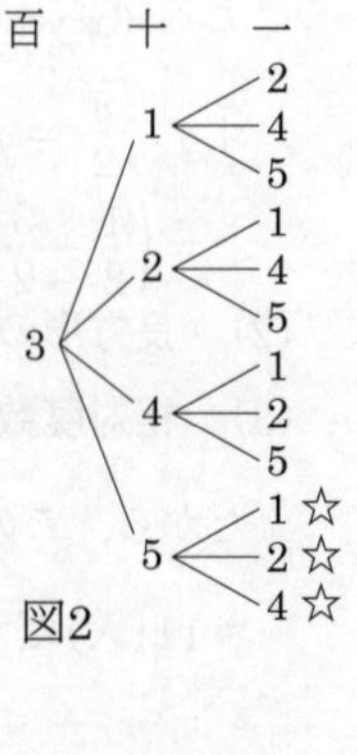

図2

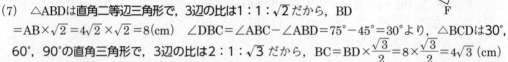

上になるから，350以上の3けたの整数は全部で3＋12×2＝27(通り)できる。よって，求める確率は$\frac{27}{60}=\frac{9}{20}$

3 (線分の長さ，体積，三角錐の高さ，合同の証明，面積)

(1)　ア　△ABEに**三平方の定理**を用いると，$AE=\sqrt{AB^2+BE^2}=\sqrt{8^2+4^2}=4\sqrt{5}$ (cm)

イ　(ア)　折ってできる三角錐を右図に示す。ここで，AC⊥CE，AC⊥CFより，AC⊥△CEFであり，ACは△CEFを三角錐の底面としたときの高さである。よって，折ってできる三角錐の体積は，$\frac{1}{3}\times\triangle CEF\times AC=\frac{1}{3}\times\left(\frac{1}{2}\times CE\times CF\right)\times AC=\frac{1}{3}\times\left(\frac{1}{2}\times4\times4\right)\times8=\frac{64}{3}$(cm³)

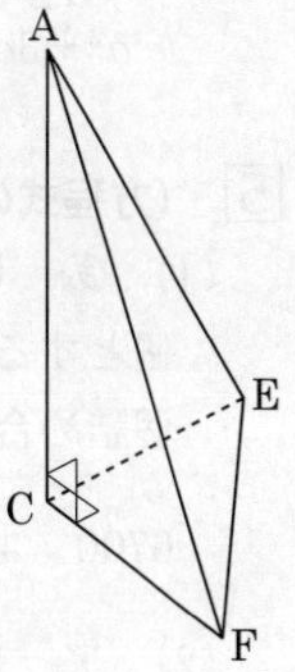

(イ)　右図において，△CEFは直角二等辺三角形で，3辺の比は$1:1:\sqrt{2}$だから，$EF=CE\times\sqrt{2}=4\times\sqrt{2}=4\sqrt{2}$ (cm)　△AEFは$AE=AF=4\sqrt{5}$ (cm)の二等辺三角形　点Aから辺EFへ垂線AHを引くと，**二等辺三角形の頂角からの垂線は底辺を2等分する**から，$EH=\frac{EF}{2}=\frac{4\sqrt{2}}{2}=2\sqrt{2}$ (cm)　△AEHに三平方の定理を用いると，$AH=\sqrt{AE^2-EH^2}=\sqrt{(4\sqrt{5})^2-(2\sqrt{2})^2}=6\sqrt{2}$ (cm)　$\triangle AEF=\frac{1}{2}\times EF\times AH=\frac{1}{2}\times4\sqrt{2}\times6\sqrt{2}=24$(cm²)　以上より，△AEFを底面としたときの高さをhとすると，$\frac{1}{3}\times\triangle AEF\times h=\frac{64}{3}$より，$h=\frac{64}{\triangle AEF}=\frac{64}{24}=\frac{8}{3}$(cm)

(2)　ア　2つの三角形の合同は，「3組の辺がそれぞれ等しい」か，「2組の辺とその間の角がそれぞれ等しい」か，「1組の辺とその両端の角がそれぞれ等しい」ときにいえる。本証明は，「2組の辺とその間の角がそれぞれ等しい」をいうことで証明する。仮定より，△DBEは二等辺三角形だから，DB＝DE…①　四角形DFGHは正方形であり，正方形の4つの辺はすべて等しいことから，DF＝DH(あ)…②　△DAFと△DCHにおいて，∠DAF＝∠DCH＝90°，DF＝DH，DA＝DCであるから，直角三角形の斜辺と他の1辺がそれぞれ等しいので△DAF≡△DCH　したがって，∠ADF＝∠CDH…④　また，∠BDF＝∠BDA－∠ADF＝45°－∠ADF…⑤，∠EDH＝∠EDC－∠CDH＝45°－∠CDH…⑥　④，⑤，⑥より，∠BDF＝∠EDH(い)…③　①，②，③から，2組の辺とその間の角(う)がそれぞれ等しいことがいえる。

イ　AD＝AB＝5(cm)　また，△DAF≡△DCHより，AF＝CH＝2(cm)　△FBIと△DAFにおいて，∠FBI＝∠DAF＝90°…①　∠BFI＝180°－∠DFG－∠AFD＝180°－90°－∠AFD＝90°－∠AFD…②　∠ADF＝180°－∠DAF－∠AFD＝180°－90°－∠AFD＝90°－∠AFD…③　②，③より，∠BFI＝∠ADF…④　①，④から，2組の角がそれぞれ等しいので，△FBI∽△DAF　**その相似比は**FB：DA＝(AB－AF)：DA＝(5－2)：5＝3：5　**相似な図形では，面積比は相似比の2乗に等しい**から，△FBI：△DAF＝3²：5²＝9：25　以上より，$\triangle FBI=\triangle DAF\times\frac{9}{25}=\left(\frac{1}{2}\times AD\times AF\right)\times\frac{9}{25}=\left(\frac{1}{2}\times5\times2\right)\times\frac{9}{25}=\frac{9}{5}$(cm²)

4 (図形と関数・グラフ，方程式の応用)

(1)　ア　点Aは$y=\frac{1}{2}x^2$上にあるから，そのy座標は$y=\frac{1}{2}\times2^2=2$

イ　点Aは$y=ax^2$上にあるから，そのy座標は$y=a\times2^2=4a$　よって，A$(2,\ 4a)$　また，B(2，0)　AB//y軸より，2点A，B間の距離6cmは，2点A，Bのy座標の差に等しいから，$4a-0=6$　$a=\frac{6}{4}=\frac{3}{2}$

(2)　ア　∠DBC＝45°より，直線BDの傾きは1である。直線BDの式を$y=x+b$とおくと，点B(2，0)を通るから，$0=2+b$　$b=-2$　よって，直線BDの式は$y=x-2$

イ　点Eは$y=ax^2$上にあるから，そのy座標は$y=a\times(-1)^2=a$　よって，E$(-1,\ a)$　A$(2,\ 4a)$より，正方形ABCDの一辺の長さは$4a$cm　点Eからx軸へ垂線EFを引くと，F$(-1,\ 0)$　FB＝FO＋OB＝1＋2＝3　FC＝FB＋BC＝3＋$4a$であるから，△BDE＝台形EFCD－△EFB－△BCD$=\left\{\frac{1}{2}\times(\mathrm{EF}+\mathrm{DC})\times\mathrm{FC}\right\}-\left(\frac{1}{2}\times\mathrm{FB}\times\mathrm{EF}\right)-\left(\frac{1}{2}\times\mathrm{BC}\times\mathrm{DC}\right)=\left\{\frac{1}{2}\times(a+4a)\times(3+4a)\right\}-\left(\frac{1}{2}\times3\times a\right)-\left(\frac{1}{2}\times4a\times4a\right)=(2a^2+6a)\mathrm{cm}^2$　これが80cm^{2}に等しいから，$2a^2+6a=80$　$a^2+3a-40=0$　$(a-5)(a+8)=0$　$a>0$より，$a=5$

5　**(方程式の応用，一次関数，数の性質)**

(1)　(あ)　りんごとなしを合わせて50個詰め合わせるとき，りんごをa個とすると，なしは$(50-a)$個とすることができる。　(い)　りんごをa個，なしをb個とすると，りんごとなしを合わせて50個詰め合わせるから，$a+b=50$　箱代40円をふくめて6700円になるから，$120a+150b+40=6700$　よって，a，bについての連立方程式は，$\begin{cases}a+b=50\\120a+150b+40=6700\end{cases}$

(2)　ア　1個120円のりんごを$(x+18)$個と，1個150円のなしを$(y+18)$個を1つの箱に詰め合わせて，箱代40円をふくめて6700円になるから，$120(x+18)+150(y+18)+40=6700$

イ　$4x+5y=60$をyについて解いて，$y=-\frac{4}{5}x+12$…①　x，yは0以上の整数だから，①よりxは0以上の5の倍数である。①に$x=0$，5，10，15，20，…を代入すると，yの値はそれぞれ$y=$12，8，4，0，-4，…　$y=-4$は条件を満たさないから，［条件A］を満たすx，yの値は(0，12)，(5，8)，(10，4)，(15，0)の4組である。さらに，$(x,\ y)=(0,\ 12)$のとき，(りんご，なし)＝(18個，30個)，$(x,\ y)=(5,\ 8)$のとき，(りんご，なし)＝(23個，26個)，$(x,\ y)=(10,\ 4)$のとき，(りんご，なし)＝(28個，22個)，$(x,\ y)=(15,\ 0)$のとき，(りんご，なし)＝(33個，18個)だから，［条件B］を満たすのは$(x,\ y)=(15,\ 0)$だけであり，りんご33個，なし18個となる。

＜英語解答＞

1　(1)　ア　2　イ　3　ウ　1　(2)　ア　3　イ　4　ウ　2　(3)　ア　4　イ　1　(4)　(例)I will read many books written in English.／I want to talk with an English teacher every day.

2　(1)　ア　Can you tell me about it(, please ?)　イ　Do you know what it is(?)　ウ　(This is a)good example to remember a lot(of numbers.)　(2)　4　(3)　(例)1　I have learned Japanese since I came to Japan.　2　Japanese is more difficult than other languages.

3　(1)　A　2　B　7　C　4　(2)　3，5

4　(1)　ア　自分自身を変える　イ　自分の言葉　ウ　誰かの心を動かす　(2)　(例)1　She wants to continue improving herself through her life.　2　No, it isn't.　3　Because she was sure that talking with her favorite singer changed her.　(3)　(例)I like playing *shogi*, so I want to talk with Fujii Sota.　I want to ask him how many hours he plays *shogi* every day.／The person who I want to talk with is Murakami Munetaka.

I want to know how to hit a ball to be a great baseball player like him.

5　(1)　ア　3　イ　4　ウ　2　エ　1　(2)　(例)私たちは，どんなものからでも，どこでも，いつでも，すばらしい考え(アイディア)を手に入れることができるということ。
(3)　ア　5　イ　2　ウ　6

<英語解説>

1　**(リスニング)**

放送台本の和訳は，53ページに掲載。

2　**(会話文問題：語句の並べ換え，語句補充・選択，メールを用いた問題，和文英訳，表を用いた問題，助動詞，間接疑問文，不定詞，現在完了，比較)**

(全訳)　ショウタ(以下S)：アメリカでは，これをどうやって暗記しますか？　[ア]そのことについて教えてくれますか？／エマ(以下E)：ひとつの例として，2×2=4を暗記する時には，“two times two is four.”と言い，2×3=6を覚える時には，“two times three is six.”と言います。これはあなた達のとは異なりますか？／S：いいえ，異なりません。同じように聞こえますが，日本ではこれ[九九]を言うのに面白い方法が存在します。[イ]それが何であるか知っていますか？／E：あんまりわかっていません。あなた達は通常『イチ，ニ，サン，シー，ゴー，ロク……』と数を数えますよね。／S：その通りです。歌を歌うように数を唱えるために，私達はそれらを使います。2×2=4を覚える時には，『ニ，ニン，ガ，シ』と言うことができます。2×3=6を見ると，『ニ，サン，ガ，ロク』と言えます。歌のように聞こえるでしょう？／E：ええ，驚きですね！／S：このようにすることで，日本人がこれ[九九]を簡単に覚える手助けになると言われています。それに，日本人が『ヒー，フー，ミー，ヨー，イツ，ムー…』と数を言うのも聞いたことがありますか？　いくつかの数を簡単に記憶したい時に，これが使われることもあります。／E：私はそれについて今まで聞いたことはありません！　私にとっては新しい情報です。／S：これにより，私達は，より速く，より簡単な数の暗記法を手にすることができます。$\sqrt{2}$ をどうやって覚えていますか？その数値は1.41421356……ですよね。私達はそれを『一夜一夜に人見頃(ヒトヨ，ヒトヨニ，ヒトミゴロ)』という言い回しで覚えています。単純にそう言うだけで面白いので，日本人学生の間で非常に有名で，定着しています。／E：えっ，『ヒトヨ，ヒトヨニ，ヒトミゴロ』ですか？　面白いですね！／S：こういった2つのやり方を用いて，言い回しを作るのことが，私は好きなのです。例えば，先週，ある雑誌で，8724164という長い数字を見かけました。その数字は私にとっては重要ではありませんでしたが，私は『ハナニ，ヨイムシ』という言い回しを作りました。この例では，花に可愛いミツバチがとまっていることを示す図を，私は思い描くことができたのです。時には，言い回しと共にそれを示す図を作り出すことができるのです。／E：そのように数について考えれば，きっとその数を簡単に忘れることはないでしょうね！[ウ]それは多くの数を覚えておくための好例と言えますね。教えてくれて，ありがとうございます。

(1)　ア　Can you tell me about it(, please ?)　<Can you + 原形 ~, please ?> 丁寧な依頼　イ　Do you know what it is(?)　疑問文(What is it ?)が他の文に組み込まれる[間接疑問文]と，<疑問詞+主語+動詞>の語順になるので，注意。ウ　(This is a) good example to remember a lot(of numbers.)　a good example to remember ~ ← <名詞+不定詞>「～するための／するべき名詞」不定詞の形容詞的用法　**a lot of**「(数・量が)たくさんの」

(2) 空所を含む文の次に,「それは私にとって新しい情報である」という意味の文が続いていることから,エマはそのことを初めて耳にした,ということが明らかである。「私はそのことについて決して聞いたことがない」という意味になるように,空所に never を補充する。**<have [has]+ never +過去分詞> 現在完了の未経験** 1「1度,かつて」 2「以前」 3「今まで」

(3) (全訳) こんにちは,ショウタ。今日,あなたと話して楽しかったです。[1]私は日本に来てからずっと日本語を勉強しています。日本語には,*ひらがな*,*カタカナ*,そして,*漢字*がありますが,私は*漢字*を読むことが不得手です。[2]日本語は他の言語よりも難しいです。**「~以来ずっと……している」(継続:現在完了)<have[has]+過去分詞+ since ~>**「~よりも難しい」more difficult than ~

3 **(会話文問題:文の挿入,内容真偽,動名詞,関係代名詞,受け身,助動詞,接続詞,現在完了)**

(全訳) ジェフ(以下J):あなたの作ったピザはとても美味しいです。とても気に入りました。[A]2あなたは料理が上手ですね。/ヒロコ(以下H):ありがとう,ジェフ。今日は,このピザに特別のものを使いました。それが何だかわかりますか?/J:何か特別なものですか? あなたは,ピーマン,タマネギ,トマト,ソーセージ,そして,チーズを入れた……。野菜が特別なのでしょうか?ピザに使う野菜を自分で育てたのですか?/H:いいえ,私はどの野菜も育てていません。/J:それでは,ソーセージを作ったのですか?/H:いいえ,それを作ることはできません。スーパーで買いました。/J:なるほど。では,チーズですね,そうでしょう?/H:その通りです! あなたは驚くかもしれませんが,このチーズは何と米からできています! 米のような味がしたかな?/J:いいえ,全くしませんでした! [B]7*このチーズは牛乳から作られていると思った*ので,チーズが米から作られているなんて,信じられません。とても驚きました。/H:このチーズが米から作られたということを知り,私も驚きました。スーパーでこの商品を見かけた時に,自分で作るピザに使いたくなりました。米のチーズは私たちにとって素晴らしい食品だと私は思います。/J:なぜそのように思うのですか?/H:第1に,私達が通常食べる米のほとんどが日本で作られているので,日本人にとって米を入手することは簡単です。このことは,日本で米のチーズを作ることができるということを意味します。第2に,牛乳アレルギーのある人々も,チーズピザを楽しんで食べることができます。/J:わっ,そのことは私の兄[弟]にとっては良い知らせです。彼は牛乳アレルギーがあるので,彼は牛乳から作られたチーズのピザを食べたことがありません。いつの日か,彼は米のチーズピザを食べてみると良いでしょうね。/H:[C]4そのような日がすぐに来ることを願っています。

(1) [A]空所の前では,「ヒロコの作ったピザがとても美味しくて,気に入った」とジェフが述べており,ジェフの空所のせりふを受けて,ヒロコは Thank you. と述べていることから,判断すること。正解は,2「料理が上手ですね」。**<be動詞+ good at +動名詞[原形+-ing]>「~することが上手[得意]である」** The pizza▼you made「あなたが作ったピザ」← **<先行詞(+目的格の関係代名詞)+主語+動詞>「主語が動詞する先行詞」目的格の関係代名詞の省略** [B]H:「驚くかもしれないが,このチーズは米からできている。米のような味がしたか?」→ J:「いいえ,全くしなかった。[B]7*このチーズは牛乳から作られていると思った*ので,チーズが米から作られているということが,信じられない」was[is] made from「~から作られていた[いる]」/be surprised「驚いている」← **<be動詞+過去分詞>「~される,されている」受け身** **may**「~かもしれない,してもよい」not ~ at all「全く~ない」~,**so**……「~,だから……」[C]前文が「いつの日か,私の兄[弟]は米のチーズピザを食べてみると良い」であることから,考えること。正解は,4「まもなくそのような日が来ることを願っている」。**should**「～すべきである，したほうが良い，のはずだ」 1「あなたがチーズピザを食べることを願っている」 3「チーズは牛乳から作られている，とあなたは私に言った」was made from「～から作られた」← **＜be動詞 + 過去分詞＞「～される，されている」受け身** 5「彼が決してピザを食べないことを願っている」 6「私がそれほど好きでないピザをあなたは作った」you've cooked ← 現在完了＜have[has]＋ 過去分詞＞ the pizza▼I don't like ← ＜先行詞(＋目的格の関係代名詞)＋主語＋動詞＞「主語が動詞する先行詞」目的格の関係代名詞の省略 not ～ so much「それほど～ない」

(2) 1「ヒロコはピザのために野菜を育てることを楽しんだ」(×) ジェフの質問(Did you grow the vegetables for the pizza?：ジェフの第2番目のせりふ)に対して，ヒロコはNo, I didn't grow any vegetables. と答えている。＜enjoy ＋動名詞＞「～することを楽しむ」 2「ジェフは牛乳に対してアレルギーがある」(×) アレルギーなのは，ジェフの兄[弟]である(Oh, that is good news for my brother. He is allergic to milk ～：最後のジェフのせりふ)。 3「ピザにとって特別なものは，米のチーズである」(○) ジェフ：Well, it is the cheese, right ?／ヒロコ：That's right！ ジェフのせりふの it は，something special Hiroko used for the pizza を指す(ヒロコの第1番目のせりふ Today I used something special for the pizza. 参照)。 4「ジェフの兄[弟]は牛乳から作られたチーズのピザを食べたことがある」(×) ジェフは，最後のせりふで，自分の兄[弟]のことを He is allergic to milk, so he has never eaten milk cheese pizza. と述べている。～, **so**……「～，だから……」has(never)eaten「～を食べたことがある(食べたことがない)」← **＜have[has]＋過去分詞＞(完了・結果・経験・継続)現在完了** 5「ヒロコは美味しいピザを調理した」(○) ジェフは，最初のせりふで，ヒロコに対して，The pizza you made is so delicious. と述べている。The pizza▼you made ← ＜先行詞(＋目的格の関係代名詞)＋主語＋動詞＞「主語が動詞する先行詞」目的格の関係代名詞の省略 6「ピザに使われた米でできたチーズは，米のような味がした」(×) ヒロコの Did it[the cheese made from rice]taste like rice? という質問に対して，ジェフは No, not at all. と答えている。not ～ at all「全く～でない」

4 (長文読解問題・スピーチ：要約文を用いた問題，日本語で答える問題，英問英答・記述，自由・条件英作文，不定詞，関係代名詞，接続詞，動名詞)

(全訳) 言語はあなたにとってなんですか？ 私の答えは，言語は私自身を変えるために必要なものである，ということになります。私は，生涯を通じて向上し続けたい，と願っています。それは，そんなに簡単なことではなく，自分自身だけではできませんが，“人々との出会いや人々と話すこと”が私を助けることがありうる，ということはわかっています。人々と会い，話すと，彼らの考え方が常に私の心を動かすのです。通常は，私はうれしくなり，時には悲しくなり，あるいは，驚くことさえありますが，ありとあらゆる感情が私に何かを与えてくれます。私は人々から何かを学ぶことができます。

しかしながら，仮に意思疎通をする方法がなければ，人々と話すことも，彼らを理解することもできません。私達には，意思疎通をするための多くの方法がありますが，会話を通じて人々を変える力を言語は持っているので，互いに理解し合うためには言語が最も役に立つ，と私は信じています。

ある日，私は本屋で私のお気に入りの歌手によって書かれたある1冊の本を購入しました。彼はその場にいて，私は彼と話すことができました。私は彼に尋ねました。『どうすれば，あなたのように，人々をわくわくさせるような言葉を，歌の中で，用いることができるのでしょうか？』彼は私に言いました。『ノートを携えて，町中を歩いて下さい。あなたにとって何か素晴らしいことを見つけたら，自分自身の言葉で，自分の感情を書き留めてください。そうすれば，誰かの心を動かす言葉を手にすることができるでしょう』その日は私にとっては幸福な日となりました。彼と話をしたことで，私が変わった，ということを確信したからです。もちろん，今では，自分のポケットの中に小さなノートを持っています。

世界には多くの人々が存在します。そこで，自分自身を変えるためには，皆さんは誰と会って，話してみたいですか？

(1)　(　ア　)第1段落第2文 My answer is that language is a necessary thing to change myself. を参考にすること。**不定詞[to ＋原形]の目的(「～するために」)を表す副詞的用法**　(　イ　)・(　ウ　)第3段落の歌手のアドバイス(Bring a note book with you, and go around the town. When you find something wonderful to you, write your feelings in your words. Then, you can get words which move someone's heart.)を参考にすること。～ words which move ～ ← **<先行詞(もの)＋主格の関係代名詞 which ＋動詞>「主語が動詞する先行詞」**

(2)　1「アユミは生涯を通じて何をしたいですか？」第1段落第3文で I want to continue improving myself through my life. と答えている。質問に対応して，必要に応じて代名詞等を変えること。**<want ＋不定詞[to ＋原形]の名詞的用法>「～したい」** continue improving ← **動名詞[原形＋ -ing]「～すること」**　2「言語は意思疎通をする唯一の方法ですか」第2段落第2文に We have many ways to communicate とあるので，否定で答える。the only one way[many ways] to communicate ← **不定詞の形容詞的用法<名詞＋不定詞[to ＋原形]>「～するための，すべき名詞」**　3「なぜアユミはその日幸せだったのか？」第3段落の最後から第2文目で，It was a happy day for me because I was sure that talking with him changed me. と述べられていることから，考えること。**because「なぜならば～だから，～なので」** talking ← **動名詞[原形＋ -ing]「～すること」**

(3)　(解答例訳)「私は*将棋*をすることが好きなので，藤井聡太と話したい。私は彼に，毎日何時間*将棋*をしているか，尋ねたい」／「私が話したい人物は村上宗隆だ。彼のように偉大な野球選手になるためには，どうやってボールを打つか知りたい」話してみたい人について，その理由も含めて20語以上の英語で書く自由条件英作文。

5　(長文読解問題・スピーチ：語句の解釈，日本語で答える問題，要約文を用いた問題，語句補充・選択，関係代名詞，不定詞，比較，受け身，助動詞，接続詞，進行形，動名詞，文の構造・目的語と補語，現在完了，前置詞，間接疑問文)

(全訳)　5歳の妹に対して，彼女の誕生日に，私はおもちゃをあげました。すると，彼女は二次元コードの付いたおもちゃの箱を持ってきて，私に尋ねました。「これは何？　これは私の周りでいつも見かけるよ」答える前に，私はスマートフォンのカメラをそれにかざしました。すると，おもちゃに関する情報が私のスマートフォンに映し出されました。二次元コードの背後にあるこの新しい世界に対して，彼女は非常に驚きました。私は彼女に言いました。「もしこの二次元コードがあれば，そこからこういった情報を簡単に得ることができるよ」

革新というものは，時には，単純かつ，簡単な答えから生まれ，私達の生活をより良くします。二次元コードはある日本人により考案されました。彼が働いていた会社では，バーコードの付いた多くの箱を抱えていましたが，ある問題が存在していました。手間をかけずに，箱のすべての情報を知ることは容易ではなかったのです。ある日，従業員達は，伝統的なゲームである*囲碁*を打っていました。*囲碁*は，二次元コードに似ていると思いませんか？　彼は黒と白の石の模様に注意を向けていました。このことがきっかけで，多くの情報を保持する方法に関して，優れたアイディアを彼は思いついたのです。そして，日常生活に対して，このことがとても良い変化をもたらすだろう，と彼は考えました。二次元コードは，バーコードよりも多くの情報を含みます。現在，それらは，教科書，ビデオゲーム，そして，ウェブサイト上に見受けられます。このことは，日常生活における二次元コードのより良い使用法を一部の人々が模索したことを示しています。この話を通じて，この日本人に対して，および，いかに彼が二次元コードを考案したかということ，また，二次元コードを改良したいと考えた人々に対しても，私は敬意を抱いています。

二次元コードは革新の好例であり，ある重要なことを私が実感することの手助けとなりました。私達は，優れた考えを，どのようなものからも，いかなる場所でも，いつでも，得ることが可能なのです。従って，革新というものは，何か大きくて，特別なものに根ざす必要はありません。不便なことや単純な問題が私達の周囲に存在しています。時には，それらの解決策は非常に簡単なものとなりえましょう。それらが革新の手がかりになる可能性があります。私達はただ周囲を見回し，『何を改善することが可能であるか？』と自問する必要があるだけなのです。私達は新しい考えを探しますか，それとも，古い考えのみに固執しますか？

このことについてさらに詳しく考えた時に，私の周囲で，『もし私が……を持っていれば』，あるいは，『もし……があれば』という言葉をしばしば耳にすることに気づきました。以前は，これらの“もし”の文は，何も創造しないだろうと考えていましたが，現在は，それらが革新への最初の一歩になりうる，と私は信じています。何もせずに，“もし”を聞き続けたり，“もし”を言い続けたりする必要はありません。何を改善できるかを確認するために，周りを見回しましょう。皆さんの周囲で，いくつの改革の扉が，開けられるのを待ち続けていることでしょうか？　皆さんは，より良いものを発見し，作り出す途上にいることができます。扉を開くために，人々の“もし”を使い，私達が想像したことがないやり方で，私達の社会をより良くしましょう。

(1)　ア「コウスケは二次元コードについて彼の妹と話した時に，[3]彼女はそれらのいくつかを以前見たことがあった」コウスケの妹は二次元コードの付いたおもちゃの箱を持ってきて，What’s this?　I always see this around me.　(第1段落第2文)と言っている。　1「それらを見るのは彼女にとって初めてだった」前出の説明参照。　2「彼[コウスケ]はそれらについて何も知らなかった」コウスケはスマートフォンを二次元コードにかざして，妹に説明している(If we have this 2D code, we can easily get this information from it.：第1段落最終文)。not ～ any「全く～ない」　4「彼は彼女にそれらの上に彼のスマートフォンをかざさせた」スマートフォンを二次元コードにかざしたのはコウスケである。<**let ＋ O ＋ 原形**>「Oに～［原形］させる」　イ　「二次元コードは[4]それらを使う方法を見つけたい人々がいたので，普及した」第2段落の最後から第2・3文に They[2D codes]are now found in textbooks, video games, and websites.　This shows some people tried to find better ways to use them in their daily lives. とあり，二次元コードの普及と改良しようとする人々の存在について記されている。people who wanted ← <先行詞(人)＋主格の関係代名詞 **who** ＋動詞>「～［動詞］する先行詞」wanted to find／tried to find ← 不定詞[**to** ＋原形]の名詞的用法「～すること」ways to use ← <名詞＋不定詞[**to** ＋原形]> 不定詞の形容詞的用法「～するための，すべき名詞」**better** ← **good**／**well** の比較級「より良い[良く]」　1「多くの日本人達がそれらを発明しようと一生懸命に頑張ったので，生まれた」第2段落第2文に The 2D code was invented by a Japanese man. とある。

were born／was invented ← 受け身 ＜**be**動詞＋過去分詞＞「～される，されている」 2「はバーコードよりも情報が少ない」第2段落に 2D codes have more information than barcodes. とある。**less** ← **little** の比較級「もっと少ない[少なく]」⇔ **more** ← **many**／**much** の比較級「もっと多く(の)」 3「多くの箱を保存するために，ある会社で使われていた」記述ナシ。保管されていた多くのものは，バーコード付きの箱である(His company kept many boxes with barcodes.：第2段落第3文)。were used ← 受け身 ＜**be**動詞 ＋過去分詞＞「～される，されている」to keep many boxes ← 不定詞の目的「～するために」を示す副詞的用法 ウ「コウスケが学んだのは，[2]不便なことへの解決法は，時には非常に簡単でありうる(ということである)」第3段落第4・5文に There are inconvenient things and simple problems around us. Sometimes, answers to them can be very easy. と述べられている。the thing▼Kosuke learned ← ＜先行詞(＋目的格の関係代名詞)＋主語＋動詞＞「主語が動詞する先行詞」目的格の関係代名詞の省略 1「革新は大きくて特別なものからのみ生まれる(ということである)」第3段落第2・3文に We can get great ideas from anything, anywhere, and at any time. So, innovation doesn't need to come from something big and special. とある。＜be動詞＋ born＞「生まれる」 3「彼は新しい考えを探す必要はなくて，古い考えに留まるべきだ(ということである)」第3段落の最後に Do we look for new ideas or do we stay with only old ideas? とあるが，むしろ，コウスケは，改善点がないか，周囲を見回す必要があると考えている(第3段落最後から第2文目：We just need to look around and ask ourselves, "What can be improved?")。look for「～を探す」can be improved ← ＜助動詞＋be＋過去分詞＞ 助動詞を含む受け身。 4「たとえ特に何をしなくても，偉大な考えは社会に広がりうる」記述ナシ。even if「たとえ～だとしても」 エ「[1]周囲の"もし"に注意を向けることで，より良い社会を築くことができる，とコウスケは考えている」第4段落最終文に Use people's "If" to open the doors and make our society better in ways we have never imagined. とある。is thinking ← ＜**be**動詞＋ **-ing**＞「～している」進行形 **better** ← **good**／**well** の比較級「より良い[良く]」by focusing ← ＜前置詞＋動名詞[原形＋ -ing]＞ focus on「(注意などを)～に向ける，に集中させる」make our society better ← **make A B**「AをBの状態にする」in ways▼we have never imagined ← ＜先行詞(＋目的格の関係代名詞)＋主語＋動詞＞「主語が動詞する先行詞」目的格の関係代名詞の省略／＜**have** ＋過去分詞＞(完了・結果・経験・結果)現在完了 2「人々からの"もし"を聞き続けて，革新を待ち続けることが重要である」第4段落第3文に We don't need to keep listening to and saying "If" without doing anything. とある。It is important to keep ～ ← ＜**It** ＋ **is** ＋形容詞＋不定詞＞「～[不定詞]することは……[形容詞]だ」keep -ing「～し続ける」wait for「～を待つ」＜without ＋動名詞＞「～することはなしで」 3「彼の周囲の社会には革新の扉がないので，彼はそれらを作らなければならない」第4段落第5文に How many doors of innovation have been waiting to be opened around you? と述べられており，革新の扉は存在するのである。～, **so**……「～である，だから……」＜**have**[**has**]＋不定詞＞「～しなければならない，に違いない」have been waiting ← ＜**have**[**has**]**been** ＋ **-ing**＞ 現在完了進行形 動作動詞の継続 to be opened ← 不定詞の受け身 ＜to ＋ be ＋過去分詞＞ 4「"もし"は何も作り出さず，人々は"もし"と言うことを止めるべきだ」"もし"は何も作り出さないと考えたのは過去のことであり(第4段落第2文：Before, I thought these "If" sentences would not create anything, but now I believe they can be the first step to innovation.)，“もし”を言うことを止めるべきだ，とは述べられていないので，不適。**should**「～すべきである，のはずだ」<stop ＋動名詞>「～することを止める」

(2)　後続文の We can get great ideas from anything, anywhere, and at any time. をまとめること。

(3)　(全訳)「ある日本人が，彼の仕事における多くの情報を管理するのにア5問題を抱えていた時に，日常生活で，*囲碁*の碁盤からある解決策を見つけた。自分の周囲の社会をより良くするために，イ2似通った考え方を使うことができることを，コウスケは理解した。私達は周囲を見回し，古い考えのみに固執するのではなく，私達が改善できることをウ6見つけるべきだ。私達各々は，将来，良い変化をもたらす人々に加わるだろう」(　ア　)had の後ろに空所があるので，名詞が当てはまる。第2段落第3・4文に His company kept many boxes with barcodes, but there was a problem. It was not easy to know all the box's information without any trouble. とある。<have trouble in -ing>「～するのに困っている」(　イ　)

空所を含む文は，「自分の周囲の社会をより良くするために，(　イ　)考え方を使うことができることを，コウスケは理解した」の意。空所を補充するのに適切な形容詞を選ぶこと。(　ウ　)第4段落第4文に Look around you to see what you can improve. とあるのを参考にすること。疑問文(What can you improve?)が他の文に組み込まれる[間接疑問文]と，<疑問詞＋主語＋動詞>の語順になる。1「滞在する」 3「簡単な」 4「便利なこと」 7「伝統的」

2023年度英語　放送による検査

〔放送台本〕

(1)は，英文と質問を聞いて，適切なものを選ぶ問題です。問題は，ア，イ，ウの三つあります。質問の答えとして最も適切なものを，1，2，3，4の中からそれぞれ一つ選んで，その番号を解答用紙に書きなさい。英文と質問は二回読みます。それでは始めます。

アの問題

It is cold. You want something to make you warm. What will you buy?

イの問題

Emi's school will have a sports festival this month. Students answered a question about their most favorite sport. The most popular sport was dodgeball. Volleyball was chosen by 13 students, and basketball was chosen by 40 students. Which is Emi's school?

ウの問題

You need to go to Midori Park next Saturday. You have to arrive there at 10：30 am. It is 20 minutes from your house to the park. What time will you leave home?

〔英文の訳〕

アの問題

寒いです。体を温かくするための何かが欲しいです。あなたは何を買いますか？

イの問題

エミの学校は今月スポーツ大会が開催されます。生徒は，彼らの最も好きなスポーツに関する質問に回答しました。最も人気のあるスポーツはドッジボールでした。バレーボールは13名の生徒から選ばれて，バスケットボールは40名の生徒から選ばれました。どれがエミの学校ですか？

ウの問題

あなたは翌土曜日にミドリ公園へ行く必要があります。そこには午前10時30分に着かなければなりません。あなたの家からその公園までは，20分かかります。あなたは何時に家を出発しますか？

〔選択肢の訳〕

①　午前10時10分。　2　午前10時20分。　3　午前10時30分。　4　午前10時50分。

〔放送台本〕

(2)は，ケイトのスピーチを聞いて，質問に答える問題です。問題は，ア，イ，ウの三つあります。はじめに，英文を読みます。次に，質問を読みます。そのあと，もう一度，英文と質問を読みます。質問の答えとして最も適切なものを1，2，3，4の中からそれぞれ一つ選んで，その番号を解答用紙に書きなさい。それでは始めます。

Today I want to tell you about my dream. I've wanted to be the best snowboarder in the world since I was a child. Last winter, I went to America to improve my snowboarding skills. I saw many great snowboarders there. I was very surprised because they practiced snowboarding harder than I did. I respected them. So, I practice it every day. I want to snowboard at the Olympics and get a gold medal someday.

アの問題

What did Kate talk about?

イの問題

When did Kate go to America?

ウの問題

Why did Kate respect many great snowboarders in America?

〔英文の訳〕

本日は，私の夢について皆さんに話したいと思います。私は子どもの頃から，世界で最も優れたスノーボーダーになりたいと思っています。この前の冬に，自身のスノーボードの技術を向上しようと，アメリカへ行ってきました。私はそこで多くの偉大なスノーボーダー達を見かけました。私がするよりも，彼らは一生懸命に練習をしていたので，私はとても驚きました。私は彼らを尊敬しました。なので，私はそれ(スノーボード)を毎日練習しています。いつの日か，オリンピックでスノーボードをし，金メダルを獲得したいです。

アの問題

「何についてケイトは話しましたか？」

〔選択肢の訳〕

1　彼女の家族について。　2　冬について。　③　彼女の夢について。　4　彼女の町について。

イの問題

「いつケイトはアメリカへ行きましたか？」

〔選択肢の訳〕

1　今日，彼女はそこへ行きました。　　　　2　子どもだった頃に，彼女はそこへ行きました。

3　この前の夏に，彼女はそこへ行きました。　④　この前の冬に，彼女はそこへ行きました。

ウの問題

「なぜケイトはアメリカで多くの偉大なスノーボーダーを尊敬しましたか？」

〔選択肢の訳〕

1　彼らは金メダルを獲得した。　②　彼らはケイトよりも激しく練習をした。

3　彼らはいくつかの国々を訪問した。　4　彼らの夢が実現した。

〔放送台本〕

(3)は，ルーシーとサトウ先生の対話の一部を聞いて，質問に答える問題です。問題は，ア，イの二つあります。はじめに，対話を読みます。次に質問を読みます。質問の答えとして最も適切なものを1，2，3，4の中からそれぞれ一つ選んでその番号を解答用紙に書きなさい。対話と質問は二回読みます。それでは始めます。

アの問題

Lucy:　My family likes to go camping, so we went to the mountain last summer.

Mr. Sato:　How was it, Lucy?　I guess it was nice.

Lucy:　Of course, it was nice.　I saw a lot of beautiful stars in the sky at night.

Question:　What did Lucy do last summer?

イの問題

Mr. Sato:　Hi, Lucy.　You look sick What's wrong?

Lucy:　I have a headache and feel cold.

Mr. Sato:　That's too bad.　You may have a cold.　You should go home and go to bed.

Question:　What will Lucy say next?

〔英文の訳〕

アの問題

ルーシー　：私の家族はキャンプに行くのが好きなので，この前の夏に山へ行きました。

サトウ先生：どうでしたか，ルーシー？　素晴らしかったと思います。

ルーシー　：もちろん，良かったです。夜には，空に多くの美しい星を見かけました。

質問　　　：この前の夏にルーシーは何をしましたか？

〔選択肢の訳〕

1　彼女はサトウ先生とキャンプを楽しみました。　2　彼女はテレビで多くの星を見ました。

3　彼女はサトウ先生をキャンプへ招待しました。　④　彼女は彼女の家族と一緒に山へ行きました。

イの問題

サトウ先生：こんにちは，ルーシー。体調が悪そうですね。どうしましたか？

ルーシー　：頭痛と寒気がします。

サトウ先生：それはお気の毒ですね。風邪をひいたのかもしれません。帰宅して，寝るべきです。

質問　　　：ルーシーは次に何と言いますか？

〔選択肢の訳〕

①　わかりました，そうします。　2　わかりました，あなたがするべきです。

3　私達の学校へ行きましょう。　4　寝なさい。

〔放送台本〕

(4)は，ウィリアム先生の話を聞いて，質問に答える問題です。話の最後の質問に対して，あなたなら何と答えますか。あなたの答えを解答用紙に英文で書きなさい。ウィリアム先生の話は二回読みます。それでは始めます。

Hi, everyone. You have only a few weeks before graduating. I remember all the school days I've had with you. My best memory is enjoying the English classes with you. Your English is getting better. So, I want to ask you. What will you do to improve your English in high school?

〔英文の訳〕

皆さん，こんにちは。皆さんの卒業までは，ほんの数週間しかありませんね。皆さんと過ごした学校での全ての日々を，私は覚えています。私の1番の思い出は，皆さんと英語の授業を楽しんだことです。皆さんの英語は上達しています。そこで，皆さんに質問したいです。高校では，英語を上達させるために，皆さんは何をするでしょうか？

〔模範解答例訳〕

私は英語で書かれた多くの本を読もうと思います。／私は毎日英語の先生と話をしたいです。

＜理科解答＞

1　(1)　ア　節足動物　　イ　1，3　(2)　ア　2　イ　(器官A)　じん臓　　(血管)　動脈
(3)　ア　風化　　イ　2　　(4)　ア　3　　イ　4〔時〕6〔分〕

2　(1)　20〔cm^3〕　(2)　ア　ダニエル電池
イ　①　4　　②　A　　(3)　ア　誘導電流
イ　1　　(4)　ア　仕事の原理　　イ　60〔cm〕

3　(1)　ア　生産者　　イ　B，C，D，E
ウ　食物網　　(2)　ア　①　(例)デンプンを分解した　②　(例)死んでしまい，デンプンが分解されなかった　　イ　3

4　(1)　ア　$2Mg$ ＋ O_2 → $2MgO$
イ　0.54〔g〕　　(2)　ア　3　　イ　右図1
(3)　4　　(4)　0.80〔g〕

5　(1)　ア　虚像　　イ　4　(2)　ア　2　　イ　45
ウ　右図2

6　(1)　ア　1　　イ　停滞前線[梅雨前線]　　ウ　①　小笠原気団
②　オホーツク海気団　③　北
(2)　ア　Z → X → 図2 → Y　　イ　(例)水蒸気が供給される

図1

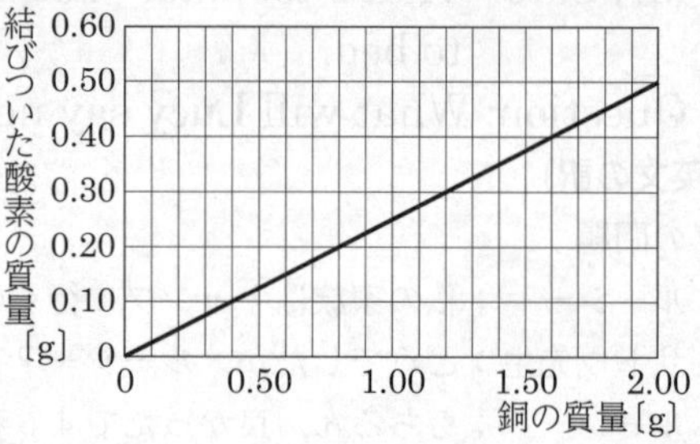

図2

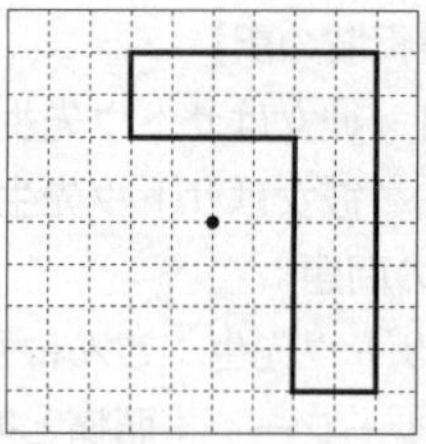

＜理科解説＞

1　(小問集合―無せきつい動物，排出器官，地層，天体の動き)

(1)　ア　無せきつい動物は，イカのように**外とう膜**が内臓の部分を包む**軟体動物**，カニやエビのようにからだが**外骨格**という殻でおおわれてからだとあしに節がある**節足動物**，さらにその他のグループに分けられる。その中で，節足動物はカニなどの**甲殻類**とカブトムシのような**昆虫類**に分けられる。　イ　1は昆虫類で，胸部に3対のあしがある。2の甲殻類は頭胸部と腹部の2つ，

または頭部，胸部，腹部の3つの部分からなる。3の軟体動物にはアサリなどのように外とう膜をおおう貝殻があるものもいる。4も軟体動物だが，アサリとサザエは水中生活をするので，えら呼吸をしている。

(2)　ア　**細胞の呼吸**では，酸素を使って養分からエネルギーがとり出され，二酸化炭素と水ができる。このときにアンモニアもできるが，この物質は蓄積すると細胞のはたらきにとって有害である。　イ　細胞の呼吸で生じたアンモニアは，血液にとりこまれて**肝臓**へ運ばれ，無害な尿素に変えられる。**じん臓**は，血液中から尿素などの不要な物質をとり除くはたらきをしている。血液の流れは動脈→じん臓→静脈なので，静脈には不要な物質がこしとられた後の血液が流れる。

(3)　ア　かたい岩石は長い年月をかけてもろくなり(**風化**)，けずられ(**浸食**)，水の流れによって運ばれ(**運搬**)，平地や海岸などにたまる(**堆積**)。　イ　粒の大きさは，れき＞砂＞泥。粒が大きいものほど海岸に近いところ(水深の浅いところ)に堆積し，沖に向かう(水深が深い)ほど粒の小さなものが堆積する。図はれき岩→砂岩→泥岩と粒が小さくなった後，砂岩→れき岩と逆に粒が大きくなっているので，水深が深くなっていった後で逆に水深が浅くなっていったと考えられる。

(4)　ア　太陽が東から西へ動いているように見えるのは，地球が西から東へ**自転**しているために起こる見かけの動きで，この太陽の1日の見かけの動きを太陽の**日周運動**という。星座を形づくる**恒星**の日周運動も，地球が地軸を中心として西から東へ自転しているために起こる見かけの動きである。　イ　図のAから8時までの長さは，30.2(cm)－(2.0×8)(cm)－(2.0×3.2)(cm)＝7.8(cm)，7.8(cm)÷2.0＝3.9(時間)　8時より3.9時間(3時間54分)前が日の出の時刻である。

2　(小問集合―密度，化学変化と電池，電流と磁界，仕事)

(1)　単位体積あたりの質量をその物質の**密度**といい，固体はふつう$1cm^3$あたりの質量で表す。$28.0(g)\div1.4(g/cm^3)=20(cm^3)$

(2)　ア　化学変化を利用して，物質のもつ化学エネルギーを電気エネルギーに変える装置を**化学電池**という。**ダニエル電池**は，2種類の**電解質**の水溶液をセロハン膜で区切っている。このセロハン膜は2種類の水溶液がすぐに混ざらないようにするが，電流を流すために水溶液中を移動する**イオン**は通過させる。　イ　亜鉛板では次のように亜鉛原子(Zn)が**電子**を失って亜鉛イオン(Zn^{2+})となって，硫酸亜鉛水溶液中にとけ出す。$Zn \rightarrow Zn^{2+}+2e^-$　一方，亜鉛板から銅板に電子が流れてくると，次のように硫酸銅水溶液中の銅イオン(Cu^{2+})が電子を受けとって銅原子(Cu)になり，銅板上に付着する。$Cu^{2+}+2e^- \rightarrow Cu$

(3)　ア　電流の流れるコイルAのまわりには**磁界**が生じる。これによって，磁石を動かしてコイルBの内部の磁界を変化させるのと同じ状態になり，その磁界の変化にともなって電圧が生じて，コイルBに電流が流れる。この現象を**電磁誘導**といい，このとき流れる電流を**誘導電流**という。　イ　図1で，コイルAに電流を流すと，コイルBの上側にS極を近づけたことと同じ状態になる。図2で，棒磁石のS極がコイルBの上側に近づいたとき，検流計には図1と同じ向きに誘導電流が流れるが，棒磁石がコイルBを通りぬけてN極が遠ざかるときには，コイルBの下側にS極が生じるような誘導電流が流れるため，検流計の針は－にふれる。

(4)　ア　物体を持ち上げる**仕事**では，滑車やてこなどの道具を使うと必要な力を小さくすることができるが，力を加える距離は長くなるため，物体にする仕事の大きさは変わらない。これを**仕事の原理**という。　イ　図1で，物体を40cmの高さまで引き上げた仕事の大きさは，3.0(N)×0.4(m)＝1.2(J)　図2で，物体を斜面に沿って移動した距離をxmとすれば，2.0(N)×x(m)＝1.2(J)より，x＝0.6(m)＝60(cm)

3　(自然界のつり合い－生産者，炭素の循環，食物網，微生物のはたらき)

(1)　ア　ある地域に生息・生育するすべての生物と，それらをとり巻く環境をひとつのまとまりでとらえたものを**生態系**という。この中で，**光合成**を行う生物は**生産者**，ほかの生物や生物の死がいなどを食べることで**有機物**を得る生物は**消費者**とよばれる。また，生物の死がいや排出物を食べ，これらを分解する生物を特に**分解者**とよぶ。　イ　生産者も消費者，分解者も呼吸によって有機物を水や二酸化炭素などの無機物に分解し，生きるために必要なエネルギーを得ている。　ウ　自然界での食べる，食べられるという鎖のようにつながった一連の関係を，**食物連鎖**という。生態系において，食物連鎖による生物どうしの関係は網の目のようになっていて，これを**食物網**という。

(2)　ア　ヨウ素液は，デンプンがあると青紫色に変化する。したがって，試験管P，Rの液にはデンプンがふくまれている。上ずみ液には**微生物**がふくまれ，試験管Qではこの微生物がデンプンを分解したため，ヨウ素液の色は変化しなかった。試験管Rでは，沸騰させた上ずみ液を加えたため，微生物は死滅していて，デンプンを分解できなかった。　イ　ヨウ素液の色が変化しないということは，デンプンが分解されたということで，試験管の中には微生物が存在したことになる。

4　(金属の酸化－化学反応式，化学変化と物質の質量，燃焼，原子)

(1)　ア　化学変化は，**化学式**を組み合わせて**化学反応式**で表すことができる。化学変化の前後で，原子の種類と数は変化せず，その組み合わせが変わるだけなので，化学反応式の矢印の左右で原子の種類と数は同じである。マグネシウムは**分子**をつくらず，原子がたくさん集まってできているので，1個のマグネシウム原子で代表する。酸素は，原子2個が結びついた分子(O_2)になっている。　イ　実験1の結果から，マグネシウムと酸素は，1.20：(2.00－1.20)＝1.20：0.80＝3：2の質量比で結びつくことがわかる。1回目の質量の増加分は，1.56－1.20＝0.36(g)なので，この酸素と結びついたマグネシウムの質量は，0.36÷2×3＝0.54(g)

(2)　ア　物質が酸素と結びつくことを**酸化**といい，酸化によってできた物質を**酸化物**という。銅は空気中の酸素によって酸化されて，黒色の酸化銅ができる。この反応は，多量の熱や光を発生しないので，**燃焼**ではない。一方，マグネシウムは空気中の酸素と結びつくときに，熱や光を出して激しく反応する。　イ　銅1.20gと結びついた酸素は，1.50－1.20＝0.30(g)　同様に，銅1.60gでは，2.00－1.60＝0.40(g)，銅2.00gでは，2.50－2.00＝0.50(g)　銅と酸素は，1.20：0.30＝4：1の質量比で結びついたことがわかる。したがって，グラフは原点を通る直線になる。

(3)　(マグネシウムの質量)：(酸素の質量)＝3：2，(銅の質量)：(酸素の質量)＝4：1で結びつくので，同じ質量のマグネシウムと銅と結びつく酸素の質量の比は，8：3になる。

(4)　加熱する前の混合物の中にふくまれていた銅の質量をxgとすると，マグネシウムの質量は$(1.10-x)$g，混合物と結びついた酸素の質量は(1.50－1.10)gなので，$\frac{x}{4}+\frac{2}{3}(1.10-x)=0.40$，$x=0.80$(g)

5　(光－凸レンズ，虚像，焦点距離，実像)

(1)　ア　光源(物体)が凸レンズとその**焦点**の間にあるとき，凸レンズをのぞくと，光源と上下左右が同じ向きで光源より大きい像が見える。このような像を**虚像**という。　イ　凸レンズを物体に近づけていくと，光源と凸レンズの距離がしだいに小さくなり，虚像は光源の実際の大きさに近づいていくが，実際の大きさより小さく見えることはない。

(2)　ア　**光軸**に平行に進む光は，凸レンズに入るときと出るときに屈折して1点に集まる。この点を焦点といい，凸レンズの両側にある。凸レンズの中心から焦点までの距離を**焦点距離**という。また，光源の1点から出た光が凸レンズを通って，1点に集まってできる像を**実像**という。焦点距離の2倍の位置にある光源から出た光は，凸レンズを通って焦点距離の2倍の位置に集まり，光源と同じ大きさの実像を結ぶ。表で，像の高さが1.00倍のとき，物体から凸レンズまでの距離は焦点距離の2倍にあたる。イ　表より，(　)に入る数値をxとすると，物体から凸レンズまでの距離が28cm，30cm，36cm，40cm，$x$cm，60cm，70cmとなるにつれて，凸レンズからスクリーンまでの距離は(98−28＝)70cm，(90−30＝)60cm，(81−36＝)45cm，(80−40)40cm，(81−x)cm，(90−60＝)30cm，(98−70＝)28cmとなっている。したがって，81−x＝36より，x＝45　ウ　スクリーン上にできる実像は，上下左右が光源とは逆向きになる。また，表より，像の高さは物体の2倍なので，スクリーンにうつった像は，たて(4×2)cm，よこ(3×2)cmである。

6　(日本の天気－雲，前線，気団，天気図)

(1)　ア　地表付近の空気があたためられて上昇気流となり，気圧の低い上空で膨張して温度が下がる。この空気の温度が**露点**に達すると，空気のかたまりにふくまれていた水蒸気の一部が水滴になり，雲の粒になる。上昇気流によって垂直に発達した**積乱雲**は，落雷，ひょう，急な大雨の原因になる。イ　暖気と寒気がぶつかり合って，**前線**の位置がほとんど変わらないものが**停滞前線**で，この前線付近では長時間，雨が降り続くことが多い。初夏の梅雨前線や夏の終わりの秋雨前線は，停滞前線である。ウ　初夏のころ，日本列島付近では，あたたかく湿った**小笠原気団**と冷たく湿った**オホーツク海気団**の勢いが同じくらいになり，前線はほとんど動かなくなって停滞前線(梅雨前線)が生じる。夏になって太平洋高気圧の勢力が強くなると，梅雨前線は北に移動し，しだいに見えなくなる。

(2)　ア　中緯度地域の上空では，**偏西風**とよばれる西から東へふく風が地球を1周している。これによって，日本列島付近の天気は，西から東へ変わることが多い。前線をともなう**低気圧**が西→東と移動するが，やがて寒冷前線が温暖前線に追いつき，**閉そく前線**()ができる。そして，図2のように，閉そく前線が低気圧の中心から外側へさらに長くのびるにつれて，中心の気圧が上がりはじめ，低気圧はおとろえていく。イ　冬に大陸からふく北西の**季節風**は，この季節風よりもあたたかい日本海の上空を通るときに，海面からの水蒸気をふくんであたためられて上昇し，筋状の雲をつくる。日本海側に雪を降らせることで水蒸気を失い，太平洋側では冷たく乾いた北西の風がふくことで，乾燥した晴れの天気が続くことが多い。

＜社会解答＞

1　(1)　赤道　(2)　アボリジニ　(3)　1　(4)　ア　イギリス　イ　3
(5)　(例)銅の輸出に頼っているため，国際価格の変動の影響を受けて，輸出によって得られる収入が安定しない。

2　(1)　ア　広島〔市〕　イ　筑紫平野　ウ　促成栽培　エ　A県　3　B県　1
C県　2　(2)　ア　(例)水がしみこみやすく，もろい　イ　中国・四国地方　3
九州地方　4

3　(1)　ア　口分田　イ　4　(2)　地頭　(3)　ア　2　イ　石高　(4)　(例)中心

人物が誰か分からないようにする

4 (1) 伊藤博文 (2) 2 (3) X 普通選挙法 Y (例)納税額による制限が廃止され，満25歳以上の男子 (4) 3→2→1 (5) 大政翼賛会 (6) 4

5 (1) 平和主義[戦争の放棄] (2) 3 (3) ア 司法権の独立[裁判官の独立] イ 2 ウ C 検察 D 被告 (4) (例)一票の価値に差が生じている

6 (1) 2 (2) 労働基準法 (3) 1 (4) A 12[月] B 20000[ドル] 番号 2 (5) (例)利潤が目的ではなく，民間企業だけが担うのは困難なため。 (6) a スウェーデン b 日本 c ドイツ d アメリカ

7 (1) 1 (2) 3 (3) 2→1→3 (4) ハリケーン (5) ODA

＜社会解説＞

1 **(地理的分野―世界地理－地形・人々のくらし・気候・資源・貿易)**

(1) 緯度0度の緯線を**赤道**(せきどう)という。赤道は，**インドネシア・南アメリカ大陸北部・アフリカ大陸の南半部**を通る。アフリカ大陸は，赤道が大陸の中央よりもはるかに南を通るので，**熱帯**の面積は少なく5割以下であることに注意が必要である。

(2) 4万年以上前に，アジアからオーストラリアに渡ってきたオーストラリア大陸の**先住民**を，**アボリジニ**という。アボリジニは，1967年に市民権が与えられた。伝統的に狩猟・採集生活を営み，自然と調和して独自の文化を築き上げてきた。オーストラリアでは，アボリジニの文化の価値が認められ，それと共存する**多文化社会**が実現されている。

(3) **ウェリントン**はニュージーランドの首都である。ニュージーランドは南半球に位置するため，12月・1月・2月と比べて，7月・8月・9月の方が気温が低い。また，**温帯**に属するため，年平均気温は10℃を少し超える程度である。この二つのことからウェリントンの**雨温図**として適当なのは，1である。

(4) ア オーストラリアは，**イギリス**の植民地であったが，1901年にイギリス自治領として**連邦**を形成し，事実上独立した。かつてイギリスの植民地であったために，イギリスの国旗を一部に描いた国旗を用いている。 イ 2000年代以降著しい経済発展を遂げているブラジル・ロシア・インド・中国・南アフリカの5か国をまとめて**BRICS**という。その中の南アフリカは，金・プラチナ・鉄などの鉱産物を多く産出し，日本に輸出している。

(5) ザンビアでは，輸出総額に占める**銅**の輸出額の割合が極端に大きい。そのため銅価格の変動に輸出総額が影響を強く受け，銅価格が低下すると，輸出総額も下落する。上記を簡潔に指摘すればよい。なお，このような，特定の鉱産資源や農産物の輸出に頼る経済の状態を，**モノカルチャー経済**という。原油の輸出に依存するナイジェリア，カカオ豆の輸出に依存するコートジボワール等，モノカルチャー経済はアフリカの国によくみられる。

2 **(地理的分野―日本地理－都市・工業・交通・農林水産業・地形・人口)**

(1) ア **地方自治法**の規定により，人口50万人以上の市の中で，特に政令により指定された都市を**政令指定都市**という。政令指定都市となると，県からの事務移譲があり，区制の施行が可能となる。また，新たな財源等により，高度で専門的な行政サービスが行えるようになる。政令指定都市は全国で20市あり，広島市はその一つである。岡山市も政令指定都市であるが，人口が100万人を超えるのは広島市だけである。 イ 福岡県・佐賀県の南部の筑後川の中・下流沿岸に広がる九州最大の平野が**筑紫平野**である。九州最大の米の産地となっている。 ウ 高知県や宮崎

県では，冬でも温暖な気候を利用して，きゅうり・なす・ピーマンなどをビニールハウスで育てる促成栽培を行っている。他の都道府県からの出荷量が少なく，価格が高い冬から初夏に出荷量を増やすことが行われている。エ　A県は岡山県，B県は長崎県，C県は沖縄県である。長崎県は，漁業産出額が北海道に次いで全国第二位であり，長崎県は1のグラフである。沖縄県は，東京都に次ぐ人口増加率であり，沖縄県は2のグラフである。残る3のグラフが岡山県である。

(2)　ア　鹿児島県や宮崎県など九州南部に数多く分布する，火山噴出物からなる台地をシラス台地という。典型的な火砕流台地であり，シラスや溶結凝灰岩などで構成される。シラスは雨水がしみこみやすく，もろい，酸性の強い土壌である。　イ　日本の7地方とは，北海道・東北地方・関東地方・中部地方・近畿地方・中国・四国地方・九州地方である。1は，工業生産額が最も多いため，中京工業地帯を含む中部地方だとわかる。近畿地方は農業生産額が最も少ないことから，2だとわかる。関東地方は人口が最も多いため，5だとわかる。北海道は，工業生産額が最も少なく，6だとわかる。残るのは問題が求めている中国・四国地方と九州地方である。中国・四国地方は，工業生産額が低く，年間商品販売額も少ないため，3だとわかる。九州地方は，工業生産額も2番目に少ないことから，4だとわかる。

3　(歴史的分野―日本史時代別－古墳時代から平安時代・鎌倉時代から室町時代・安土桃山時代から江戸時代，―日本史テーマ別－政治史・文化史・社会史)

(1)　ア　律令制度の下で，6歳以上の男女に貸し与えられたのが，口分田である。良民男子2段(たん)，女子はその3分の2とされ，死後は収公された。　イ　地方行政区分は，全国を60余りに区分し，国司が納める「国」，その下に郡司が治める「郡」，その下に里長が治める「里」が置かれた。

(2)　源頼朝は，源義経を追捕するという名目で，1185年に後白河法皇に守護・地頭の設置を認めさせた。鎌倉幕府により，国ごとに一人配置されたのが守護で，荘園・公領ごとに配置された役職が地頭である。地頭は軍事警察権を持ち，治安維持や年貢の徴収にあたった。

(3)　ア　江戸時代前期から中期に流行した小説が浮世草子である。17世紀後期から以後，18世紀半ばまで上方中心に流行した現実主義的で娯楽的な町人文学を指す。井原西鶴の『好色一代男』『世間胸算用』等が有名である。1・3・4はどれも桃山文化の説明であり，2のみが江戸時代のことを説明している。　イ　太閤検地後，米の収穫量は石高で表されるようになり，農民が年貢を納めたり，武士が軍役を果たしたりする際の基準となった。

(4)　一揆の首謀者は，幕府によって死罪など厳しく処罰されるため，中心的人物が誰だか分からないように，からかさ連判状では名前を円形に記した。このような趣旨を簡潔にまとめればよい。

4　(歴史的分野―日本史時代別－明治時代から現代，―日本史テーマ別－政治史・経済史・外交史，―世界史－政治史)

(1)　長州藩出身の伊藤博文は，大久保利通亡き後の明治新政府をけん引し，肥前藩出身の大隈重信が明治十四年の政変で下野した後は，政府のリーダーとなった。自らヨーロッパに憲法調査に出向き，帰国後1885年の内閣制度の創立とともに初代総理大臣となった。伊藤はその後3回総理大臣となった。

(2)　1900年に伊藤博文により，旧自由党系の憲政党を吸収して，結成された政党が立憲政友会である。1918年，原敬総裁のときに本格的政党内閣を組織するなど，近代日本政治史に重要な位置を占めた。

(3) X **納税額**等による選挙権の制限があるのを，**制限選挙**という。これに対して，身分・財産・納税額・学歴・性別などにかかわらず，国籍を有する成年全員の選挙権と被選挙権を認める選挙制度を**普通選挙**という。加藤高明を首相とする**護憲三派内閣**の下で，1925年に法改正が行われ**普通選挙法**が成立した。 Y 1925年の法改正で，25歳以上の男子であれば，納税額による制限がなくなったため，有権者は大幅に増加した。このような，納税額による制限のない選挙を，普通選挙という。

(4) 1 中国で，それまで内戦を繰り返していた**国民党**と**共産党**が，日本に抵抗するために協力関係をつくった。これが**国共合作**である。1924年から1927年に第一次国共合作があるが，本格的なのは，1937年から1945年の第二次国共合作である。 2 ドイツでは，1932年の選挙で**アドルフ・ヒトラー**の率いる**ナチス**が第一党となり，1933年ヒトラーが首相に任命され，当時の世界で一番進歩的といわれた**ワイマール憲法**を停止した。 3 1929年にニューヨーク市場で**株価が大暴落**したのをきっかけに，世界的に深刻な長期不況に陥ったことを**世界恐慌**という。アメリカの景気後退は，1933年まで続き，1930年代を通じて経済は沈滞した。年代の古い順に並べると，3→2→1となる。

(5) **日中戦争**の長期化に伴って，**総力戦**遂行のために，1940年に**近衛文麿**首相とその側近によって組織された**「挙国一致」**のための官製国民統制組織が，**大政翼賛会**である。各政党は先を争うように解党してこれに参加した。なお，大政翼賛とは，天皇の政治を助けるという意味である。

(6) 1 **GHQ**は日本の民主化のために**財閥解体**を行った。 2 **沖縄**と**奄美群島**，**小笠原諸島**では，占領軍による直接支配が行われた。沖縄が返還されたのは，1972年である。 3 1950年に**朝鮮戦争**が始まると，日本は**特需景気**と呼ばれる好景気となった。1・2・3のどれも誤りがあり，4が正しい。 4 **冷戦**が東アジアに波及すると，GHQの日本占領政策は大きく転換し，日本を**西側**諸国の一翼を担う国に成長させようとした。

5 （公民的分野―憲法・基本的人権・裁判・国の政治の仕組み）

(1) 日本国憲法の三つの基本原理とは，**国民主権・基本的人権の尊重・平和主義**である。平和主義については，日本国憲法の**前文**に「日本国民は，恒久の平和を念願し，人間相互の関係を支配する崇高な理想を深く自覚するのであつて，平和を愛する諸国民の公正と信義に信頼して，われらの安全と生存を保持しようと決意した。」と記されている。

(2) **日本国憲法第13条**は「すべて国民は，**個人として尊重**される。生命，自由及び**幸福追求**に対する国民の権利については，**公共の福祉**に反しない限り，立法その他の国政の上で，最大の尊重を必要とする。」と定めている。また，一定の個人的な事柄について，公権力から干渉されることなく，自由に決定する権利を**自己決定権**という。**新しい人権**の一つである。医療の場においては，患者が持つ臓器提供意思表示カードが，その一例である。

(3) ア 日本国憲法は，第76条で「すべて司法権は，最高裁判所及び法律の定めるところにより設置する下級裁判所に属する。」と明記しており，このことを**司法権の独立**という。 イ 1 **裁判員裁判**は，第一審のみに取り入れられている。 3 下級裁判所も**違憲審査**を行うことができる。 4 日本の裁判所は，**最高裁判所・高等裁判所・地方裁判所**に分かれる。1・3・4のどれも誤りを含んでおり，2が裁判員制度の正しい説明である。裁判員制度は，2009年に始まった。

ウ C 被疑者が罪を犯した疑いが確実で，刑罰を課すべきだと判断して，被疑者を裁判所に訴えるのは**検察官**の役割である。 D 被疑者が起訴され，裁判所に送られる場合は，**被告人**となる。

(4) 資料2のグラフで見られるとおり，**議員一人あたりの有権者数**が，東京1区・北海道1区・東京3区では，鳥取1区・福島4区・宮城5区の2倍を上回っており，有権者のもつ**一票の価値**が異なり，**一票の格差**が生じていることがわかる。一票の格差があるのは，日本国憲法第14条の定める法の下の平等に反するとされる。上記を簡潔にまとめ，「価値」の言葉を使って簡潔にまとめればよい。

6 **(公民的分野—国民生活・経済一般・国際社会との関わり・財政)**

(1) 「**ワーク・ライフ・バランス**」とは，「仕事と生活の調和」のことをいう。充実感をもって働きながら，家庭生活や地域生活も充実させられること，またはそのための取り組みを言う。そのためには，企業は育児や介護にともなう休業取得促進を進める必要がある。

(2) 労働者のための統一的な保護法として，1947年に制定されたのが**労働基準法**である。労働条件の基準をその内容としている。第4条では，**男女同一賃金**について定め，第32条では，**1日8時間労働制**や，**1週40時間労働制**などを定めている。

(3) 各国が自国の生産条件に見合った商品の生産を行い，その一部を輸出し，他の商品は外国から輸入することなど，国と国との間で分業が行われることを，**国際分業**という。

(4) A **為替相場**の変動で「1ドル80円」から「1ドル120円」のように，外国の通貨に対して円の価値が下がることを**円安**になるという。資料1中で最も円安なのは，1ドル120円の12月である。B 1台240万円の自動車は，2,400,000(円)÷120(円)＝20,000(ドル)となる。　番号 円安が進むと円の価値が低くなるため，日本からの輸出品の外国での価格が安くなるので，よく売れるようになり，日本の企業には有利になる。また，海外旅行などの値段が上がることになり，日本からアメリカへ旅行する日本人観光客には不利になる。正しい組み合わせは，2である。

(5) **国や地方公共団体**が，**社会資本**の整備や消防などの**公共サービス**を行う理由の一つは，**利潤**が目的ではないためである。もう一つは**民間企業**だけが担うのは困難なためである。上記を簡潔にまとめて解答すればよい。

(6) **低福祉低負担**の国の典型的な例は，アメリカである。アメリカは，**社会保障**をしぼりこむ代わりに**国民負担**を軽くしているのだから，dに該当する。一方，**高福祉高負担**の国の典型的な例は，スウェーデンであり，aである。残る日本とドイツを比べてみる。日本の社会保障の負担の比率と租税負担の比率は，どちらもドイツよりも低いのだから，bが日本，cがドイツである。

7 **(歴史的分野—日本史時代別ー明治時代から現代，—日本史テーマ別ー外交史，—世界史ー政治史・文化史，地理的分野—世界地理ー気候，公民的分野—国際社会との関わり)**

(1) X **バスコ・ダ・ガマ**は，ポルトガル人の航海者・探検家であり，ポルトガル王の命を受けて，東回り航路をとり，アフリカ大陸の南端の**喜望峰**を回って，1498年にインドに到達した。Y パナマ運河は，**太平洋**と**大西洋**を結んでいる。

(2) 資料1中の網掛けの部分は，チグリス川・ユーフラテス川にはさまれたメソポタミア地方であり，**メソポタミア文明**では，楔形文字・太陰暦等が発明された。

(3) 1 日本は，ロシアの南下を警戒するイギリスと，ロシアによる満州・朝鮮への進出を抑えようとする日本の利害の一致から，1902年に**日英同盟**を締結した。　2 **日清戦争**に勝利した日本は清国と1895年に**下関条約**を結び，**台湾**他の領土と多額の**賠償金**を獲得した。　3 小村寿太郎外務大臣が，1911年に**関税自主権**を回復し，**条約改正**を完了した。したがって，年代の古い順に並べると，2→1→3となる。

(4) メキシコ湾・西インド諸島付近などで発生する強い暴風雨を**ハリケーン**と呼ぶ。この地域の熱帯低気圧のうち最大風速が毎秒32.7メートル以上のものを指す。

(5) **開発途上国**の経済・社会の発展や福祉の向上を支援するために，**政府**が行う資金や技術面での援助を，ODA(政府開発援助)という。日本のODAは，援助額では世界第三位だが，国民総所得に占める割合は低い。

＜国語解答＞

1 (1) 放送内容の改善について　(2) 掲示板で確認できるものと同じだということ
(3) 3　(4) (例)県大会で優勝した時，どう思いましたか。

2 (1) ア かっしょく　イ じんそく　ウ かもく　エ ひか　オ せば
カ 復旧　キ 極秘　ク 散策　ケ 粉　コ 垂　(2) 4

3 (1) ア こずえ　イ 2　ウ (例)この先の非常に長い道のりへの思いで胸がいっぱいになっている　(2) ア 啼鳥を聞く　イ C

4 (1) 1，4　(2) (例)小さな音にまでこだわりを見せる　(3) 豊かで温かな
(4) 2　(5) A (例)音楽観，美意識，正否の基準が違い，価値観が<u>多様</u>である
B 受け入れる

5 (1) 3　(2) 青ざめた顔で立ち尽くしていた　(3) (例)呼びかけようとしたが声が出たのか口が動いたのか　(4) (例)馴染んでいるかどうかが重要とされる
(5) A (例)希望に満ちていて幸せだった　B (例)心配している　(6) 4

6 (例) 資料のAの場面では，「私」は先輩の誘いを承諾するつもりで「いいです」と言ったのに，先輩は「私」が断ったと思った。「いいです」が承諾する場合にも断る場合にも使われる言葉なので，誤解が生じたのである。

このように，複数の意味をもつ言葉を不用意に使うと，相手を傷つけたり不都合な結果をもたらしたりする恐れがある。私は，言葉を慎重に選び，自分が伝えたいことを相手にきちんと伝えられるようにしたいと思う。

＜国語解説＞

1 **(聞き取り―主題・表題，内容吟味，脱文・脱語補充，短文作成)**

(1) 司会の加藤さんが，「今日の議題は，『**放送内容の改善について**』です。」と言っている。

(2) 三浦さんが，「生徒が放送に興味をもてない理由は，内容が**掲示板で確認できるものと同じだということ**です。」と言っている。

(3) 1は，田村さんは「一人の生徒」にインタビューを行うことを提案しているので誤り。2は，三浦さんも田村さんも意見の「募集」については述べていないので誤り。3は，**三浦さんはアンケートやクイズ大会，田村さんはインタビューを提案している**ので適切である。4は，三浦さんは生徒の紹介を提案していないし，田村さんは例を挙げているだけで「必ず運動部を紹介したい」とは述べていないので誤り。

(4) 解答例の通りでなくても，「卓球を始めたきっかけは何ですか。」など，**集めた情報を利用して井上さんの思いや考えをきく質問**であれば正解とする。

2 **(知識―漢字の読み書き)**

(1) ア 「褐色」は，黒っぽい茶色のこと。　イ 「迅速」は，非常にすばやいこと。　ウ 「寡

黙」は，言葉数が少ないこと。　エ　この場合の「控える」は，時間的に近いという意味。　オ「**狭**」には，「キョウ・せま(い)・せば(める)・せば(まる)」という読みがある。　カ「**復旧**」は，元通りにするという意味。　キ「**極秘**」は，絶対に秘密にすること。　ク「**散策**」の「策」を形の似ている「築」と間違えないように注意。ケ「**粉**」は「米＋八＋刀」である。コ「**垂**」は，横画の数に注意すること。

(2)　例文のカタカナを漢字で書くと「**堅実**」となる。

3　**(古文・漢文—内容吟味，脱文・脱語補充，仮名遣い)**

(1)〈口語訳〉　3月27日，明け方の空がぼんやりとして，月は有明の月で光は薄らいでいるけれども，富士山の峰がかすかに見えて，上野・谷中の花のこずえを，またいつの日に見られるのかと心細い。親しい人々は皆昨夜から集まって，舟に乗って見送る。千住というところで舟から下りると，この先の三千里もあろうかという非常に長い道のりへの思いで胸がいっぱいになり，はかないこの世の分かれ道で離別の涙を流す。　ア「ゑ」を「え」に改めて「**こずえ**」とする。

イ「明ぼの」はまだ夜が明けきる前の**明るくなりはじめた**時間帯で，「有あけ」の「**月**」が出ていたため，富士山が見えたのである。「空が少し明るくなった」と説明する2が正解。1は，本文の「弥生」は3月であり，「雪」は，本文にない内容なので誤り。3の「月の光がまぶしすぎた」は「ひかりおさまれる」と矛盾する。4の「富士山が花で隠れていた」に対応する描写は本文になく，不適切である。　ウ「**前途三千里のおもひ胸にふさがりて**」の内容を，前後の語句につながるように現代語で書く。

(2)〈口語訳〉　春の眠りは夜明けに気づかない／あちこちから鳥のさえずりが聞こえる／昨夜は風雨の音がひどかった／花はどれほど散ってしまっただろう。　ア　書き下し文の空欄に対応するのは「聞啼鳥」である。返り点に従うと漢字を読む順序は「啼鳥聞」なので，これに送りがなをつけて「**啼鳥を聞く**」とする。　イ　A・Bは現在の描写であるが，**Cは過去の回想**である。

4　**(論説文—内容吟味，文脈把握，指示語の問題，品詞・用法)**

(1)　他動詞は，動作やその結果が他に及ぶことを示す動詞。ここでは，助詞の「を」に続く1の「**届ける**」と4の「**増やす**」が他動詞である。

(2)　前の文の「どんなに耳を澄ましても聞こえようもない**小さな音**にまで，オーケストラの奏者が**こだわり**を見せる」の内容を15字以内で書く。

(3)「本物のオーケストラ」の音について述べている部分を探すと，次の段落に「ひとを包み込むような**豊かで温かな**オーケストラのサウンド」とあるので，ここから6字で抜き出して書く。

(4)「そんな非人間的社会」は，「そこにいるのが**特定の誰かである必然性はない**」などを指しているので，この内容と合致する2が正解。「誰がどのポジションにいようとも，いつでも替えがきく」ので，1は不適切。「誰もが……同じことを言い，同じ行動をとる」ので，3は誤り。「いつでも互いに迷惑をかけること」が許されるのは「手触りのやさしい社会」であり，「非人間的社会」ではないので，4は不適切である。

(5)　A「オーケストラの魅力ある音」について述べている部分を探すと，最終段落に「ひとびとを魅了してやまないオーケストラの響きは**音楽観が違い，美意識が違い，正否の基準が違う奏者たちの多様な価値観**から生み出される」とあるので，この内容を前後につながるように30字以内で書く。指定語句の「多様」を必ず入れること。　B　本文では，社会のあるべき姿について，傍線部㋒の次の段落に「手触りのやさしい社会は，個々人の価値観が多少ずれていても，正否の基準が人によって違っていても，それを鷹揚に受け入れる共同体」と述べているので，ここから5字で抜き出して書く。

5 **(小説―情景・心情，内容吟味，文脈把握，文と文節)**

(1)　波線部を文節で区切ると「扉を／開ける」で，文節相互の関係は**修飾・被修飾の関係**である。1「少女が／歌う」は主語・述語の関係，2「晴れたので／見える」は接続の関係，3「**すばやく／動く**」は修飾・被修飾の関係，4「先生も／笑う」はは主語・述語の関係である。

(2)「母はしばらく**青ざめた顔で立ち尽くしていた**」とある。明らかにいつもと違う「凜」の姿を見ても，すぐに声をかけることや目覚まし時計を止めることができなかった様子から，「母」の動揺を読み取る。

(3)「**呼びかけようとしたが声が出たのか**出ていないのかよく分からなかった。**口が動いたのか**どうかも。」をもとに，前後につながるように25字以内で書く。

(4)　傍線部㋒の3つ後の段落に，「カケは弓よりも身体に密着するものだから，それが**馴染んでいるかどうか**は弓よりも**重要**とされる」とあるので，この部分をもとに20字以内で書く。

(5)　A「凜」は，カケを買ってもらったばかりのころのことを，「どんなに可愛いぬいぐるみよりも嬉しく，新しい鹿革の匂いを嗅ぎながら眠りに落ちる日々は，**希望**に満ちていて，それまでの人生で一番**幸せ**だったかもしれない」と回想しているので，この内容を15字以内で書く。

B「母」が，カケを身に着けた途端に回復する「凜」の様子を見て「安心」と「怒り」を同時に表すのは，それだけ「凜」のことを大事に思い，**心配している**ためである。「大事に思っている」(8字)などでも正解である。

(6)　1は，「金縛りが解けたように体が動く」という比喩は「母」ではなく弓道が必要不可欠な存在であることを表現しているので，不適切。2は，本文の「――」はより適切な言葉を探す間を表しているので，誤り。3は，弓道に関する単語は，「凜」の弓道に対する思い入れの強さを表現しているので，不適切。4は，この文章は**現在**の朝の場面に中二の春などを**回想する場面をはさんで描写している**ので，適切な説明である。

6 **(作文)**

(1)～(3)の条件を満たすこと。題名は書かず，**二段落構成**で第1段落に**【資料】**をもとに「いいです。」の意味や使い方について**気づいたこと**を書き，第2段落に第一段落をふまえて**自分の意見**を書く。制限字数は，両方合わせて**150～200字**である。解答例は，第1段落に【資料】のAの場面での「私」と先輩の行き違いが「いいです。」という言葉の意味が二つあることから生じたという気づきを述べ，第2段落にそれに対する自分の考えを書いている。

書き始めや段落の初めは1字空けるなど，原稿用紙の使い方にも注意する。書き終わったら必ず読み返して，**誤字・脱字**や表現のおかしなところがあれば書き改める。

青森県公立高等学校

2022年度

入　試　問　題

2022年度

●くわしい解説……41ページ

＜数学＞

時間　45分　　満点　100点

1　次の(1)～(8)に答えなさい。(43点)

(1)　次のア～オを計算しなさい。

ア　$-5+7$　　　　イ　$(-0.4)\times\dfrac{3}{10}$

ウ　$\dfrac{1}{3}x+y-2x+\dfrac{1}{2}y$　　　　エ　$24ab^2\div(-6a)\div(-2b)$

オ　$(\sqrt{5}-\sqrt{2})(\sqrt{2}+\sqrt{5})$

(2)　右の図は，半径が９㎝，中心角が60°のおうぎ形である。
このおうぎ形の面積を求めなさい。

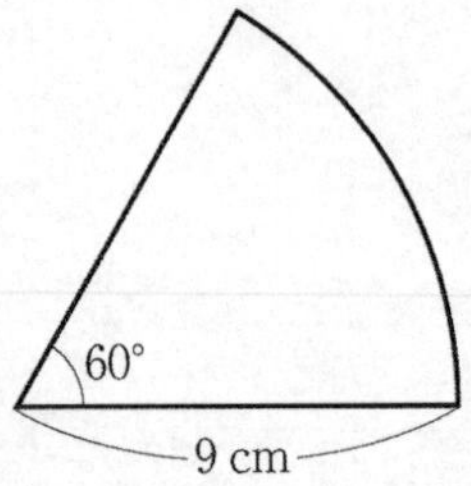

(3)　2.7，$-\dfrac{7}{3}$，-3，$\sqrt{6}$ の中で，絶対値が最も大きい数を選びなさい。

(4)　右の表は，ドーナツとクッキーをそれぞれ１個作るのに必要な材料のうち，小麦粉とバターの量を表したものである。表をもとに，ドーナツ x 個，クッキー y 個を作ったところ，小麦粉380ｇ，バター75ｇを使用していた。x，y についての連立方程式をつくり，ドーナツとクッキーをそれぞれ何個作ったか，求めなさい。

	小麦粉	バター
ドーナツ１個	26ｇ	1.5ｇ
クッキー１個	8ｇ	4ｇ

(5)　関数 $y=ax^2$ について，x の変域が $-2\leqq x\leqq 3$ のとき，y の変域は $-6\leqq y\leqq 0$ である。
このとき，a の値を求めなさい。

(6)　右の図で，点Ａ，Ｂ，Ｃは円Ｏの周上の点である。
∠x の大きさを求めなさい。

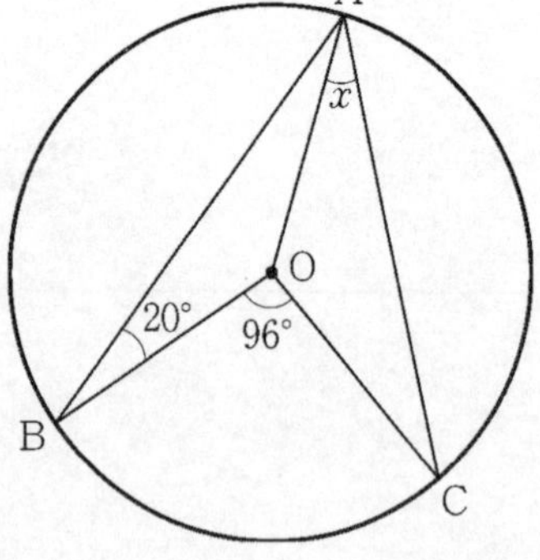

(7) 下のデータは，ある中学校のバスケットボール部員A～Kの11人が1人10回ずつシュートをしたときの成功した回数を表したものである。このとき，四分《しぶん》位《い》範囲《はんい》を求めなさい。

バスケットボール部員	A	B	C	D	E	F	G	H	I	J	K
成功した回数(回)	6	5	10	2	3	5	9	8	4	7	9

(8) 根号を使って表した数について述べた文として適切なものを，次のア～エの中から1つ選び，その記号を書きなさい。ただし，$0 < a < b$とする。

ア　$\sqrt{a} < \sqrt{b}$である。　　　**イ**　$\sqrt{a} + \sqrt{b} = \sqrt{a+b}$である。

ウ　$\sqrt{(-a)^2} = -a$である。　　**エ**　aの平方根は$\sqrt{a}$である。

2　次の(1)，(2)に答えなさい。(16点)

(1) 右の図において，円Oの周上の点Aを通る接線を作図しなさい。ただし，作図に使った線は消さないこと。

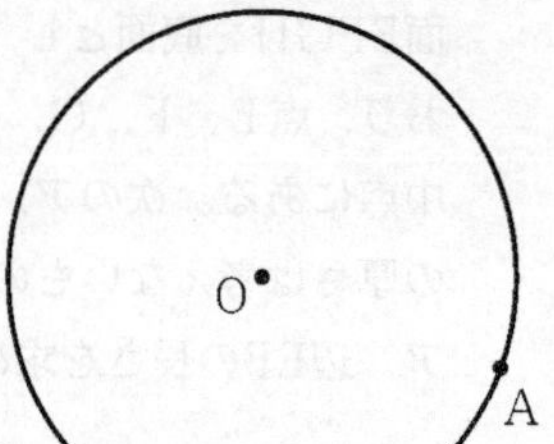

(2) 下の［問題］とそれについて考えているレンさんとメイさんの会話を読んで，次のア，イに答えなさい。

> ［問題］　大小2つのさいころを同時に投げ，大きいさいころの出た目の数をa，小さいさいころの出た目の数をbとする。このとき，xについての方程式$ax+4b=20$の解が負の整数になる確率を求めなさい。

レン：例えば，大きいさいころの出た目の数が2，小さいさいころの出た目の数が3のときは，方程式$ax+4b=20$の解はどうなるかな。

メイ：方程式に$a=2$，$b=3$を代入してxについて解くと，$x=$［あ］だね。
解が負の整数になるさいころの目の出方は，どんなときだろう。

レン：大小2つのさいころを同時に投げるとき，起こりうる場合は全部で36通りあるから，それぞれ代入して解が負の整数になるかどうかを調べるしかないのかな。
でも，これだと時間がかかって大変だね。

メイ：そうだ。この方法はどうかな。

方程式をxについて解くと，$x=\dfrac{\boxed{\text{い}}}{a}$となるから，

この解が負になるのは，［X］さいころの出た目の数が［う］のときだけだよ。

レン：なるほど。でも，これだと解が整数になるとは限らないよね。
解が負の整数になる確率を求めなければいけないから，

[Y] さいころの出た目の数が [え] の約数になるときを考えたらいいんだね。

ア [あ], [う], [え] には正の数，[い] には式をそれぞれ入れなさい。また，[X]，[Y] に入る語の組み合わせとして適切なものを，次の①～④の中から１つ選び，その番号を書きなさい。

① X 大きい Y 大きい　② X 大きい Y 小さい
③ X 小さい Y 大きい　④ X 小さい Y 小さい

イ ［問題］を解きなさい。

3 次の(1)，(2)に答えなさい。(16点)

(1) 右の図のように，１辺の長さが12cmである立方体の容器が水平に固定されている。その容器の中には，面EFGHを底面とし，高さが12cmの正四角錐《せいしかくすい》が入っており，点E，F，G，Hは容器の底面ABCDの各辺の中点にある。次のア，イに答えなさい。ただし，容器の厚さは考えないものとする。

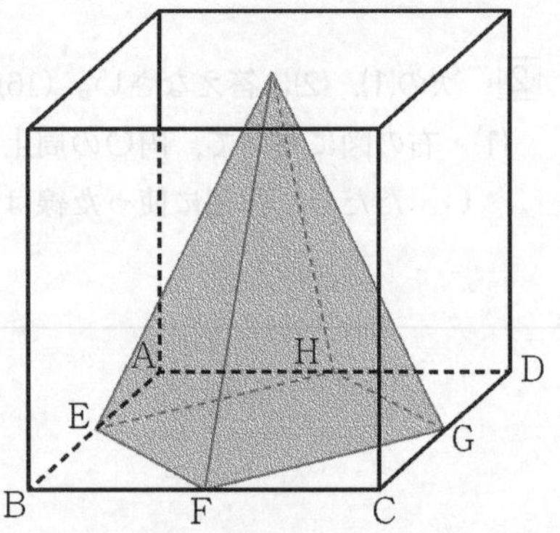

ア 辺EFの長さを求めなさい。

イ 容器の中にいっぱいになるまで水を入れ，その後，容器の外に水をこぼすことなく正四角錐を取り出したとする。このとき，容器の中にある水の底面ABCDから水面までの高さを求めなさい。

(2) ひし形の紙があり，これをひし形ABCDとする。下の図のように，辺ABと辺CDが対角線BDと重なるように折った。線分BE，DFは折り目であり，点A，Cが移った対角線BD上の点をそれぞれG，Hとする。∠BAD＝∠xとするとき，次のア，イに答えなさい。

ア △BFHと△DEGが合同になることを次のように証明した。[あ]，[い] には式，[う] には適切な内容をそれぞれ入れなさい。

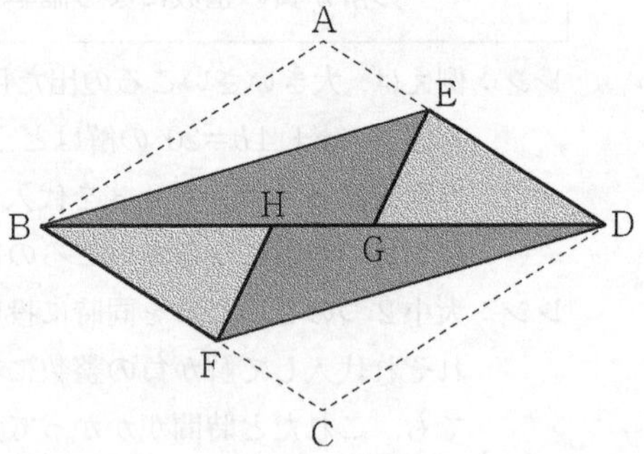

［証明］
△BFHと△DEGにおいて
平行線の錯角は等しいから
∠FBH＝∠EDG　……①
∠DHF＝∠BGE＝∠xから
[あ] ＝180°－∠x　……②
また
BH＝BD－DH，DG＝DB－BGであり
AB＝CD＝BG＝DHであるから
[い]　……③
①，②，③から

| ㋒ | がそれぞれ等しいので

△BFH≡△DEG

イ　$\angle x=108^\circ$のとき，次の(ア)，(イ)に答えなさい。

(ア)　∠GEDの大きさを求めなさい。

(イ)　DG＝4㎝のとき，ひし形ABCDの周の長さと四角形ABGEの周の長さとの差を求めなさい。

4　図1で，①は関数$y=\dfrac{16}{x}$のグラフであり，2点A，Bは①上の点でx座標がそれぞれ-4，8である。点Pはy軸上にあり，y座標は点Bのy座標と同じである。②は2点A，Bを通る直線であり，②とy軸との交点をQとする。次の(1)～(3)に答えなさい。(10点)

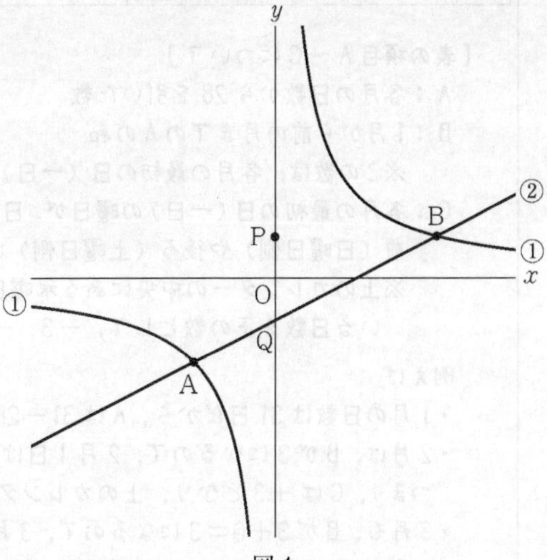

図1

(1)　点Aのy座標を求めなさい。

(2)　点Pを通り，直線②に平行な直線の式を求めなさい。

(3)　図2は，図1に③，④をかき加えたもので，③は関数$y=\dfrac{1}{4}x^2$のグラフであり，④は直線$x=t$である。また，④と②，③の交点をそれぞれR，Sとする。このとき，次のア，イに答えなさい。

ア　点Sのy座標をtを用いた式で表しなさい。

イ　四角形PQRSが平行四辺形になるとき，tの値をすべて求めなさい。

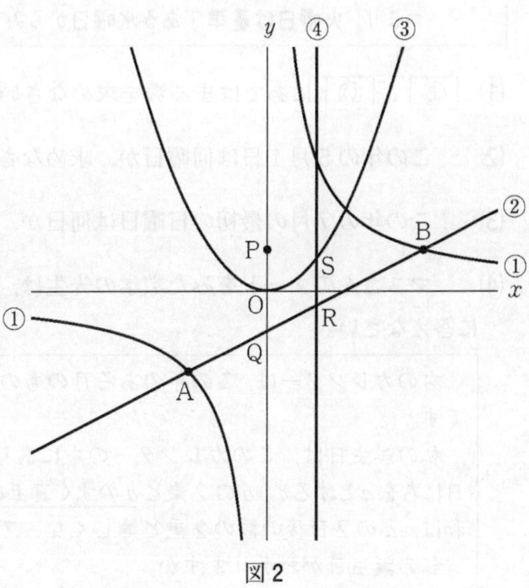

図2

5　ある年の1月1日は水曜日である。この年について，マユさんは水曜日を基準として，2月以降の各月の最初の日（一日《ついたち》）が何曜日になるのかを求めるために，次のページのように考え，

ノートにまとめた。次の(1)~(4)に答えなさい（15点）

① 右のカレンダーのように，水曜日を基準とします。

② 7日間で1週間なので，28日間で4週間になることを利用します。

③ 下のような表を作ります。

月 / 日数 / 項目	1月	2月	3月	4月	5月	6月	7月	8月	9月	10月	11月	12月
	31	28	31	30	31	30	31	31	30	31	30	31
A	3	0	3	2	3	2	3	3	2	3	2	3
B		3	3	6	㋐	11	13					
C	0	+3	+3	−1	+1	㋑	−1					

1月（基準：水）

日	月	火	水	木	金	土
			1	2	3	4
5	6	7	8	9	10	11
12	13	14	15	16	17	18
19	20	21	22	23	24	25
26	27	28	29	30	31	

2月（基準：水）

日	月	火	水	木	金	土
			──	+3	──→	1
2	3	4	5	6	7	8

【表の項目A～Cについて】

A：各月の日数から28を引いた数

B：1月から前の月までのAの和

※この数は，各月の最初の日（一日）の曜日が，水曜日から何日後の曜日かを表します。

C：各月の最初の日（一日）の曜日が，日曜日から土曜日の1週間の中で，水曜日からみて，前（日曜日側）や後ろ（土曜日側）にずれている日数

※上のカレンダーの中央にある水曜日を0，前にずれている日数を負の数，後ろにずれている日数を正の数として，−3，−2，−1，0，+1，+2，+3で表します。

例えば

・1月の日数は31日だから，Aは31−28＝3になります。

・2月は，Bが3になるので，2月1日は水曜日から3日後の曜日です。
つまり，Cは+3となり，上のカレンダーのように土曜日だとわかります。

・3月も，Bが3+0＝3になるので，3月1日は土曜日だとわかります。

・4月は，Bが6になるので，4月1日は水曜日から6日後の曜日である火曜日だとわかります。
つまり，火曜日は基準である水曜日からみて，前に1日ずれた曜日なのでCは−1となります。

(1) ㋐，㋑ にあてはまる数を求めなさい。

(2) この年の5月1日は何曜日か，求めなさい。

(3) この年の7月の最初の日曜日は何日か，求めなさい。

(4) マユさんのノートをみた数学の先生は，マユさんに下のように質問をした。あとのア，イに答えなさい。

右のカレンダーは，この年のある月のもので，日数は30日です。

私の誕生日は，このカレンダーの中にあります。誕生日の日にちをaとすると，aの2乗と<u>aのすぐ真上にある数</u>の2乗の和は，aの2日後の数の2乗と等しくなっています。

私の誕生日がわかりますか。

□月

日	月	火	水	木	金	土
	1	2	3	4	5	6
7	8	9	10	11	12	13
14	15	16	17	18	19	20
21	22	23	24	25	26	27
28	29	30				

ア 下線部について，aを用いた式で表しなさい。

イ 数学の先生の誕生日は何月何日か，求めなさい。

＜英語＞

時間　50分　満点　100点

1　放送による検査（27点）

(1)

ア　1

2

3

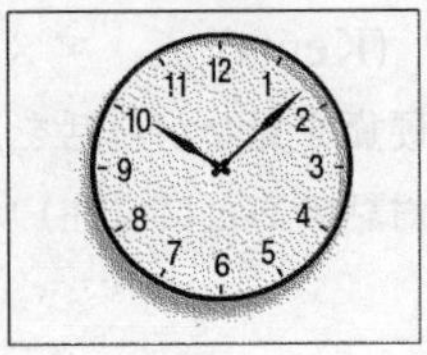

4

イ　1

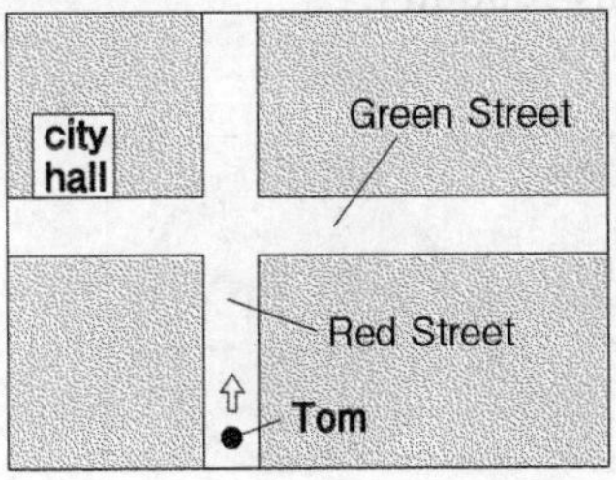

2

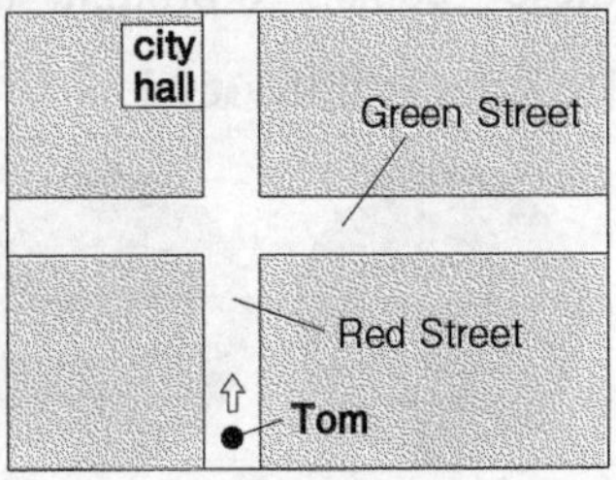

3

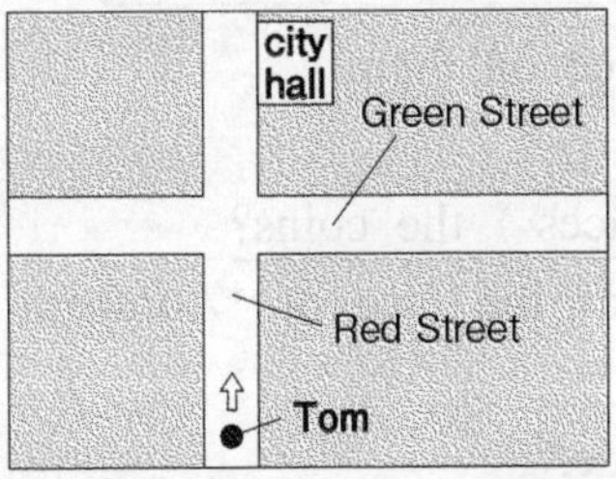

4

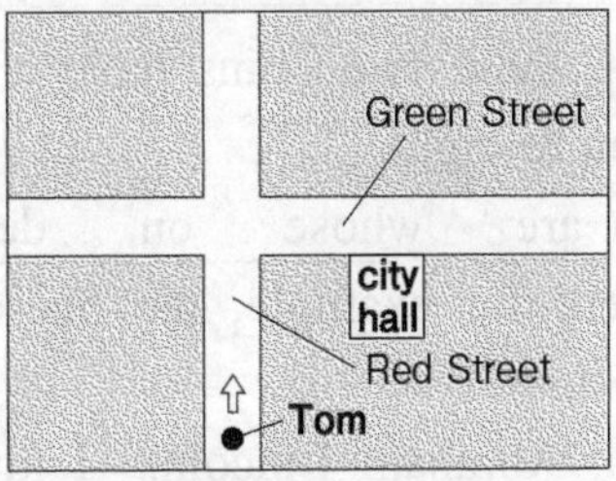

ウ　1　It's easy to understand our teacher.
　　2　What do you think about that?
　　3　Could you say that again?
　　4　Please listen to our teacher.

(2)

ア　1　To a bookstore.　　2　To her house.
　　3　To a Japanese restaurant.　　4　To a cooking school.

イ　1　Her parents tried to cook Japanese food many times.
　　2　Her parents went to a restaurant to buy a gift.
　　3　Her mother cooked Japanese food and could cook it well.
　　4　Her mother wanted to learn how to cook Japanese food.

ウ　1　Her father.　　2　Her brother.
　　3　Her mother.　　4　Her sister.

⑶

ア　1　Yes, I will.　　　　2　No, I will not.

　　3　Next Saturday.　　　4　Last Saturday.

イ　1　That's a wonderful idea.　　2　You really enjoyed it.

　　3　You're welcome.　　　4　I have many things to do today.

⑷　(　　　　　　　　　　　　　　　　　　　　　　　　　　　　　　　)

2　次の英文は，ケンタ（Kenta）と，アメリカ人留学生のビル（Bill）の対話の一部です。２人は，アメリカ合衆国の硬貨を見ながら話をしています。これを読んで，あとの⑴～⑶に答えなさい。＊印の語句には，対話のあとに（注）があります。(14点)

Kenta : Hi, Bill.

Bill　: Hi, Kenta.　ア(will　interesting　show　I　you) things.　Look at these *coins.　I brought them from my country.

【アメリカ合衆国の硬貨】

one-cent coin（１セント硬貨）　　five-cent coin（５セント硬貨）

Kenta : Oh, these two coins have a person's face on them.

Bill　: You're right.

Kenta : イ(are　whose　on　designed　faces) the coins?

Bill　: Well, for example, the one-cent coin has the face of *Abraham Lincoln on it.

Kenta : Oh, Abraham Lincoln.　I know his name.

Bill　: This coin is called a *penny.　Penny is another name of the one-cent coin.

Kenta : I see.　Does the other coin have another name, too?

Bill　: Yes, it does.　It is a five-cent coin.　It is called a *nickel.

Kenta : Interesting!　Some coins have other names.　I didn't know that.

Bill　: Do you have other names for Japanese coins?

Kenta : No, we don't have them, but Japanese coins have interesting *characteristics.　We have six ［　　　　　］ of coins today.　Two of them have a hole in them.　Did you know that?

Bill　: Yes, I did.　I was surprised when I saw them *for the first time.　I can *distinguish the coins easily by the hole.　It's very useful.

Kenta : Do you think so?　ウ(have　you　I　could　wish) a useful hole in your country's coins.　Now, I'm interested in the coins of your country. I will look at a website about them. If I have questions, I will send you an e-mail.

Bill　: Yes, please.

(注) coin(s)　硬貨　Abraham Lincoln　エイブラハム・リンカン（アメリカ合衆国第16代大統領）
penny　ペニー（硬貨の通称）　nickel　ニッケル（硬貨の通称）
characteristic(s)　特徴　for the first time　初めて　distinguish　～を見分ける

(1) 下線部ア～ウについて，文の意味が通るように，（　）内の語をすべて用いて，正しい順序に並べかえて書きなさい。大文字にする必要のある文字は大文字にしなさい。

(2) [　] に入る最も適切な英語１語を書きなさい。

(3) 次の文章は，ビルと話をした日の夜に，ケンタがビルに送ったメールの内容です。下線部１，２をそれぞれ一つの英文で書きなさい。

Hi, Bill. Thank you for talking with me today. I found some words on the two coins. I don't think that some of them are English. 1 私はその言語が何かを知りたいです。 Do you know that? I also found a nice building on the five-cent coin. I looked at the website about it and I was surprised that it was a part of a World Heritage Site. 2 世界には訪れるべき建物がたくさんあります。 I think that this building is one of them.

3 次の英文は，中学生のヒロミ（Hiromi）と台湾からの留学生のメイリン（Meiling）の対話の一部です。これを読んで，あとの(1)，(2)に答えなさい。＊印の語には，対話のあとに（注）があります。(13点)

Meiling : Is this a present for my birthday? Thank you, Hiromi. What a pretty paper bag! I'm so happy. I want to see what is in this bag. [　ア　]

Hiromi : Of course. I want you to see what is in it. I've been thinking about what to give you for a week. I hope you will like it.

Meiling : Wow, this is wonderful. It is a box with beautiful *wrapping paper and there is a message card on it. Pretty *ribbons and some *stickers are on it, too. Did you *decorate the paper for me?

Hiromi : Yes, I did it for you. When I decorated it, [　A　].

Meiling : I'm happy to hear that. I haven't seen the present yet, but I'm already enjoying your present. Opening presents makes me surprised and excited. I enjoy guessing what it is.

Hiromi : That's good to know. I often use special gift wrapping paper for special days. I sometimes decorate it with ribbons and stickers, and use paper bags. Have you ever thought about why some people, like myself, enjoy wrapping a present?

Meiling : [　イ　] Why do you enjoy it and take your time to do it?

Hiromi : When I'm wrapping a present, I'm thinking about the person who will get it. Giving and receiving a present gives both of us a wonderful time to think about each other. I can say that thinking about how to wrap this gave me a great time to think about you.

Meiling : I like your idea. A present *itself is important but [B]. Your idea is also a special present for me today. My mother's birthday is next month and I will send her a present. I really thank her for helping me a lot. You gave me a great idea about gift wrapping. I will enjoy decorating, wrapping, and thinking about her. I'm looking forward to seeing her smile.

Hiromi : I'm sure she will love it! I'm happy that you like my wrapping. Oh, [C]. I wonder how you will like it. Please open it.

Meiling : OK, what is it... I'm excited!

(注) wrap ~を包装する ribbon(s) リボン sticker(s) シール decorate ~を飾る itself それ自体

(1) 二人の対話が成立するように ア , イ に入る英文をそれぞれ一つ書きなさい。

(2) 二人の対話が成立するように〔A〕~〔C〕に入る最も適切なものを，次の1~7の中からそれぞれ一つ選び，その番号を書きなさい。

1 you have not opened my present yet
2 you should take more time for wrapping to enjoy yourself
3 I was thinking about what you like and how you feel
4 I wanted to make my mother surprised with my wrapping
5 I want you to open the box because I don't know what is in it
6 thinking about how to give it is also important
7 thinking about where to buy it is more important for you

4 次の英文は，中学生のミホ (Miho) がお気に入りのものについて紹介したスピーチです。これを読んで，あとの(1)~(3)に答えなさい。＊印の語句には，スピーチのあとに（注）があります。(21点)

Do you know the children's picture book, "The Very Hungry *Caterpillar" by *Eric Carle? A little green caterpillar was born from an egg, ate one apple on Monday, three *plums on Wednesday, five oranges on Friday... and finally grew into a big, beautiful *butterfly! If you read it, you may feel that you want to try something new and improve yourself. The original book was written in America in 1969. The book was written in more than 70 different languages. A lot of people in the world have bought the book. Some of you may have it, but did you know that it was created by using Japanese *technology?

You can find "*Printed in Japan" on the first book's last *page. Why was it printed in Japan? The book has many colors, different page sizes, and even some holes on the pages. You can see a hole on some fruits in the book. It shows that the caterpillar has already eaten them. This is one of Eric's interesting ideas. Children can enjoy reading by putting their fingers into these holes. They were difficult to make in America. Then a Japanese man said to Eric, "We will help you. Our company's technology can do it." This is why the book was printed in Japan.

Eric's new idea and Japanese technology made this book famous. He died last May, but his book has *influenced many people around the world and will be always with us.

(注) caterpillar イモムシ　Eric Carle エリック・カール（人名）　plum(s) スモモ
butterfly チョウ　technology 技術　print(ed) ～を印刷する　page(s) ページ
influence(d) ～に影響を与える

⑴ 次の文章は，ミホのスピーチの内容に関する生徒のメモです。スピーチの内容と合うように（ア）～（ウ）に入る最も適切な日本語をそれぞれ書きなさい。

【メモ】

・「The Very Hungry Caterpillar」という絵本を読むと，（　ア　）に挑戦して自分を高めていきたい気持ちになる。
・果物の絵に開いている穴は，イモムシがすでに（　イ　）ことを表している。
・エリック氏は昨年（　ウ　）に亡くなったが，彼の本はこれからも私たちのそばにあり続ける。

⑵ ミホのスピーチの内容と合うように次の１～３の質問に対する答えをそれぞれ一つの英文で書きなさい。

1 When was the original book written in America?
2 How can children enjoy reading with the holes in the book?
3 Was it easy to make the holes on the pages in America?

⑶ 「あなたのお気に入りのもの」一つについて，その理由を含めて英語20語以上で書きなさい。文の数はいくつでもかまいません。

5 高校生のナオミ（Naomi）と弟のケイタ（Keita）についての英文を読んで，あとの⑴～⑶に答えなさい。＊印の語句には，本文のあとに（注）があります。(25点)

One Sunday afternoon, Naomi and Keita, decided to go to the park to play tennis after it stopped raining in the morning. Keita is a junior high school student and three years younger than Naomi. They are always interested in many things around them.

While Naomi and Keita were walking to the park, they found a beautiful rainbow in the sky. Naomi asked, "Why does a rainbow appear in the sky?" Keita answered, "Rain *divides the *sunlight into seven colors. I learned it in a science class." Naomi said, "Great, but are there really seven colors? They are seven for us, Japanese, but six for people in America and three for people in some countries in Asia." Keita was surprised and said in a big voice, "What?

Why is the number of colors so different?" Naomi continued, "Look at the rainbow again. Can you really see seven colors in the rainbow?" Keita looked at the rainbow for a few minutes and answered, "I can see red, yellow, green, blue... four colors.... If I try to see the other three colors between them, I think I can see more colors...." Naomi said, "See? We cannot say it is seven because colors of light change *little by little." "I didn't know that! That's interesting," Keita said. Naomi asked again, "Why do you think that a rainbow has seven colors?" "Maybe, I learned it when I was little," Keita answered. Naomi smiled and said, "That's right. Different people have different ideas about how many colors a rainbow has. If you believe that it is seven, seven will be the right answer for you." Keita looked up at the same rainbow again and began to think it didn't have seven colors.

Naomi said, "We have many cultures in the world and people in different cultures have different ways of feeling." "I am happy to know that," Keita smiled. Naomi continued, "When you want to know something, it is important to see it with your own eyes, listen to it with your own ears, and think about it with your own *mind. Sometimes it may be different from ideas that you have learned. Think and feel by yourself!" Keita looked excited and said, "I also learned at school that all colors *disappear when they are *mixed." Naomi felt proud of her brother and even herself. Keita found a new way to learn through talking with his sister.

This experience was a nice lesson for Keita. He wanted to learn more than before. The most exciting thing for him was that science gave him a better understanding of different cultures in the world. Before this experience, he believed that learning science and thinking about cultures were different. Now he knows that all learning experiences *are related to each other.

(注) divide(s) ～を分ける　sunlight 太陽光　little by little 少しずつ　mind 頭
disappear 消える　mix(ed) ～を混ぜる　be related to ～に関係している

⑴ 本文の内容と合うように英文を完成させるとき，次のア～エに続く最も適切なものを，1～4の中からそれぞれ一つ選び，その番号を書きなさい。

ア When Naomi asked the number of the colors in a rainbow,

1 Keita already knew that there were not seven colors in a rainbow.
2 Keita's answer was seven, but he could not see all of them.
3 Keita could see more colors in a rainbow than Naomi.
4 Keita said there were four, but he could see seven colors.

イ After Naomi and Keita talked, Keita

1 knew that understanding different cultures was more important than learning science.
2 was happy because the things he learned before were always right.

3 understood that thinking by himself would help him learn something.
4 wasn't interested in the number of colors in a rainbow.

ウ This experience
1 let Keita think that learning at school was more important than thinking by himself.
2 gave Keita a new idea that learning science and thinking about cultures were different.
3 made Keita tired because he had to remember many new things.
4 taught Keita that all the things he was learning from his experiences were related.

エ The thing Naomi taught Keita is that
1 rain divides the sunlight into seven colors.
2 the number of colors in a rainbow may be different in other cultures.
3 every country believes a rainbow has seven colors.
4 all colors disappear when they are mixed.

⑵ 下線部 that が表している内容を日本語で書きなさい。

⑶ 本文の内容をふまえて，次の英文の（ア）～（ウ）に入る最も適切な語を，下の１～７の中からそれぞれ一つ選び，その番号を書きなさい。

Naomi asked Keita some questions when they (ア) to the park. Her questions gave him a new understanding in his way of learning. Naomi found her brother was more excited to enjoy talking and learning with her. This made Naomi proud of herself in (イ) him new things. She began to feel that he could find his (ウ) to any questions by himself from all of his learning experiences.

1 answers	2 talked	3 science	4 walked
5 looking	6 cultures	7 teaching	

＜理科＞

時間 45分 満点 100点

1 次の(1)～(4)に答えなさい。(20点)

(1) タンポポの花と根について，次のア，イに答えなさい。

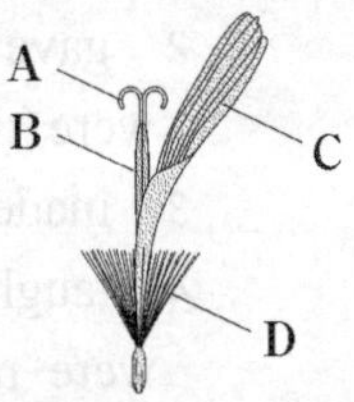

ア 右の図は，花のつくりを表したものである。図のA～Dの中でおしべはどれか，適切なものを一つ選び，その記号を書きなさい。

イ 下の文章は，根のつくりとはたらきについて述べたものである。文章中の ① ～ ③ に入る適切な語句を書きなさい。

> タンポポの根は太い根の主根と細い根の ① からなり，根の先端近くには多くの ② がある。 ② があることによって根の ③ が広くなるので，水と水に溶けている無機養分を効率よく吸収することができる。

(2) 右の図は，ある地域のすべての生物とそれをとりまく環境を一つのまとまりとしてとらえたものにおいて，生物量（生物の数量）のつり合いのとれた状態をピラミッド形に表したものである。次のア，イに答えなさい。

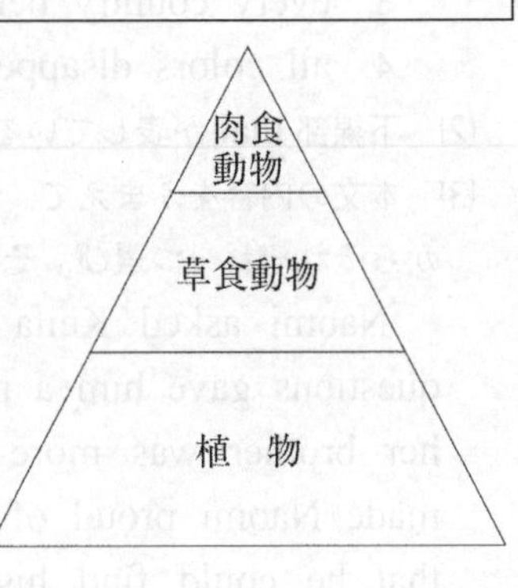

ア 下線部を何というか，書きなさい。

イ 下の文章は，この地域において，何らかの原因で急に草食動物の生物量が変化したとき，再び全体の生物量のつり合いがとれるまでの過程について述べたものである。文章中の ① ～ ③ に入る語の組み合わせとして最も適切なものを，次の1～6の中から一つ選び，その番号を書きなさい。ただし，ほかの地域との間で生物の移動はないものとする。

> 草食動物の生物量が ① すると，植物が増加し，肉食動物が ② する。肉食動物の ② により，その後，草食動物が ③ すると，やがて植物が減少し，肉食動物が増加する。このような増減が繰り返され，全体の生物量のつり合いがとれた状態になる。

1 ① 増加 ② 増加 ③ 増加　　2 ① 減少 ② 増加 ③ 減少
3 ① 増加 ② 増加 ③ 減少　　4 ① 減少 ② 減少 ③ 増加
5 ① 増加 ② 減少 ③ 増加　　6 ① 減少 ② 減少 ③ 減少

(3) 右の図は，花こう岩をルーペで観察してスケッチしたものである。花こう岩のつくりは，結晶が大きく成長した鉱物でできており，不規則に割れる無色鉱物や，決まった方向にうすくはがれる有色鉱物などが見られた。次のア，イに答えなさい。

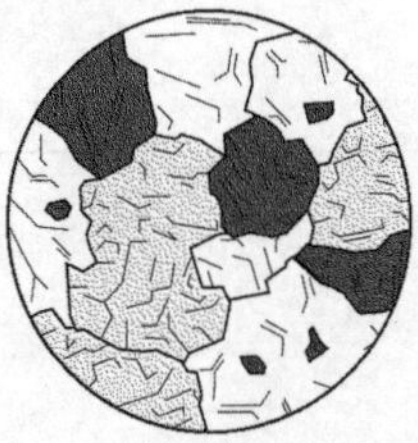

ア 下線部として適切なものを，次のページの1～4の中から一つ選び，その番号を書きなさい。

1　セキエイ　　2　カンラン石　　3　クロウンモ　　4　チョウ石

イ　花こう岩をつくる鉱物について，結晶が大きく成長する理由を，マグマという語を用いて書きなさい。

(4)　次の図は，ある年の４月14日から15日にかけて，青森市を温帯低気圧が通過したときの，気温，湿度，天気の変化をまとめたものである。次のア，イに答えなさい。

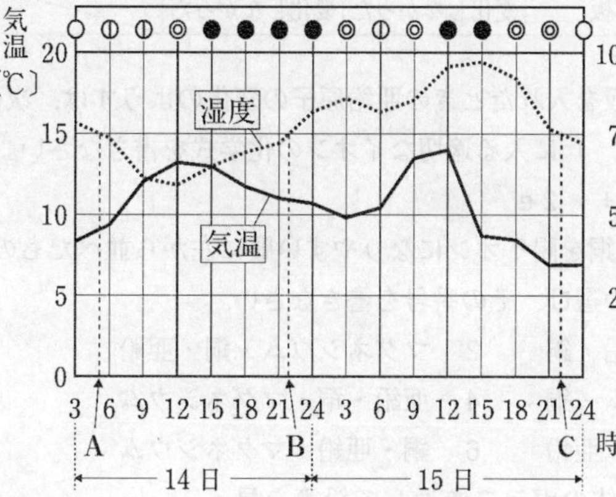

ア　寒冷前線が通過したのは，何日の何時から何時の間であると考えられるか，最も適切なものを，次の１～４の中から一つ選び，その番号を書きなさい。

1　14日の６時から12時　　2　14日の15時から24時

3　15日の６時から９時　　4　15日の12時から15時

イ　図のA，B，Cの各時刻における湿度はすべて75%であり，各時刻において空気$1 m^3$にふくまれる水蒸気量をそれぞれａ，ｂ，ｃとしたとき，ａ～ｃを小さい順に左から並べて書きなさい。

2　次の(1)~(4)に答えなさい。(18点)

(1)　３枚の蒸発皿A～Cを準備し，Aに塩化ナトリウム，Bに炭酸水素ナトリウム，Cに塩化ナトリウムと炭酸水素ナトリウムの混合物を3.2ｇずつ入れ，それぞれをかき混ぜながら十分に加熱した。右の表は，加熱前後のそれぞれの質量をまとめたものである。混合物3.2ｇにふくまれていた炭酸水素ナトリウムの質量は何ｇか，求めなさい。

蒸発皿	物質	加熱前の質量〔g〕	加熱後の質量〔g〕
A	塩化ナトリウム	3.2	3.2
B	炭酸水素ナトリウム	3.2	2.0
C	混合物	3.2	2.3

(2)　右の図のように，６本の試験管を準備し，硫酸マグネシウム水溶液，硫酸亜鉛水溶液，硫酸銅水溶液をそれぞれ２本ずつに入れた。次に，硫酸マグネシウム水溶液には亜鉛板と銅板を，硫酸亜鉛水溶液にはマグネシウムリボンと銅板を，硫酸銅水溶液にはマグネシウムリボンと亜鉛板をそれぞれ入れて変化を観察した。次のページの表は，その結果をまとめたものである。

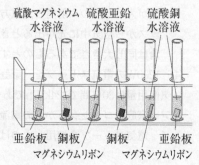

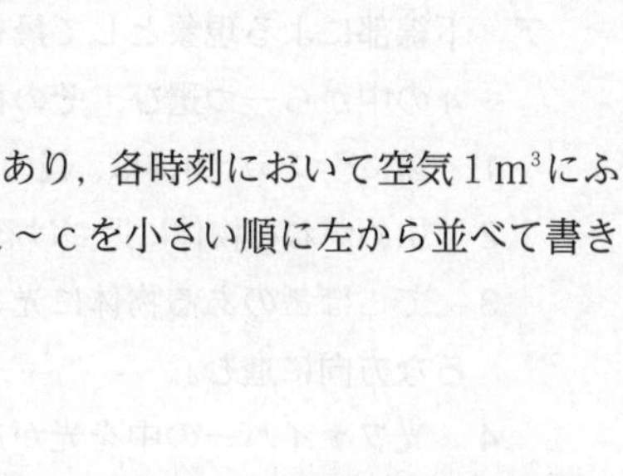

次のア，イに答えなさい。

	硫酸マグネシウム水溶液	硫酸亜鉛水溶液	硫酸銅水溶液
マグネシウムリボン		亜鉛が付着した	銅が付着した
亜鉛板	変化しなかった		銅が付着した
銅板	変化しなかった	変化しなかった	

ア　硫酸銅水溶液に亜鉛板を入れたときの亜鉛原子の変化のようすは，次のように化学式を使って表すことができる。(　)に入る適切なイオンの化学式を書きなさい。

$Zn \rightarrow (\qquad) + 2e^{-}$

イ　マグネシウム，亜鉛，銅を陽イオンになりやすい順に左から並べたものとして適切なものを，次の1～6の中から一つ選び，その番号を書きなさい。

1　マグネシウム・亜鉛・銅　　2　マグネシウム・銅・亜鉛
3　亜鉛・マグネシウム・銅　　4　亜鉛・銅・マグネシウム
5　銅・マグネシウム・亜鉛　　6　銅・亜鉛・マグネシウム

(3) 図1のように，直方体のガラスを通して鉛筆を見ると，光の屈折により，鉛筆が実際にある位置よりずれて見えた。次のア，イに答えなさい。

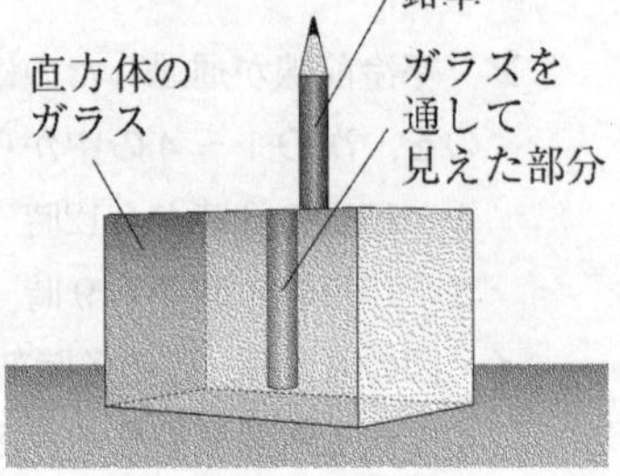

図1

ア　下線部による現象として最も適切なものを，次の1～4の中から一つ選び，その番号を書きなさい。

1　鏡にうつった物体は，鏡のおくにあるように見える。
2　虫めがねを物体に近づけると，物体が大きく見える。
3　でこぼこのある物体に光を当てると，光がいろいろな方向に進む。
4　光ファイバーの中を光が進む。

イ　図2は，図1の直方体のガラスと鉛筆，ガラスを通して見えた鉛筆の位置の関係を模式的に表したものである。鉛筆を見た位置をA点として，鉛筆からガラスの中を通ってA点に向かう光の道すじを実線(――)でかきなさい。ただし，空気中から直方体のガラスに光が入るときの入射角と，直方体のガラスから空気中に光が出るときの屈折角は同じ大きさであるものとする。

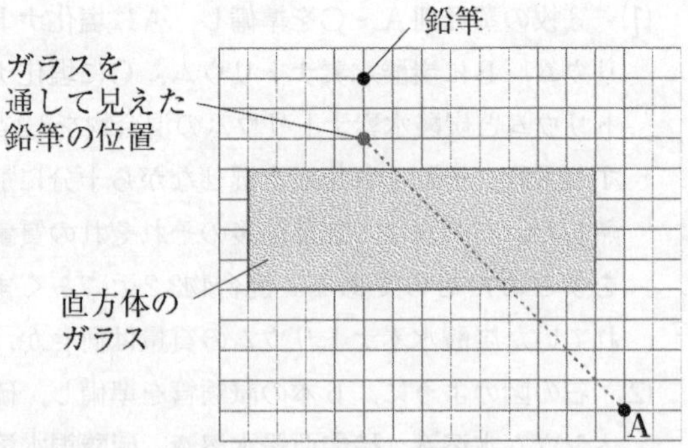

図2

(4) 1200Wの電気ストーブを，家庭のコンセントにつないで使用したところ，電気ストーブの電気使用量は30日間で324kWhであった。次のア，イに答えなさい。

ア　家庭のコンセントからの電流のように，周期的に向きが変わる電流の名称を書きなさい。

イ　電気ストーブを使用したのは1日あたり平均して何時間か，求めなさい。

3　だ液のはたらきと性質を調べるために，下の実験１，２を行った。次の(1)〜(3)に答えなさい。
(15点)

実験１

手順１　試験管Ａ〜Ｃに0.5％のデンプン溶液を10cm^{3}ずつ入れ，Ａには水２cm^{3}を，Ｂ，Ｃにはだ液２cm^{3}を加えてふり混ぜた。

手順２　図１のように，Ａ，Ｂは24℃の室温で，Ｃは手でにぎってあたためながら10分間おいた。

手順３　Ａ〜Ｃそれぞれにヨウ素液を加えて反応のようすを観察し，その結果を表１にまとめた。

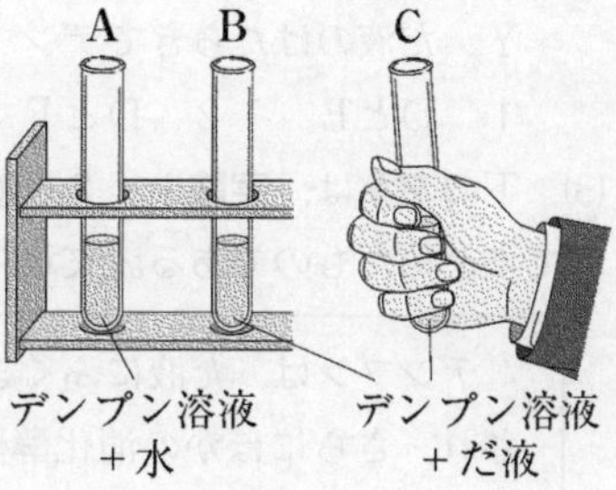

図１

Ａの溶液	Ｂの溶液	Ｃの溶液
青紫色になった	うすい青紫色になった	反応しなかった

表１

実験２

手順１　図２のように，試験管Ｄ〜Ｇに0.5％のデンプン溶液を10cm^{3}ずつ入れ，ＤとＥには水２cm^{3}を，ＦとＧにはだ液２cm^{3}を加えてふり混ぜ，24℃の室温で20分間おいた。

手順２　ＤとＦにヨウ素液を加えて反応のようすを観察した。

手順３　ＥとＧにベネジクト液を加えてある操作を行い，反応のようすを観察した。

手順４　手順２，３の結果を表２にまとめた。

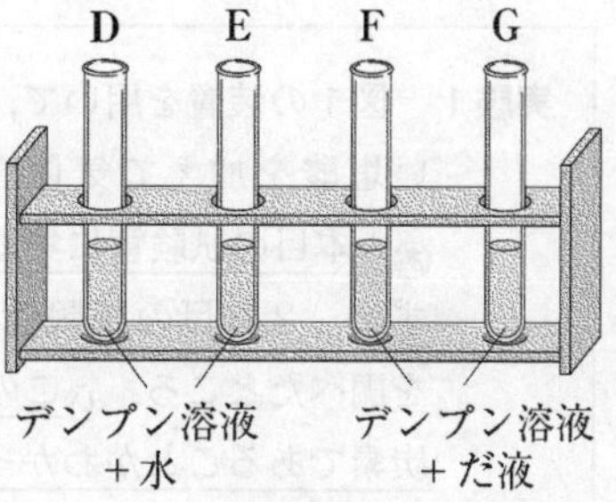

図２

	Ｄの溶液	Ｅの溶液	Ｆの溶液	Ｇの溶液
手順２	青紫色になった		反応しなかった	
手順３		反応しなかった		赤褐色になった

表２

(1)　実験１について，次のア，イに答えなさい。

ア　試験管Ｂに対するＡのように，調べたい条件以外の条件をそろえて行う実験を何というか，書きなさい。

イ　試験管ＢとＣの結果を比べて，だ液のはたらきについてわかることを，温度に着目して書きなさい。

(2)　実験２について，次のア，イに答えなさい。

ア　下線部として適切なものを，次の１〜４の中から一つ選び，その番号を書きなさい。

１　沸とう石を入れて加熱する。　　２　水に入れて冷やす。

３　暗いところにしばらく置く。　　４　日光にしばらく当てる。

イ　次のX，Yは，どの試験管とどの試験管の結果を比べることでわかるか。比べる試験管の組み合わせとして最も適切なものを，次の1～6の中からそれぞれ一つ選び，その番号を書きなさい。

X　だ液のはたらきでデンプンがなくなったこと。

Y　だ液のはたらきでデンプンが麦芽糖などに分解されたこと。

1　DとE　　2　DとF　　3　DとG　　4　EとF　　5　EとG　　6　FとG

(3)　下の文章は，**実験1**，2を終えた生徒が，デンプンの消化・吸収・貯蔵・運搬について調べてまとめたものである。文章中の ① ～ ③ に入る適切な語を書きなさい。

> デンプンは，だ液にふくまれる消化酵素である ① のはたらきで麦芽糖などに分解され，さらにほかの消化酵素のはたらきで最終的に ② に分解される。 ② は小腸の柔毛で吸収されて毛細血管に入り，血液とともに ③ に集まった後，ここから血管を通って全身に運ばれる。

4　気体の発生について，下の**実験1**，2を行った。あとの(1)～(3)に答えなさい。(17点)

実験1　図1の装置を用いて，石灰石にうすい塩酸を加えて気体を発生させた。(あ)1本目の試験管に集めた気体は調べずに，2本目の試験管に集めた気体を調べたところ，(い)この気体は二酸化炭素であることがわかった。

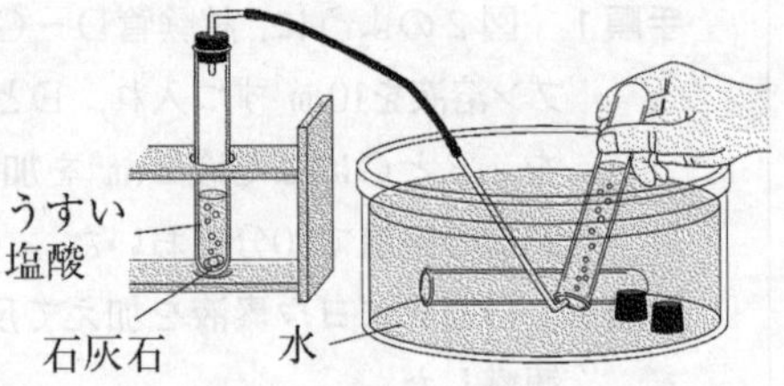

図1

実験2　図2のように，うすい塩酸40.0cm³を入れたビーカーと，石灰石1.00gをのせた薬包紙を電子てんびんにのせ，反応前の質量をはかった。この石灰石1.00gをうすい塩酸に入れて二酸化炭素を発生させ，発生が止まったところで，反応後の質量をはかった。反応前後の質量の差から，発生した二酸化炭素の質量を求めたところ，0.44gであった。石灰石の質量を2.00g，3.00g，4.00g，5.00gと変えて，他の条件は変えずに同様の実験を行った。図3は，その結果をまとめたものである。ただし，反応によって発生した二酸化炭素はすべて空気中に逃げて，ビーカーに残らないものとする。

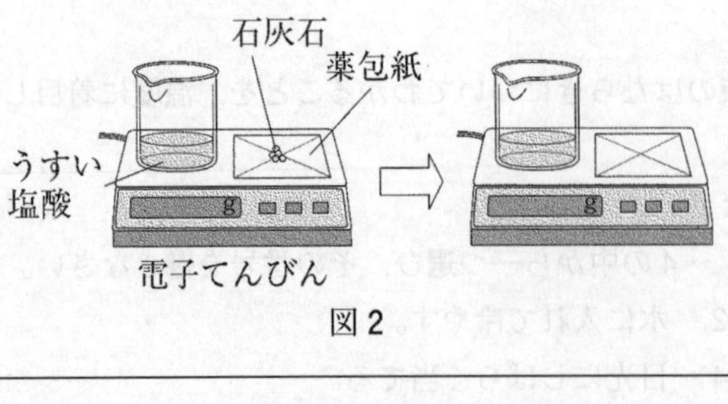

図2

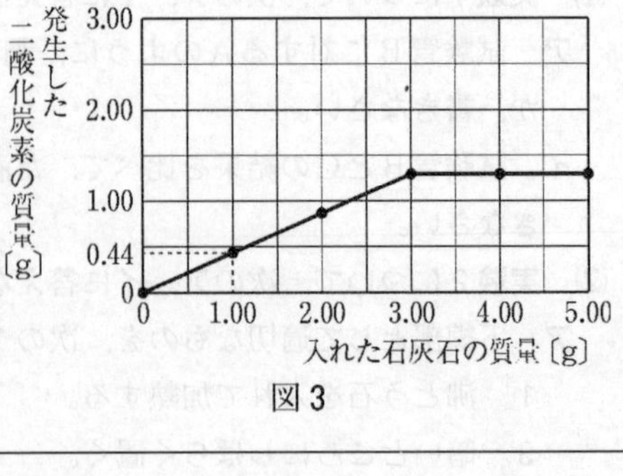

図3

⑴　次の１～４の中で，化学変化によって気体が発生するものを**二つ選び**，その番号を書きなさい。

1　うすい硫酸ナトリウム水溶液にうすい塩化バリウム水溶液を加える。
2　鉄にうすい塩酸を加える。
3　塩化アンモニウムと水酸化カルシウムの混合物を加熱する。
4　銅板を加熱する。

⑵　**実験１**について，次の**ア**～**ウ**に答えなさい。

ア　二酸化炭素の化学式を書きなさい。

イ　下線部㋐の理由を書きなさい。

ウ　下の文は，下線部㋑について述べたものである。文中の ① に入る適切な語を書きなさい。また， ② に入る適切な内容を書きなさい。

> 発生した気体を集めた試験管に ① を入れてよくふると ② ことから，二酸化炭素であることを確かめられる。

⑶　**実験２**について，次の**ア**，**イ**に答えなさい。

ア　うすい塩酸に入れた石灰石の質量と，反応せずに残った石灰石の質量の関係を表すグラフをかきなさい。

イ　この実験で用いたものと同じうすい塩酸100.0㎤に石灰石8.00ｇを入れたとき，発生する二酸化炭素の質量は何ｇか，求めなさい。

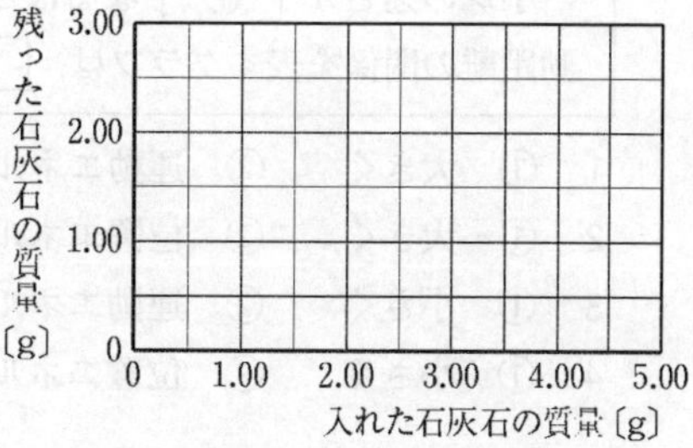

5　ある生徒が，運動とエネルギーについて調べるために下の**実験１**，**２**を行った。次の⑴～⑶に答えなさい。ただし，摩擦力は木片だけが受けるものとし，空気の抵抗は考えないものとする。また，小球のもつエネルギーは木片に衝突後，すべて木片を移動させる仕事に使われるものとする。(15点)

実験１　図１の装置を用いて，レールの水平面から高さが５㎝の位置で小球をはなし，小球をはなしてからの時間とはなした位置からの移動距離を調べた。次に，高さが10㎝，20㎝の位置で小球をはなして，同様の実験を行い，その結果を表１にまとめた。

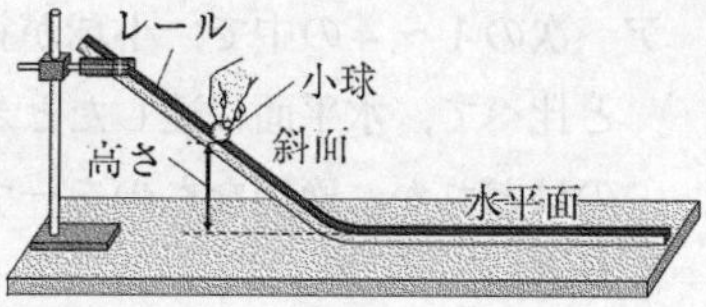

図１

小球をはなしてからの時間〔秒〕		0.0	0.1	0.2	0.3	0.4	0.5	0.6	0.7
はなした位置からの移動距離〔cm〕	高さ５cmのとき	0.0	2.0	8.0	17.5	27.4	37.3	47.2	57.1
	高さ10cmのとき	0.0	2.0	8.0	18.0	31.5	45.5	59.5	73.5
	高さ20cmのとき	0.0	2.0	8.0	18.0	32.0	50.0	69.8	89.6

表１

実験２ 図２のように，小球を転がして木片に衝突させて小球の速さと木片の移動距離の関係を調べ，その結果を表２にまとめた。

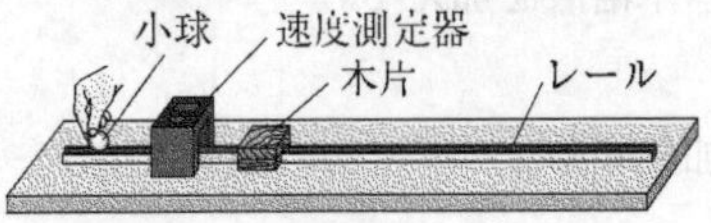

図２

小球の速さ〔cm/s〕	99	140	171	198	221
木片の移動距離〔cm〕	4.0	8.0	12.0	16.0	20.0

表２

⑴ **実験１**について，次のア，イに答えなさい。

ア 水平面での小球の運動を何というか，その名称を書きなさい。

イ 高さが５㎝の位置で小球をはなしたとき，水平面を運動しているときの小球の速さは何㎝/sか，求めなさい。

⑵ 下の文章は，**実験２**の結果について述べたものである。文章中の ① ， ② に入る語の組み合わせとして適切なものを，次の１～４の中から一つ選び，その番号を書きなさい。また， ③ に入るグラフとして適切なものは，次のＡ，Ｂのどちらか，その記号を書きなさい。

> 小球の速さが ① なるほど， ② が大きくなる。また，小球の速さと木片の移動距離の関係を表すグラフは， ③ のようになる。

１ ① 大きく ② 運動エネルギー
２ ① 大きく ② 位置エネルギー
３ ① 小さく ② 運動エネルギー
４ ① 小さく ② 位置エネルギー

A

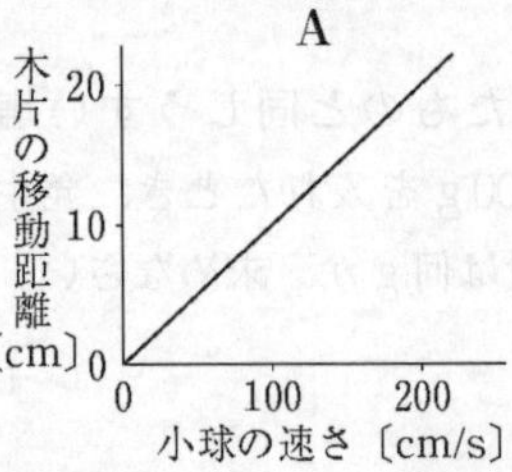

B

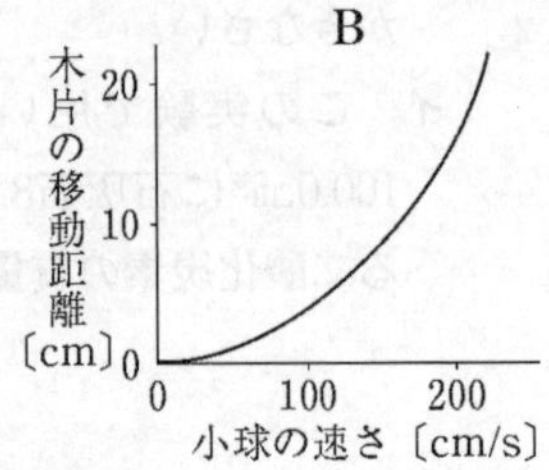

⑶ この生徒が，図３のように，**実験１**の装置のレールの水平面に木片を置き，高さを変えながら小球をはなして木片に衝突させた。次のア，イに答えなさい。ただし，用いた木片および木片が受ける摩擦力は**実験２**と同じであるものとする。

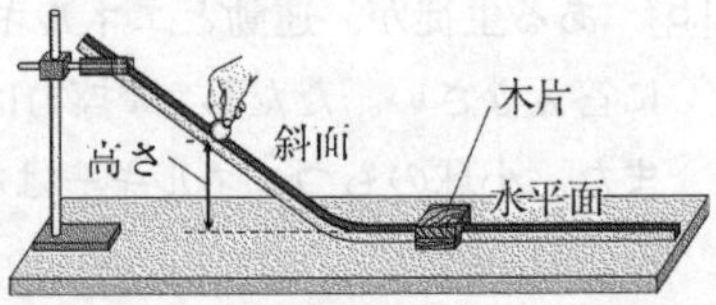

図３

ア 次の１～４の中で，小球が斜面を運動しているときと比べて，水平面に達したときに小さくなっているものはどれか。適切なものを一つ選び，その番号を書きなさい。

１ 小球にはたらく重力
２ 小球のもつ力学的エネルギー
３ 小球のもつ運動エネルギー
４ 小球のもつ位置エネルギー

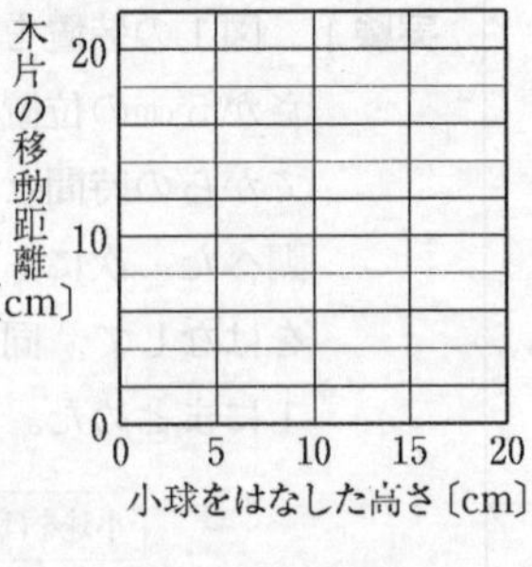

イ 表１，２をもとに，小球をはなした高さと木片の移動距離の関係を表すグラフをかきなさい。

6　下の資料1，2は，天体の運動についてまとめたものである。次の(1)，(2)に答えなさい。
(15点)

資料1

図1は，日本のある場所で観察した北の空の星の動きを模式的に表したものである。北極星はほとんど動かず，ほかの星は北極星を中心に回転しているように見えた。

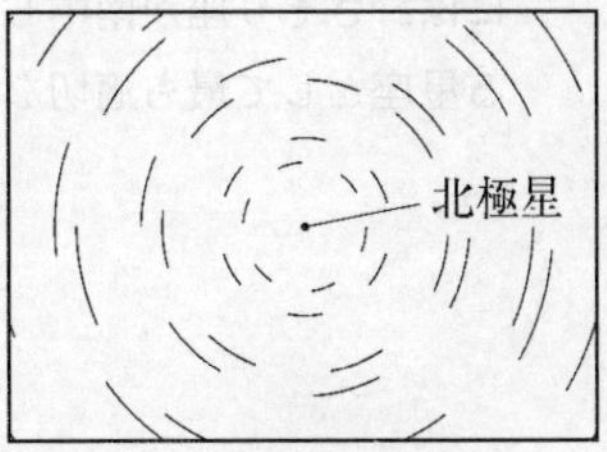

図1

資料2

図2は，太陽と黄道上の12星座および地球の位置関係を模式的に表したものである。また，Aは日本における春分，夏至，秋分，冬至のいずれかの日の地球の位置を示している。

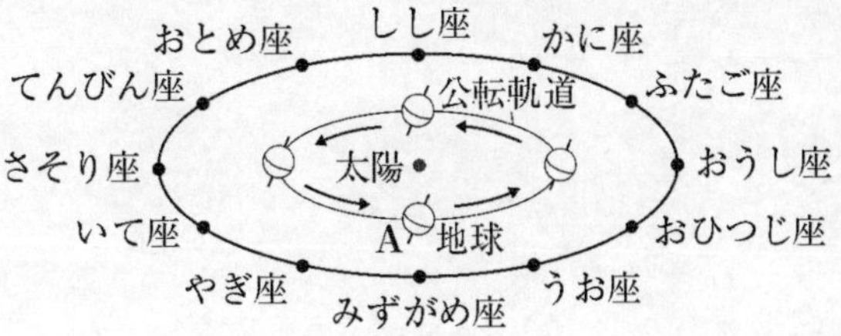

図2

(1)　資料1について，次のア～ウに答えなさい。

ア　それぞれの恒星は，非常に遠くにあるため，観測者が恒星までの距離のちがいを感じることはなく，自分を中心とした大きな球面にはりついているように見える。この見かけの球面を何というか，その名称を書きなさい。

イ　この場所での天頂の星の動きを表したものとして最も適切なものを，次の1～4の中から一つ選び，その番号を書きなさい。

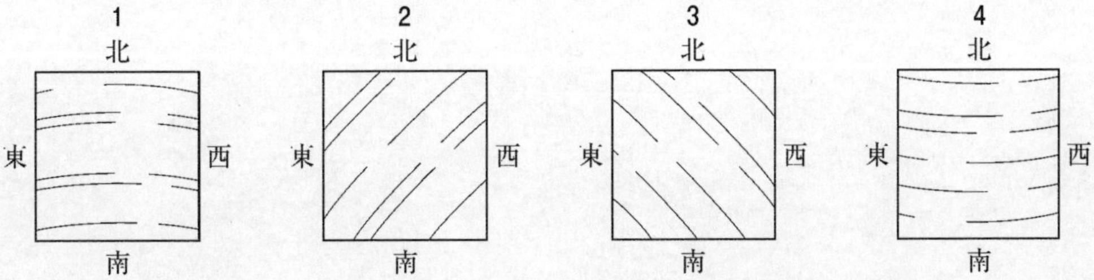

ウ　次の文章は，星の動きについて述べたものである。文章中の ① ， ② に入る適切な語を書きなさい。

北の空の星は ① を延長した方向の一点を中心として，1日に1回転しているように見える。これは，地球が ① を中心にして自転しているために起こる見かけの運動で，星の ② という。

(2)　資料2について，次のア，イに答えなさい。

ア　図2のAは，次のページの1～4の中のいずれの日の地球の位置を示しているか，適切なものを一つ選び，その番号を書きなさい。

1 春分　2 夏至　3 秋分　4 冬至

イ 青森県内のある場所において，22時にてんびん座が南中して見えた。同じ場所で２時間後には，さそり座が南中して見えた。この日から９か月後の20時に，同じ場所で南中して見える星座として最も適切なものを，図２の12星座の中から一つ選び，その名称を書きなさい。

＜社会＞

時間　45分　満点　100点

1　下の略地図や資料を見て，次の(1)～(5)に答えなさい。(14点)

略地図

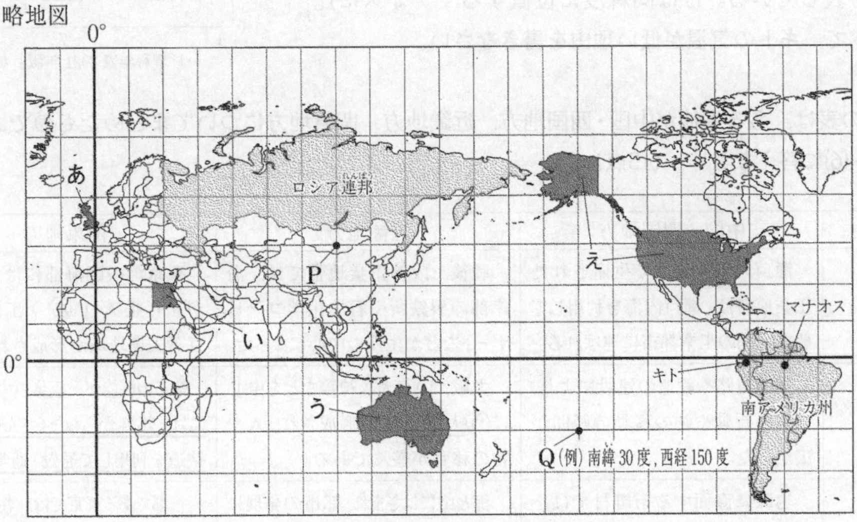

(1) 略地図中のロシア連邦の北部に広がる針葉樹の森林を何とよぶか，書きなさい。

(2) 略地図中のP点の緯度と経度を，Q点の例を参考に書きなさい。

(3) 資料1は，面積，人口，GDP（国内総生産）の世界の州別割合を表している。資料1中のA～Cは，それぞれ面積，人口，GDPのどれを表しているか。適切な組み合わせを，次の1～6の中から一つ選び，その番号を書きなさい。

	A	B	C
1	人口	面積	GDP
2	GDP	人口	面積
3	面積	GDP	人口
4	人口	GDP	面積
5	GDP	面積	人口
6	面積	人口	GDP

資料1　（注）ロシア連邦は，ヨーロッパ州にふくむ。

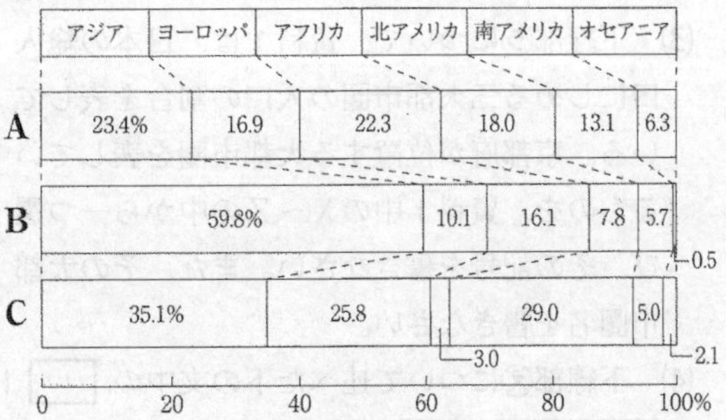

〔「世界人口年鑑」2015 年版などによる〕

(4) 資料2は，日本における鉄鉱石の輸入相手国ごとの輸入額の割合を表している。資料2中のXにあてはまる国として適切なものを，略地図中のあ～えの中から一つ選び，その記号を書きなさい。また，その国名を書きなさい。

資料2
〔2015年〕

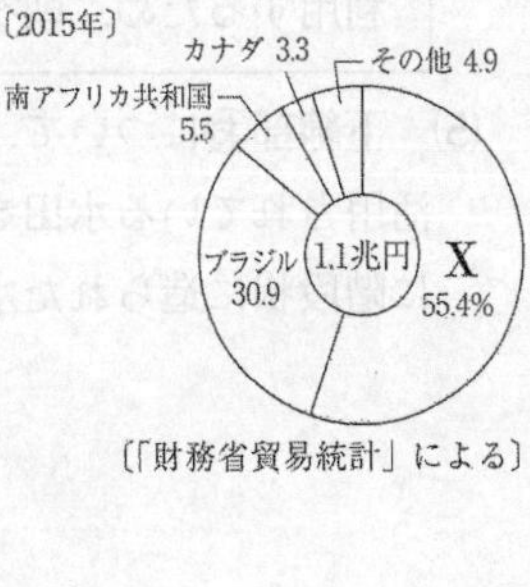

〔「財務省貿易統計」による〕

(5)　略地図中の南アメリカ州について，次のア，イに答えなさい。

ア　さとうきびやとうもろこしなどの植物原料から作られ，地球温暖化対策になると注目されている燃料を何というか，書きなさい。

イ　資料3は，略地図中のキトとマナオスの月平均気温を表している。ほぼ同緯度に位置するマナオスに比べて，キトの気温が低い理由を書きなさい。

資料3

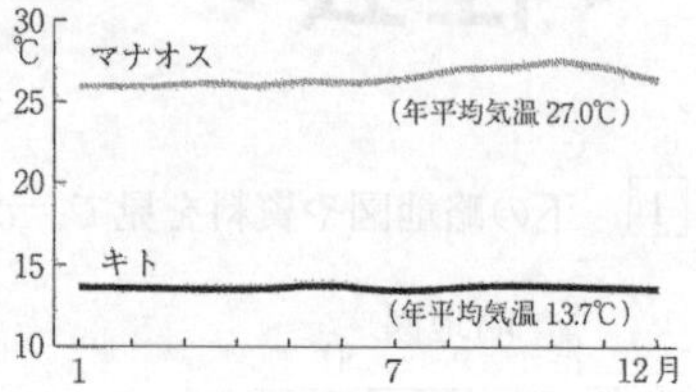

〔「理科年表 2021 年版」などによる〕

2　下の表は，ある生徒が中国・四国地方，近畿地方，関東地方についてまとめたものである。次の(1)～(6)に答えなさい。(15点)

	中国・四国地方	近畿地方	関東地方
産業	瀬戸内《せとうち》工業地域で生産された工業原料は，瀬戸内海を利用して船で全国の工業都市に運ばれる。	戦後，阪神《はんしん》工業地帯では，沿岸部の製鉄所や石油化学コンビナートなどが生産の中心になった。	東京湾の臨海部には，大工場が立ち並び，(ⓐ)工業地帯や京葉《けいよう》工業地域が形成されている。
他地域との結び付き	高速道路や鉄道の建設により，人々の行動や物の移動の範囲が広がった。	大阪，ⓘ京都，神戸などを中心にⓤ大都市圏《けん》が形成され，人や物の移動が盛《さか》んである。	都市の機能が一極集中するⓔ東京には，郊外からもたくさんの人々が鉄道を利用して通勤・通学している。
人口，都市・村落	過疎《かそ》に直面する市町村では，地域の実状に応じたⓞ町おこし・村おこしが行われている。	海と山にはさまれ，都市の発展に限界のあった神戸市では，ⓚ海と山との一体的な開発が行われた。	首都である東京では，住宅問題やゴミ問題など，さまざまな都市問題を抱えている。

(1)　(ⓐ)にあてはまる語を書きなさい。

(2)　下線部ⓘでは，店の看板，建物の高さ，デザインなどを規制する条例が定められている。このような条例が定められている理由を，**景観**という語を用いて書きなさい。

(3)　下線部ⓤについて，資料1は，日本の総人口にしめる三大都市圏の人口の割合を表している。京都府が位置する大都市圏を表しているものを，資料1中のX～Zの中から一つ選び，その記号を書きなさい。また，その大都市圏名を書きなさい。

資料1

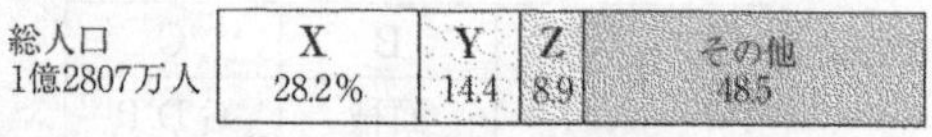

〔「住民基本台帳人口要覧」平成 28 年版による〕

(4)　下線部ⓔについて述べた下の文中の□にあてはまる語を，**カタカナ5字**で書きなさい。

> 都心と郊外を結ぶ鉄道が集中する新宿，池袋，渋谷などは，□駅として多くの人が利用するため，朝夕の通勤・通学時間帯にとても混雑する。

(5)　下線部ⓞについて，資料2は，高知県檮原《ゆすはら》町の町おこしに活用されている水田を表している。このような山の斜面などに階段状に造られた水田を何というか，書きなさい。

資料2

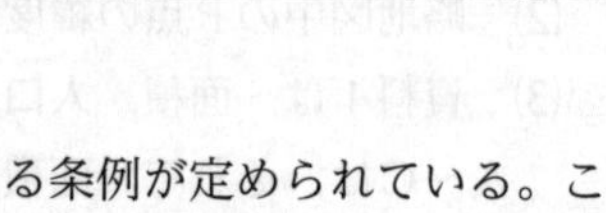

⑹　下線部(か)について，資料３は，神戸市の主なニュータウンとうめ立て区域を表している。神戸市ではどのような開発が行われたのか，資料３を参考にして，次の２語を用いて書きなさい。

丘陵地　　うめ立て

資料３

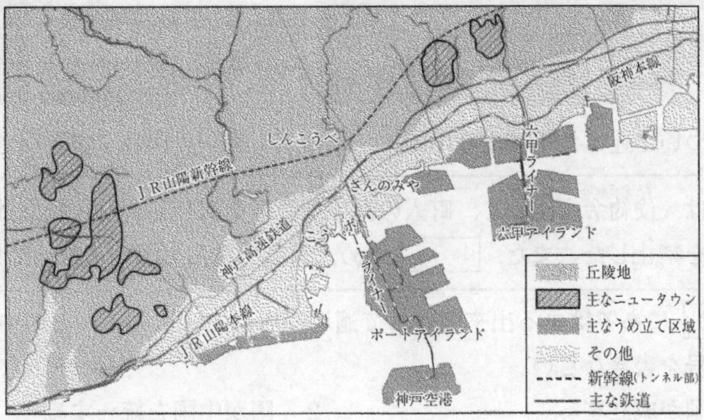

3　下の表は，ある生徒が歴史の学習で興味をもった出来事についてまとめたものである。次の⑴～⑹に答えなさい。（15点）

世紀	日本と世界の主な出来事
7	(あ)大化《たいか》の改新
8	(い)墾田永年私財法《こんでんえいねんしざいのほう》
9	坂上田村麻呂《さかのうえのたむらまろ》が胆沢城《いさわじょう》を築く
10	A
11	藤原道長《ふじわらのみちなが》が摂政《せっしょう》になる
12	源頼朝《みなもとのよりとも》が征夷大将軍《せいいたいしょうぐん》になる
13	(う)モンゴル襲来《しゅうらい》
14	南朝と北朝が統一される
15	応仁《おうにん》の乱 B
16	キリスト教の伝来
17	鎖国《さこく》の体制が固まる
18	寛政《かんせい》の改革 (え)フランス革命
19	C (お)天保《てんぽう》の改革

⑴　下線部(あ)について述べた文として適切なものを，次の１～４の中から一つ選び，その番号を書きなさい。

１　聖徳太子《しょうとくたいし》らが大王《おおきみ》（天皇）を中心とする政治制度を整えようとした。

２　中大兄皇子《なかのおおえのおうじ》らが新しい支配の仕組みを作る改革を始めた。

３　聖武《しょうむ》天皇が仏教の力にたよって国家を守るために，東大寺を建てた。

４　桓武《かんむ》天皇が政治を立て直すために，都を平安京《へいあんきょう》に移した。

⑵　下線部(い)によって認められた貴族や寺院の私有地を何というか，書きなさい。

⑶　下の資料は，下線部(う)の後に鎌倉幕府が出した法令の一部である。この法令を何というか，書きなさい。

資料

> 領地の質入《しちい》れや売買は，御家人《ごけにん》の生活が苦しくなるもとなので，今後は禁止する。
> …御家人以外の武士や庶民《しょみん》が御家人から買った土地については，売買後の年数に関わりなく，返さなければならない。

⑷　下線部(え)の様子を表しているものとして適切なものを，次のページの１～４の中から一つ選

び，その番号を書きなさい。

1

2

3

4

(5)　下線部㋔について述べた下の文章中の □ に入る適切な内容を書きなさい。

> 水野《みずの》忠邦《ただくに》は，倹約令《けんやくれい》を出して，町人の派手な風俗《ふうぞく》を取りしまり，政治批判や風紀を乱す小説の出版を禁止した。また，□ ため，営業を独占している株仲間《かぶなかま》に解散を命じた。

(6)　A ～ C にあてはまる出来事として適切なものを，次の1～6の中からそれぞれ一つ選び，その番号を書きなさい。

1　ローマ帝国が成立する　　　　　　　2　隋《ずい》が中国を統一する
3　コロンブスが西インド諸島に到達する　4　ロシア革命が起こる
5　アヘン戦争が起こる　　　　　　　　6　唐《とう》がほろびる

4　下の文章は，ある生徒が食生活の歴史について，カレーライスをテーマとしてまとめたものである。次の(1)～(6)に答えなさい。(15点)

> 「カレー」という言葉をはじめて紹介したのは，福沢諭吉《ふくざわゆきち》だといわれる。諭吉は1860年，㋐日米修好通商《にちべいしゅうこうつうしょう》条約を結ぶ手続きをするためにアメリカに派遣された。アメリカで諭吉は一冊の辞書を手に入れ，帰国後，日本語に訳した。その中に「カレー」を意味する言葉があった。
>
> ㋑明治時代になると，文明開化《ぶんめいかいか》によって，食生活にも西洋料理が取り入れられ，カレーライスはイギリス料理として紹介された。カレーライスは，大鍋で一度に大量に作ることができるため，軍隊での料理で大いに活用された。㋒徴兵《ちょうへい》制によって，兵役の義務が課せられた人々が，除隊《じょたい》後にカレーライスの味と作り方をふるさとに持ち帰った。
>
> 大正時代には，カレーライスは一般家庭にも広く普及した。また，1923年9月1日に発生した（　㋓　）の後の復興の中で，西洋料理を提供する食堂が急増し，カレーライスは人気料理として，多くの人々に食べられた。
>
> しかし，1931年の㋔満州事変《まんしゅうじへん》から，戦争の時代に入ると，スパイスの輸入が制限されるようになり，カレーライスは食卓から姿を消した。戦後，カレー粉の製造が再開され，㋕1950年代半ばには固形のカレールーが開発された。また，高度経済成長《こうどけいざいせいちょう》期には，レトルトカレーも販売され，カレーライスは人気料理の一つになった。

(1)　下線部㋐が結ばれたときの江戸幕府の大老《たいろう》は誰か，人物名を書きなさい。

(2)　下線部㋑の様子について述べた文として**適切でないもの**を，あとの1～4の中から一つ選び，その番号を書きなさい。

1　民主主義の教育の基本を示す教育基本法などが作られた。

2　れんが造りなどの欧米風の建物が増え，道路にはランプやガス灯がつけられた。

3　太陽暦《たいようれき》が採用され，１日を24時間，１週間を七日とすることになった。

4　活版印刷の普及で，日刊新聞や雑誌が発行されるようになった。

(3)　下線部(う)や殖産興業《しょくさんこうぎょう》など，欧米諸国に対抗するため，経済を発展させ軍隊を強くする政策を何というか，書きなさい。

(4)　(え) にあてはまる語を書きなさい。

(5)　下線部(お)の後に起こった次の１～３の出来事を年代の古い順に並べ，その番号を書きなさい。

1　日本軍が，アメリカの軍事基地があるハワイの真珠湾《しんじゅわん》を攻撃した。

2　日本は，ドイツ，イタリアと日独伊《にちどくい》三国同盟を結んだ。

3　日本軍と中国軍が，北京《ペキン》郊外の盧溝橋《ろこうきょう》付近で武力衝突を起こした。

(6)　右の資料は，下線部(か)の日本の外交に関する出来事を表している。資料中の □ に入る適切な内容を，次の２語を用いて書きなさい。

調印　　国交

資料

西暦	主な出来事
1951 年	アメリカなど 48 か国とサンフランシスコ平和条約を結んだ。 アメリカと日米安全保障条約を結んだ。
1956 年	□ ことにより，日本は国際連合に加盟し，国際社会に復帰した。

5　下の文章は，ある生徒が地方自治と私たちの生活についてまとめたものである。次の(1)～(4)に答えなさい。(14点)

> 私たちは毎日の生活を，自分たちが住む地域という社会で営んでいる。地域は住民自身によって運営されるべきであり，そのために国から自立した地方公共団体を作るという原則が，(あ)日本国憲法に明確に示されている。地方自治は，住民の生活に身近な民主主義を行う場であり，「民主主義の（　(い)　）」とよばれている。
>
> (う)地方公共団体の首長《しゅちょう》が，都道府県知事と市町村長である。首長は，その(え)地方公共団体の予算を作って地方議会に提出し，地方議会が議決した予算を実行したり，地方公共団体の税金を集めたりする仕事を担当する。

(1)　下線部(あ)について，次のア，イに答えなさい。

ア　資料１中の（A），（B）にあてはまる語句を，それぞれ書きなさい。

イ　第12条中の公共の福祉により，人権の制限が認められる場合がある。次のページのＸ，Ｙの人権が制限される例を，あとの１～６の中からそれぞれ一つ選び，その番号を書きなさい。

資料１

前文	日本国民は，正当に（　A　）された国会における代表者を通じて行動し，…
第３条	天皇の国事に関するすべての行為《こうい》には，内閣の（　B　）を必要とし，内閣が，その責任を負ふ。
第 12 条	この憲法が国民に保障する自由及《およ》び権利は，国民の不断の努力によつて，これを保持しなければならない。又《また》，国民は，これを濫用《らんよう》してはならないのであつて，常に公共の福祉《ふくし》のためにこれを利用する責任を負ふ。

X　労働基本権　Y　表現の自由

1　他人の名誉《めいよ》を傷つける行為の禁止　2　企業《きぎょう》の価格協定（カルテル）などの禁止
3　不備な建築の禁止　4　無資格者による営業の禁止
5　道路や空港建設のための土地の収用　6　公務員のストライキ禁止

(2)　(い) にあてはまる語を書きなさい。

(3)　下線部(う)について述べた文として**適切でないもの**を，次の１～４の中から一つ選び，その番号を書きなさい。

1　首長は，議会が議決した条例や予算を拒否《きょひ》して審議《しんぎ》のやり直しを求めることができる。
2　議会は，首長の不信任の議決をすることができる。
3　住民がリコールを求めて集めた署名に基づく住民投票で過半数の賛成があれば，首長は解職される。
4　議会は，住民が直接選挙で選んだ議員の中から首長を指名することができる。

(4)　下線部(え)について，資料２は，主な都道府県の歳入《さいにゅう》とその内訳を表している。資料２中の地方交付税交付金について述べた下の文中の［　　］に入る適切な内容を書きなさい。

自主財源だけでまかなえない分を補う依存財源のうち，［　　　　］ために国から配分されるのが地方交付税交付金である。

資料２

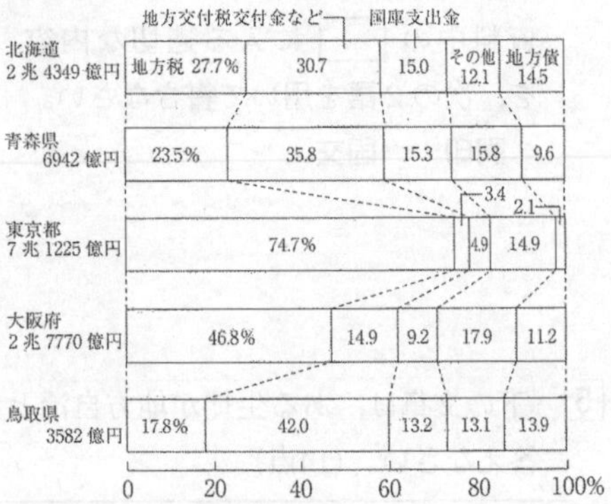

〔「地方財政統計年報」平成28年度による〕

6　下の表は，ある生徒が暮らしと経済についてまとめたものである。あとの(1)～(6)に答えなさい。（14点）

消費生活	私たちが消費する(あ)商品は，農家や工場，商店などで生産され，卸売《おろしうり》業者や小売業者によって消費者に届けられる。 消費とは，私たちが商品を受け取る代わりに，お店にお金を支払うように，(い)商品とお金のやりとりでつながっている。
消費者主権	私たちが買い物をするときには，(う)企業の広告にたよることが多い。(え)消費者が自分の意思と判断で，適切な商品を自由に選んで購入することが必要である。
価格の決まり方	(お)商品の価格は，消費者の買う量と生産者の売る量との関係で変化する。 電気やガス，水道などの価格は，国や地方公共団体が決定や認可《にんか》をしている。
さまざまな税金	所得税や相続税などの直接税は，所得が高い人ほど，所得や財産などに対する税金の割合を高くする，累進《るいしん》課税の方法が採られている。 (か)消費税などの間接税は，所得が低い人ほど，所得にしめる税金の割合が高くなるという逆進性がある。

⑴　下線部あについて，電車に乗ったり美容室で髪を切ったりといった，形の無い商品をサービスというのに対して，食品や衣類といった，形のある商品を何というか，書きなさい。

⑵　下線部いをするときに，売る側と買う側との間で成立している合意を何というか，書きなさい。

⑶　下線部うが果たすべき社会的責任として**適切でないもの**を，次の１～４の中から一つ選び，その番号を書きなさい。

1　法令を守り，情報を公開すること。
2　公開市場操作を行い，景気を安定させること。
3　従業員の生活を安定させることや消費者の安全を守ること。
4　教育や文化，環境《かんきょう》保護などの面で社会に貢献《こうけん》すること。

⑷　下線部えについて述べた下の文章中の □ にあてはまる語を**カタカナ４字**で書きなさい。

> 消費者それぞれが各自にとっての社会的課題の解決を考慮《こうりょ》したり，そうした課題に取り組む事業者を応援しながら消費生活を行うことを □ 消費という。リサイクルの商品やフェアトレードの商品，被災《ひさい》地の商品などを選ぶことで，持続可能な社会の実現に貢献することができる。

⑸　下線部おについて，右の資料は，需要《じゅよう》量・供給量・価格の関係を表している。下の文章中の（A）～（C）にあてはまる語句の組み合わせとして適切なものを，次の１～４の中から一つ選び，その番号を書きなさい。

資料

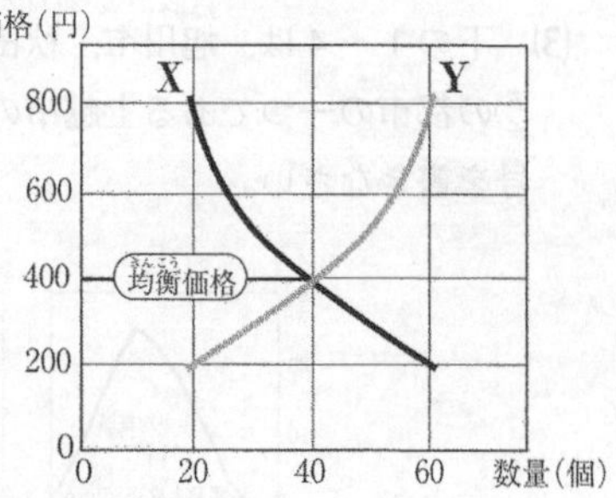

> 曲線Xは，（　A　）曲線である。価格が800円のとき，商品は（　B　）。やがて，価格は（　C　）し，需要量と供給量が一致《いっち》するような価格に落ち着いていく。

1　A－需要　B－売れ残る　C－下落　　2　A－需要　B－売り切れる　C－上昇
3　A－供給　B－売れ残る　C－上昇　　4　A－供給　B－売り切れる　C－下落

⑹　下線部かについて，この理由を「すべての国民が,」に続けて，**所得**という語を用いて書きなさい。

7　下のレポートは，ある生徒が興味をもった文化遺産について調べてまとめたものの一部である。あとの⑴～⑸に答えなさい。（13点）

世界文化遺産

バチカン　サン・ピエトロ大聖堂

バチカンは全カトリック教会の総本山でありあローマ教皇を元首とする国である。

世界最大のキリスト教建築物であるサン・ピエトロ大聖堂は，324年に創建された。

イスファハン　イマームモスク

イスファハンはいイランの中部に位置する都市である。

青を基調とした幾何学《きかがく》模様のタイルに覆《おお》われ，イスラム建築の中でも屈指の美しさを誇る。

日本の無形文化遺産

小千谷縮《おぢやちぢみ》・越後上布《えちごじょうふ》		アイヌ古式舞踊	
	小千谷縮は，㋒新潟県の小千谷市を中心に，越後上布は南魚沼《みなみうおぬま》市を中心に生産される麻の織物である。 聖武天皇が使用した道具や楽器などが保管されていた東大寺の（　㋓　）の宝庫《ほうこ》にも「越後の麻布」という記録が残っている。		㋔アイヌ民族の伝統的な舞踊《ぶよう》 （サロルン　リムセ　鶴《つる》の踊《おど》り） アイヌの人々によって伝承されている歌と踊りで，アイヌの主要な祭りや家庭での行事などに踊られる。

(1)　11世紀末に下線部㋐の呼びかけにより，聖地エルサレムをイスラム教の勢力から取り戻すために組織された軍隊を何というか，書きなさい。

(2)　右の資料は，下線部㋑，ベトナム，フランス，アメリカの家畜頭数を表している。下線部㋑の家畜頭数を表しているものを，資料中の１～４の中から一つ選び，その番号を書きなさい。

資料

	牛（千頭）	豚（千頭）	羊（千頭）	鶏（百万羽）
1	6060	19616	—	383
2	94805	78658	5230	1972
3	18151	13510	7105	238
4	5194	—	41304	1091

〔「世界国勢図会 2021/22」による〕

(3)　下の１～４は，旭川《あさひかわ》市，秋田市，上越《じょうえつ》市，鳥取市のいずれかの雨温図を表している。下線部㋒の都市の一つである上越市の雨温図として適切なものを，１～４の中から一つ選び，その番号を書きなさい。

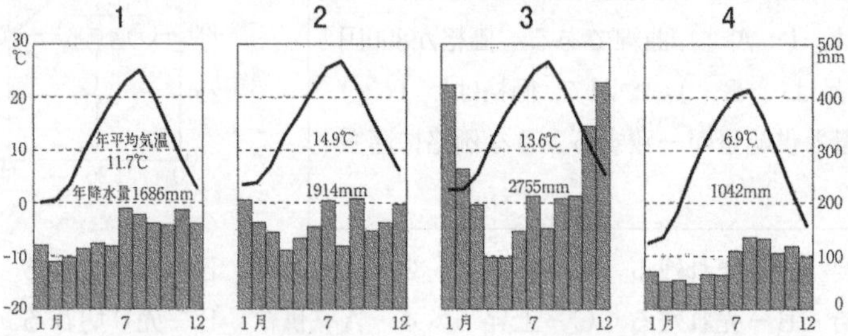

〔「理科年表 2021 年版」による〕

(4)　㋓にあてはまる語を書きなさい。

(5)　下線部㋔について述べた下の文章中の[　　]にあてはまる語を書きなさい。

> 2019年に制定されたアイヌ民族支援法では，アイヌ民族が[　　]民族として法的に位置付けられた。この法律の下で，民族としての誇りが尊重される社会の実現が目指されている。

3 「雄大」は豊富な知識があるので、どんな状況でも冷静で動揺することはない。

4 「センター長」はおおらかな性格であるので、子どもたちが宿題をやらなくても気にしない。

6 次の【資料】は、「国語が乱れていると思うか」というアンケートの結果を、調査年度ごとにまとめたグラフです。これを見て、あとの⑴～⑶に従って文章を書きなさい。（10点）

【資料】

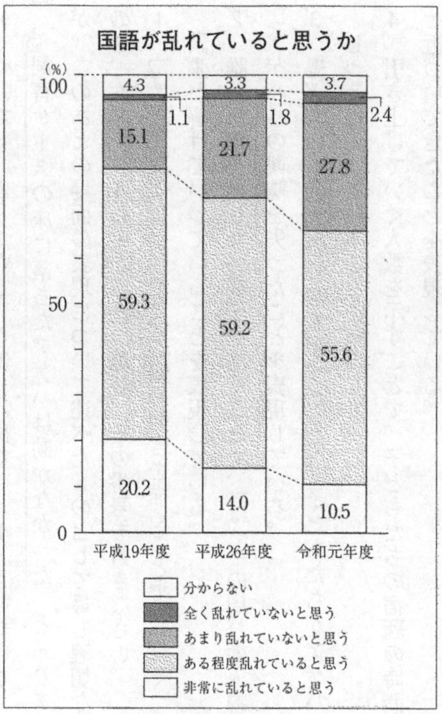

文化庁「国語に関する世論調査（令和元年度）」より作成

⑴ 題名を書かないこと。

⑵ 二段落構成とし、それぞれの段落に次の内容を書くこと。

・第一段落では、【資料】をもとに**自分の意見**を書くこと。

・第二段落では、第一段落をふまえて、**意見の理由**を書くこと。

⑶ **百五十字以上、二百字以内**で書くこと。

た。㋓ぼくはただ黙って、外灯の下で舞い続けるアゲハの行方を目で追っていた。生き物ってすごい。弱いけど強い。

（八束澄子《やつかすみこ》『ぼくらの山の学校』より）

(1) □に入る最も適切な語句を、次の1～4の中から一つ選び、その番号を書きなさい。

1 ぬいて　2 つめて　3 いれて　4 はずませて

(2) ㋐飼育ケースの床に落ちたアゲハは動かなかった とありますが、このあとの場面の表現について述べたものとして最も適切なものを、次の1～4の中から一つ選び、その番号を書きなさい。

1 「ぼく」の体の血の流れや心臓の動きを描くことで、「ぼく」の緊張が解けていっていることを表現している。
2 誰も言葉を発しない様子を描くことで、「ぼく」の周りの人物がアゲハへの興味を失ったことを表現している。
3 過ぎていく時間の秒数を示すことで、子どもたちがアゲハをじっと見続けていることを表現している。
4 引き上げていく人数を示すことで、子どもたちの宿題の時間が近づいてきたことを表現している。

(3) ㋑もっと気をつけて とありますが、このときの「ぼく」の気持ちについて次のようにまとめました。□に入る最も適切な語句を、本文中から**十二字**で**そのまま**抜き出して書きなさい。

「ぼく」は、アゲハがサナギになったときに□やるべきだったと考えている。

(4) ㋒口にできなかった について、次の**ア**、**イ**に答えなさい。

ア 「ぼく」が口にできなかったことを、**十五字以内**で書きなさい。
イ ある生徒が、「ぼく」が口にできなかった理由を次のようにまとめました。□に入る適切な内容を、**五字**で書きなさい。

「ぼく」はアゲハの今の状態を目の当《ま》たりにして、そうなったのは□だと考え、こわさを感じているから。

(5) ある学級で㋓ぼくはただ黙って における「ぼく」の気持ちについて話し合いをしました。次は竹内さんのグループで話し合っている様子です。□に入る適切な内容を、**四十字以内**で書きなさい。

竹内　「生き物ってすごい」という言葉があるね。
川田　「ぼく」が、言葉を失うほど生き物に驚嘆していることがわかるね。
橋本　「弱いけど強い」とあるから、生き物の弱さを乗り越える強さに心が動かされているんだと思うよ。
竹内　アゲハを羽化から見守り続けた「ぼく」は、アゲハが、□様子から、生き物が「弱いけど強い」ことを感じとったんだね。
川田　そうだね。特に、生き物の強い生命力に感動しているんじゃないかな。

(6) ある生徒が、この文章の登場人物についてまとめました。文章全体を通して述べられた人物像として最も適切なものを、次の1～4の中から一つ選び、その番号を書きなさい。

1 「ぼく」は魚やチョウなどの生き物が好きなので、飼育ケースで多くの生き物を飼っている。
2 「たくと」は衝動的な行動が多いので、周りに迷惑をかけることもあるが友だち思いの面もある。

「生きてる！」

思わず立ち上がって叫んでいた。

「うそ！」

雄大とたくとが駆け寄ってきた。

「よかったねえ、壮くん」

たくとの声かけに、泣き笑いで答えた。

「羽を広げるためにつかまる場所を探してるんだ。壮くん、早く棒を立ててやらなきゃ」

こんなときは雄大の知識が頼りだ。はじかれたようにぼくは調理室へと走り、割り箸片手に猛ダッシュでもどった。

「どしたんや、壮太」

ぼくのあまりの勢いに、センター長が事務室から顔をのぞかせた。

プラスチックの壁に割り箸を立てかけてやると、待っていたかのようにアゲハは前脚を伸ばして一歩一歩上っていく。そして床から十センチほどのところでぴたりと静止すると、ゆっくりと羽を広げ始めた。

「わあ」

思わず声が出た。思っていたよりずっと大きい。羽のはしからはしまで十センチはゆうに超えてる。黒に少し青みがかった黄色の模様がものすごくきれいだ。

「羽がやぶけとる」

たくとが言った。四枚ある羽のうち、下の一枚のとがった先が破れて垂れ下がっていた。きっと床にすべり落ちたときに傷ついたんだろう。ほんとうはぼくも気がついていた。だけど、こわくて㋒口にできなかった。

「おう、とうとう羽化したか」

蚊にさされたのか、おしりをぼりぼりかきながらセンター長が入ってきた。

「……羽が、破けとんよ」

涙声になったのが恥ずかしかった。

「どうれ」

あわてもせず飼育ケースをのぞきこんだセンター長は、

「ほう、立派なアゲハになったなあ。壮太が一生懸命世話したからなあ」

と感嘆したような声をあげた。

「……でも、羽が……」

「大丈夫だ、このくらい。心配するな。ほれ、外に放してやれ」

センター長にうながされ、ぼくはそっと手を飼育ケースに入れた。

「羽じゃなくて、胴をつまめよ」

言われるまでもなく、そのつもりだった。これ以上羽を傷つけたくない。たくとが急いで窓の網戸を開けに走った。

指がふるえているのが自分でもわかった。力の入れ加減が難しい。入れすぎるとつぶしちゃいそうだし、入れなさすぎるとつまめない。

――つかまえた！

全神経を集中した人差し指と親指に、生きてるアゲハのわななきが伝わる。バタついた拍子に鱗粉《りんぷん》が舞った。ぼくは窓辺へとダッシュし、アゲハを空中に放った。一瞬落下しそうになったけれど、すぐにアゲハは羽をバタつかせて、ひらひらと外灯の下で旋回した。夜見るチョウはきれいだった。黒い羽が外灯の明かりを受けて、キラキラ光る。

「どや、壮太。ここで一句」

センター長に言われたけれど、俳句なんてまったく浮かばなかっ

5 次の文章を読んで、あとの(1)~(6)に答えなさい。(26点)

（四国の山村留学センターで十三人の仲間と共同生活を送る小学校四年生の「ぼく（壮太《そうた》）」は、釣りの帰りにみかんの葉の上にアゲハチョウの幼虫を見つける。飼育ケースの中でアゲハチョウは順調に育ち、ついに羽化の時を迎える。）

「羽化だ、羽化が始まった！」

ぼくは廊下を走り回ってみんなに知らせた。宿題を放り出して、みんながどやどやとぼくらの部屋に集まってきた。事務室でたくとの音読を聞いてやっていたセンター長まで、「どれどれ」とやってきた。

息をこらして全員が見守る中、カラをやぶってアゲハが頭を出した。

ごくっ。ぼくはつばを飲みこんだ。

「出た！」

たくとが叫び、みんなが「しー」と指をたてた。興奮するとたくとはじっとしていられない。雄大《ゆうだい》の足をがんがん蹴って、「やめて！」と黄色い声をあげられていた。

アゲハはゆっくりと時間をかけて前脚を壁にかけ、体全体を出そうとするんだけど、飼育ケースのプラスチックがつるつるすべるせいで、うまくいかない。

――しまった。ダンボールかなにか、すべらない入れ物に移してやればよかった。

後悔したけど、もう遅い。動かなくなったサナギに興味を失ってしまった自分をなぐりつけたくなった。今となってはもう、息を□見守ることしかできなかった。

ようやくなんとかカラから抜け出すことに成功したアゲハは、抜け殻の中におしっこをした。

「きゃはははは、おしっこ、おしっこ」

大声をあげるたくとに、ふたたびみんなが「しー」と指をたてた。

次の瞬間だった。ふるふるふるえるアゲハの細い脚が壁をつーとすべって、アゲハは飼育ケースの床に落下してしまった。

「あー」

今度は全員の口から声がもれた。

(あ)飼育ケースの床に落ちたアゲハは動かなかった。まだぬれているような羽も閉じられたままだ。

――死んだのか？

体中の血がさーと引いて、心臓が音をたてて鳴り始めた。

だれも、なにも言わなかった。十秒、二十秒……。アゲハはまったく動かない。見守っていたみんなは一人、二人と引き上げていった。

センター長はなにも言わず、ぼくの肩をとんとんとたたくと、

「ほれ、音読の続きやるぞ」

と、たくとを引き連れ、事務室にもどっていった。

一人になると涙が出た。ぽたぽたぽたぽた、雨だれみたいに飼育ケースの底に落ちていく涙をじっと見ていた。

――どうしてサナギになったとき、(い)もっと気をつけてやらなかったんだろう。

どうして、どうして。自分への問いばかりが頭の中で渦を巻く。

そうしてどのくらいの時間がたったのか、雄大とたくとが風呂に入る用意をしに部屋にもどってきたときだった。まったく動かなかったアゲハの糸のように細い脚がかすかにふるえているのに気がついた。

最初はぼくの息のせいかと思った。だけど違った。息をとめてもやっぱり動いている。

で、右脚と右手を同時に出し、左手と左脚を同時に出す歩き方自体は、何も日本独自のものではなかった。身体の安定を保とうとするとき、人間は自然とこのような歩行法を取る。生の基盤を稲作に置く日本人にとっては、身体のブレを防いで動くことが必須のものであった。急な斜面を耕して、水を引き、稲を植えるという労働をこなしていくために、安定を約束してくれる歩行法をしなければならなかった。また、ひねもす(注4)地に伏して働く稲作のためには、地面と並行する横方向に注意を払い、どっしりと着実に、下向きに、ときには後ずさりして安定を確保しながら進むことを優先しなければならなかった。稲作を営むためには、ともに力を合わせて、強い拍をつくるのがお互いに分かりやすい。息を止めて、断絶をつくり、打ち付けるように第一拍目を揃えて作業に携わることは、同じ動作のリズムの共有に役立つのである。下に向かい、内側に引く方向性をもつ㋒日本人の身体の型は、歩き方のみならず、日常生活の動作や仕草に影響を与える。

（樋口《ひぐち》桂子《けいこ》『日本人とリズム感』より）

(注1) 邦楽……日本古来の音楽の総称。
(注2) 六方……歌舞伎で、役者が舞台から退くとき、両手を大きく振り高く足踏みをして歩く所作。
(注3) 鉄砲……相撲で、両手を伸ばして相手の胸部を強く突っ張ること。
(注4) ひねもす……朝から夕まで。一日中。

(1) 向け と動詞の活用形が同じものを、次の1～4の――の中から一つ選び、その番号を書きなさい。

1 彼に聞けばわかるだろう。
2 毎日運動することが大切だ。
3 バランスよく食べよう。
4 女の子は楽しそうに笑った。

(2) ㋐リズム感覚 とありますが、ある生徒が、ヨーロッパのリズムの方向について、次のようにまとめました。□ に入る適切な内容を、**十五字以内**で書きなさい。

> ヨーロッパのリズムの方向とは、上向きというよりも、身体の □ 方向である。

(3) ㋑水平方向 とありますが、これと同じ内容を述べている語句を本文中から**十字**で**そのまま**抜き出して書きなさい。

(4) この文章について述べたものとして最も適切なものを、次の1～4の中から一つ選び、その番号を書きなさい。

1 日本人と欧米人でのこぎりの方向が真逆であると提示することで、住居の違いによって動きが異なることを指摘している。
2 動きを下に向けて止める和楽器の奏法を解説することで、日本のリズムは持続されずに途切れることを表現している。
3 日本の伝統的な動作は跳び上がるものが少なくないことをあげることで、ヨーロッパのリズム感覚との違いを示唆している。
4 日本人の「ナンバ歩き」が他国でも見られる例を示すことで、人間としてリズムの共有が大切であることを論証している。

(5) ㋒日本人の身体の型 とありますが、ある生徒が、このことについて、次のようにまとめました。□ に入る適切な内容を、「安定」「生の基盤」「共有」の**三つの語句**を用いて**五十字以内**で書きなさい。

> 日本人の身体の型が、下向きで内側に引く方向性であるのは、□ から。

して止めることも多い。比較のために、西欧楽器のティンパニを考えてみればよい。ティンパニのバチは皮の表面を打つが、それは上に跳ねるためであり、皮面でバチを跳ねるようにして打っている。息を吹いて音を出す管楽器も同様で、クラリネットはリードを吹くとき、身体を上に向けて、ときに身体を反りかえらせるようにして、外に向かって音を出している。ところが日本の尺八は首を振りながら、息を下方に向かわせており、ときにかがみ込んで身体を折るように、内向きに吹く。三味線も琴も、爪弾《つまび》いて、弦の上でバチを止める。和楽器はいずれも、動きを下にして止めることで、リズムの流れをいったん途切れさせているのである。

　つまり日本のリズムには断絶がある。切断がある。一方、ヨーロッパのリズムは上向きであるが、それに加えてリズムは連続性を蓄えて粘っており、エネルギーを途切れさせないように次へ次へと持続させてゆくのである。

　さらによく観察してゆくと、日本人のつくるリズムは交互に裏と表に交替するように進んでいる。踊りにもこのリズムの方向性は顕《あらわ》れている。日本の古典舞踊は、摺《す》り足で、腰を落として沈みこんで踊り、その姿勢で足裏を下に向けて打つことを基本とする。邦楽(注1)の動作は基本的に、横向きで、安定的で、上下に大きく動くことを好まない。日本の舞踊にも、伝統にコミカルな面を強調した、跳び上がるものは少なくないのであるが、しかし跳びはねる踊りでも、動きの向きは身体を開放して上に向かうのではなく、跳ねる前に少しタメをつくるようにほんの少し動きを止めており、強拍で揃《そろ》えるように拍を狙って取るというリズムの基本を外すことはあまりない。

　したがって、㋐リズム感覚の差異は上向きか下向きか、というよりも、身体の内部から外に向かって開放されてゆく方向か、あるいは身体の中からさらにその芯へ、奥へ向かうか、という違いである、とした方がよいかもしれない。というのは、ヨーロッパのリズムの方向性は上向きである、といっても、上に向かうためには下肢の筋肉はいったん地面を蹴っていて、下に向かう瞬間があるからである。しかしそれははじけさせるための動きである。身体の中心にバネがあってそれがまず縮んで、粘りを絶やさずに次に伸びて外へと解放されていくことが、結果として身体リズムの方向を上に向けている。

　日本人の㋑水平方向の運動に敏感な性向は、歩き方にも現れている。かつて日本人は、右手右脚、左手左脚を同時に出し、手と脚を同じ向きに動かして歩く歩き方、つまりいわゆる「ナンバ歩き」という歩き方をしていたとされる。今でも梯子《はしご》をのぼるときにはわれわれは同じ側の手と足を出している。竹馬の歩き方もそうである。梯子が同じ側の手と脚を同時に運ぶのは、この方法が身体全体を安定させてくれるからである。ナンバ歩きの痕跡は歌舞伎《かぶき》の六方(注2)や相撲の鉄砲(注3)などに残り、伝統として受け継がれて来ている。ひょっとこの面を頭に載せて踊る八木節の振り付けも、同じ手足の側を同時に出す。さらに盆踊りの振りは同じ側の手足を同時に出して歩く。山形の花笠《はながさ》音頭などのように、踊りの途中でしばしば二、三歩後ろに戻って、また進むというかたちも少なくない。阿波《あわ》踊りではこの格好で何百人、何千人という人が一斉に練り歩く。最近の身近な例として、映画の『シン・ゴジラ』でゴジラがナンバ歩きで歩いている。昔の日本においてこうした歩き方がさほど珍しいことでなかったとすれば、身体を揺さぶらずに安定して歩くことが、稲作を基調とする日本人の生のスタイルにかなっており、それが人々の普段の生活の中に組み込まれていたからであろう。

　実はこのような歩き方は、ギリシアの壺絵《つぼえ》などにも見られるもの

コ　湿気を取りノゾく装置。

(2) 次のア、イの――のカタカナの部分を漢字で表したとき、その漢字と同じ漢字が使われている熟語を、それぞれあとの1～4の中から一つずつ選び、その番号を書きなさい。

ア　紙を縦にサく。

1 決裂　2 風刺　3 避暑　4 過去

イ　シュコウを凝らしたおもてなしをする。

1 特殊　2 主役　3 取得　4 趣味

3　次の文章を読んで、あとの(1)～(3)に答えなさい。(12点)

【漢文】

漢人ニ有リ適クモノ呉ニ。呉人設クレバ㆑笋ヲ、問フ「是レ何物ゾト。」

語ゲテ曰ハク、「竹也ト。」帰リテ煮ルモ㆓其ノ床(注1)簀ヲ㆒而不㆑熟セ、乃チ

謂ヒテ㆓其ノ妻ニ㆒曰ハク、「呉人ハ轣(注2)轆タリ、欺クコト㆑我ヲ如シト㆑此クノ。」

(『笑林《しょうりん》』より)

【書き下し文】

漢人《かんひと》(漢の国の人で)に呉《ご》に適《ゆ》くもの有り。呉人《ごひと》笋《たけのこ》を設《まう》くれば(呉の国の人がたけのこ料理を用意したところ)、問ふ「是《こ》れ何物ぞ。」と。語《つ》げて曰《い》はく、「竹なり。(竹です)」と。帰りて其《そ》の床簀《しやうさく》を煮るも熟《じゆく》せず(煮えなかったので)、乃《すなは》ち其の妻に謂《い》ひて曰はく、「呉人は轣轆《れきろく》たり、我を欺くこと此《か》くの(このようだ)ごとし。」と。

(注1) 床簀……ベッドに敷くための竹で編んだ敷物。

(注2) 轣轆……人を偽り、欺くこと。

(1) 有リ適クモノ呉ニ に、【書き下し文】を参考にして、返り点をつけなさい。

(2) 問ふ の主語として最も適切なものを、次の1～4の中から一つ選び、その番号を書きなさい。

1 作者　2 漢人　3 呉人　4 妻

(3) 【漢文】にある「漢人」と、次の【資料】にある「宋人」について、両者に共通する内容として最も適切なものを、あとの1～4の中から一つ選び、その番号を書きなさい。

【資料】

宋人《そうひと》(宋の国の人で畑を)に田を耕す者有り。田中《でんちゆう》(畑の中に木の切り株があり)に株有り、兎《うさぎ》走りて株に触れ、(突き当たり)頸《くび》を折りて死す。因《よ》りて(そこで自分のすきを放り出して)其《そ》の耒《すき》を釈《す》てて株を守り、(切り株の番をし)復《ま》た(再び)兎を得(手に入れようと待ち望んだ)んと冀《ねが》ふ。兎復た(兎を二度とは)得《う》べからずして、(手に入れることができず)身は(彼自身は)宋国の笑《わらひ》と為《な》れり。

(『韓非子《かんびし》』より)

1 両者とも自分の思い違いに気づいていない。
2 両者とも自分の失敗を人のせいにしている。
3 両者とも古い習慣を改めることができない。
4 両者とも予想通りになって満足している。

4　次の文章を読んで、あとの(1)～(5)に答えなさい。(22点)

平均的な日本人であれば、のこぎりは自分に引きつける方向に引く。ところが欧米人ののこぎりの方向は向こう側、つまり外側に向かっており、日本人とは真逆なのである。鼓《つづみ》のような日本古来の打楽器も内に打ちつける。打ったところで内側に向かってすり込むように

＜国語＞

時間 五〇分 満点 一〇〇点

【注意】 問題の1は放送による検査です。問題用紙は放送による指示があるまで開いてはいけません。

1 放送による検査（16点）

【資料】 話し合いの記録

生徒会役員会（司会：林さん）

〔本田さん〕
動画を利用する。
・動画の特徴
→［　　　　　　　］。
・紹介する内容
→「総合的な学習の時間」で調べたこと。

〔中村さん〕
新聞を作る。
・新聞の特徴
→全体を見渡せるので読みやすいこと。
・紹介する内容
→文化祭で学級旗が展示されたこと。

新聞の一部

〇〇中学校新聞

（見出し）

10月15日(金)に文化祭が行われた。3年生が制作した各クラスの「学級旗」が展示された。

学級旗には、それぞれのクラスの目標の言葉とオリジナルの絵柄が入り、色とりどりの学級旗が見る人の目を楽しませた。3年2組の佐藤君は「細かい部分の色塗りが大変だった。みんなで力を合わせて完成させたのでうれしい」と、クラスの団結を喜んだ。学級旗は、文化祭終了後、各クラスの教室に飾られている。

（写真）

下の読み取りコードから動画にアクセスできます。

http://……

2 次の⑴、⑵に答えなさい。（14点）

⑴ 次のア～オの――の漢字の読みがなを書きなさい。また、カ～コの――のカタカナの部分を楷書《かいしょ》で漢字に書き改めなさい。

ア 不屈の精神でやり遂げる。
イ 試合前に激励の言葉をもらった。
ウ 博物館で剝製を見る。
エ 砂糖を水に溶かす。
オ 小学生の頃の自分を顧みる。
カ 芸術家のソシツがある。
キ 国王へのチュウセイを誓う。
ク 古くなった靴をホシュウする。
ケ 誕生会に友人をマネく。

国語放送台本

今から、国語の、放送による検査を行います。はじめに、解答用紙を出して、受検番号を決められた欄に記入してください。

次に、問題用紙の2ページを開いてください。

□《しかく》一は、【資料】を見ながら放送を聞いて、質問に答える問題です。ある中学校で生徒会役員会が開かれました。話し合っているのは、林さん、本田さん、中村さんの三人で、林さんが司会を務めます。これから、その役員会の様子を紹介します。そのあとで、四つの問題を出します。それを聞いて、解答用紙の(1)、(2)、(3)、(4)、それぞれの欄に答えを書きなさい。役員会の様子、問題は、それぞれ一回しか言いません。必要なことは、メモを取ってもかまいません。

それでは、始めます。

[林さん]

　これから生徒会役員会を始めます。今日は、地域の人たちに本校の活動の様子を伝えるにはどうすればよいかを考えます。では、本田さん、意見をどうぞ。

[本田さん]

　はい。私は、動画を利用するのがよいと思います。動画の特徴は、音や動きがあることです。私たちが学習や学校行事に積極的に取り組んでいる姿を、地域の人たちに見てもらいたいと思います。特に、「総合的な学習の時間」で調べたことを紹介してはどうでしょうか。私たちは地域の歴史について、グループに分かれて調べました。わかったことをまとめ、資料を使って発表する様子を撮影しましょう。さまざまな人にわかりやすい動画にするために、話す速さや表情を工夫することと、資料を効果的に提示することが大切だと思います。この動画を通して、地域の人たちに学校への興味をもってもらいたいです。より多くの人たちに動画を見てもらうためにはどうすればよいか、考えているところです。

[林さん]

　では次に、中村さん、意見をどうぞ。

[中村さん]

　はい。新聞を作って、学校行事の様子を紹介するのはどうでしょうか。動画を見ることに不慣れな方にとっては、新聞の方が全体を見渡せるので読みやすいと思います。作った新聞を地域の町内会の回覧板で各家庭に届けてもらうと、手に取りやすいのではないでしょうか。記事は自分たちで書いて、地域の人たちに伝えたいことを表現します。例えば、文化祭で三年生の学級旗が展示されたことを紹介するのはどうでしょうか。当日の様子に加えて、準備で大変だったことや学級旗に込めた思いを取材すると、より面白い記事になりそうです。見出しを一目見てわかるように工夫したり、写真や図を活用したりして、本校の生徒が楽しく活動する様子が伝わる新聞を目指しましょう。

[林さん]

　そうですね、動画も新聞もどちらもよい方法だと思います。では、二人の意見を合わせて、新聞に、動画にアクセスできる読み取りコードやアドレスを掲載すれば、より多くの人たちが動画を見てくれるのではないでしょうか。

　以上、役員会の様子は、ここまでです。続いて問題に移ります。

(1)の問題。本田さんは、動画の特徴はどのようなことだと言っていましたか。書きなさい。

(2)の問題。本田さんは、さまざまな人にわかりやすい動画にするために、話す速さや表情を工夫することと、もう一つ、どのようなことが大切だと言っていましたか。書きなさい。

(3)の問題。本田さんと中村さんの意見の述べ方の説明として最も適切なものを、これから言う、1、2、3、4の中から一つ選んで、その番号を書きなさい。

1　本田さんは、本やインターネットの内容を引用することで、聞き手が納得できるように意見を述べている。

2　中村さんは、調査した結果の数値をあげて、高齢化による地域の課題を知ってもらえるように意見を述べている。

3　本田さんも中村さんも、はじめに主張を明確に示して、話の中心がわかりやすく伝わるように意見を述べている。

4　本田さんも中村さんも、他者の意見に対して共感する点をあげて、話し合いがまとまるように意見を述べている。

(4)の問題。【資料】の新聞の一部は、ある生徒が、文化祭での学級旗の展示について書いた記事です。記事の内容に合わせて、「学級旗」という語を使って、見出しを考えて書きなさい。

　これで、放送による検査を終わります。では、あとの問題を続けてやりなさい。

MEMO

大切なことはメモしておこうネ！

2022年度

解答と解説

《2022年度の配点は解答用紙集に掲載してあります。》

＜数学解答＞

1　(1) ア 2　イ $-\frac{3}{25}$　ウ $-\frac{5}{3}x+\frac{3}{2}y$　エ $2b$　オ 3　(2) $\frac{27}{2}\pi\,(\mathrm{cm}^2)$

(3) -3　(4) 連立方程式 $\begin{cases} 26x+8y=380 \\ 1.5x+4y=75 \end{cases}$　ドーナツ10(個)，クッキー15(個)

(5) $-\frac{2}{3}$　(6) 28(度)　(7) 5(回)　(8) ア

2　(1) 右図　(2) ア ㋐ 4　㋑ $20-4b$

㋒ 6　㋓ 4　番号 ③　イ $\frac{1}{12}$

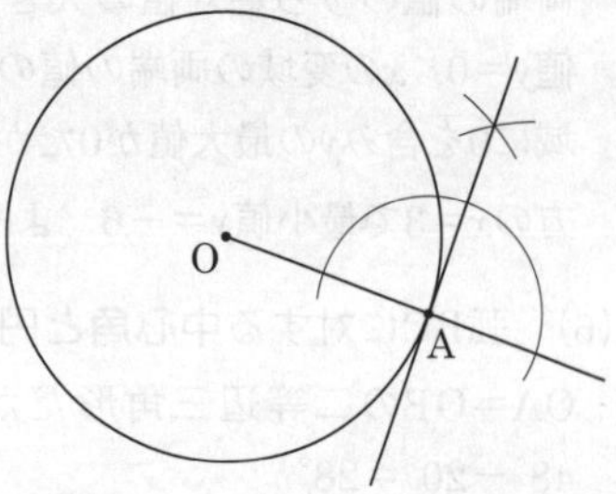

3　(1) ア $6\sqrt{2}$ (cm)　イ 10(cm)

(2) ア ㋐ $\angle BHF=\angle DGE$　㋑ $BH=DG$

㋒ 1組の辺とその両端の角　イ (ア) 72(度)

(イ) 8(cm)

4　(1) -4　(2) $y=\frac{1}{2}x+2$　(3) ア $\frac{1}{4}t^2$　イ -2, 4

5　(1) ㋐ 8　㋑ -3　(2) 木曜日　(3) 6(日)

(4) ア $a-7$　イ 9(月)15(日)

＜数学解説＞

1　**(数・式の計算，平方根，おうぎ形の面積，絶対値，方程式の応用，関数$y=ax^2$，円の性質，角度，資料の散らばり・代表値)**

(1) ア　異符号の2数の和の符号は絶対値の大きい方の符号で，絶対値は2数の絶対値の大きい方から小さい方をひいた差だから，$-5+7=(-5)+(+7)=+(7-5)=2$

イ　異符号の2数の積の符号は負で，絶対値は2数の絶対値の積だから，$(-0.4)\times\frac{3}{10}=-\left(0.4\times\frac{3}{10}\right)=-\left(\frac{4}{10}\times\frac{3}{10}\right)=-\frac{3}{25}$

ウ　$\frac{1}{3}x+y-2x+\frac{1}{2}y=\frac{1}{3}x-2x+y+\frac{1}{2}y=\left(\frac{1}{3}-2\right)x+\left(1+\frac{1}{2}\right)y=\left(\frac{1}{3}-\frac{6}{3}\right)x+\left(\frac{2}{2}+\frac{1}{2}\right)y=-\frac{5}{3}x+\frac{3}{2}y$

エ　$24ab^2\div(-6a)\div(-2b)=24ab^2\div6a\div2b=24ab^2\times\frac{1}{6a}\times\frac{1}{2b}=\frac{24ab^2}{6a\times2b}=2b$

オ　乗法公式$(a+b)(a-b)=a^2-b^2$を用いると，$(\sqrt{5}-\sqrt{2})(\sqrt{2}+\sqrt{5})=(\sqrt{5}-\sqrt{2})(\sqrt{5}+\sqrt{2})=(\sqrt{5})^2-(\sqrt{2})^2=5-2=3$

(2) 半径r，中心角$a°$のおうぎ形の面積は$\pi r^2\times\frac{a}{360}$だから，半径9cm，中心角60°のおうぎ形の面積は$\pi\times9^2\times\frac{60}{360}=\frac{27}{2}\pi\,(\mathrm{cm}^2)$

(3) 数直線上で，ある数に対応する点と原点との距離を，その数の絶対値という。また，ある数の絶対値は，その数から＋や－の符号を取りさった数ということもできる。これより，2.7の絶対値は2.7，$-\frac{7}{3}$の絶対値は$\frac{7}{3}=2\frac{1}{3}=2.\dot{3}$，$-3$の絶対値は3，$\sqrt{6}$の絶対値は$\sqrt{6}$であり，$\sqrt{4}<\sqrt{6}<\sqrt{9}$より$2<\sqrt{6}<3$だから，絶対値が最も大きい数は$-3$

(4)　ドーナツをx個作るのに必要な小麦粉とバターの量はそれぞれ$26(\text{g})\times x(\text{個})=26x(\text{g})$，$1.5(\text{g})\times x(\text{個})=1.5x(\text{g})$　また，クッキーをy個作るのに必要な小麦粉とバターの量はそれぞれ$8(\text{g})\times y(\text{個})=8y(\text{g})$，$4(\text{g})\times y(\text{個})=4y(\text{g})$だから，使用していた小麦粉とバターの量の関係から

$\begin{cases} 26x+8y=380 \\ 1.5x+4y=75 \end{cases}$　下の式を整理して$\begin{cases} 26x+8y=380\cdots① \\ 3x+8y=150\cdots② \end{cases}$　①−②より，$26x-3x=380-150$

$23x=230$　$x=10$　これを②に代入して，$3\times10+8y=150$　$y=15$　よって，ドーナツを10個，クッキーを15個作った。

(5)　関数$y=ax^2$がxの変域に0を含むときのyの変域は，$a>0$なら，$x=0$で**最小値**$y=0$，xの変域の両端の値のうち絶対値の大きい方のxの値でyの値は最大になる。また，$a<0$なら，$x=0$で**最大値**$y=0$，xの変域の両端の値のうち絶対値の大きい方のxの値でyの値は最小になる。本問はxの変域に0を含みyの最大値が0だから，$a<0$の場合であり，xの変域の両端の値のうち絶対値の大きい方の$x=3$で最小値$y=-6$　よって，$-6=a\times3^2$　$a=-\frac{2}{3}$

(6)　弧BCに対する**中心角と円周角の関係**から，$\angle\text{BAC}=\frac{1}{2}\angle\text{BOC}=\frac{1}{2}\times96^\circ=48^\circ$　△OABはOA＝OBの二等辺三角形だから，$\angle\text{BAO}=\angle\text{ABO}=20^\circ$　よって，$\angle x=\angle\text{BAC}-\angle\text{BAO}=48^\circ-20^\circ=28^\circ$

(7)　**四分位数**とは，全てのデータを小さい順に並べて4つに等しく分けたときの3つの区切りの値を表し，小さい方から**第1四分位数**，**第2四分位数**，**第3四分位数**という。第2四分位数は**中央値**のことである。また，**四分位範囲**は第3四分位数から第1四分位数を引いた値で求められる。問題のデータを小さい順に並べ替えると，2，3，4，5，5，6，7，8，9，9，10。よって，第1四分位数，第2四分位数(中央値)，第3四分位数はそれぞれデータの小さい方から3番目，6番目，9番目の4回，6回，9回であり，四分位範囲は，第3四分位数－第1四分位数＝9－4＝5回である。

(8)　a，bが正の数で，$a<b$のとき，$\sqrt{a}<\sqrt{b}$である。アは適切である。例えば，$a=1$，$b=1$のとき，(イの左辺)$=\sqrt{1}+\sqrt{1}=1+1=2$，(イの右辺)$=\sqrt{1+1}=\sqrt{2}$だから，イは適切ではない。正の数aの平方根は2つあり，この2つの数は絶対値が等しく，符号が異なる。aの平方根のうち正の方を$\sqrt{a}$，負の方を$-\sqrt{a}$と書く。エは適切ではない。また，$\sqrt{(-a)^2}=\sqrt{a^2}=a$より，ウも適切ではない。

2　**(作図，確率，数の性質)**

(1)　(着眼点)**接線と接点を通る半径は垂直に交わる**ので，点Aを通る半直線OAの垂線を引く。

(作図手順)　次の①～③の手順で作図する。　①　半直線OAを引く。　②　点Aを中心とした円を描き，半直線OA上に交点をつくる。　③　②でつくったそれぞれの交点を中心として，交わるように半径の等しい円を描き，その交点と点Aを通る直線(円Oの周上の点Aを通る接線)を引く。

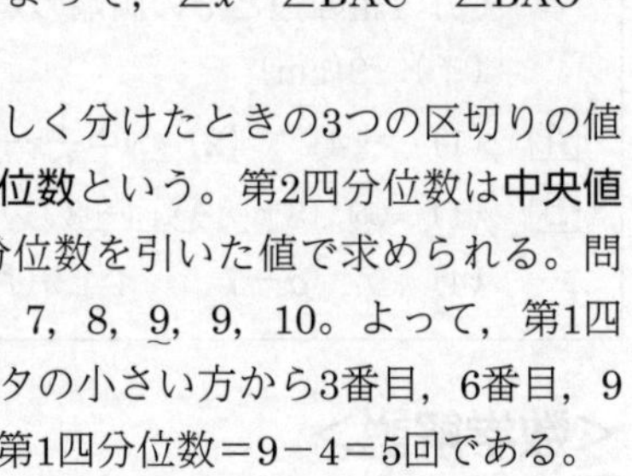

(2)　ア　㋐　方程式$ax+4b=20$に$a=2$，$b=3$を代入して，$2x+4\times3=20$　$2x+12=20$　xについて解くと，$2x=20-12=8$　$x=4$

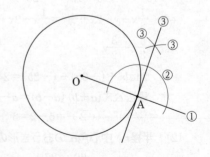

(い)　方程式$ax+4b=20$をxについて解くと，左辺の$+4b$を右辺に移項して，$ax=20-4b$　両辺をaで割って，$x=\frac{20-4b}{a}$…⊛

(う)　⊛が負になるのは，$a>0$であることより，⊛の分子が負になるときである。つまり，$4b$の値が20より大きいときであり，小さいさいころ…$\boxed{\text{X}}$の出た目の数が6のときだけである。

(え)　$b=6$のとき，⊛は$x=\frac{20-4\times6}{a}=-\frac{4}{a}$となる。これが負の整数になる確率を求めなければいけないから，大きいさいころ…$\boxed{\text{Y}}$の出た目の数aが4の**約数**になるときを考えたらいい。

イ　前問アより，$b=6$かつaが4の約数になるのは，$(b,\ a)=(6,\ 1)$，$(6,\ 2)$，$(6,\ 4)$の3通りだから，求める確率は，$\frac{3}{36}=\frac{1}{12}$

$\boxed{3}$　(線分の長さ,体積，合同の証明，角度)

(1)　ア　△BEFはBE＝BF＝6cmの**直角二等辺三角形**で，**3辺の比は1：1：$\sqrt{2}$** だから，EF＝BE×$\sqrt{2}$＝$6\sqrt{2}$(cm)

イ　正方形ABCDの面積をScm²とすると，S＝AB²　これより，正方形EFGHの面積は，EG×FH×$\frac{1}{2}$＝AB×AB×$\frac{1}{2}$＝AB²×$\frac{1}{2}$＝$\frac{1}{2}S$　容器の中にいっぱいになるまで入れた水の容積は，立方体の容器の容積から正四角錐の体積を引いたものだから，(底面ABCDの面積)×高さ－$\frac{1}{3}$×(底面EFGHの面積)×高さ＝S×12－$\frac{1}{3}$×$\frac{1}{2}S$×12＝10S　よって，正四角錐を取り出したとき，容器の中にある水の底面ABCDから水面までの高さは10cmである。

(2)　ア　2つの三角形の合同は，「3組の辺がそれぞれ等しい」か，「2組の辺とその間の角がそれぞれ等しい」か，「1組の辺とその両端の角がそれぞれ等しい」ときにいえる。本証明は，「1組の辺とその両端の角がそれぞれ等しい」をいうことで証明する。仮定より，四角形ABCDはひし形であり，ひし形の対辺は平行である，つまりAD//BCより，**平行線の錯角は等しい**から，∠FBH＝∠EDG…①　ひし形の対角は等しい，つまり∠DHF＝∠BGE＝∠BAD＝∠xから，∠BHF＝180°－∠DHF＝180°－∠BGE＝∠DGE＝180°－∠x(あ)…②　BH＝BD－DH，DG＝DB－BGであり，ひし形の4つの辺はすべて等しいことから，AB＝CD＝BG＝DHだから，BH＝DG(い)…③　①，②，③から，1組の辺とその両端の角(う)がそれぞれ等しいことがいえる。

イ　(ア)　∠BGE＝∠BAD＝∠x＝108°　△ABDはAB＝ADの二等辺三角形だから，∠EDG＝(180°－∠BAD)÷2＝(180°－108°)÷2＝36°　△EDGの**内角と外角の関係**から，∠GED＝∠BGE－∠EDG＝108°－36°＝72°

(イ)　AB＝$a$cmとすると，ひし形ABCDの周の長さは4AB＝4$a$cm　△GBEは△ABEを折った図形だから，△ABE≡△GBE　よって，AE＝$b$cmとすると，四角形ABGEの周の長さは2(AB＋AE)＝2(a＋b)cm　前問(ア)より，∠GED＝72°　また，∠EGD＝180°－∠BGE＝180°－108°＝72°　よって，△EDGはDE＝DG＝4cmの二等辺三角形　これより，b＝AD－DE＝AB－DE＝(a－4)cm　以上より，ひし形ABCDの周の長さと四角形ABGEの周の長さとの差は，$4a-2(a+b)=2(a-b)=2\{a-(a-4)\}=8$cm

$\boxed{4}$　(図形と関数・グラフ)

(1)　点A，Bは$y=\frac{16}{x}$上にあるから，そのy座標はそれぞれ$y=\frac{16}{-4}=-4$，$y=\frac{16}{8}=2$　よって，A(－4，－4)，B(8，2)

(2)　点Pはy軸上にあり，y座標は点Bのy座標と同じであるから，P(0，2)　また，直線ABの傾きは$\frac{2-(-4)}{8-(-4)}=\frac{1}{2}$　よって，点Pを通り，直線ABに平行な直線の式は$y=\frac{1}{2}x+2$

(3)　ア　点Sは$x=t$上にあるから，そのx座標はt　また，点Sは$y=\frac{1}{4}x^2$上にあるから，そのy座標は$y=\frac{1}{4}t^2$　よって，$\mathrm{S}\left(t,\ \frac{1}{4}t^2\right)$

イ　前問(2)より，直線ABの傾きは$\frac{1}{2}$だから，直線ABの式を$y=\frac{1}{2}x+b$とおくと，点Bを通るから，$2=\frac{1}{2}\times8+b$　$b=-2$　直線ABの式は$y=\frac{1}{2}x-2$　また，$\mathrm{PQ}=2-(-2)=4$　点Rは$x=t$上にあるから，そのx座標はt　また，点Rは直線AB上にあるから，そのy座標は$y=\frac{1}{2}t-2$　よって，$\mathrm{R}\left(t,\ \frac{1}{2}t-2\right)$　PQ//SRより，四角形PQRSが平行四辺形になるのは，PQ＝SR，つまり，$4=\frac{1}{4}t^2-\left(\frac{1}{2}t-2\right)$のとき。整理して，$t^2-2t-8=0$　$(t+2)(t-4)=0$　よって，四角形PQRSが平行四辺形になるとき，$t=-2,\ 4$

5　**（規則性，文字を使った式）**

(1)　(5月のB)＝(4月のB)＋(4月のA)＝6＋2＝8…(あ)　6月は，Bが11になるので，6月1日は水曜日から11日後＝4日後(＝11－7)の曜日である日曜日だとわかる。つまり，日曜日は基準である水曜日からみて，前に3日ずれた曜日なのでCは－3…(い)　となる。

(2)　5月は，前問(1)より，Bが8になるので，5月1日は水曜日から8日後＝1日後(＝8－7)の曜日である木曜日だとわかる。

(3)　7月は，Bが13になるので，7月1日は水曜日から13日後＝6日後(＝13－7)の曜日である火曜日だとわかる。これより，7月の最初の日曜日は火曜日の5日後の1＋5＝6日である。

(4)　ア　aのすぐ真上にある数は，aの1週間前(＝7日前)の日にちだから$a-7$と表される。

イ　数学の先生の誕生月の日数は30日であることから，4月，6月，9月，11月のいずれかである。4月のBは6だから，4月1日の曜日は水曜日から6日後の曜日の火曜日である。6月のBは11だから，6月1日の曜日は水曜日から11日後＝4日後(＝11－7)の曜日の日曜日である。9月のBは19だから，9月1日の曜日は水曜日から19日後＝5日後(＝19－7×2)の曜日の月曜日である。11月のBは24だから，11月1日の曜日は水曜日から24日後＝3日後(＝24－7×3)の曜日の土曜日である。よって，数学の先生の誕生月は9月である。また，数学の先生の誕生日の日にちをaとすると，aの2乗とaのすぐ真上にある数の2乗の和は，aの2日後の数の2乗と等しくなっているから，$a^2+(a-7)^2=(a+2)^2$　整理して，$a^2-18a+45=0$　$(a-3)(a-15)=0$　ここで，$a-7\geqq1$より$a\geqq8$だから，$a=15$　以上より，数学の先生の誕生日は9月15日である。

＜英語解答＞

1　(1)　ア　2　イ　1　ウ　3　(2)　ア　3　イ　4　ウ　2　(3)　ア　3　イ　1　(4)　(例)I listen to my friend(s).

2　(1)　ア　I will show you interesting(things.)　イ　Whose faces are designed on(the coins ?)　ウ　I wish you could have(a useful hole in your country's coins.)　(2)　(例)kinds　(3)　(例)1　I want to know what the language is.　2　There are many buildings to visit in the world.

3　(1)　(例)ア　Can I open it ?／May I open it ?　イ　No, I haven't.

(2)　A　3　B　6　C　1

4　(1)　ア　新しいこと　イ　食べた　ウ　5月　(2)　(例)1　It was written in 1969.　2　They can enjoy reading by putting their fingers into them.／They can put their fingers into them.　3　No, it wasn't.　(3)　(例)My favorite thing is my watch because my grandfather gave it to me on my birthday last year.　It is small and cute.　(例)I like my bike.　I always use it when I go out with my friends, so I could visit many places in my town.

5　(1)　ア　2　イ　3　ウ　4　エ　2　(2)　(例)世界には多くの文化があって，異なる文化の人たちは異なる感じ方を持っているということ。
(3)　ア　4　イ　7　ウ　1

＜英語解説＞

1　(リスニング)

放送台本の和訳は，50ページに掲載。

2　(会話文問題：語句の並べ換え，語句の問題，語句補充・記述，メール文などを用いた問題，和文英訳，受け身，間接疑問文，不定詞)

(全訳)　ケンタ(以下K)：こんにちは，ビル。／ビル(以下B)：こんにちは，ケンタ。ア君に面白いものを見せましょう。これらの硬貨を見て下さい。私はこれらを私の国から持ってきました。／K：あっ，これらの2つの硬貨には人の顔がありますね。／B：その通りです。／K：硬貨イには誰の顔がデザインされていますか？／B：えーと，例えば，1セント硬貨には，エイブラハム・リンカンの顔があります。／K：あっ，エイブラハム・リンカン。私は彼の名前を知っています。／B：この硬貨はペニーと呼ばれています。ペニーは1セント硬貨の別の名前です。／K：なるほど。もうひとつの硬貨にも別の名前がついていますか？／B：はい，ついています。5セント硬貨です。それはニッケルと呼ばれます。／K：興味深いですね！硬貨の中には，他の名前がついているものがあるのですね。知りませんでした。／B：日本の硬貨には別の名前がありますか？／K：いいえ，ありませんが，日本の硬貨には面白い特徴があります。現在，6種類の硬貨があります。それらのうちの2つには，穴が開いています。知っていましたか？／B：はい，知っていました。初めて見た時に，驚きました。穴によって，簡単に硬貨を見分けることができますね。とても便利です。／K：そう思いますか？ウあなたの国の硬貨にも便利な穴が開いていたらと思います。今や，私は，あなたの国の硬貨に興味を持っています。それらについてウェブサイトを見てみましょう。もし質問がある場合には，電子メールを送ります。／B：ええ，どうぞ。

(1)　ア　I will show you interesting(things.)<show＋A＋B>「AにBを見せる」
イ　Whose faces are designed on(the coins ?)<Whose＋名詞～?>「誰の名詞が～か」<**be**動詞＋過去分詞>受け身「～される」　ウ　I wish you could have(a useful hole in your country's coins.)<**I wish**＋主語＋過去の助動詞＋原形>「主語が～するといいなあ，と(私が)願う」現在の事実に反することを仮定。

(2)　six kinds of coins「6種類の硬貨」

(3)　(全訳)　こんにちは，ビル。今日，私と話をしてくれて，ありがとう。私は2つの硬貨に関してある言葉を見つけました。それらの中には英語でないものが存在していると思います。1私はその言語が何かを知りたいです。あなたは知っていますか？また，5セント硬貨には素敵な建物がデザインされていることにも気づきました。それについてウェブサイトを見て，それが世界遺産の一部であることに驚きました。$_{2}$世界には訪れるべき建物がたくさんあります。この建物はそれらのうちの1つだと思います。

1「その言語が何であるか」What is the language ? → I want to know what the language is. 間接疑問文(疑問文が他の文に組み込まれた形)＜(疑問詞＋)主語＋動詞＞の語順になることに注意。　2「～がある」＜**There＋be**動詞＋主語～.＞「訪れるべき建物」buildings to visit ← 不定詞の形容詞的用法＜名詞＋**to**不定詞＞「～するべき[するための]名詞」

③　(会話文問題：文の挿入・記述，語句補充・選択，間接疑問文，現在完了形，動名詞，不定詞，助動詞，比較，文の構造・目的語と補語)

(全訳)　メイリン(以下M)：これは私の誕生日の贈り物？ありがとう，ヒロミ。なんてかわいらしい紙の袋でしょう！　とてもうれしいわ。この袋の中に，何が入っているか確認したいの。$_{ア}$開けてもいい？／ヒロミ(以下H)：もちろん。何が入っているかあなたに見て欲しいわ。1週間あなたに何をあげようか考えてきたの。気に入ってくれればいいなあ。／M：あっ，これは素晴らしいわ。美しい包装紙に包まれた箱で，メッセージカードが付いているわね。かわいらしいリボンとシールも付いているわ。私のためにこの紙を飾り付けてくれたの？／H：ええ，私があなたのために飾り付けしたの。飾り付けた際に，$_{A}{}^{3}$あなたが何を好み，どのように感じるかについて考えていたわ。／M：それを聞いてうれしいわ。まだ贈り物を見ていないけれど，既にあなたの贈り物を楽しんでいるわ。贈り物を開けることは，驚きでもあり，わくわくするわね。それが何であるかを推測して楽しんでいるわ。／H：そのことを知って良かったわ。特別な日には，特別な贈り物の包装紙をしばしば使うの。時には，リボンやシールで飾り付けをして，紙袋を使うわ。なぜ私のような人たちが，贈り物を包装することを楽しんでいるか，これまでに考えたことがあるかしら？M：$_{イ}$いいえ，考えたことはないわ。なぜそのことを楽しみ，それをするのに時間をかけるのかしら？／H：私が贈り物を飾り付けている時には，それを手にする人のことを私は考えているわ。贈り物を与え，受け取ることは，私たち双方にとって，互いについて考える素晴らしい時間を与えてくれるの。これをどのように包装するかについて考えることで，あなたについて考える素晴らしい時間を得た，と言えるのよ。／M：あなたの考え方が気に入ったわ。贈り物自体は重要だけれども，$_{B}{}^{6}$それをどのように与えるかについて思いをはせることも大切だわ。あなたの考え方もまた，今日，私にとって特別な贈り物となったわ。私の母の誕生日が来月で，私は彼女に贈り物を送ろうと思うの。私のことをたくさん手助けしてくれていることに対して，本当に彼女に感謝しているわ。贈り物の包装について，あなたは素晴らしい考えを私に与えてくれた。飾り付け，包装，彼女のことを考えることを楽しもうと思うわ。彼女の微笑みを見ることが楽しみだわ。／H：きっと，彼女は気に入ることでしょう！私の包装をあなたが気に入ってくれてうれしいわ。あっ，$_{C}{}^{1}$あなたは，まだ私の贈り物を開けていないわね。どのように気に入ってくれるのかしら。どうぞ開けて。／M：わかったわ，何でしょう……わくわくするわね！

(1)　[ア] 空所の前で，メイリンが「この袋の中に何が入っているか確認したい」と中身を開けたがっていることと，空所後で，ヒロミが「もちろん。わたしはあなたにその中に何があるか見て欲しい」と応えていることから，考えること。see what is in this bag[it] ← 間接疑問文＜疑問文が他の文に組み込まれた形＞＜(疑問詞)＋主語＋動詞＞の語順になる。ここでは，主語の位置に疑問詞があるので，＜疑問詞＋動詞＞の形になっている。　[イ] H：「なぜ私のような人たちが，贈り物を包装することを楽しんでいるか，これまでに考えたことがあるか」

→ M：イいいえ，考えたことはない。なぜそのことを楽しみ，それをするのに時間をかけるのか」という疑問文に対して，疑問が解消されないまま，疑問文で応えていることから，考える。Have you ever thought ～？ **現在完了(経験)＜have[has]＋過去分詞＞**

(2)〔A〕M：「私のためにこの紙を飾り付けてくれたのか」→ H：「はい，私があなたのためにした。飾り付けた際に，A3あなたが何を好み，どのように感じるかについて考えていた」→ M：「それを聞いてうれしい」I was thinking about what you like and how you feel ← What do you like and how do you feel？ **間接疑問文＜疑問文が他の文に組み込まれた形＞＜(疑問詞)＋主語＋動詞＞**の語順になる。〔B〕「贈り物自体が重要だが，B6それをどのように与えるかについて思いをはせることも大切だ。thinking about how to give **動名詞＜原形＋-ing＞「～すること」＜how＋to不定詞＞「いかに～するか，する方法」**
〔C〕この時点でまだ贈り物を開けておらず，空所後に Please open it. と述べていることから考える。have not opened ← **＜have[has]＋過去分詞＞現在完了(完了)**ここでは未完了を表している。その他の選択肢は次の通り。 2「楽しむために，包装にもっと時間を費やすべきだ」**should「～すべきである／するはずだ」more ← many/muchの比較級「もっと(多くの)」**　4「包装で，自分の母を驚かせたかった」**make A B「AをBの状態にする」**　5「その中に何がはいっているかわからないので，あなたに箱を開けてほしい」I don't know what is in it ← **間接疑問文＜疑問文が他の文に組み込まれた形＞＜(疑問詞)＋主語＋動詞＞**の語順になる。ここでは，主語の位置に疑問詞があるので，＜疑問詞＋動詞＞の語順になっている。　7「それをどこで買うかについて考えることは，あなたにとってより重要である」thinking ← **動名詞＜原形＋-ing＞「～すること」＜where＋to不定詞＞「どこで～するか」**
more important ← important の比較級

4 (長文読解問題・スピーチ：メモを用いた問題，日本語で答える問題，英問英答・記述，条件英作文，助動詞，現在完了，受け身，動名詞，不定詞)

(全訳) あなたはエリック・カールによる“はらぺこあおむし”という子供の絵本を知っているか。小さな緑色のイモムシが卵から生まれて，月曜日には1つのりんごを，水曜日には3つのスモモを，金曜日には5つのオレンジを食べて……ついに，大きな美しいチョウに成長した！もしこれを読めば，何か新しいことに挑戦して，自分自身を高めたいと感じるかもしれない。原作は1969年にアメリカで書かれた。その本は70以上の異なった言語で書かれた。これまでに世界中で多くの人々がこの本を購入してきた。あなた方の中にはこの本を買った人がいるかもしれないが，それが日本の技術を用いて作られたことをご存じだっただろうか？

初版の最後のページに，“日本で印刷された”という文字が見いだされる。なぜそれは日本で印刷されたのか？その本には，多くの色が使われ，ページの大きさも異なり，ページにはいくつかの穴さえ開いている。本の果物には，穴が見受けられる。それは，イモムシが既に食べてしまったことを示しているのだ。これはエリックの興味深い考えの1つである。子供たちはこれらの穴に指を突っ込んで，読むことを楽しむことが可能である。それらはアメリカで作ることは困難だった。そこで，ある日本人がエリックに申し出た。「私たちが手伝いましょう。わが社の技術がそのことを可能にします」このような理由で，この本が日本で出版されたのである。

エリックの新しい考えと日本の技術のおかげで，この本は有名になった。彼は昨年の5月に亡くなったが，彼の本は世界中の多くの人々に影響を与えており，常に私たちと共に存在するであろう。

(1) ア　第1段落第3文[If you read it, you may feel that you want to try something new and improve yourself.]を参考にすること。**may「～かもしれない／してもよい」**

something new「新しいこと」<something+形容詞>「～な何か」　イ　第2段落第4・5文を参考にする。has already eaten ← **<have[has]+過去分詞>現在完了(完了)**　ウ　第3段落第2文を参照のこと。

(2)　1　質問「いつアメリカで原作が書かれたか」第1段落第4文を参照。was written ← **<be動詞+過去分詞>受け身「～される」**　2　質問「どのようにして，子供たちは，本に穴がある読書を楽しむことができるか」第2段落7文参照。by putting their fingers into these holes ←<前置詞+動名詞[原形+-ing]>　3　質問3「アメリカでページに穴を作ることは簡単だったか」第2段落第8文参照。否定形で答えること。**<It+be動詞+形容詞+to不定詞>「～[不定詞]することは…… [形容詞]である」**<difficult+to不定詞>「～するのに困難な」

(3)　「あなたのお気に入りのもの」に関して，理由を含めて，20語以上の英語でまとめる条件英作文問題。(解答例訳)「私の好きなものは私の時計です。私の祖父が去年の誕生日に私にくれたからです。それは小さくて，かわいいです」「私は私の自転車が好きです。友達と出かける時には，いつもそれを使うので，私の町の多くの場所へ行くことができました」

5　(長文読解問題・物語文：語句補充・選択，指示語，日本語で答える問題，要約文などを用いた問題，比較，動名詞，関係代名詞，受け身，進行形，助動詞)

ある日曜日の午後，午前中の雨が止んだ後に，ナオミとケイタはテニスをするために公園へ行くことにした。ケイタは中学生で，ナオミより3歳年少だった。彼らは常に身の回りの多くのことに興味をもっている。

ナオミとケイタが公園へ向かって歩いていると，空に美しい虹を見つけた。ナオミは「なぜ虹が空に現れるのかしら？」と尋ねた。ケイタは「雨が太陽光を7色に分けているんだ。理科の授業でそれを学んだよ」と答えた。ナオミは「上出来だけれど，本当に7色あるのかしら？虹は私たち日本人にとっては7だけれど，アメリカの人々にとっては6で，そして，アジアのある国々の人々にとっては3なのよ」と言った。ケイタは驚いて，大声で，「なんだって？　なぜ色の数がそんなに異なっているのだろう？」と言った。ナオミは続けて，「もう一度虹を見て。虹の中に本当に7色見える？」と言った。ケイタは数分間虹を見て，答えた。「僕には，赤，黄色，緑，青……4色……。それらの間に他の3色を見ようとすれば，もっと多くの色を見ることができると思うけれど……」ナオミは「わかった？　光の色が少しずつ変化するので，(虹の色が)7色だ，とは言うことができないのよ」と言った。「知らなかったなあ！　それは興味深いね」とケイタは言った。ナオミは再び「なぜ虹には7色あるとあなたは考えているのかしら？」と尋ねた。「おそらく，小さい頃，そう習ったから」とケイタは答えた。ナオミは微笑んで，「その通りね。人が変われば，虹には何色あるかについての考えも異なってくるのよ。もし，7だとあなたが信じるのであれば，7があなたにとっては正しい答えになるのよ」と言った。ケイタは同じ虹を再び見上げて，虹には7色はないのではないか，と考え始めた。

ナオミは「世界には様々な文化があって，異なった文化圏の人々には，異なった感じ方が存在するの」と言った。「そのことを知って，満足だよ」とケイタは微笑んだ。ナオミは続けて，「何かを知りたければ，自分自身の目で見て，自分自身の耳で聞いて，自分自身の頭でそのことについて考えることが大切だわ。時には，あなたが学んできた考えと違うかもしれないわね。自身で考えて，感じることね！」と述べた。ケイタは興奮している様子で，「全ての色は混ざると，消えるということも，学校で学んだよ」と言った。ナオミは自分の弟と自分自身に対してすら，誇らしい気持ちがした。ケイタは，彼の姉と話すことを通じて，新しい学び方に気づいたのである。

この体験はケイタにとって素晴らしい教訓となった。彼においては，以前よりも，もっと物事を学びたい気持ちが強まった。彼にとって，最もわくわくすることは，科学が，世界中の異なった文化をより良く理解する機会を与えてくれたこと，である。この経験をする以前は，科学を学ぶことと，文化について考えることは，別物だと信じていた。今や，すべての学習する体験は，互いに関連しているということを，彼は知っている。

(1)　ア「ナオミが虹の色の数を尋ねると，2ケイタの答えは7だったが，彼はそれらの全ての色を見ることができたわけではなかった」ケイタは，ナオミの「なぜ空に虹が現れるのか」という質問に対して，「雨が太陽光を7色に分けると理科の授業で学んだ」と応えて，実際にケイタが目視，確認できた色は，赤，黄色，緑，青の4色のみだった(第2段落)。他の選択肢は次の通り。

1「ケイタは虹には7色ないということを既に知っていた」(×)　ケイタは，当初，虹は7色だと思っていた。　3「ケイタはナオミよりも，虹により多くの色を見かけた」(×)　言及なし。**more ← many／much** の比較級「もっと(多量の／多数の)」　4「ケイタは4色あると言ったが，7色見えた」(×)　ケイタが確認した色は，4色のみ。

イ「ナオミとケイタが話した後に，ケイタは3自分で考えることが何かを学ぶ手助けになる，ということを理解した」第3・4段落の記述(it is important ~ to think about it with your own mind.／Think and feel by yourself.／Keita found a new way to learn through talking with his sister.)に一致。**by oneself**「ひとりで，独力で」<help +人+原形>「人が～することの手助けとなる」　他の選択肢は次の通り。　1「異なった文化を理解することは，科学を学ぶことをよりも重要だと知った」(×)　異なった文化を理解することと，科学を学ぶことの重要性を比較していない。**動名詞<原形+-ing>「～すること」**more important「より重要な」　2「うれしかった。というのは，彼が以前学んだことは常に正しかったからである」(×)　言及ナシ。the things ▼ he learned before ← **<先行詞(+目的格の関係代名詞)+主語+動詞>「～［主語］が……［動詞］する先行詞」目的格の関係代名詞の省略**　4「虹の色の数に興味がなかった」(×)　虹の色の数で話が盛り上がっていたので，不適。**<be動詞+interested in>「～に興味がある」**

ウ「この経験は，4彼の経験から彼が学んでいる全てのことは，関連している，ということをケイタに教えた」最終文に一致。all the things ▼ he was learning from ← **<先行詞(+目的格の関係代名詞)+主語+動詞>「～［主語］が……［動詞］する先行詞」目的格の関係代名詞の省略<be動詞+-ing>進行形「～しているところだ」**他の選択肢は次の通り。　1「学校で学ぶことは，自身で考えることよりも重要であるということを，ケイタに考えさせた」(×)学校で学ぶことと，自身で考えることの重要性を比較していない。learning／thinking ← **動名詞<原形+-ing>「～すること」by oneself**「ひとりで，独力で」more important ← important の比較級　2「科学を学ぶことと，文化について考えることは異なっているという新たな考えをケイタに与えた」(×)　言及なし。learning／thinking ← **動名詞<原形+-ing>「～すること」**　3「ケイタを疲れさせた。というのは，彼は新しい多くのことを覚えなければならなかったから」(×)　言及なし。**<had+to不定詞> ← <have[has]+to不定詞>「～しなければならない」の過去形**

エ「ナオミがケイタに教えたのは，2虹の色の数は，別の文化において異なっているかもしれないということである」第2段落第6文に一致。the thing ▼ Naomi taught Keita ← **<先行詞(+目的格の関係代名詞)+主語+動詞>「～［主語］が……［動詞］する先行詞」目的格の関係代名詞の省略　may**「～かもしれない／してもよい」他の選択肢は次の通り。　1「雨が太陽光を7色に分けるということ」(×)　ケイタが理科の授業で学んだこと(第2段落第3・4文)。

3「全ての国が虹には7色あると信じているということ」(×)　第2段落第6文の記述に不一致。

4「全ての色が混ざると消滅するということ」(×)　ケイタが学校で学んだこと。第3段落最後から第3文目。

(2)　直前の文(We have many cultures in the world and people in different cultures have different ways of feeling.)を指している。

(3)　(全訳)「公園に向かって ア歩いている時に，ナオミはケイタにいくつかの質問をした。彼女の質問が，ものを学ぶ方法において，新しい理解を与えた。彼女の弟が彼女と一緒に話をしたり，学んだりすることで，よりわくわくしていることに，ナオミは気づいた。このことで，彼に新しいことを イ教えることに，彼女自身，誇らしく思うようになった。全ての学びの経験から，自分自身でいかなる質問に対しても ウ答えを彼が見つけることができる，と彼女は感じ始めた」

2022年度英語　放送による検査

〔放送台本〕

(1)は，英文と質問を聞いて，適切なものを選ぶ問題です。問題は，ア，イ，ウの三つあります。質問の答えとして最も適切なものを，1，2，3，4の中からそれぞれ一つ選んで，その番号を解答用紙に書きなさい。英文と質問は二回読みます。それでは始めます。

アの問題

You want to know what a word means. What will you use?

イの問題

Tom is walking on Red Street to visit the city hall. He will go to Green Street and turn left. Then, he will find the city hall on his right. Which picture shows this?

ウの問題

You are talking with a teacher from Australia in English, but you didn't hear what he said. What will you say to him?

〔英文の訳〕

アの問題

あなたはある単語が何を意味するか知りたい。あなたは何を使うだろうか？

イの問題

トムは市役所を訪れるために，レッド・ストリートを歩いている。彼はグリーン・ストリートまで行き，左折するだろう。すると，彼は右側に市役所を見つけるだろう。どの図がこれを示すか？

ウの問題

あなたは英語でオーストラリア出身の先生と話をしているが，彼が何と言ったか聞こえなかった。あなたは彼に何と言うだろうか？

［選択肢の訳］

1　私たちの先生を理解するのは簡単である。　2　それについてあなたはどう考えますか？
③　もう1回言っていただけませんか？　4　どうか私たちの先生の話を聞いてください。

〔放送台本〕

(2)は，メアリーの家族に関するスピーチを聞いて，質問に答える問題です。問題は，ア，イ，ウの三つあります。はじめに，英文を二回読みます。次に，質問を二回読みます。質問の答えとして最も適切なものを，1，2，3，4の中からそれぞれ一つ選んで，その番号を解答用紙に書きなさい。

I'm looking for something for my mother's birthday. I know my mother likes Japanese food. So, when I went out with my family, we often went to a Japanese restaurant. She enjoyed eating Japanese food there. My father told me that she wanted to learn how to cook Japanese food and when she tried once at home, she could not cook it well. Then, he said that a book about Japanese cooking would be a nice gift for her. So, I will go to the bookstore with my brother to get it this weekend. I hope she will like it.

アの問題

Where did Mary go with her family?

イの問題

What did Mary hear from her father?

ウの問題

Who will go shopping with Mary?

〔英文の訳〕

私は母の誕生日のため何かを探しているところである。母が和食を好んでいることを私は知っている。だから，私が家族と出かけた時には，私たちはしばしば日本料理店へ行った。彼女はそこで和食を食べることを楽しんだ。彼女(母)は和食の作り方を学びたい，彼女が家で一度挑戦した際には，上手く調理することができなかった，と父は私に言った。そこで，彼は和食の本が彼女にとって良い贈り物になるだろう，と言った。従って，今週末に，それを入手するために，私の弟[兄]と本屋に行こうと思う。彼女が気に入ってくれることを望んでいる。

アの問題

「メアリーは彼女の家族とどこへ行ったか」

〔選択肢の訳〕

1　本屋へ。　2　彼女の家へ。　③　日本料理店へ。　4　調理学校へ。

イの問題

「メアリーは彼女の父から何と聞いたか」

〔選択肢の訳〕

1　彼女の両親は何度も和食を調理しようとした。

2　彼女の両親は贈り物を買うためにレストランへ行った。

3　彼女の母は和食を調理して，上手く作ることができた。

④　彼女の母は和食の調理の仕方を学びたかった。

ウの問題

「メアリーと一緒に誰が買い物へ行くか」

〔選択肢の訳〕

1　彼女の父。　②　彼女の弟[兄]。　3　彼女の母。　4　彼女の妹[姉]。

〔放送台本〕

(3)は，ジェーンとユウタの対話の一部を聞いて，質問に答える問題です。問題は，ア，イの二つあります。はじめに，対話を読みます。次に，質問を読みます。質問の答えとして最も適切なものを，1，2，3，4の中からそれぞれ一つ選んで，その番号を解答用紙に書きなさい。対話と質問は二回読みます。それでは始めます。

アの問題

Jane : My friend invited me to the music festival this month and I will go.
Yuta : That sounds good, Jane. I want to go with you. When will you go?
Question : What will Jane say next?

イの問題

Jane : Hi, Yuta. I heard that you have already watched this new movie.
Yuta : That's right. I watched it two weeks ago, but I want to watch it again.
Jane : How about watching it together next Sunday?
Question : What will Yuta say next?

〔英文の訳〕

アの問題

ジェーン：今月，私の友人が私を音楽祭へ招待してくれていて，私は(そこへ)行くつもりです。
ユウタ　：ジェーン，それは素晴らしいですね。私も一緒に行きたいです。いつあなたは行きますか？
質問　：次にジェーンは何と言うでしょうか？

〔選択肢の訳〕

1　はい，そうします。　2　いいえ，そうしません。
③　次の土曜日です。　4　この前の土曜です。

イの問題

ジェーン：こんにちは，ユウタ。この新しい映画をあなたはすでに見たと聞きました。
ユウタ　：その通りです。私はそれを2週間前に見ましたが，もう一度見たいです。
ジェーン：一緒に次の日曜日に見るのはどうですか？
質問：ユウタは次に何と言うでしょうか？

〔選択肢の訳〕

①　それは素晴らしい考えですね。　2　あなたは本当にそれを楽しみましたね。
3　どういたしまして。　4　私には今日やることがたくさんあります。

〔放送台本〕

(4)は，外国語指導助手のホワイト先生の話を聞いて，質問に答える問題です。話の最後の質問に対して，あなたなら何と答えますか。あなたの答えを解答用紙に英文で書きなさい。ホワイト先生の話は二回読みます。それでは始めます。

I tried to do many things in junior high school. Sometimes they didn't go well, but my friend helped me a lot. I improved myself after that. What do you do when your friends try to do something and it doesn't go well?

〔英文の訳〕

私は中学でたくさんのことをしようとしました。時には上手くいかないことがありましたが，私の友人が私をたくさん手助けしてくれました。その後，上手くいくようになったのです。あなたの友人が何かをしようとして，上手くいかない時に，あなたならどうしますか？

〔模範解答例訳〕
友人の話を聞く。

＜理科解答＞

1　(1)　ア　B　イ　①　側根　②　根毛
③　表面の面積〔面積，土に接する面積〕
(2)　ア　生態系　イ　4　(3)　ア　3
イ　(例)マグマが地下深くで長い時間をかけてゆっくりと冷えるから。　(4)　ア　4　イ　c・a・b

2　(1)　2.4〔g〕　(2)　ア　Zn^{2+}　イ　1
(3)　ア　2　イ　右図1　(4)　ア　交流
イ　9.0〔時間〕

3　(1)　ア　対照実験　イ　(例)24℃の室温よりも手であたためた方が，だ液のはたらきがよくなること。
(2)　ア　1　イ　X　2　Y　5
(3)　①　アミラーゼ　②　ブドウ糖　③　肝臓

4　(1)　2，3　(2)　ア　CO_2　イ　(例)1本目の試験管に集めた気体は，ほとんどが空気だから。
ウ　①　石灰水　②　白くにごる
(3)　ア　右図2　イ　3.30〔g〕

5　(1)　ア　等速直線運動　イ　99〔cm/s〕
(2)　番号　1　記号　B　(3)　ア　4　イ　右図3

6　(1)　ア　天球　イ　4　ウ　①　地軸
②　日周運動　(2)　ア　3　イ　ふたご座

図1
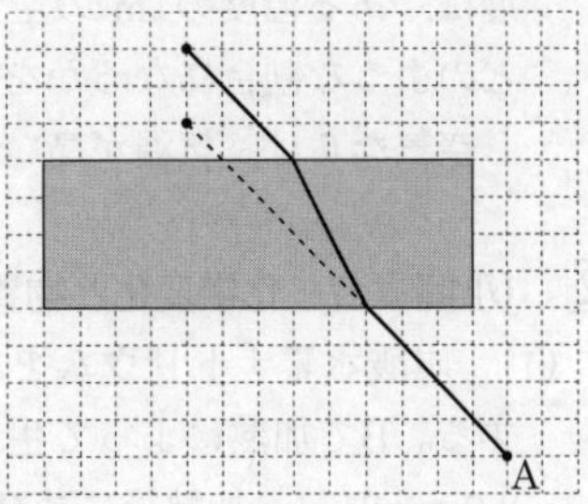

図2
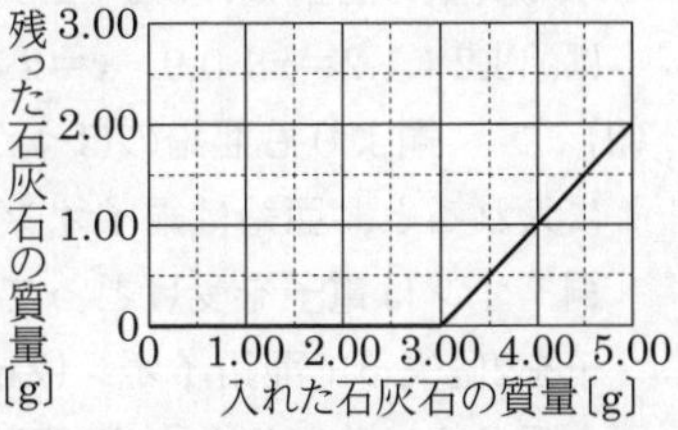

図3
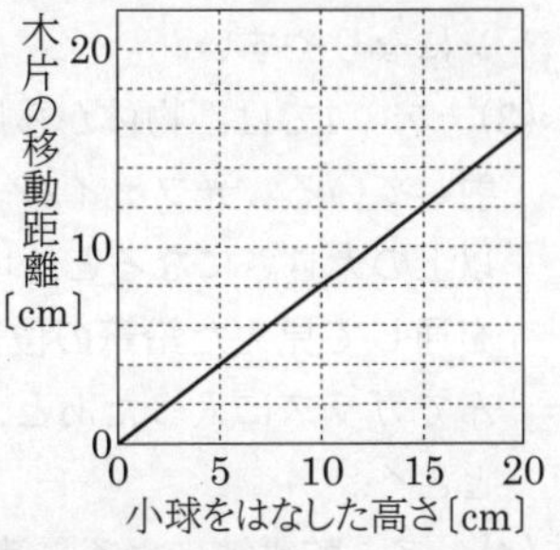

＜理科解説＞

1　**(小問集合―植物のつくり，食物連鎖，火成岩，天気の変化)**

(1)　ア　Aはめしべ，Bはおしべ，Cは花弁，Dはがくにあたる冠毛である。　イ　タンポポは，**被子植物**のうちで子葉が2枚の**双子葉類**に分けられる。双子葉類の根は太い**主根**と，そこからのびる細い**側根**からなる。

(2)　ア　ある地域に生息・生育する全ての生物と，それらを取り巻く環境を一つのまとまりでとらえたものを**生態系**という。イ　自然界で，食べる・食べられるという鎖のようにつながった生物どうしの一連の関係を**食物連鎖**という。植物を食べる草食動物が減少すると，食べられていた植物は増加し，草食動物を食べていた肉食動物は減少する。肉食動物が減少すると，草食動物の生物量はもとにもどり，それによって植物が減少するとともに，肉食動物が増加する。

(3)　ア　火山噴出物にふくまれる，マグマが冷えてできた粒のうち，結晶になったものを**鉱物**という。セキエイとチョウ石は無色鉱物。カンラン石は不規則な形の小さい粒である。　イ　花こう岩などの深成岩のように，大きな鉱物が組み合わさってできるつくりを**等粒状組織**という。深成岩は，マグマが地下の深いところで長い時間をかけて冷えてできるため，鉱物の粒が大きく成長する。

(4) ア **寒冷前線**では，寒気が暖気の下にもぐりこみ，暖気をおし上げながら進むため，寒冷前線付近では強い上昇気流が生じて，積乱雲が発生する。そのため，強い雨が短時間に降り，強い風がふく。寒冷前線の通過後は北寄りの風がふいて，寒気におおわれて気温は下がる。 イ 湿度は，ある温度の1m^{3}の空気にふくまれる水蒸気の質量が，その温度での**飽和水蒸気量**に対してどのような割合になるかを百分率で表す。飽和水蒸気量は気温が高いほど大きいので，湿度が同じ空気ならば，気温が高いほど，空気1m^{3}にふくまれる水蒸気量は大きい。

2 (小問集合―化学変化と物質の質量，化学変化と電池，光，電流)

(1) 炭酸水素ナトリウムを加熱すると，炭酸ナトリウム，二酸化炭素，水の3種類の物質に**分解**する。Bで加熱によって生じた二酸化炭素と水は空気中に出ていき，その質量の合計は，3.2−2.0＝1.2(g) 加熱後に蒸発皿に残ったのは炭酸ナトリウムだけである。Cで生じた二酸化炭素と水の質量の合計は，3.2−2.3＝0.9(g) このとき反応した炭酸水素ナトリウムの質量をxgとすれば，3.2：1.2＝x：0.9，x＝2.4(g)

(2) ア 銅よりも亜鉛のほうが**陽イオン**になりやすいため，亜鉛を銅イオンが存在する水溶液中に入れると，亜鉛は銅イオンに**電子**をあたえて，陽イオンになって水溶液中にとけ出す。一方，銅イオンは電子を受けとって金属の単体になり，亜鉛板の表面に付着した。亜鉛原子(Zn)は電子を2個失って亜鉛イオン(Zn^{2+})になる。 イ 表より，マグネシウムは亜鉛と銅のいずれよりも陽イオンになりやすく，亜鉛はマグネシウムよりも陽イオンになりにくいが，銅よりも陽イオンになりやすい。

(3) ア 1では，物体から出た光が鏡で**反射**して目にとどく。3は，物体の表面の凹凸で光が**乱反射**している。光ファイバーは，光がガラスなどの物体や水から空気中へ進むとき，入射角が一定以上の大きさになると，境界面を通りぬける光がなくなる**全反射**を利用している。 イ ガラスを通して見えた鉛筆の位置とA点を結んで線Pとすると，鉛筆から出た光がその線Pと平行に進んでガラスに入ったあと，屈折して進み，線Pとガラスのふちの交点でさらに屈折してA点までとどく。

(4) ア 乾電池による電流のように，一定の向き(＋極から回路を通って−極)に流れる電流を**直流**という。一方，コンセントによる電流のように，流れる向きが交互に入れかわり，周期的に変化する電流を**交流**という。 イ 1日あたりの使用時間をx時間とすると，1.2(kW)×x×30＝324(kWh)，x＝9.0(h)

3 (消化と吸収－対照実験，だ液のはたらき，消化酵素，消化器官)

(1) ア 調べたい条件以外の条件をそろえて実験を行い，その結果を比較することによって，調べたい内容を検討することができる。 イ 表1の結果より，試験管A，Bの溶液中にはデンプンがある。ヨウ素液の反応がなかったことから，試験管Cではデンプンがなくなったことがわかる。試験管A，Bと試験管Cの条件のちがいは，24℃の室温の中にあるか，ヒトの体温と同等の温度に保たれたかである。

(2) ア ベネジクト液は，麦芽糖の有無を調べるために使われる。麦芽糖をふくむ溶液にベネジクト液を入れて加熱すると，赤褐色《せきかっしょく》の沈殿ができる。沸とう石は，液体が急激に沸とうするのを防ぐ。 イ Xはだ液の有無のみがちがう実験結果でデンプンの有無が確認できたもの，Yはだ液を入れた実験結果で，麦芽糖の有無が確認できたものを比較する。

(3)　だ液のような消化液には，**消化酵素**がふくまれている。消化酵素は食物を分解し，体内に吸収されやすい物質にする。デンプンはアミラーゼによって麦芽糖などに分解され，さらにすい液中の消化酵素や小腸のかべの消化酵素によって最終的にはブドウ糖に分解される。ブドウ糖は小腸の**柔毛**で吸収されて毛細血管に入り，肝臓を通って全身の細胞へ運ばれるが，ブドウ糖の一部はグリコーゲンに変えられて一時的にたくわえられる。

4　(気体の発生－化学式，実験操作，気体の確認方法，化学変化と物質の質量の関係)

(1)　1では，水溶液中に白い沈殿ができる。2では水素，3ではアンモニアが発生する。4では銅が空気中の酸素と結びつく**酸化**が起こり，黒色の酸化銅が生じる。

(2)　ア　**元素記号**を用いて物質を表したものを**化学式**という。二酸化炭素のような**分子**の化学式は，物質を構成している元素と，その**原子**が何個ずつ結合しているかを表している。　イ　うすい塩酸と石灰石を入れた試験管には空気も入っているので，反応によって発生した二酸化炭素によっておし出された空気が，1本目の試験管にたまることになる。　ウ　石灰水に二酸化炭素を通すと白くにごることから，二酸化炭素の確認方法として使われる。

(3)　ア　図3で，石灰石の質量3.00g以上では，発生した二酸化炭素の質量が変化していないことから，うすい塩酸40.0cm^3と石灰石3.00gがちょうど反応して，(0.44×3)gの二酸化炭素が発生したことがわかる。したがって，石灰石4.00gと5.00gでは，それぞれ余分に加えられた石灰石が残っている。　イ　うすい塩酸100cm^3と石灰石8.00gでは，石灰石0.5gが反応に使われずに残る。求める二酸化炭素の質量をxgとすれば，$40.0:(0.44\times3)=100.0:x$，$x=3.30$(g)

5　(運動とエネルギー－等速直線運動，平均速さ，運動エネルギー，位置エネルギー)

(1)　ア　斜面を下ったあと，小球は摩擦力を受けない水平面を一定の速さで進んでいる。このように，物体が一直線上を一定の速さで進む運動を**等速直線運動**という。　イ　速さ(cm/s)＝移動距離(cm)÷かかった時間(s)　表1より，高さ5cmのとき，小球は水平面上を0.1秒間に9.9cm進んでいる。1秒間では(9.9×10)cm。

(2)　運動している物体は，ほかの物体を動かしたり形を変えたりできるので，エネルギーをもっており，このエネルギーを**運動エネルギー**という。表2で，小球の速さが大きいほど木片の移動距離が大きいことから，物体の速さが大きいほど運動エネルギーは大きいことがわかる。

(3)　ア　高い位置にある物体がもつエネルギーを，**位置エネルギー**という。運動している物体がもつ位置エネルギーと運動エネルギーはたがいに移り変わっていくが，それらを合わせた総量である**力学的エネルギー**は一定に保たれている。小球が斜面を下るにしたがって高さが減少し，位置エネルギーは小さくなっていくが，速さは増して運動エネルギーは大きくなっていく。
イ　高さ5cmのときの小球の水平面での速さは99cm/s，木片の移動距離は4.0cm。高さ10cmのときの小球の速さは140cm/s，木片の移動距離は8.0cm。高さ20cmの時の小球の速さは198cm/s，木片の移動距離は16.0cmである。これらをグラフにすると，原点を通る直線になる。

6　(天体の動き－天球，星の動き，日周運動，南中)

(1)　ア　天体を，自分を中心とした大きな球体の天井にはりついているように考えた，見かけ上の球体の天井を**天球**という。　イ　北の空の星は，北極星を中心に反時計回りに回転して見え，東の空の星は2のように右ななめ上の方向に，西の空の星は3のように右ななめ下の方向に移動して見える。1は南の空の星の動きを示している。　ウ　星の見え方は，空全体では地軸を延長した軸を中心として，天球が東から西へ回転しているように見える。これは，**地球が地軸を中心として西から東へ自転**しているために起こる見かけの動きである。

(2)　ア　地球は，公転面に垂直な方向に対して地軸を23.4°傾けたまま太陽のまわりを**公転**している。したがって，図2でおうし座に近い位置は冬至，しし座に近い位置は春分，さそり座に近い位置は夏至に当たる。　イ　22時にてんびん座が**南中**して見えたときの地球の位置は，春分と夏至の間である。星座が同じ位置に見える時間は，1か月では約2時間早くなる。9か月後の地球は，冬至と春分の間にあり，20時に南中して見える星座はふたご座である。

＜社会解答＞

1　(1)　タイガ　(2)　北緯45[度]，東経105[度]　(3)　6
(4)　(記号)　う　(国名)　オーストラリア　(5)　ア　バイオエタノール[バイオ燃料]
イ　(例)マナオスに比べて，キトの標高が高いから。

2　(1)　京浜　(2)　(例)歴史的な景観や町並みを守るため。
(3)　(記号)　Y　(大都市圏名)　大阪圏[大阪大都市圏]　(4)　ターミナル
(5)　棚田　(6)　(例)丘陵地を切り開いてニュータウンを建設し，丘陵をけずって得られた土を沿岸のうめ立てに利用した開発が行われた。

3　(1)　2　(2)　荘園　(3)　徳政令[永仁の徳政令]　(4)　4
(5)　(例)物価の上昇をおさえる／物価を引き下げる　(6)　A　6　B　3　C　5

4　(1)　井伊直弼　(2)　1　(3)　富国強兵　(4)　関東大震災　(5)　3→2→1
(6)　(例)日ソ共同宣言が調印され，ソ連との国交が回復した

5　(1)　ア　A　選挙　B　助言と承認　イ　X　6　Y　1　(2)　学校　(3)　4
(4)　(例)地方公共団体の間の財政の格差をおさえる

6　(1)　財　(2)　契約　(3)　2　(4)　エシカル　(5)　1　(6)　(例)(すべての国民が，)所得に関係なく，同じ金額の商品の購入に対して同じ金額を負担するから。

7　(1)　十字軍　(2)　4　(3)　3　(4)　正倉院　(5)　先住

＜社会解説＞

1　(地理的分野―世界地理－気候・地形・人口・資源・エネルギー・貿易)

(1)　**ロシア連邦**北部の大部分は，長くて厳しい冬と，短いが比較的温暖な夏を持つ**冷帯気候**に属している。この地域の針葉樹の森林を**タイガ**という。タイガは，カナダ北部・アラスカにも多くみられる。タイガというのは「北方の原生林」という意味である。

(2)　この地図では，緯線は15度ごとに，経線も15度ごとにひかれている。したがって，略地図中のPの地点は，北緯45度，東経105度となる。

(3)　**人口**が最も多い州は，人口世界第一位の中国，第二位のインドが属するアジア州である。**GDP(国内総生産)**では，中国と日本を含むアジアが一番高く，アメリカ合衆国を含む北アメリカ州が二番目である。以上から，Aが面積，Bが人口，CがGDPである。正解は6である。

(4)　記号　日本の**鉄鉱石**輸入先として最大なのは**オーストラリア**であり，略地図中のうである。国名　オーストラリアの貿易について，輸出額の多い順に並べると，鉄鉱石・石炭・金である。なお，オーストラリアの輸出先としては，日本が最も多い。日本の鉄鉱石輸入先は，約50%が

オーストラリア，約30％がブラジルである。日本はオーストラリアの資源に大きく依存している。

(5)　ア　とうもろこし・さとうきびなど植物由来の燃料が，**バイオエタノール**である。バイオエタノールは，原料の供給が容易なため，石油・石炭・天然ガスなどの有限な**化石燃料**と異なり，**再生可能なエネルギー源**とみなされている。バイオエタノールは**バイオ燃料**でも正解とされる。C　バイオエタノールは，石油・石炭・天然ガスなどの化石燃料とは異なり，大気中の**二酸化炭素**の総量は増えないことが特徴である。**地球温暖化**が問題視される中で，バイオエタノールは注目されている。　イ　キトとマナオスはほぼ同緯度にあるが，年間平均気温には大きな差がある。それは標高の差による。**標高が100m高くなると**，**気温が0.6℃下がる**ので，標高2850mのキトは，標高92mのマナオスと標高にして2700m以上の差があり，年平均気温はほぼ14℃の差があることになる。

2　**(地理的分野―日本地理－工業・都市・交通・農林水産業・地形)**

(1)　東京・横浜・川崎を中心とし，機械工業・重化学工業が発達するとともに，印刷業の割合が高いのが**京浜工業地帯**である。**京葉工業地域**との区別に注意が必要である。

(2)　京都府京都市では，電柱や電線・看板などを撤去し，建築物の高さを制限する，建築物の形・色を規制する，屋外広告を規制するなどの工夫をしている。こうした工夫によって守られる**歴史的景観**そのものを，観光資源として活用するためである。こうした趣旨のことを簡潔に記せばよい。

(3)　記号　**三大都市圏**とは，**東京大都市圏・名古屋大都市圏・大阪大都市圏**である。人口の多い順では，東京大都市圏，大阪大都市圏，名古屋大都市圏となる。京都府の位置する大都市圏である大阪大都市圏はYである。　大都市圏名　京都府が位置するのは，隣接する大阪府を中心とする大阪大都市圏(大阪圏)である。

(4)　複数の路線が乗り入れ，列車・バスなどの起点・終点となる駅を**ターミナル駅**という。東京都では，東京駅・渋谷駅・池袋駅などがこれにあたる。

(5)　山の斜面に階段状に水田をつくっているものを**棚田**と呼ぶ。一望できる範囲に棚田が広がっている場合，**千枚田**ということもある。なお，畑がこうした形状につくられる場合には，段々畑という。

(6)　丘陵地を切り開いて**ニュータウン**を建設し，丘陵をけずって得られた土を沿岸のうめ立てに利用し，アイランド・空港をつくる開発が行われた。上記のような趣旨をまとめて解答すればよい。

3　**(歴史的分野―日本史時代別－古墳時代から平安時代・鎌倉時代から室町時代・安土桃山時代から江戸時代，―日本史テーマ別－政治史・法律史・経済史，―世界史－世界史総合)**

(1)　**中大兄皇子**が**中臣鎌足**とともに，**蘇我氏**を打倒して始めた，古代政治史上の一大改革を**大化の改新**という。留学生や留学僧を顧問にして，当時の中国で展開されていた**律令制**を模範として，天皇家を中心とした新しい政権を構築しようとするものだった。

(2)　743年の**墾田永年私財法**によって認められた，**貴族**や寺社の私有地を**荘園**という。その後，たびたび**荘園整理令**が出されたが，荘園は存続し，16世紀に**豊臣秀吉**によって行われた**太閤検地**によってようやく消滅した。

(3)　**鎌倉幕府**が，困窮した**御家人**たちを救うために，1297年に発した法令が**徳政令**である。この法令で，幕府は**元寇**や**分割相続**で窮乏した御家人たちが売却したり質入れしてしまった土地を，買主から無償で取り戻せるようにし，御家人たちの**借金を帳消し**にした。徳政令は，室町時代までたびたび出されたため，1297年の法令を特に**永仁の徳政令**という。室町時代には，庶民が徳政令の発布を要求して，**徳政一揆**を起こすこともあった。

(4)　4の絵は，1789年に起こった**フランス革命**の端緒となる，民衆の**バスティーユ牢獄襲撃**を描いたものである。

(5)　幕府は，特定の商人集団を**株仲間**として，一定地域の特権的な営業独占を認め，**運上金**や冥加金という営業税を納めさせた。これにより，物価が上昇してしまったため，**老中水野忠邦**は**天保の改革**で，1843年に**株仲間解散**を命じ，物価の上昇をおさえようとした。

(6)　Aは，坂上田村麻呂によって**胆沢城**の築かれた802年と，**藤原道長**が**摂政**となった1016年の間の出来事があてはまる。あてはまるのは，907年の**唐の滅亡**である。Bは，1467年に始まった応仁の乱と，**ザビエル**により**キリスト教の伝来**した1549年の間の出来事があてはまる。あてはまるのは，1492年の**コロンブス**の**西インド諸島到達**である。Cは，1789年に始まった**フランス革命**と，1841年から1843年に行われた**天保の改革**の間の出来事があてはまる。あてはまるのは，1840年に始まった**アヘン戦争**である。

4　**(歴史的分野―日本史時代別－安土桃山時代から江戸時代・明治時代から現代，―日本史テーマ別－政治史・教育史・外交史，―世界史－政治史)**

(1)　彦根藩主**井伊直弼**は**大老**となり，国内の反対を押し切り，天皇の許可である**勅許**(ちょっきょ)を得ないままに在日総領事**ハリス**との間で**日米修好通商条約**を結んだ。

(2)　2・3・4はどれも明治時代の世の中の変化である。1の民主主義教育について定めた**教育基本法**は，**第二次世界大戦**後の1947年に制定されたので，明治時代ではない。

(3)　**欧米列強**に追いついて対抗するために，国家の**経済を発展**させて**軍事力の増強**を目指す政策を，**富国強兵**という。国の経済を発展させるために行われた政策が，**殖産興業**である。

(4)　1923年9月1日に起こったのは関東大震災である。東京・横浜を中心に大きな被害が出て，死者・行方不明者は，10万人を超えた。

(5)　1の**真珠湾攻撃**は，1941年12月に行われた。2の**日独伊三国同盟**は，1940年9月に成立した。3の**盧溝橋事件**は，1937年7月に起こった。したがって，年代の古い順に並べると，3→2→1となる。

(6)　日本は，1951年に48か国と**サンフランシスコ平和条約**を結んだが，ソ連をはじめとする国々は条約に参加しなかった。そのため，**国連安全保障理事会**の**常任理事国**であるソ連が反対し，**国際連合**への加盟はできなかった。1956年に**日ソ共同宣言**が調印され，ソ連との国交が回復して，日本は国際連合への加盟が実現した。

5　**(公民的分野―国の政治の仕組み・憲法の原理・基本的人権・経済一般・地方自治)**

(1)　ア　A　**主権者**である国民が**選挙**を通じて国会における代表者を選び，選ばれた代表者によって政治が行われているしくみを**間接民主制**という。　B　**日本国憲法**第7条には，天皇の**国事行為**として，「一　**憲法改正，法律，政令及び条約**を公布すること。二　**国会を召集**すること。三　**衆議院を解散**すること。」などが示されている。なお，この天皇の国事行為は，**内閣の助言と承認**によって行われると規定されている。　イ　X　日本国憲法第28条で，労働者が集団となることで，使用者と対等な立場で交渉できるよう，以下の**労働三権**を保障している。**団結権・団体交渉権・団体行動権**が労働三権である。しかし，公務員が，要求を実現するためにストライキなどを行う権利は，公共の福祉に反するところから禁止されている。　Y　表現の自由は，他人の名誉を傷つけたり，プライバシーを侵すなどの場合に，公共の福祉に反するとして制限される。

(2)　地方自治体では，都道府県知事，市区町村長と，都道府県議会議員，市区町村議会議員をそれぞれ直接選挙で選ぶ。これを**二元代表制**と呼ぶ。さらに**直接請求**の制度があり，国民が自分に関わりのある問題について，自分の意思を地方自治に反映させ，民主主義を実践する場であるので，地方自治は**「民主主義の学校」**と呼ばれるのである。

(3)　地方自治体では，住民が直接選挙で選んだ議員の中から，議会が首長を指名するのではなく，都道府県知事，市区町村長もそれぞれ住民が直接に選挙で選ぶ。1・2・3は正しく，4が誤りである。

(4)　地方自治体の**収入の格差**を少なくするために，国から交付される資金のことを**地方交付税交付金**という。国税の一部を財政基盤の弱い自治体に配分し，自治体間の**財政格差**を補うことが目的である。上記のような趣旨を簡潔に記せばよい。

6　**(公民的分野―経済一般・財政，その他)**

(1)　人間の欲求を充足させるものを一括して，**財・サービス**という。そのうち，**機械や家具などの有形物が財**であり，教育や医療などの無形物がサービスである。形ある商品を財という。

(2)　二人以上の当事者が合意することによって，法的な権利義務関係が発生する行為を**契約**という。契約は，**申し込みの意思表示**と，それに対応する**承諾の意思表示**が合致することによって成立する。

(3)　2の，**公開市場操作**を行って，景気を安定させることは，**日本銀行**の役割である。日本銀行は**金融政策**を行い，不景気の時には，一般の銀行が持つ**国債**などを買い上げる公開市場操作を行い，一般の銀行が保有する資金量を増やし，市場に通貨が出回りやすくする。これを**買いオペレーション**という。好景気の時には，逆に銀行に国債などを売る。これを**売りオペレーション**という。

(4)　**消費者**それぞれが各自にとっての社会的課題の解決を考慮したり，そうした課題に取り組む事業者を応援しながら消費活動を行うことを，**エシカル消費**という。「エシカル」とは「倫理的」という意味である。2015年に国連で採択された**持続可能な開発目標(SDGs)**の17のゴールのうち，特にゴール12「つくる責任・つかう責任」に関連する取り組みである。

(5)　**需要曲線**は，価格が高くなるほど需要が少なくなる右下がりの曲線であり，**供給曲線**は，価格が高くなるほど多くなる右上がりの曲線である。この2本の曲線が交わるところが，**均衡価格**である。このグラフの場合，曲線Xが需要曲線であり，価格が800円のときには需要が少なく供給が多いため，売れ残りが生じる。**自由競争**が行われているので，価格は下落し，均衡価格に落ち着いていく。

(6)　すべての国民が，**所得**に関係なく，同じ金額の商品を購入した場合，同じ金額の**消費税**を負担するので，所得の低い人ほど負担が重くなる逆進性がある。逆進性の対比語は，累進性である。上記のような趣旨を簡潔に記せばよい。なお，所得税は累進課税である。

7　**(歴史的分野―日本史時代別－古墳時代から平安時代・明治時代から現代，―日本史テーマ別－文化史・社会史，―世界史－政治史，地理的分野―世界地理－人々のくらし，―日本地理－気候)**

(1)　11世紀に**ローマ教皇**ウルバヌス2世の呼びかけに応じ，イスラム教徒から**パレスチナの聖地エルサレム**を奪還するために遠征したのが**十字軍**である。遠征は9回まで行われたが，エルサレムはイスラム教徒の手に戻った。

(2)　4は，豚の頭数が0である。下線部ⓘのイランでは，**イスラム教**の信者が多く，豚肉を食べることがコーランで宗教上の禁忌とされているため，と考えられる。

(3)　ある地域で，一定の方角への風が特によく吹く傾向があるとき，季節によって風の吹く方角が変化するものを，**季節風**(モンスーン)と呼ぶ。日本の場合，太平洋側では，夏に海洋から大陸に向かって吹く南東の季節風の影響で降水量が多く，日本海側では，冬に大陸にあるシベリア気団から吹く冷たい北西の季節風の影響で降雪量が多い。

(4)　**東大寺**敷地内に存在する，**校倉造**(あぜくらづくり)の大規模な高床倉庫を**正倉院**という。正倉院宝物庫には**聖武天皇**・光明皇后ゆかりの品をはじめとする，天平時代を中心とした多数の美術工芸品を収蔵している。シルクロードを通じて唐にもたらされた，ペルシアなど西域の影響を受けた文化財も多い。

(5)　北海道や樺太などに先住してきた，独自の言語と文化をもつ**先住民族**が**アイヌ**である。アイヌは，**明治維新によっても差別はなくならず**，**第二次世界大戦**後も言語や文化についての様々な差別を受けてきた。1997年に「**アイヌ文化振興法**」が制定され，2008年に国会で「**アイヌ民族を先住民族とすることを求める決議**」が行われ，ようやく日本国民として平等に尊重される入り口に到達した。

＜国語解答＞

1　(1)　音や動きがあること　(2)　資料を効果的に提示すること。　(3)　3
(4)　(例)学級旗は団結のしるし

2　(1)　ア　ふくつ　イ　げきれい　ウ　はくせい　エ　と　オ　かえり
カ　素質　キ　忠誠　ク　補修　ケ　招　コ　除　(2)　ア　1　イ　4

3　(1)　有㆑賣㆑只　(2)　2　(3)　1

4　(1)　4　(2)　(例)内部から外に向かって開放される　(3)　地面と並行する横方向
(4)　2　(5)　(例)生の基盤を稲作に置く日本人にとって，身体の安定を保ち，同じ動作のリズムを共有することが必要であった

5　(1)　2　(2)　3　(3)　すべらない入れ物に移して　(4)　ア　(例)アゲハの羽が破れていること。　イ　(例)自分のせい　(5)　(例)動かなくなったり傷ついたりしたことがあっても，外灯の下で光りながら舞い続ける　(6)　2

6　(例)　資料によれば，国語が乱れていると思う人は，平成十九年以降，減り続けています。私は，平成時代のことはわかりませんが，いい傾向だと思います。
　それは，相手を尊重し，互いの理解を深めるためには，きちんとわかりやすく伝えることが大切だからです。乱暴な言い方や不適切な表現は，悪気がなくても相手を傷つけたり，思わぬ誤解を生んだりすることがあります。言葉は，相手との関係性を左右するものなのです。

＜国語解説＞

1　**(聞き取り―内容吟味)**

(1)　本田さんは，「動画の特徴は，**音や動きがあること**です。」と述べている。

(2)　本田さんは，「さまざまな人にわかりやすい動画にするために，話す速さや表情を工夫することと，**資料を効果的に提示すること**が大切だと思います。」と述べている。

(3)　1は，本田さんは「本やインターネットの内容」を引用していないので誤り。2は，中村さんは「数値」を挙げていないので誤り。3は，本田さんは「**動画**」，中村さんは「**新聞**」という**主張をはじめに示して論を展開しているの**で，適切な説明である。4は，「話し合いがまとまる」ように意見を述べているのは，林さんなので，誤りである。

(4)　新聞記事は，文化祭での学級旗の展示について書いたものである。解答例は，インタビューの内容と直後の「クラスの団結を喜んだ」をもとに「**学級旗は団結のしるし**」としているが，この通りでなくても「学級旗」を使った見出しとして適切な内容であれば正解とする。

2　(知識―漢字の読み書き)

(1)　ア「**不屈**」は，どんな困難にあってもくじけずにやりとげる様子をいう。イ「**激励**」は，はげまして元気づけること。　ウ「**剝製**」は，動物の内臓や肉を抜き，綿などをつめて生きていたときのような姿にしたもの。エ「**溶**」の音読みは「ヨウ」で，「溶液」「溶解」などの熟語を作る。　オ　この場合の「**顧みる**」は，過去のことを思い起こすという意味。　カ「**素質**」は，生まれつきもっている性質や才能。　キ「**忠誠**」は，上の立場の人を裏切ることなく真心からつくすこと。　ク「**補修**」は，同音異義語の「補習」としたり，「補」を形の似ている「捕」などと書いたりしないように注意。　ケ「**招**」は「手(扌)でまねく」と覚える。　コ「**除**」の音読みは「ジョ」「ジ」で，「除外」「掃除」などの熟語を作る。

(2)　ア　訓読みにすると，1の「裂」は「**さ(く)**」，2の「刺」は「さ(す)」，3の「避」は「さ(ける)」，4の「去」は「さ(る)」となる。　イ――の部分を漢字で書くと「**趣向**」となるので，4が正解。

3　(漢文―内容吟味，その他)

〈口語訳〉　漢の国の人で，呉の国に行く者がいた。呉の国の人がたけのこ料理を用意したところ，問うことには「これは何ですか」と。答えて言うことには，「竹です」と。帰ってからベッドに敷く竹の敷物を煮たが煮えなかったので，その妻に言ったことには，「呉の国の人はうそつきだ。私を欺いたことはこのようだ」と。

〈口語訳〉　宋の国の人で畑を耕す者がいた。畑の中に木の切り株があり，うさぎが走ってきて切り株に突き当たり，首を折って死んだ。そこで自分のすきを放り出して切り株の番をし，再びうさぎを手に入れようと待ち望んだ。うさぎを二度とは手に入れることができず，彼自身は宋の国の笑い者となった。

(1)　【漢文】は「有適呉」，漢字を読む順序は「呉適有」で1字ずつ返って読むので，「**有**」と「**適**」の左下に，それぞれ**レ点**をつける。

(2)　「**漢人**」が「**呉人**」に対して「是何物」と質問したので，2が正解。

(3)　【漢文】の「漢人」は，たけのこと敷物の竹が同じ物だと勘違いした。【資料】の「宋人」は，切り株の番をしていればすぐにうさぎを手に入れられると思い込んだ。**両者とも自分の思い違いに気づいていない**ので，1が正解。「宋人」は「人のせい」にしていないので，2は誤り。竹を煮ることや切り株の番をすることは「古い習慣」ではないので，3は不適切。両者とも予想に反して「満足」な結果を得られなかったので，4は誤りである。

4　(論説文―内容吟味，文脈把握，品詞・用法)

(1)　「向け」は下一段活用動詞「向ける」の**連用形**。1「聞けば」は五段活用動詞「聞く」の仮定形，2「運動すること」はサ行変格活用動詞「運動する」の連体形の一部，3「食べよう」は下一段活用動詞「食べる」の未然形，4「笑った」は五段活用動詞「笑う」の連用形。

(2)　ヨーロッパのリズムの方向性は「上向き」というよりも「身体の内部から外に向かって開放されてゆく方向」であり，日本のリズムは「下向き」というよりも「身体の中からさらにその芯へ，奥へ向かう」ものである。前者の内容を，15字以内で前後につながるように書く。

(3)　この場合の「水平方向の運動」とは，上下に動かず，横に動くことを指している。傍線部ⓘの次の段落の最後の文に「また，ひねもす地に伏して働く稲作のためには，地面と並行する横方向に注意を払い，……」とあるので，ここから抜き出す。

(4)　第一・二段落の「和楽器はいずれも，動きを下にして止めることで，リズムの流れをいったん途切れさせているのである。つまり日本のリズムには断絶がある」と合致する2が正解。1の「住居の違い」と動きの関係については，本文に書かれていない。3の「跳び上がる」動作が少なくないことは，ヨーロッパとの違いを説明する根拠として不適切。本文は，「人間としてのリズムの共有」を説明したものではないので，4は不適切である。

(5)　キーワードに注目して本文を見ると，第六段落に「生の基盤を稲作に置く日本人にとっては，身体のブレを防いで動くことが必須のものであった」「安定を確保しながら進むことを優先しなければならなかった」とある。また，第七段落は，稲作を営むためには「同じ動作のリズムを共有」することが必要であることを説明している。この内容を50字以内にまとめ，前後につながるように書く。

5　(小説―情景・心情，内容吟味，文脈把握，脱文・脱語補充)

(1)　空欄に選択肢の語句を入れると，1「息をぬいて」＝緊張を解いて，2「息をつめて」＝緊張などで一時的に息をとめて，3「息をいれて」＝しばらく休息して，4「息をはずませて」＝激しい息遣いをして，という意味になる。この場面は，「ぼく」がアゲハの羽化をじっと見守る場面なので，2が適切である。

(2)　1は，この場面で「ぼく」の緊張はむしろ高まっているので不適切。2は，「見守っていたみんな」の様子と合わない。3は，「十秒，二十秒……」は子どもたちが無言でアゲハを見守っている時間の経過を表現しているので，適切な説明である。4は，「一人，二人」はアゲハが動かないためがっかりして子どもたちが去っていく様子を表現したものであり，宿題の時間との直接の関わりはないので，不適切である。

(3)　アゲハは，「飼育ケースのプラスチックがつるつるすべるせい」で飼育ケースの床に落下してしまった。空欄の少し前に「ダンボールかなにか，すべらない入れ物に移してやればよかった」という「ぼく」の思いが示されているので，ここから抜き出す。

(4)　ア　たくとの「羽がやぶけとる」という言葉が表すことをわかりやすく書く。　イ　「ぼく」は，アゲハの羽は「きっと床にすべり落ちたときに傷ついたんだろう」と推測し，そうなったのはアゲハをすべらない入れ物に入れてやらなかった自分のせいだと考えている。

(5)　「ぼく」がアゲハの弱さを感じたのは，羽化の途中で落下して動かなくなったときや，傷ついた羽を見たときである。一方，強さを感じたのは，羽が傷ついているにもかかわらず，外灯の下でキラキラ光りながら旋回したときである。この内容を，前後につながるように40字以内でまとめる。

(6)　1は，「ぼく」が「多くの生き物」を飼っているとは本文から読み取れないので，不適切。2は，「たくと」は興奮すると「じっとしていられない」反面，アゲハが生きているとわかったときに「よかったねえ，壮くん」と声をかけるなど，友だちへの気遣いも見せているので，適切な説明である。3は，「雄大」は，宿題を放り出してアゲハの羽化を見に来たり，アゲハが生きているとわかったときに「うそ!」と言って駆け寄ってきたりしていることから，「どんな状況でも冷静」とはいえない。4は，「センター長」は「たくと」の音読の宿題をやらせようとしているので，不適切な説明である。

6 **(作文)**

(1)～(3)の条件を満たすこと。題名は書かず，**二段落構成**で第一段落に【資料】をもとに**自分の意見**を書き，第二段落に**その理由**を書く。制限字数は，両方合わせて**150～200字**である。解答例は，第一段落に【資料】から「国語が乱れていると思う」人が減っていることを読み取って「いい傾向だ」という意見を書き，第二段落にその理由を書いている。

書き始めや段落の初めは1字空けるなど，原稿用紙の使い方にも注意する。書き終わったら必ず読み返して，**誤字・脱字**や表現のおかしなところは書き改める。

MEMO

大切なことはメモしておこうネ！

青森県公立高等学校

2021年度

入　試　問　題

2021年度

●くわしい解説……37ページ

＜数学＞

時間　45分　　満点　100点

1　次の(1)～(8)に答えなさい。(43点)

(1) 次の**ア**～**オ**を計算しなさい。

ア　$-1-5$

イ　$(-3)^2+4\times(-2)$

ウ　$10xy^2\div(-5y)\times3x$

エ　$2x-y-\dfrac{5x+y}{3}$

オ　$(\sqrt{5}+3)(\sqrt{5}-2)$

(2) 次の等式を r について解きなさい。

$\ell=2\pi r$

(3) 次の方程式を解きなさい。

$x^2=9x$

(4) y は x に比例し，$x=-3$ のとき，$y=18$ である。$x=\dfrac{1}{2}$ のときの y の値を求めなさい。

(5) 正 n 角形の1つの内角が140°であるとき，n の値を求めなさい。

(6) 空間内の平面について述べた文として**適切でないもの**を，次の**ア**～**エ**の中から1つ選び，その記号を書きなさい。

ア　一直線上にある3点をふくむ平面は1つに決まる。

イ　交わる2直線をふくむ平面は1つに決まる。

ウ　平行な2直線をふくむ平面は1つに決まる。

エ　1つの直線とその直線上にない1点をふくむ平面は1つに決まる。

(7) あるクラスの生徒14人の反復横とびの回数を測定したところ，全員が異なる回数であった。その測定した回数の少ない順に並べたとき，7番目の生徒と8番目の生徒の回数の差は6回で，中央値は48.0回であった。このとき，7番目の生徒の回数は何回か，求めなさい。

(8) 次のページの図のように，座標平面上の原点Oを通る円がある。この円は，原点Oのほかに，y 軸と点A (0, 4) で，x 軸と点Bで交わる。この円の原点Oをふくまない方の $\overset{\frown}{AB}$ 上に点P

をとると，$\angle \mathrm{OPA}=30^\circ$ であった。このとき，この円の中心の座標を求めなさい。

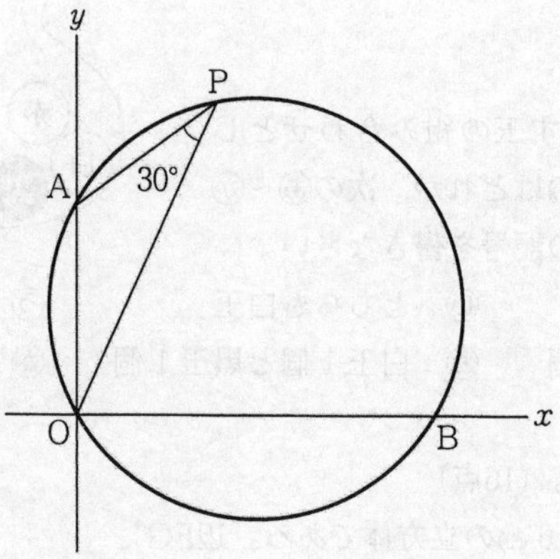

2 次の(1)，(2)に答えなさい。（13点）

(1) 次の文章は，異なる2つの自然数が，ともに偶数であるときの和と積について考えているレンさんとメイさんの会話である。[ア] には式，[イ] には語，[ウ] ～ [オ] には自然数をそれぞれ入れなさい。

レン ： たとえば，和は

$2+4=6$，$4+10=14$，$12+18=30$

となるので，必ず偶数になると予想できるよ。

メイ ： その予想は正しいといえるのかな。

レン ： では，そのことを証明してみるよ。

m，n を異なる自然数とすると，

異なる2つの偶数は$2m$，$2n$ と表すことができるから，

$2m+2n=2$ （[ア]） となる。

[ア] は自然数だから，2（[ア]）は必ず [イ] になる。

したがって，異なる2つの偶数の和は，[イ] であるといえるよ。

メイ ： 予想が正しいことを証明できたね。今度は，積はどうなるか，同じように考えてみるよ。

たとえば，積は

$2\times4=8$，$4\times10=40$，$12\times18=216$

となるので，必ず8の倍数になると予想できそうだね。

レン ： その予想も正しいといえるのかな。

たとえば，[ウ] と [エ] の積は [オ] となり，8の倍数ではないから，必ずいえることにはならないよ。

メイ ： なるほど。成り立たない場合があるから，予想は正しくないんだね。

(2) 次のページの図のように，2つの袋の中に，赤玉が1個，白玉が2個，黒玉が3個ずつ入っている。袋の中をよくまぜてから，それぞれから1個の玉を同時に取り出すとき，あとのア，イに答えなさい。

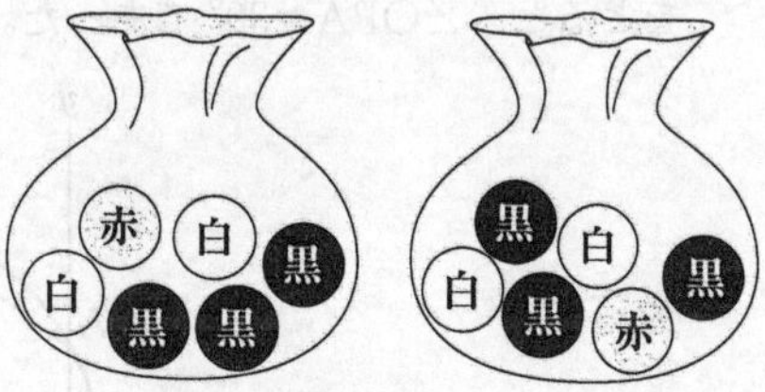

ア　それぞれから取り出す玉が，どちらも白玉である確率を求めなさい。

イ　それぞれから取り出す玉の組み合わせとして，最も起こりやすいのはどれか，次の(あ)～(か)の中から１つ選び，その記号を書きなさい。

(あ)　どちらも赤玉　　(い)　どちらも白玉　　(う)　どちらも黒玉

(え)　赤玉１個と白玉１個　　(お)　白玉１個と黒玉１個　　(か)　赤玉１個と黒玉１個

3　次の(1)，(2)に答えなさい。(16点)

(1)　右の図は，1辺の長さが６㎝の立方体である。辺FGの中点をPとするとき，次のア，イに答えなさい。

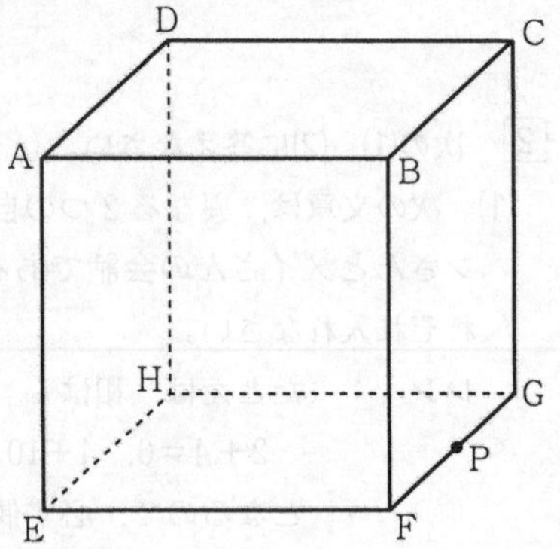

ア　辺EF上にQF＝４㎝となる点Qをとるとき，三角すいBQFPの体積を求めなさい。

イ　辺AEの中点をRとするとき，点Rから辺EFを通って点Pまで糸をかける。この糸の長さが最も短くなるときの，糸の長さを求めなさい。

(2)　下の図のように，正三角形ABCがあり，辺AC上に点Dをとる。また，正三角形ABCの外側に正三角形DCEをつくる。このとき，次のア，イに答えなさい。

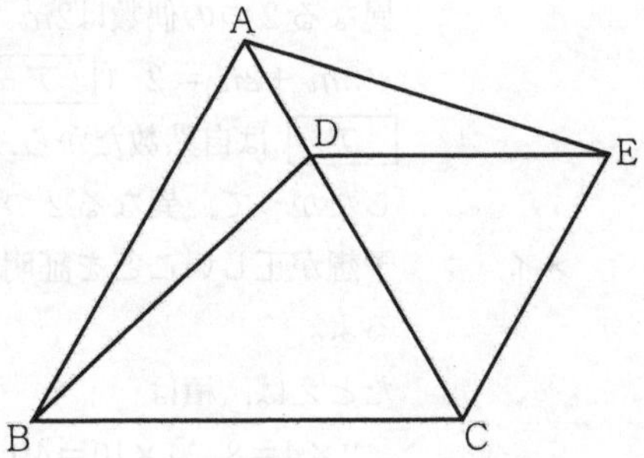

ア　△BCD≡△ACEであることを次のように証明した。[あ]，[い] には式，[う] には適切な内容をそれぞれ入れなさい。

［証明］

△BCDと△ACEについて

△ABCと△DCEは正三角形だから，

[　　あ　　]　　……①

CD＝CE　　……②

[　　い　　]＝60°　　……③

①，②，③から，

[　　う　　] がそれぞれ等しいので，

△BCD≡△ACE

イ　四角形ABCEの周の長さが21㎝のとき，次の(ア)，(イ)に答えなさい。

(ア)　AB＝a㎝，CD＝b㎝としたとき，辺AEの長さをa，bを用いて表しなさい。

(イ)　△ABDの周の長さが13㎝のとき，正三角形DCEの１辺の長さを求めなさい。

4　図1で，①は関数 $y=-\dfrac{4}{9}x^2$ のグラフであり，点Aの座標は（2，－4），点Bは①上の点で x 座標が負の値をとり，y 座標は－4である。次の(1)～(4)に答えなさい。ただし，座標軸の単位の長さを1㎝とする。(11点)

(1)　点Bの x 座標を求めなさい。

(2)　①の関数について，x の値が3から6まで増加するときの変化の割合を求めなさい。

(3)　点Pを x 軸上にとり，AB＝APとなる二等辺三角形ABPをつくる。点Pの x 座標が正の値をとるとき，点Pの座標を求めなさい。

(4)　図2は，図1の①上に x 座標が6である点Cをとり，四角形OBCAをかき加えたものである。点Aを通り，四角形OBCAの面積を2等分する直線の式を求めなさい。

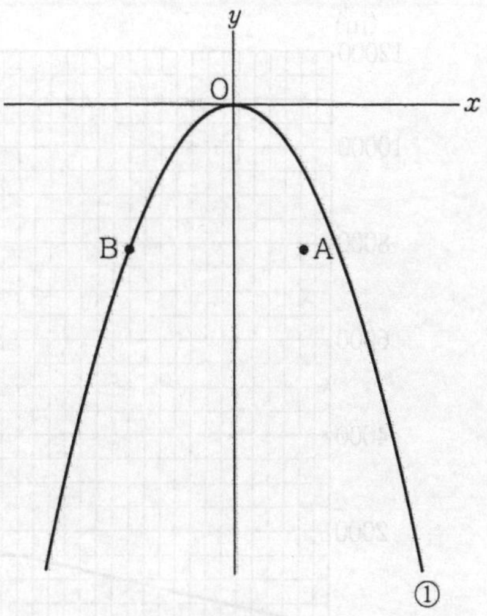

図1

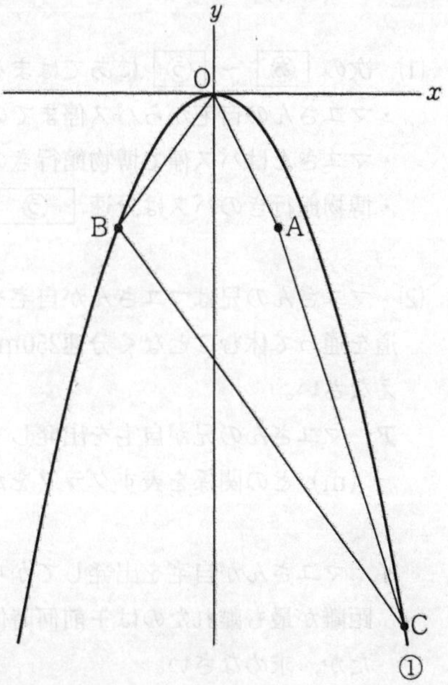

図2

5　ある日の午前10時に，マユさんは自宅から12000m離れた博物館へ向かった。途中，マユさんは自宅から分速75mで20分間歩いてバス停に着き，博物館行きのバスが来るまで待った。その後，博物館行きのバスに14分間乗車し，午前10時43分に博物館に到着した。次のページのグラフは，マユさんが自宅を出発してから博物館に到着するまでの時間（分）と自宅からの距離（m）との関係を表したものである。あとの(1)～(3)に答えなさい。ただし，自宅から博物館までの道は，まっすぐであるものとする。(17点)

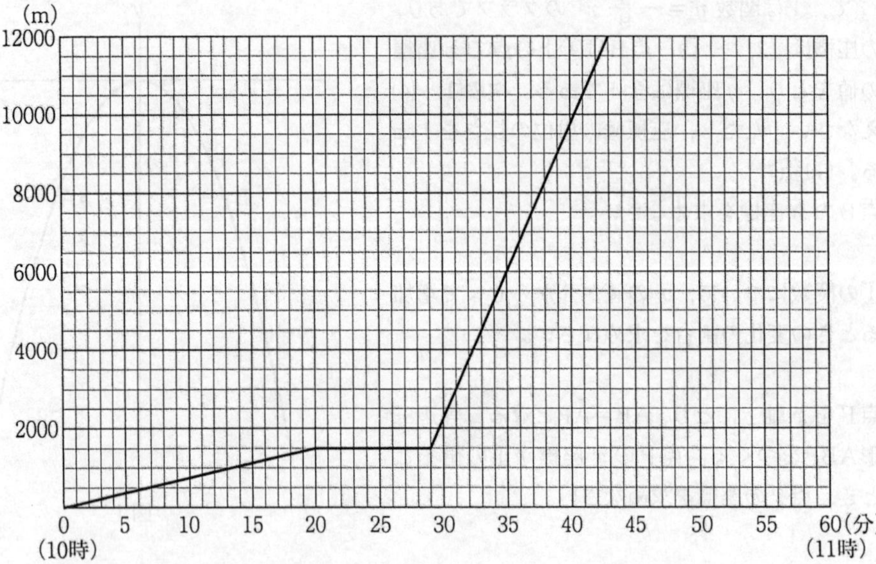

(1) 次の ［あ］ ～ ［う］ にあてはまる数を求めなさい。

・マユさんの自宅からバス停までの距離は ［あ］ mである。

・マユさんはバス停で博物館行きのバスが来るまで ［い］ 分間待った。

・博物館行きのバスは分速 ［う］ mで移動した。

(2) マユさんの兄はマユさんが自宅を出発してから７分後に，自転車で自宅からマユさんと同じ道を通って休むことなく分速250mの一定の速さで移動し，博物館に到着した。次のア，イに答えなさい。

ア マユさんの兄が自宅を出発してから博物館に到着するまでの時間（分）と自宅からの距離（m）との関係を表すグラフをかきなさい。

イ マユさんが自宅を出発してから博物館に到着するまでの間で，マユさんとマユさんの兄の距離が最も離れたのは午前何時何分か，求めなさい。また，そのときの２人は何m離れていたか，求めなさい。

(3) マユさんの兄は午前何時何分に自宅を出発していれば，マユさんと同時に博物館へ到着することができたのか，求めなさい。ただし，マユさんの兄は自宅からマユさんと同じ道を通り，(2)と同じ一定の速さで博物館へ自転車で移動するものとする。

＜英語＞　時間　50分　満点　100点

1　放送による検査（27点）

(1)

ア　1

2

3

4

イ　1

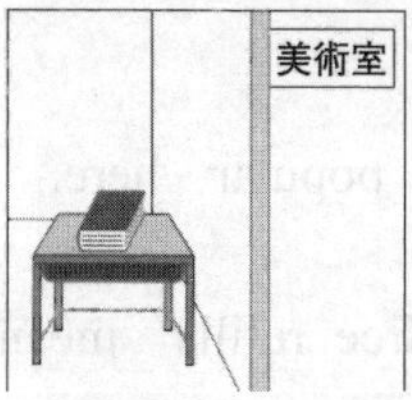

2

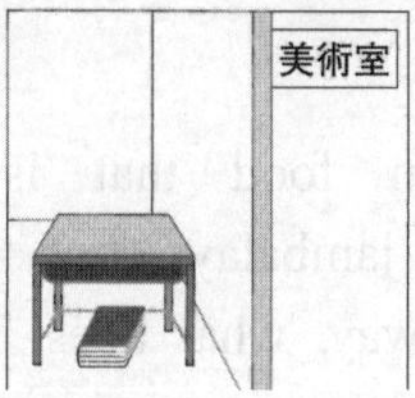

3

4

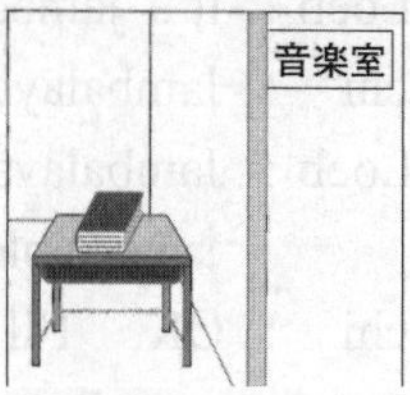

ウ　1　I don't think so.　2　Shall I carry your bags?
　　3　Thank you for listening.　4　Could you say that again?

(2)

ア　1　Five years old.　2　Six years old.
　　3　Fifteen years old.　4　Sixteen years old.

イ　1　Because he can go to many places by bike.
　　2　Because walking is good for his health.
　　3　Because he wants to buy a new bike.
　　4　Because his brother walks to school.

ウ　1　His bike.　2　His brother's bike.
　　3　His mother's bike.　4　His father's bike.

(3)

ア　1　At a movie theater.　2　At a post office.
　　3　At a stadium.　4　At a library.

イ　1　May 11.　2　May 12.　3　June 11.　4　June 12.

(4)　(　　　　　　　　　　　　　　　　　　　　).

2　次の英文は，アメリカのあるレストランでの，接客係のローブさん（Mr. Loeb）と，留学中の高校生のジュンイチ（Junichi）との対話の一部です。２人は，最初，メニュー（menu）を見ながら話をしています。これを読んで，あとの(1)～(3)に答えなさい。＊印の語句には，対話のあとに（注）があります。(14点)

Mr. Loeb : May I *take your order?

Junichi : Oh, I have not decided yet. ア (most is which popular the) food in this restaurant?

— Menu —

*jambalaya	cola
hamburger	orange juice
pizza	coffee

It's seven dollars for food and *drink.
We have *free refills of drinks for one hour.

Mr. Loeb : It's jambalaya.

Junichi : Jambalaya? What is it?

Mr. Loeb : Jambalaya is an American food that is popular here. Meat, *vegetables, and rice are in jambalaya.

Junichi : OK. I'll have it. By the way, what does "free refills" mean on the menu?

Mr. Loeb : It means if you *order a drink, you can have it many times.

Junichi : I see. I'll have an orange juice.

Mr. Loeb : Sure. I'll bring it.

〈After eating〉

Mr. Loeb : Did you enjoy the food?

Junichi : Yes. Jambalaya was like *paella. イ (than delicious was more it) paella. I didn't know about jambalaya when I was in Japan.

Mr. Loeb : Oh, are you □ Japan? I like Japanese culture.

Junichi : Really? I'm going to talk about Japanese culture at my school event next Sunday. Why don't you come to my school event then?

Mr. Loeb : OK. ウ (to looking I'm it forward).

（注）take ～ order　～の注文をとる　　jambalaya　ジャンバラヤ（アメリカの郷土料理）
drink(s)　飲み物　　free refills　おかわり自由　　vegetables　野菜
order ～　～を注文する　　paella　パエリア（スペインの郷土料理）

(1)　下線部ア～ウについて，文の意味が通るように（　）内の語をすべて用いて，正しい順序に並べかえて書きなさい。大文字にする必要のある文字は大文字にしなさい。

(2)　□ に入る最も適切な英語１語を書きなさい。

(3)　下線部 I'm going to talk about Japanese culture とありますが，あなたなら日本の文化について何を紹介しますか。あとの英文の［　］内に，あなたが紹介したい日本の文化一つについて英語20語以上で書きなさい。紹介する日本の文化の名称はローマ字で書いてもかまいません。また，文の数はいくつでもかまいません。

Hello, everyone. I'm あなたの名前. Today, I'm going to talk about Japanese culture.

[　　　　　　　] Thank you.

3 次の英文は，野球の国際交流のために日本を訪れている高校生のニック (Nick) と，アメリカに住んでいるお父さん (Dad) との電話での応答の一部です。これを読んで，あとの(1)，(2)に答えなさい。＊印の語句には，応答のあとに（注）があります。(13点)

Nick : I have just arrived at a hotel, Dad.

Dad : That is good. [ア]

Nick : It took twelve hours. Well, I have to talk with you about something.

Dad : What is it?

Nick : I had our team's *training camp before coming to Japan. Then, I was chosen as our team's *leader. I have tried to make a good team, but some of my *teammates don't follow me. I don't know what to do.

Dad : I see. I also had the same problem when I was the team leader of the baseball club in high school. At first, I decided everything without talking with my teammates. That was my way. *As a result, they didn't follow me. Some of them never *accepted my opinions. Then, I *realized that my way was not good. So, [イ]

Nick : How did you change it?

Dad : I listened to the opinions of my teammates.

Nick : That is nice. I have a question. [ウ]

Dad : They said things about how to practice baseball. They had different opinions. So, I listened to them, and then decided my *direction. That is one of the things that leaders should do.

Nick : [　A　]

Dad : I understand. When other teammates don't accept your direction, Nick, you should remember that we all are not the same. We are different, so you need to listen to their opinions.

Nick : Oh, it's hard to be a leader.

Dad : Yes. Leaders are sometimes *lonely. [　B　]

Nick : OK. I'll *do my best. Thank you, Dad.

Dad : You're welcome, Nick. Good luck.

（注） training camp 合宿　leader(s) リーダー　teammates チームメート
As a result その結果として　accept(ed)～ ～を受け入れる（た）
realized that ～ ～とわかった　direction 方向性　lonely 孤独な
do my best 最善を尽くす

⑴　電話での応答が成立するように，ア ～ ウ に入る英文をそれぞれ一つ書きなさい。

⑵　電話での応答が成立するように〔A〕，〔B〕に入る最も適切なものを，次の1～6の中からそれぞれ一つ選び，その番号を書きなさい。

1　Some teammates don’t accept my direction.
2　If you remember we are all the same, you will be a good leader.
3　But if you have this experience, you will be a good leader.
4　All my teammates follow me.
5　So you should not listen to their opinions.
6　Leaders should decide everything without talking with teammates.

4　次の英文は，外国語指導助手のスミス先生（Mr. Smith）が，北海道・北東北の縄文《じょうもん》遺《い》跡群《せきぐん》（Jomon Prehistoric Sites in Northern Japan）について中学生に話しか内容の一部です。これを読んで，あとの⑴～⑶に答えなさい。＊印の語句には，内容のあとに（注）があります。

（21点）

I have lived in Aomori *Prefecture for two years. One day, a Japanese teacher gave me a *pamphlet about Jomon Prehistoric Sites in Northern Japan. I didn’t know about them and read the pamphlet. It was written in English, so I could understand it easily. One of those *sites was in this city and I wanted to see it with my own eyes.

One week later, I visited the site. I was surprised to find that people in the *Jomon period made many kinds of things. Some were used in their daily lives and others were used for special purposes like *rituals. All those things looked beautiful to me. When I was looking at the site, I met some *local high school students. They were working as *volunteer guides. They will get the chance to think about their important place from the experience.

It is fun for me to know about Jomon Prehistoric Sites in Northern Japan. Foreign people can learn a lot from them, too. I think they are important not only for local people but also for people all over the world. I want many people to enjoy those sites and we should *preserve them. I think *the inscription on the World Heritage List is a good way. I hope the day will come soon.

（注）Prefecture　県　　pamphlet　パンフレット　　site(s)　遺跡　　Jomon period　縄文時代
rituals　儀式　　local　地元の　　volunteer guides　ボランティアガイド
preserve ～　～を守る　　the inscription on the World Heritage List　世界遺産への登録

⑴　次の文章は，スミス先生の話した内容に関する生徒のメモです。話の内容と合うように（ア）～（ウ）に入る最も適切な数字や日本語をそれぞれ書きなさい。

【メモ】

・スミス先生は青森県に（　ア　）年間住んでいる。

・縄文時代の人々が作ったものには，彼らの（　イ　）で使われたものもあれば，儀式のような特別な目的のために使われたものもあった。
・スミス先生は，北海道・北東北の縄文遺跡群は，地元の人々にとってだけではなく，（　ウ　）人々にとっても大切であると考えている。

(2) スミス先生の話の内容と合うように，次の１～３の質問に対する答えをそれぞれ一つの英文で書きなさい。

1 Why could Mr. Smith understand the pamphlet easily?

2 What will those local high school students get from the experience?

3 Does Mr. Smith think it is necessary to preserve Jomon Prehistoric Sites in Northern Japan?

(3) 次の文章は，スミス先生の話を聞いたあとで，生徒がスミス先生に英語で書いた感想です。下線部１，２をそれぞれ一つの英文で書きなさい。

I listened to your story and I am interested in joining the volunteer guides at the site. It is good to do useful things for the site. Before joining them, 1 私には学ぶべきことがたくさんあります。I will try it. 2 私は，すばらしいものを人々に見せることを楽しむでしょう。

5 次の英文は，高校生のタロウ（Taro）が，祖父やアミ（Ami）とのやりとりを通して学んだことについて書いた文章です。これを読んで，あとの(1)～(3)に答えなさい。＊印の語句には，本文のあとに（注）があります。(25点)

I have played the *Japanese flute in the traditional events of the village for eight years. I practice it every day to play it well. My grandfather is one of the best Japanese flute players in the village and he teaches me and other children at his house.

One day, he listened to my *performance and said to me, "Very good! I can understand that you practice hard. Well, I have an idea. How about teaching children together this Saturday?" I *was worried. Teaching was too difficult for me.

When I went to my grandfather's house that day, I found a girl. She was sitting on the chair next to my grandfather and looked *nervous. Her name was Ami and she was nine years old. She started to practice the Japanese flute two months ago. I wanted her to enjoy my *lesson, so I played the traditional music of the village. When she listened to it, she smiled and stood up. She was watching my fingers *carefully.

We started to practice the music. It had a difficult *part for her and she stopped at that part many times. She didn't give up but looked sad. I said, "You're good. You don't give up." She said, "I like playing the Japanese flute. I want to play that part well soon." I said, "I can say two things to you, Ami.

If you practice even for a short time every day, you can play it well. If you don't forget that you are doing your favorite thing, you can get the power to enjoy difficult things." She could not play the part that day but after practicing, she said to me *cheerfully, "I enjoyed your lesson. Thank you. See you again."

When I was going to leave my grandfather's house, he said to me, "I learned a good thing from you." That made me surprised and I asked him, "Did you learn from me? Why? You are the best teacher." He said, "I am not perfect. I am still learning. Today, you taught her the way of learning. Of course, we need to practice hard to play the Japanese flute well but we have another important thing. Ami learned it from you. I learned it again. Thank you, Taro." Teaching was a good experience for me. I will not stop learning like my grandfather.

（注） Japanese flute 笛 performance 演奏 was worried 心配だった nervous 緊張して
lesson 稽古《けいこ》 carefully 注意深く part 部分 cheerfully 明るく

⑴ 本文の内容と合うように英文を完成させるとき，次のア～エに続く最も適切なものを，1～4の中からそれぞれ一つ選び，その番号を書きなさい。

ア After Taro's performance, his grandfather thought that
1 Taro stopped practicing the Japanese flute.
2 Taro was a teacher of traditional events in the village.
3 Taro was able to play the Japanese flute well.
4 Taro was worried about playing the Japanese flute.

イ When Taro played the traditional music for Ami,
1 she started to cry.
2 she was glad and stood up.
3 she started to play the music, too.
4 she was nervous and sat down.

ウ Ami looked sad because
1 she gave up practicing with Taro.
2 she wanted to practice with Taro's grandfather.
3 she didn't do her favorite thing.
4 she couldn't play a difficult part.

エ When Taro was going to leave his grandfather's house,
1 Taro was surprised by his grandfather's words.
2 Taro and his grandfather talked about Ami's school.
3 Taro's grandfather taught Ami an important thing.
4 Taro was so tired that he couldn't say anything.

⑵ 次の英文が本文の内容と合うように，（ア）～（ウ）に入る最も適切な語を，あとの1～7の中からそれぞれ一つ選び，その番号を書きなさい。

Taro（ ア ）the Japanese flute every day. One day, he taught Ami how to play it. They practiced the traditional music of the village. There was a difficult part and she tried to play it. At the end of practicing with Taro, she told him that she had a (イ) time with him. After that, he and his grandfather talked. Taro wants to (ウ) learning like his grandfather.

1 difficult	2 keep	3 bad	4 practices	5 good
6 teaches	7 finish			

⑶ 下線部 another important thing が表している内容を日本語で書きなさい。

＜理科＞ 時間 45分 満点 100点

1 次の(1)~(4)に答えなさい。(18点)

(1) 右の図は，ある被子植物が受粉した後のめしべの断面を模式的に表したものであり，Aは精細胞が運ばれていくつくりを示している。次のア，イに答えなさい。

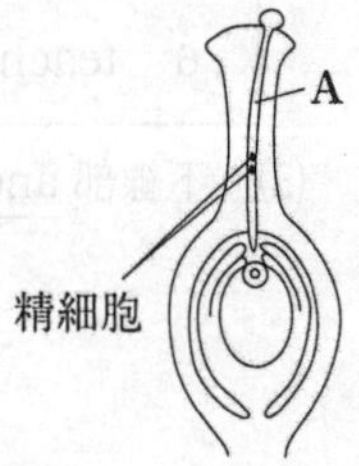

ア Aの名称として適切なものを，次の１～４の中から一つ選び，その番号を書きなさい。

1 柱頭　2 花粉管　3 子房　4 胚珠

イ 受精によって子をつくる生殖を何というか，書きなさい。

(2) 右の図のように，2本の試験管に水を入れ，葉のついたホウセンカをさしたものをａ，葉をとり除いたホウセンカをさしたものをｂとし，日の当たる場所に置いた。

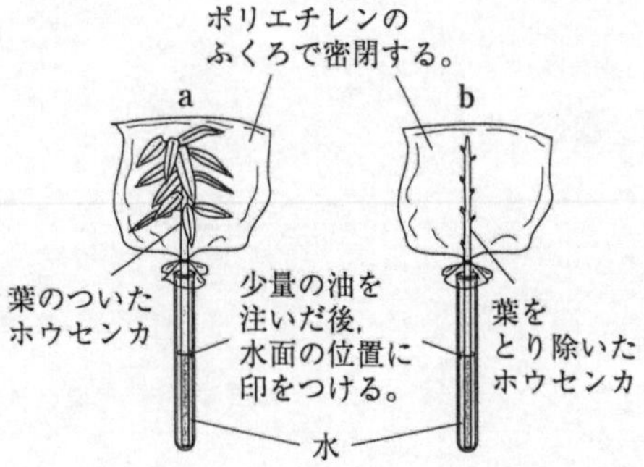

数時間後，それぞれの変化を調べたところ，ａは水面の位置が下がってふくろの内側が水滴でくもったが，ｂはほとんど変化が見られなかった。下線部のようになった理由を，植物のはたらきに着目して，書きなさい。

(3) 気象の観測について，次のア，イに答えなさい。

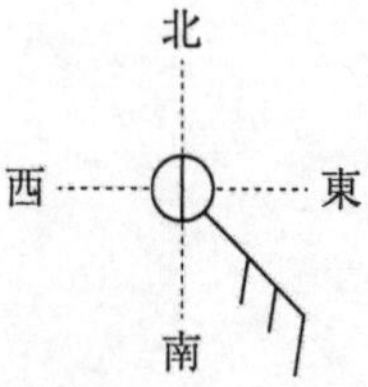

ア 右の図で表されている天気と風向および風力の組み合わせとして適切なものを，次の１～４の中から一つ選び，その番号を書きなさい。

1 くもり 北西 7　2 晴れ 北西 3
3 くもり 南東 7　4 晴れ 南東 3

イ 乾湿計を用いて，ある時刻の乾球温度と湿球温度を観測したところ，乾球温度は18.0℃，湿球温度は16.0℃を示していた。図１は，湿度表の一部を，図２は，気温と飽和水蒸気量の関係の一部を表したものである。

観測した時刻の空気$1\,m^3$にふくまれている水蒸気量は何ｇか，小数第二位を四捨五入して求めなさい。

乾球温度〔℃〕	乾球温度と湿球温度の差〔℃〕						
	0.0	0.5	1.0	1.5	2.0	2.5	3.0
19	100	95	90	85	81	76	72
18	100	95	90	85	80	75	71
17	100	95	90	85	80	75	70
16	100	95	89	84	79	74	69
15	100	94	89	84	78	73	68

図１

気温〔℃〕	飽和水蒸気量〔g/m^3〕
19	16.3
18	15.4
17	14.5
16	13.6
15	12.8

図２

⑷　右の図は，日本のある場所で春分の日の夕方，西の地平線にしずんでいく太陽を模式的に表したものである。次のア，イに答えなさい。

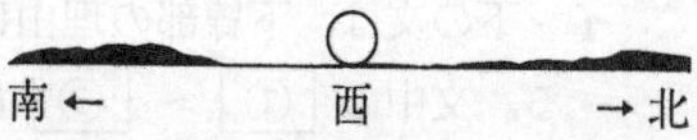

ア　下の文は，同じ場所で春分の日から３か月後における，地平線にしずむ太陽の位置と時刻について述べたものである。文中の ① ， ② に入る語の組み合わせとして適切なものを，次の１～４の中から一つ選び，その番号を書きなさい。

地平線にしずむ太陽の位置は，春分の日と比べて ① 側に移動し，しずむ時刻は ② なることで，昼の長さも変わる。

１　①　北　②　遅く　　　２　①　南　②　遅く
３　①　北　②　早く　　　４　①　南　②　早く

イ　昼の長さや太陽の南中高度が季節で異なるのはなぜか。その理由を**公転**という語を用いて書きなさい。

2　次の⑴～⑷に答えなさい。(20点)

⑴　右の図の装置を用いて，水９cm³とエタノール３cm³を混合した(あ)液体を沸とうさせて，得られた気体を集めて冷やし，ふたたび液体を得る操作を行った。ガラス管から出てきた液体を約２cm³ずつ，試験管Ａ，Ｂ，Ｃの順に集めた。これらの液体をそれぞれろ紙にしみ込ませて，蒸発皿に置いたマッチの火に近づけたところ，(い)Ａの液体はよく燃え，Ｂの液体は少しだけ燃え，Ｃの液体は燃えなかった。次のア，イに答えなさい。

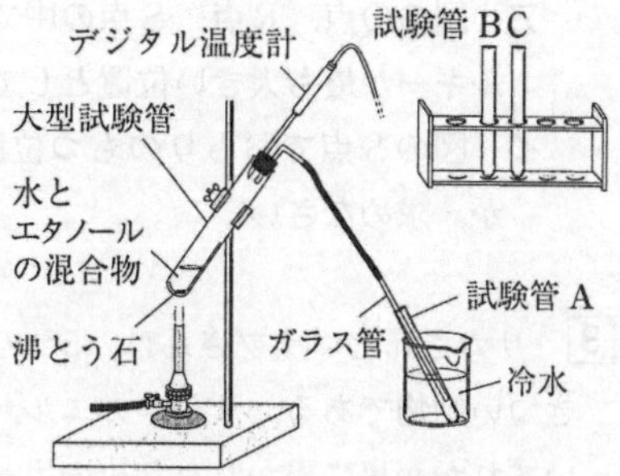

ア　下線部(あ)を何というか，書きなさい。

イ　下線部(い)のようになったのはなぜか。その理由を，試験管Ａの液体にふくまれる物質の量に着目して，**沸点**という語を用いて書きなさい。

⑵　鉄粉3.5ｇと硫黄の粉末2.0ｇの混合物を試験管に入れて加熱したところ，過不足なく反応し，硫化鉄になった。次のア，イに答えなさい。

ア　硫化鉄の化学式を書きなさい。

イ　鉄3.9ｇと硫黄2.4ｇの混合物がある。これを加熱して過不足なく反応させるためには，鉄と硫黄のうち，どちらの物質を加えなければならないか，その物質の名称を書きなさい。また，加える物質の質量は何ｇか，求めなさい。

⑶　図１のように，クルックス管の電極ＡＢ間に高い電圧を加えたところ，電極Ａから出た電子の流れが観察された。次に，ＡＢ間に電圧をかけたまま，電極ＣＤ間に電圧をかけたところ，次のページの図２のように電子の流れが曲がった。次のア，イに答えなさい。

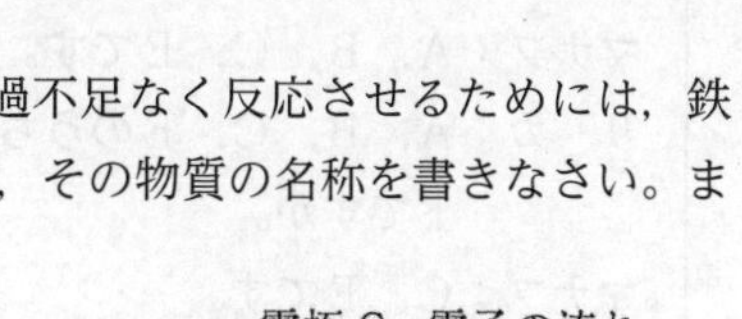

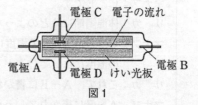

図１

ア　図１において，クルックス管内で観察された現象を何というか，書きなさい。

イ　下の文は，下線部の理由について述べたものである。文中の ① ～ ③ に入る適切な＋，－の符号を書きなさい。

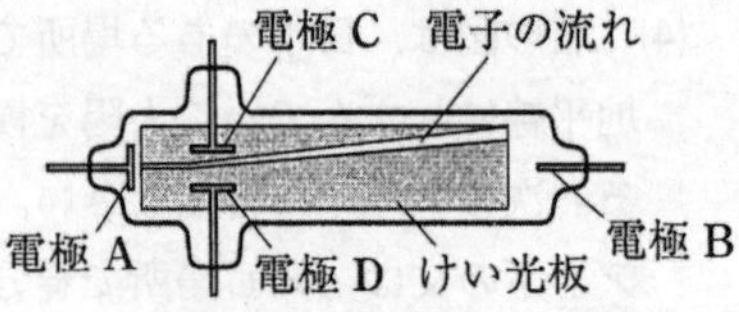

図2

> 電子の流れが曲がったのは， ① 極である電極Aから出た電子が ② の電気をもった粒子であるため， ③ 極である電極Cの方に引きつけられたから。

⑷　右の図のように，P点にあるおもりをはなしたところ，Q点，R点を通過してS点に達した。次のア，イに答えなさい。ただし，空気の抵抗や摩擦は考えないものとし，Q点は基準面から6㎝，R点は12㎝，S点は18㎝の高さとする。

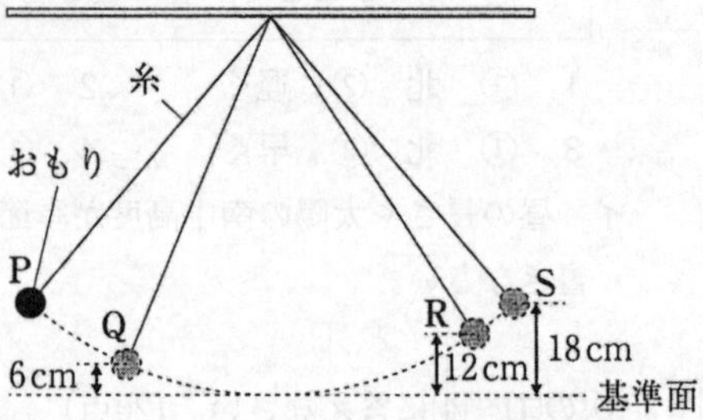

ア　図のQ点，R点，S点の中で，おもりのもつ運動エネルギーが最も大きい位置と位置エネルギーが最も大きい位置として適切なものを，それぞれ一つ選び，その記号を書きなさい。

イ　図のS点でおもりのもつ位置エネルギーは，R点でおもりのもつ位置エネルギーの何倍か，求めなさい。

3　リカさんとマナブさんは，5つのなかまに分類されるせきつい動物である，サケ，カエル，ヘビ，ハト，ネズミのいずれかが裏に書かれた5枚のカードA～Eを用いて，せきつい動物の特徴について考えた。下の【会話文】は，2人が話した内容である。次のページの⑴～⑹に答えなさい。(17点)

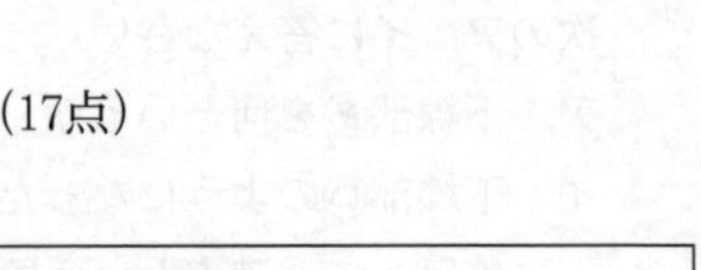

【会話文】

> リ　カ：一生を水の中で過ごす動物が書かれているのはどのカードですか。
> マナブ：Aです。
> リ　カ：卵でうまれる動物が書かれているのはどのカードですか。
> マナブ：A，B，C，Eです。(あ)Dだけが違います。
> リ　カ：A，B，C，Eのうち，殻がある卵を陸上にうむ動物が書かれているのはどのカードですか。
> マナブ：C，Eです。
> リ　カ：体温調節にはどのような特徴がありますか。
> マナブ：C，Dは(い)外界の温度によらず体温をほぼ一定に保つのに対し，A，B，Eは外界の温度によって体温が変わります。
> リ　カ：これで，A～Eに書かれている動物がわかりました。
> マナブ：A～Eに書かれている動物には，他に(う)からだの表面のようすや(え)呼吸のしかたなどに異なる特徴があります。

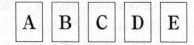

⑴　Aに書かれているせきつい動物の分類の名称を書きなさい。

⑵　下線部(あ)について，Dに書かれている動物のうまれ方の名称を書きなさい。

⑶　下線部(い)のようなしくみをもつ動物を何というか，書きなさい。

⑷　下線部(う)について，からだの表面がうろこでおおわれている動物が書かれているカードとして適切なものを，A～Eの中から**二つ**選び，その記号を書きなさい。

⑸　下の文は，下線部(え)について，Bに書かれている動物の特徴を述べたものである。文中の ① ～ ③ に入る適切な語を書きなさい。

> Bは，サケ，カエル，ヘビ，ハト，ネズミのうち ① であり，幼生のときは ② で呼吸し，成体のときは ③ と皮ふで呼吸する。

⑹　次の1～6の中で，C，Eに書かれている動物と同じなかまに分類される動物の組み合わせとして適切なものを一つ選び，その番号を書きなさい。

1　C　コウモリ　　E　カメ
2　C　イモリ　　E　ワシ
3　C　ペンギン　　E　トカゲ
4　C　カメ　　E　コウモリ
5　C　ワシ　　E　イモリ
6　C　トカゲ　　E　ペンギン

4　塩化銅の電気分解について，下の**実験**を行った。次の⑴～⑸に答えなさい。(15点)

実験　ビーカーに(あ)10.0％の塩化銅水溶液60.0cm^{3}を入れ，図1の装置を用いて，電圧を加えて約30分間電流を流したところ，陰極には赤色の物質が付着し，陽極では気体が発生した。陰極に付着した物質をけずり取って薬さじでこすると，金属光沢が現れたことから，銅であることがわかった。また，陽極で発生した気体は，特有の刺激臭があったことから，(い)塩素であることがわかった。

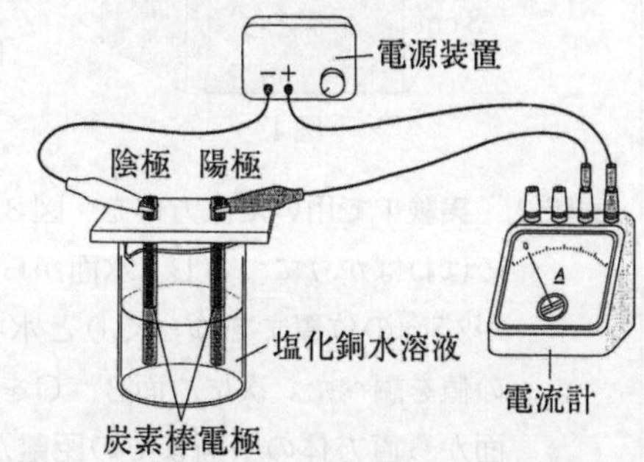

図1

⑴　塩化銅の電離のようすは，次のようにイオン式を使って表すことができる。(　)に入る適切なイオン式を書きなさい。

$$CuCl_2 \rightarrow (\quad\quad) + 2Cl^-$$

⑵　下線部(あ)の水溶液に溶けている塩化銅は何gか，求めなさい。ただし，この水溶液の密度を1.08g/cm^{3}とする。

⑶　下線部(い)の性質について述べたものとして適切なものを，次のページの1～4の中から一つ選び，その番号を書きなさい。

1 気体の中で最も軽い。 2 殺菌作用や漂白作用がある。

3 石灰水を白くにごらせる。 4 ものを燃やすはたらきがある。

(4) 実験において，電流を流した時間と水溶液中の銅イオンの数の関係を図2のように表したとき，電流を流した時間と塩化物イオンの数の関係はどのようになると考えられるか，そのグラフをかきなさい。

(5) 実験において，陰極に付着した銅の質量が0.60gであったとき，陽極で発生した塩素の質量は何gと考えられるか，求めなさい。ただし，銅原子1個と塩素原子1個の質量の比が20：11であるものとする。

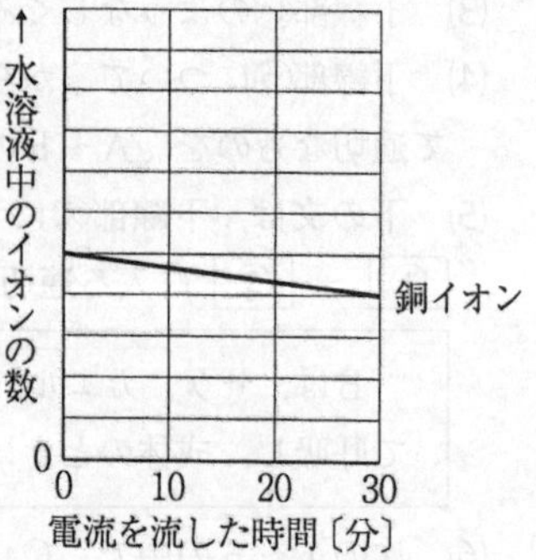

図2

5 圧力について，下の実験1，2を行った。次の(1)，(2)に答えなさい。ただし，100gの物体にはたらく重力の大きさを1Nとし，ひもの質量は考えないものとする。(15点)

実験1 図1にある540gの直方体を，図2のように，面A，B，Cの順にそれぞれ下にして，スポンジの上にはみ出さないように置き，スポンジのへこみ方を調べた。

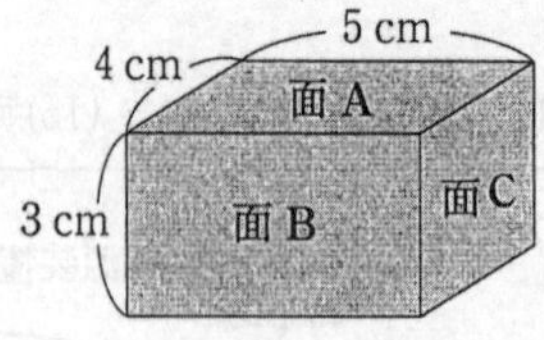

図1

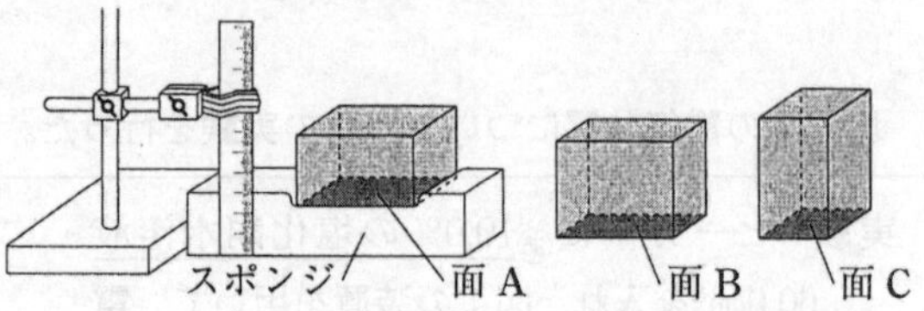

図2

実験2 実験1で用いた直方体を，図3のように，面Aを下にしてばねばかりにつるし，水面から直方体の下面までの距離が2.5cmの位置までゆっくりと水中にしずめ，ばねばかりの値を調べた。次に，面B，Cを下にして，同じように水面から直方体の下面までの距離が2.5cmの位置までゆっくりと水中にしずめ，ばねばかりの値を調べた。

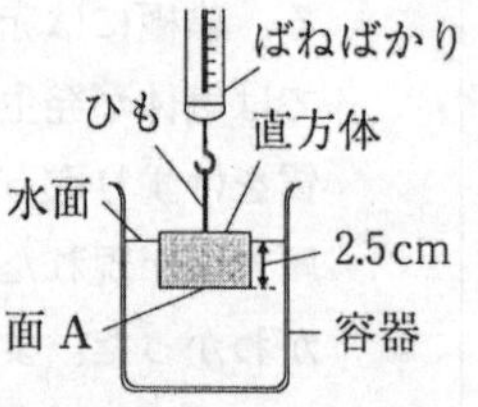

図3

(1) 実験1について，次のア～ウに答えなさい。

ア スポンジに接した直方体がスポンジから垂直に受ける力の名称を書きなさい。

イ 下線部について述べたものとして適切なものを，次の1～4の中から一つ選び，その番号を書きなさい。

1 面Aを下にしたとき，最もへこんだ。

2 面Bを下にしたとき，最もへこんだ。

3 面Cを下にしたとき，最もへこんだ。

4 どの面を下にしても，へこみは同じだった。

ウ 面Bを下にしたとき，スポンジが受ける圧力は何Paか，求めなさい。

(2)　実験２について，次のア，イに答えなさい。

ア　面Aを下にしたとき，ばねばかりの値は4.90Nを示した。直方体にはたらく浮力の大きさは何Nか，求めなさい。

イ　面A，面B，面Cを下にして実験したとき，直方体にはたらく浮力の大きさの大小関係はどのようになるか。適切なものを，次の１～６の中から一つ選び，その番号を書きなさい。

１　面A＞面B＞面C　　２　面A＞面C＞面B　　３　面B＞面A＞面C
４　面B＞面C＞面A　　５　面C＞面A＞面B　　６　面C＞面B＞面A

6　下の資料は，ある地域の地点A～Cで行った地下の地質調査をまとめたものの一部である。次の(1)～(4)に答えなさい。ただし，この地域の地層は，各層とも均一の厚さで水平に重なっており，断層やしゅう曲はないものとする。(15点)

資料

図１は，地点A～Cにおける泥岩，砂岩，れき岩，凝灰岩，(あ)石灰岩の層の重なりを表した柱状図である。地点Bのａ層からは(い)ビカリアの化石が見つかった。図２は，この地域の地形を等高線で表したものであり，地点Aの標高は65m，地点Bの標高は58mであった。地点Cは場所の記録がない。

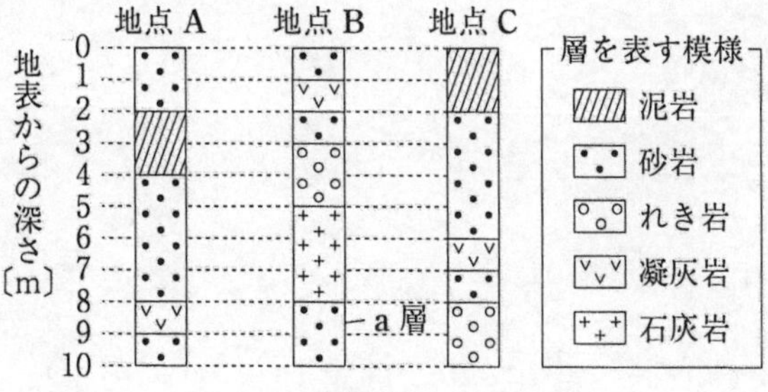

図１

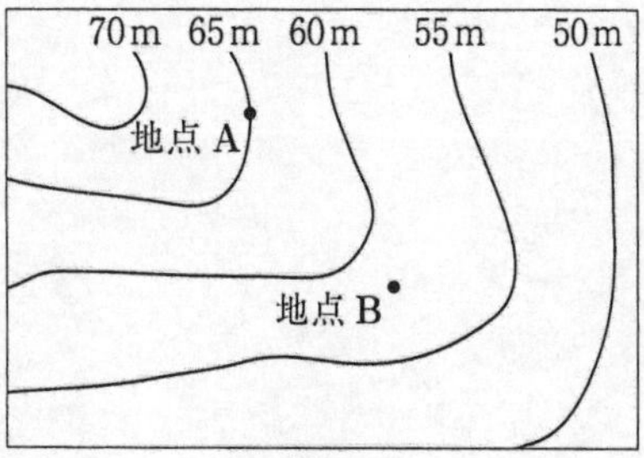

図２

(1)　下の文は，下線部(あ)について述べたものである。文中の ① ， ② に入る語句の組み合わせとして適切なものを，次の１～４の中から一つ選び，その番号を書きなさい。

> 石灰岩は，貝殻やサンゴが堆積するなどしてできた岩石で， ① を２，３滴かけると ② が発生する。

	①	②
１	うすい水酸化ナトリウム水溶液	酸素
２	うすい水酸化ナトリウム水溶液	二酸化炭素
３	うすい塩酸	酸素
４	うすい塩酸	二酸化炭素

(2)　この地域では，かつて火山活動があったと考えられる。その理由を**火山灰**という語を用いて書きなさい。

(3)　下線部(い)のように，地層が堆積した年代を推定することができる化石を何というか，書きなさい。また，その特徴について述べたものとして最も適切なものを，次のページの１～４の中から一つ選び，その番号を書きなさい。

1 長い期間にわたって栄え，広い範囲にすんでいた生物の化石である。

2 長い期間にわたって栄え，せまい範囲にすんでいた生物の化石である。

3 ある期間にだけ栄え，広い範囲にすんでいた生物の化石である。

4 ある期間にだけ栄え，せまい範囲にすんでいた生物の化石である。

⑷ 柱状図について，次のア，イに答えなさい。

ア 地点Cの標高は何mか，求めなさい。

イ この地域における，標高60mの地点の層の重なりはどのようになっていると考えられるか。図1のように層を表す模様を用いて，地表からの深さ10mまでの柱状図をかきなさい。

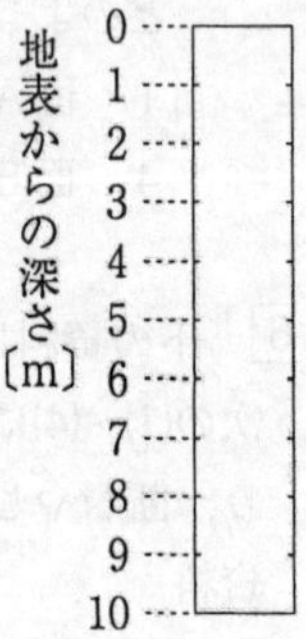

<社会>　時間　45分　満点　100点

1　下の略地図や資料を見て，次の⑴～⑶に答えなさい。(14点)

略地図

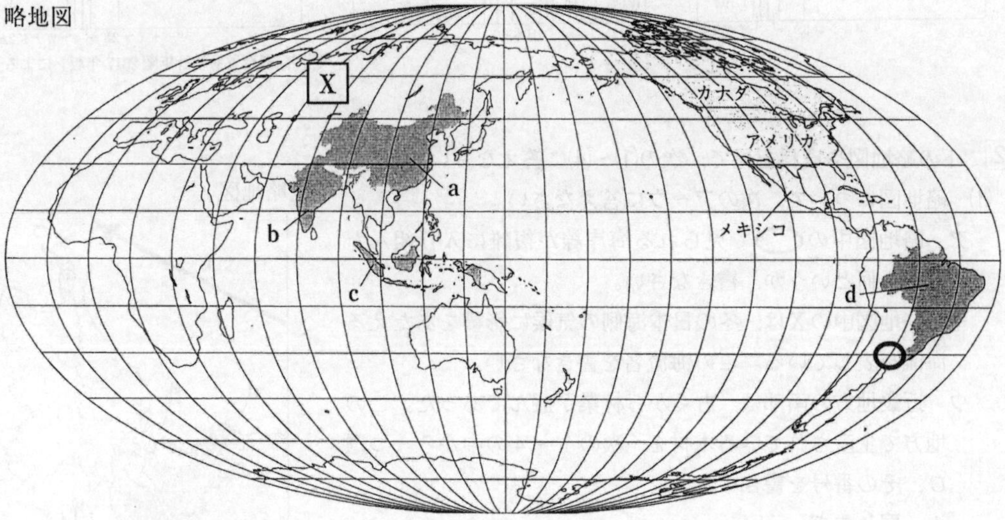

⑴　次のア，イに答えなさい。

ア　略地図中の X の大陸名を書きなさい。

イ　略地図中の ○ の位置を表している緯《い》度《ど》と経度の組み合わせとして適切なものを，次の1～4の中から一つ選び，その番号を書きなさい。

1　北緯と西経　　2　北緯と東経　　3　南緯と西経　　4　南緯と東経

⑵　資料1は，略地図中のa～dの国の輸出額上位3品目を表している。aの国について表しているものを資料1中の1～4の中から一つ選び，その番号を書きなさい。

資料1

	第1位	第2位	第3位
1	大豆	機械類	肉類
2	石油製品	機械類	ダイヤモンド
3	石炭	パーム油	機械類
4	機械類	衣類	繊維品

［「世界国勢図会 2017/18」による］

⑶　略地図中のカナダ，アメリカ，メキシコについて，次のア～ウに答えなさい。

ア　この3か国の太平洋側の一部をふくむ造山帯を何というか，書きなさい。

イ　アメリカで暮らす移民について述べた下の文中の（Y）にあてはまる語を書きなさい。

> メキシコ，中央アメリカ，西インド諸島の国々などからやってきた（　Y　）語を話す移民はヒスパニックと呼ばれ，農場，建設工事現場など，重労働の職場で低い賃金で働く人が少なくない。

ウ　次のページの資料2は，カナダ，アメリカ，メキシコの貿易相手国を表している。この3か国の関係について，資料2を参考にして，「カナダ，アメリカ，メキシコの3か国は，」に続けて，次の２語を用いて書きなさい。

貿易協定　　経済

資料２

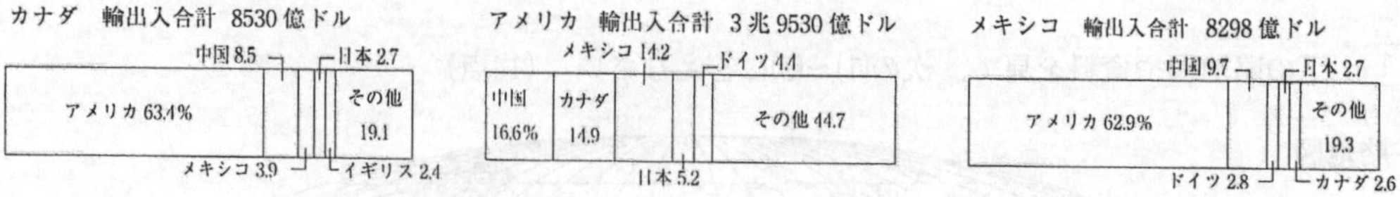

〔「国際連合貿易統計年鑑 2017 年版」による〕

2　下の略地図や資料を見て，次の⑴～⑷に答えなさい。（16点）

⑴　略地図について，次のア～ウに答えなさい。

ア　略地図中の⬭で見られる海岸線が複雑に入り組んだ地形を何というか，書きなさい。

イ　略地図中のＸは，冬の日本海側の気候に影響をあたえる海流を表している。この海流名を書きなさい。

ウ　近畿地方の南部は，古くから林業が盛んであった。この地方で生産されている木材を，次の１～４の中から一つ選び，その番号を書きなさい。

１　屋久《やく》すぎ
２　吉野《よしの》すぎ
３　越後《えちご》すぎ
４　秋田《あきた》すぎ

略地図

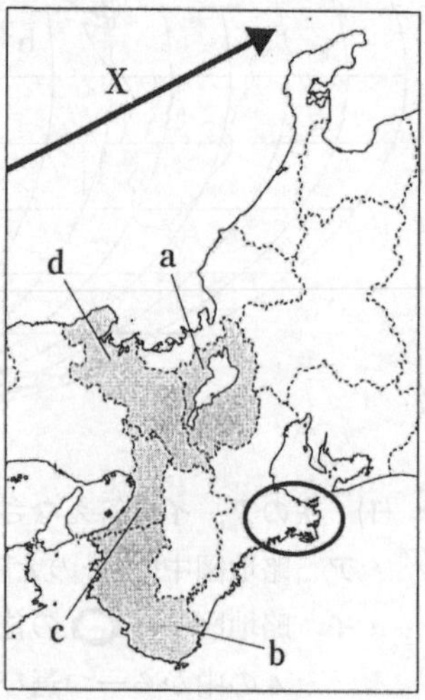

⑵　資料１は，ある府県で見られる自然環境の特色と観光地の一つである天橋立《あまのはしだて》を表している。資料１が示している府県として適切なものを，略地図中のａ～ｄの中から一つ選び，その記号を書きなさい。

資料１

【自然環境の特色】北部にはなだらかな山地が広がり，北西の季節風の影響で，冬には雪や雨が多く降る。
【観光地】天橋立

⑶　資料２は，職人が手作業で刃物《はもの》を造る様子を表している。資料２について述べた下の文章中の（Ａ），（Ｂ）にあてはまる語をそれぞれ書きなさい。

近畿地方では，古くから鉄製道具が生産されてきた。鉄を加工する技術が鍛冶《かじ》職人によって受け継がれ，戦国《せんごく》時代《じだい》には鉄砲《てっぽう》の生産地となった地域もある。そのような歴史的背景をもつ大阪府（　Ａ　）市で造られている高品質の刃物は，現在，京都府の西陣織《にしじんおり》や京友禅《きょうゆうぜん》などとともに国から伝統的（　Ｂ　）に指定されている。

資料２

(4) 資料3は，京都府，兵庫県，大阪府，奈良県の工業生産額，米生産額，畜産生産額，国宝・重要文化財の指定件数（建造物）を表している。兵庫県を表しているものを，資料3中の1～4の中から一つ選び，その番号を書きなさい。

資料3

	工業生産額（億円）2017年	米生産額（億円）2017年	畜産生産額（億円）2017年	国宝・重要文化財の指定件数（建造物）2020年
1	157988	476	627	109
2	58219	177	143	300
3	21181	108	61	264
4	173490	77	23	101

〔「2020データでみる県勢」などによる〕

3 下の表は，あるクラスが歴史の学習で調べたことを，班ごとにまとめたものである。次の(1)～(6)に答えなさい。(15点)

班	テーマ	調べた内容
A	大和《やまと》政権の誕生	奈良盆地を中心とする地域に，王を中心に，近畿地方の有力な豪族《ごうぞく》で構成する大和政権が生まれ，王や豪族の墓として大きな（ (あ) ）が造られた。
B	国風文化	貴族たちは，唐風《とうふう》の文化をふまえながらも，日本の風土や生活，日本人の感情に合った国風文化を生み出し，(い)摂関政治《せっかんせいじ》のころに最も栄えた。
C	日明《にちみん》貿易	(う)足利義満《あしかがよしみつ》は，正式な貿易船に，明からあたえられた勘合《かんごう》という証明書を持たせ，(え)朝貢《ちょうこう》の形の貿易を行った。
D	(お)江戸幕府による大名の統制	江戸幕府は，(か)武家諸法度《ぶけしょはっと》という法律を定め，大名が許可なく城を修理したり，大名どうしが無断で縁組《えんぐみ》をしたりすることを禁止した。

(1) （(あ)）にあてはまる語を書きなさい。

(2) (い)____について，次のア，イに答えなさい。

ア (い)____の仏教について述べた文として適切なものを，次の1～4の中から一つ選び，その番号を書きなさい。

1 百済《くだら》から朝廷に仏像や経典《きょうてん》がおくられ，飛鳥地方を中心に，最初の仏教文化が栄えた。

2 仏教の力にたよって，国家を守ろうと考え，国ごとに国分寺《こくぶんじ》と国分尼寺《こくぶんにじ》が建てられた。

3 念仏を唱えて阿弥陀如来《あみだにょらい》にすがり，極楽浄土《ごくらくじょうど》へ生まれ変わることを願う，浄土信仰がおこった。

4 座禅《ざぜん》によって自分の力でさとりを開こうとする禅宗《ぜんしゅう》が伝わり，臨済宗《りんざいしゅう》や曹洞宗《そうとうしゅう》が開かれた。

イ 右の資料は，(い)____によまれた歌である。この歌をよんだ人物名を書きなさい。

資料

この世をば
わが世とぞ思う
望月《もちづき》の欠けたることも
無しと思えば

(3)　(う)＿＿が建てた建築物として適切なものを，次の１～４の中から一つ選び，その番号を書きなさい。

１

２

３

４

(4)　(え)＿＿について述べた下の文中の［　　］に入る適切な内容を書きなさい。

> 明は東アジアやインド洋諸国に対して，貢《みつ》ぎ物を差し出させるかわりに［　　　］を認めたり，絹や銅銭などの返礼品をあたえたりする伝統的な朝貢体制を広く求めた。

(5)　(お)＿＿が行った次の１～３のできごとを年代の古い順に並べ，その番号を書きなさい。

１　異国船打払令《いこくせんうちはらいれい》を出した。　２　生類憐《しょうるいあわれ》みの令を出した。　３　公事方御定書《くじかたおさだめがき》を定めた。

(6)　徳川家光《とくがわいえみつ》が，(か)＿＿で定めた，大名が１年おきに領地と江戸とを往復する制度を何というか，書きなさい。

4　下の[A]～[C]は，ある生徒が近代から現代までの日本の経済について，まとめたカードである。次の(1)～(6)に答えなさい。(15点)

[A] 日本の産業革命

(あ)紡績業《ぼうせきぎょう》では大工場が次々と造られ，主にアジア諸国に輸出した。製糸業は，主にアメリカ向けの輸出によって発展し，(い)日露戦争後には世界最大の輸出国となった。

[B] (う)世界恐慌からの回復

深刻な打撃を受けた日本の経済は諸外国と比べて，いち早く不況から立ち直った。(え)重化学工業が発展し，急速に成長した新しい財閥《ざいばつ》が，朝鮮や満州に進出した。

[C] ［　　(お)　　］

経済面では，財閥が解体されたり，労働者の団結権を認める労働組合法，労働条件の最低基準を定める労働基準法が制定されたりした。農村では，(か)農地改革が行われた。

(1)　(あ)＿＿について，資料１は綿糸の生産と貿易の変化を表したものである。資料１中のＸ～Ｚを表している語の組み合わせとして適切なものを，次の１～４の中から一つ選び，その番号を書きなさい。

１　Ｘ－国内生産量　Ｙ－輸入量　Ｚ－輸出量
２　Ｘ－輸出量　Ｙ－輸入量　Ｚ－国内生産量
３　Ｘ－国内生産量　Ｙ－帖出量　Ｚ－輸入量
４　Ｘ－輸出量　Ｙ－国内生産量　Ｚ－輸入量

資料１
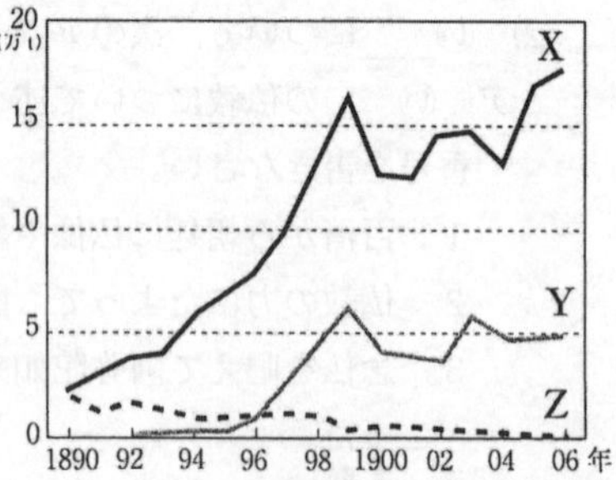

〔「日本経済統計集」などによる〕

(2)　(い)＿＿について，アメリカの仲介によって，日本とロシアとの間で結ばれた条約名を何というか，書きなさい。

(3)　(う)＿＿について，次のア，イに答えなさい。

ア　(う)＿＿への対策として，アメリカが始めた政策の名称を書きなさい。

イ　(う)＿＿が起こった後のできごととして**適切でないもの**を，次の１～４の中から一つ選び，その番号を書きなさい。

1　陸軍の青年将校たちが二・二六事件を起こした。

2　原敬《はらたかし》が本格的な政党内閣を組織した。

3　関東軍が柳条湖事件《りゅうじょうこじけん》を起こした。

4　近衛文麿《このえふみまろ》内閣が国家総動員法を制定した。

(4)　㋓＿＿する基礎となった，日清戦争の賠償金《ばいしょうきん》を基に建設された官営工場を何というか，書きなさい。

(5)　[お] に入る内容として適切なものを，次の1～4の中から一つ選び，その番号を書きなさい。

1　地租改正《ちそかいせい》　2　高まる自由民権運動《じゆうみんけんうんどう》　3　殖産興業《しょくさんこうぎょう》政策　4　戦後の民主化

(6)　資料2は㋕＿＿による自作地と小作地の割合の変化を表している。㋕＿＿の内容を，資料2を参考にして，次の2語を用いて書きなさい。

政府　小作人

資料2

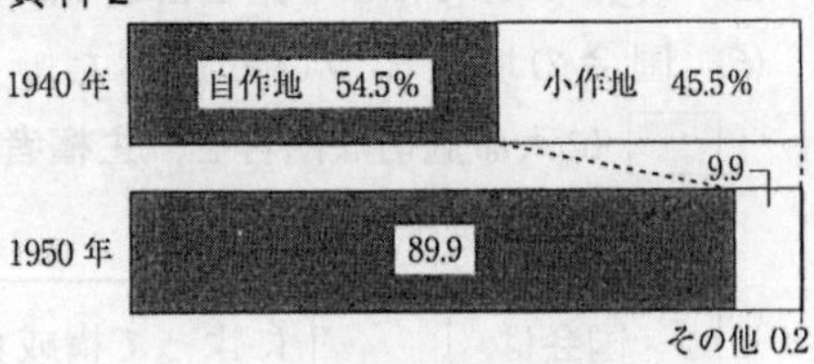

〔「完結昭和国勢総覧」などによる〕

5　下は，ある生徒が国会の1年の動き（2017年）についてまとめたものである。次の(1)～(6)に答えなさい。(14点)

2017年	主な動き
1月	1月20日　召集《しょうしゅう》，平成29年度予算提出
2月	2月27日　㋐衆議院で予算可決
3月	3月27日　参議院で予算可決 →平成29年度予算成立
4月	[X]
5月	会期中に76件の㋑法律案が成立
6月	6月18日　閉会
7月	
8月	
9月	[Y]　9月28日　召集，衆議院解散，閉会
10月	10月22日　㋒総選挙実施《じっし》
11月	[Z]　11月1日　召集，（ ㋓ ）の指名
12月	12月9日　閉会

(1)　国会の議決のうち，いくつかの重要な点で，㋐＿＿の議決を優先させることを何というか，書きなさい。

(2)　[X] ～ [Z] にあてはまる国会の種類の組み合わせとして適切なものを，次の1～4の中から一つ選び，その番号を書きなさい。

1　X－常会　Y－臨時会　Z－特別会　2　X－臨時会　Y－特別会　Z－常会

3　X－特別会　Y－常会　Z－臨時会　4　X－常会　Y－特別会　Z－臨時会

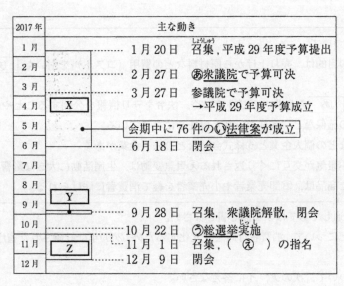

(3)　(い)＿＿について述べた文として**適切でないもの**を，次の１～４の中から一つ選び，その番号を書きなさい。

1　国会議員と内閣だけが提出することができる。
2　委員会では，関係者などから意見を聴取《ちょうしゅ》する公聴会を開くことができる。
3　特別の場合を除き，両議院で可決したときに法律となる。
4　国会以外の機関でも法律を制定することができる。

(4)　(う)＿＿について，右の資料は，ある模擬選挙の投票結果を表している。**当選者４名**を，資料中のａ～ｉの中から選び，その記号を書きなさい。

資料
比例代表制：**定数４名**（ドント式による）

政党名	得票数	名簿《めいぼ》の順位		
		1位	2位	3位
けやき党	330	ａさん	ｂさん	ｃさん
かえで党	270	ｄさん	ｅさん	ｆさん
いちょう党	180	ｇさん	ｈさん	ｉさん

(5)　(え)にあてはまる語を書きなさい。

(6)　国会の地位について述べた，下の文中の[　　]に入る適切な内容を，**主権者**という語を用いて書きなさい。

> 国会は，[　　]によって構成されるため，国権の最高機関として，国の政治の中心的な地位をしめる。

6　下の文章は，ある生徒が企業《きぎょう》についてまとめたものの一部である。次の(1)～(5)に答えなさい。（14点）

> 1．私企業について
> ・生産活動の目的は，売り上げから原材料などの費用（コスト）を引いた[あ]を得ることである。
> ・現代では，[あ]を追求するだけでなく，法令を守り情報を公開することや(い)消費者の安全や雇用《こよう》の確保など，多様な役割と責任をになっている。
> ・個人商店などの個人企業と(う)株式会社などの法人企業がある。
> ・好景気と不景気が交互《こうご》にくり返される(え)景気変動は，生産活動に大きな影響をあたえる。
> ・生産された商品は，(お)卸売《おろしうり》業者や小売《こうり》業者を経て消費者に届けられる。

(1)　[あ]に共通してあてはまる語を書きなさい。

(2)　(い)＿＿などについて，消費者行政を一元化するため，2009年に設置された省庁を何というか，書きなさい。

(3)　(う)＿＿について，次のア，イに答えなさい。

ア　株式会社の仕組みについて述べた文として**適切でないもの**を，次の１～４の中から一つ選び，その番号を書きなさい。

1　株主は，株式会社が倒産《とうさん》しても，出資した金額以上の負担は負わない。
2　株主総会で経営者を交代させることはできない。
3　株式を発行することで，人々から広く資金を集めることができる。
4　株主総会は，経営方針や配当の決定などを行う。

イ　東京，名古屋，福岡などに設けられ，株式や債券《さいけん》の売買が行われる特定の施設《しせつ》を何というか，書きなさい。

(4)　資料１は，㋓＿＿を表している。資料１中の（楕円）の時期における，経済の一般的な傾向について述べた文として適切なものを，次の１～４の中から一つ選び，その番号を書きなさい。

資料１

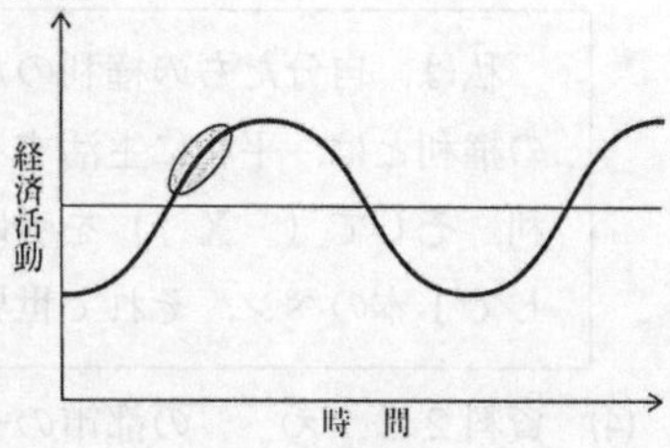

1　商品が売れず，企業は生産を減らす。

2　企業の雇用が減少し，失業者が増加する。

3　需要《じゅよう》量が供給量を上回ると，インフレーションが発生する。

4　供給量が減り，需要量との均衡《きんこう》が取れてくると，企業は再び生産を増やす。

(5)　㋔＿＿について，資料２は，野菜が生産者から消費者に届くまでの流通経路を表している。Xの経路が見られるようになってきた理由を，次の２語を用いて書きなさい。

大規模小売業者　　生産者

資料２

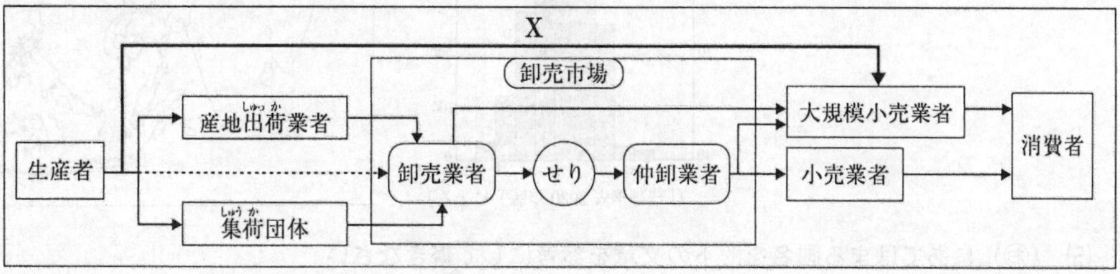

7　下の表は，ある生徒が戦後の主なノーベル平和賞受賞者・受賞団体についてまとめたものである。次の(1)～(5)に答えなさい。（12点）

受賞年	主な受賞者・受賞団体	出身国
1974年	㋐佐藤栄作《さとうえいさく》	日本
1991年	アウン・サン・スー・チー	㋓ミャンマー
1993年	ネルソン・マンデラ	（　㋔　）
2001年	㋑国際連合	――
2014年	㋒マララ・ユスフザイ	パキスタン

(1)　㋐＿＿について述べた文として適切なものを，次の１～４の中から一つ選び，その番号を書きなさい。

1　アメリカ政府と交渉を進め，沖縄の日本への復帰を実現させた。

2　日ソ共同宣言を調印し，ソ連との国交を回復させた。

3　アメリカなどとサンフランシスコ平和条約を結んだ。

4　日中共同声明によって中国との国交を正常化させた。

(2)　㋑＿＿が紛争後の平和の実現のために行う，停戦や選挙を監視《かんし》するなどの活動を何というか，その略称を**アルファベット３字**で書きなさい。

(3)　資料１は，㋒　　が国際連合本部で述べたスピーチを要約したものの一部である。資料１中の（X）にあてはまる語を書きなさい。

資料

私は，自分たちの権利のためにたたかっている声なき人々のために，声を上げます。その権利とは，平和に生活する権利，尊厳を持ってあつかわれる権利，均等な機会を得る権利，そして（　X　）を受ける権利です。（略）一人の子ども，一人の教師，１冊の本，そして１本のペン，それで世界を変えられます。

(4)　資料２は，㋓　　の都市の一つであるヤンゴンの雨温図を表している。ヤンゴンが属する気候帯として適切なものを略地図を参考にして，次の１～４の中から一つ選び，その番号を書きなさい。

1　冷帯
2　温帯
3　乾燥《かんそう》帯
4　熱帯

資料２

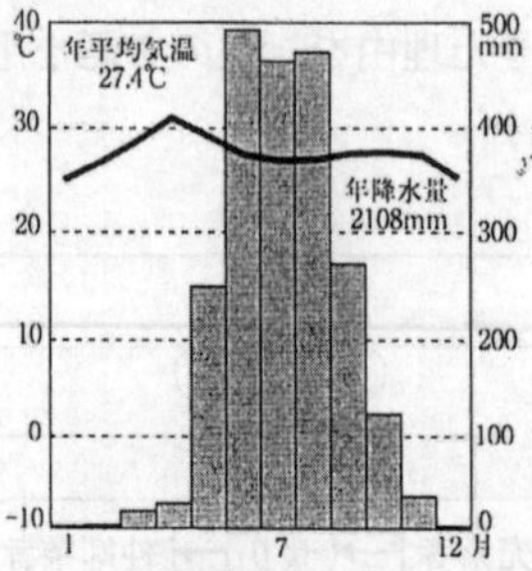

〔「理科年表 2020 年版」による〕

略地図

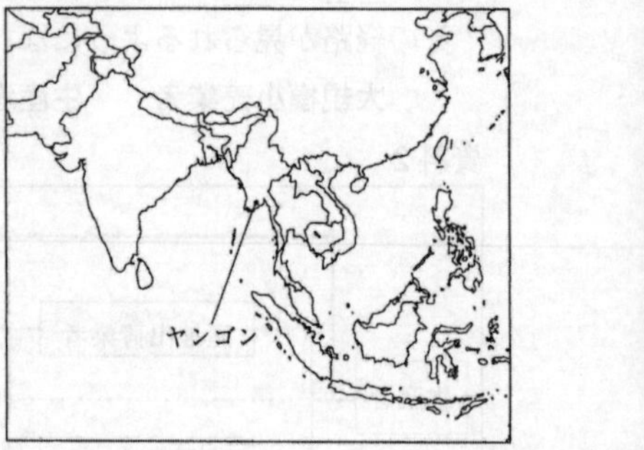

(5)　（㋔）にあてはまる国名を，下の文章を参考にして書きなさい。

アフリカ州にあるこの国では，長い間アパルトヘイトを採り，ヨーロッパ系以外の人々を差別してきた。しかし，長期にわたる反対運動が実り，アパルトヘイト体制はくずされ，1994年，マンデラはアフリカ系として初めてこの国の大統領になった。

【名言】

A　過去も未来も存在せず、あるのは現在という瞬間だけだ。
トルストイ

B　過去から学び、今日のために生き、未来に対して希望をもつ。
アインシュタイン

【意見の観点】

AとBの「生き方」の違い

(1) 題名を書かないこと。

(2) 二段落構成とし、それぞれの段落に次の内容を書くこと。
・第一段落では、【意見の観点】をもとに、気づいたことを書くこと。
・第二段落では、気づいたことをふまえて、自分の意見を書くこと。

(3) 百五十字以上、二百字以内で書くこと。

「それじゃ、あたしはこれで。最初に見つけてくれたきみたち、お手柄だったね。ほうっておいたら、もっと遠くに行ってしまったかもしれないからね」

指示出しをしていた女性が、第一発見者の子たちをほめるのを聞きながら、華は胸の鼓動が激しくなった。

——川端裕人《かわばたひろと》『風に乗って、跳べ 太陽ときみの声』より——

(1) 1 言っ、2 差し込む、3 そらさ、4 務め の中で、動詞の活用の種類が他と**異なるもの**を一つ選び、その番号を書きなさい。

(2) ㋐自分自身に言い聞かせた とありますが、ある生徒が「華」の気持ちについて次のようにまとめました。[　] に入る最も適切な語句を、本文中から**八字**で**そのまま**抜き出して書きなさい。

> [　] 選挙はバカらしいし、もともと自分は生徒会に向いてなく、リーダーの器ではないと思っている。

(3) [　] に入る語として最も適切なものを、次の1～4の中から一つ選び、その番号を書きなさい。

1 格差　2 空想　3 矛盾　4 偽物

(4) ㋑心象風景ってやつだろうか とありますが、「華」が「心象風景」だと思った理由を次のようにまとめました。[A] には最も適切な語句を、本文中から**五字**で**そのまま**抜き出して書き、[B] には適切なそのときの「華」の具体的な気持ちを、**十五字以内**で書きなさい。

> 「華」は生徒会を [A] だと思いこもうとしているが、今後のことを考えると [B] を感じていて、その気持ちが小学校低学年の頃に感じた気持ちと同じであったから。

(5) ある生徒が、児童公園で泣いている子を見つけたあとの「華」について、次のようにまとめました。[　] に入る「華」の具体的な行動と様子を、**三十字以内**で書きなさい。

> 「華」は、児童公園で泣いている子どもを見つけた。すると、そこに女性が現れた。「華」は、女性が子どもを助けるためにテキパキと指示した格好よい様子と、自分が [　] を比べることで、恥ずかしくて、顔が熱くなった。「華」は自分も女性のようにありたいと感じるが、何もできずに胸の鼓動が激しくなった。

(6) この文章について述べたものとして最も適切なものを、次の1～4の中から一つ選び、その番号を書きなさい。

1 大きな身振りや手振りで話す「華」の様子を描くことで、ふだんは冷静な「華」が動揺していることを強調している。
2 現在の場面と回想する場面を描くことで、「華」の心情が不安定で落ち着かない状態であることを強調している。
3 「華」と「女性」が会話を交わす場面を多く描くことで、二人の心のつながりの深さを強調している。
4 「女性」が大きな子たちに最後まで厳しく質問を続ける姿を描くことで、その場の緊張感を強調している。

6 ある中学校で、国語の時間に二つの名言を読み、「生き方」というテーマで、意見文を書くことになりました。次のページの【名言】と【意見の観点】を読んで、あとの(1)～(3)に従って文章を書きなさい。 (10点)

て華々しさからほど遠い。おまけにいったん疑問を持つと、みんな納得していることでも混ぜっ返してしまう面倒くさい性格だ。生徒会ってなんだろうって考え始めたら、いろんなことが気になってきて、今、選挙に向かって進もうとしているメンバーと話が合わなくなってしまった。

　本当に生徒会って［　　］だらけだ。選んでくださった人たちの意思を尊重しなければならないのに、実際は、先生の思惑と生徒の願望の間で板挟みになることがほとんどだし、いくらがんばっても、部活動の予算のことで恨まれたり、ささいな不手際《ふてぎわ》を責められたりもする。1年でやめて正解だ。

　でも、これからは「帰宅部」になってしまうんだろうなあと考えたら、ちょっと泣けてきた。なんだか居場所がない感じがする。こんなに心細いのは、泣き虫だった小学校低学年の頃以来かもしれない。

　どんよりした気分のまま歩いていると、ふいに小さい子の泣き声が聞こえてきた。

　(い)記憶の中の幼い自分の泣き声？　心象風景ってやつだろうか。などと最初は思った。

　でも、どうやら違うらしい。泣き声は本物だ。

　目の前には児童公園があって、ブランコのところで幼稚園か小学校1、2年生くらいの小さい子が泣いていた。そのまわりにはもう少し体格のいい歳上の子たちがいる。

　華は横目で見ながらもスルーすることにした。大きな子たちが泣いている子の面倒を見ているのかもしれないし、華が出ていって口を出すような場面ではないだろう。そもそも、こっちは自分のことだけでも目一杯だ。

　でも、正直に言うと、その子の泣き方はただならぬ様子で、歳上の子たちも「まずい」とか「やばい」とか口々に言っていて、ひょっとしたらおとなを呼んだ方がいいんじゃないだろうかと、華も心のどこかで分かっていた。だからこそ、視線をそらして、はっきり気づかないようにした。我ながら卑怯《ひきょう》だった。

　そのまま児童公園を通り過ぎようとした時、視界の端を影が横切った。

　ふわっといい匂いがして、すぐに背後から声が聞こえてきた。

「やあ、きみたち、歳上がよってたかってその子を泣かしているのなら、どんないきさつがあったとしても、それはいじめだ。今すぐやめなさい」

　女性の声だった。

　低くて落ち着いていて、有無を言わさない芯の強さがあった。

「いじめじゃないです！　この子、さっきから泣いてて、どうしたらいいのかって」

　少し大きな子たちのうちの一人が言った。

「じゃあ、見てるだけじゃなくて、助けを呼ぼう。公園の管理事務所というのがあったはずだけど、誰か知っている人がいたら知らせてきて。それと、念のために近くの交番へも。あたしはこの子の近くにいて、少し話を聞き出してみるよ」

　テキパキと指示する様子は格好よかった。それに対して、自分はスルーしようとしてしまったことが、とても恥ずかしくて、華は顔がかーっと熱くなった。

　するとそこへ、すぐに血相を変えたお母さんが子どもの名前を呼びながらやってきた。よかった、警察を呼ぶまでもなく、一件落着だ。

　解決したのだから、さっさと帰ろうと華はそそくさと背を向けた。でも、なぜか足が動かなかった。

(4) ある学級で、国語の時間に、㋓それを知ることは楽しい について話し合いをしました。次は、村田さんのグループで話し合っている様子です。[A]、[B]に入る最も適切な語句を、[A]は十一字で、[B]は十五字で、それぞれ本文中からそのまま抜き出して書きなさい。

村田　それを知るとは、どういうことかな。
吉崎　辞書と自分のもっている「日本語のリスト」を比較すると、[A]がわかるということだと思うよ。
山本　なぜ筆者は、それを知ることが楽しいんだろう。
伊藤　[B]は、「現代のはなしことば」や現在使われている「書きことば」に偏り、限界があるからじゃないかな。

(5) ㋔「照らし合わせ」には意義がある とありますが、ある生徒が、その理由を次のようにまとめました。[　]に入る具体的な内容を、三十字以内で書きなさい。

[　]と感じ、言語には「多くの人が共有している部分」と、共有されていない「個人的に使用している部分」があることを知ることができるから。

5 次の文章を読んで、あとの(1)～(6)に答えなさい。(26点)

「それでは、お先に失礼します！」

扉のところで振り返ってそう言った時、山田華《やまだはな》は思わず目を細めた。

校舎の西端の生徒会室には夕日が直接差し込む。目をそらさずにいたつもりなのに、まぶしすぎて、結局、現生徒会長の龍ケ崎《りゅうがさき》さんや、1年間一緒に事務局員を務めてきた緑川美桜《みどりかわみお》の表情は読み取れなかった。

「やっかい払いできて、せいせいしている、かな」と華は口の中でつぶやいた。

ここのところ、自分がかなり面倒くさいやつだったことを、華は自覚している。

ゴム底の靴をキュッキュッと鳴らして校長室の前を過ぎ、昇降口から外に出た。校門のところで一度だけ生徒会室を振り返って、華は駅の方へと足早に歩き始めた。

県立みらい西高校の生徒会は毎年5月に改選される。去年、入学早々の選挙で事務局員、つまりヒラの生徒会メンバーになった華は、次の選挙でなんらかの「役」に立候補することになっていた。できれば、美桜が会長で自分が副会長にと思っていたのに、あてが外れた。会長には同学年の男子、加藤が立って、美桜は副会長を目指す。

じゃあ、自分はどうしよう。

成績優秀、容姿端麗、人望も厚い美桜が相手では分が悪すぎる。落ちると分かっている選挙のために、推薦人20人の署名を集め、実現もしないようなことを公約に掲げ、形の上でだけ競う。そんなのはバカらしすぎる。

だから「選挙には出ません」と伝えた。おとなげないと言われたけれど、まだおとなじゃないし。

「もともと生徒会なんて向いてないよね。わたしは、リーダーの器じゃない」

華は口の中でぼそっとつぶやいて、㋐自分自身に言い聞かせた。

我ながら、まったくイケてない。華という名前からして、古風すぎのリストにはない語がずいぶんあるな」。(え)それを知ることは楽しいと筆者は思っている。自分の言語生活で出会える日本語はたかが知れている。本をあまり読まないということになると、出会っている日本語は「現代のはなしことば」寄りになる。もちろんそれで何も不自由はない。しかしどんな言語にも「はなしことば」と「書きことば」とがある。現在使われている「書きことば」には新聞などで接している。しかし、新聞には顔をださない「書きことば」もたくさんある。過去の「書きことば」となれば、新聞にはほとんど使われない。新聞だから、それは当然のことといえよう。

　母語については、母語だからみんな自信をもっている。自身の使い方と異なる使い方をみると間違っているのではないかと思う。筆者は日本語についていろいろなことを発言している。そうした発言の中には、他者の使い方に疑問を呈しているようなものもあるが、自身の使い方が正しいということではなく、自身の使い方と照らし合わせると、そういうことを感じるということだ。言語には「多くの人が共有している部分」と、そこまでは共有されていない「個人的に使用している部分」とがある。そういうことを具体的に知るためにも(お)「照らし合わせ」には意義がある。「辞書をよむ」とそういうことにも気づく。辞書をよんで「ああでもないこうでもない」と考えることも大事だし、だからこそ、それを楽しみたい。

　さらに時間をかけてよみこんでいけば、新しい発見があるだろう。(注2)『広辞苑《こうじえん》』が内包している「情報」は一人の人間がすぐに把握できるようなものではない。それだけの「情報」を、バランスをとりながら、辞書のかたちに収めた編集者のエネルギーもまた並大抵のものではないことが、じっくりとよむことによって実感できた。その「実感」は大事にしていきたい。

――今野真二《こんのしんじ》『『広辞苑』をよむ』より――

(注1)　まがりなり……不完全なこと。
(注2)　広辞苑……国語辞典の一種。

(1)　(あ)に と同じ働きをしているものを、次の1～4の中から一つ選び、その番号を書きなさい。

1　夏なのに涼しい。　2　風がさわやかに吹く。
3　すでに船は出てしまった。　4　野球の試合を見に行く。

(2)　(い)少し違う点 とありますが、本文中の語句を用いて、次のようにまとめました。[　] に入る適切な内容を、二十字以内で書きなさい。

> 自身が母語としていない言語の辞書を使って何かを調べる場合は、「知らないことについて調べる」という面がつよい。しかし、自身が母語としている言語の辞書を使って何かを調べる場合は、知らない語についての情報を得ようとしている場合もあるだろうが、多少余裕がありそうで、[　　　　] という側にちかい。

(3)　(う)「よむ」という言語活動 とありますが、その特徴として適切でないものを、次の1～4の中から一つ選び、その番号を書きなさい。

1　「よむ」という言語活動は、無意識に行うため、AといえばB、BといえばCという関連性が生じる特徴がある。
2　「よむ」という言語活動は、ああもよめるしこうもよめるという経過をたどる特徴がある。
3　「よむ」という言語活動は、「よむ」と「考える」が一対の関係になっており、「考えながらよむ」特徴がある。
4　「よむ」という言語活動は、オンラインで検索することとは異なり、一定量の時間がかかる特徴がある。

「酒、水、いかけさせよ《(振りかけ)》」ともいはぬに、しありくさまの、例しり、《(それをしてまわる様子が、やるべきことをわきまえ)》いささか《(少しも)》主に物いはせぬこそ、うらやましけれ。(う)さらんものがな使《(こういう気のきく者を使》はん、とこそおぼゆれ《いたいものだ、と思われる)》。

――『枕草子』より――

(注1)陰陽師……暦を仕立てたり占いや土地の吉凶などをみたりする役人。
(注2)祓……神に祈って罪・けがれを清め、災いを除くこと。また、その行事。
(注3)祭文……節をつけて読んで神仏に告げる言葉。

(1) いはせぬ　とありますが、**すべてひらがなで現代かなづかいに書き改めなさい**。

(2) (あ)知りたれ、(い)よむ　の主語の組み合わせとして最も適切なものを、次の1～4の中から一つ選び、その番号を書きなさい。
1　(あ)陰陽師　(い)小童　　2　(あ)陰陽師　(い)作者
3　(あ)小童　(い)陰陽師　　4　(あ)小童　(い)作者

(3) (う)さらんものがな使はん、とこそおぼゆれ　とありますが、ある生徒が、作者がそのように思った理由を次のようにまとめました。□に入る「小童」の具体的な様子を、**二十字以内**で書きなさい。

> 作者は、「小童」が陰陽師に指示されなくても□様子を見て、自分もそのような気のきく者を使いたいと思ったから。

4　次の文章を読んで、あとの(1)～(5)に答えなさい。（22点）

筆者が、(注1)(まがりなりに、であるが)『日本国語大辞典』全巻をよんだ、ということを聞いて、学生は「いやいや、辞書はよむものではないでしょ」と言う。そのとおりだ。辞書はよむものではなく、何かを調べるため(あ)に使うものだ。しかし、自身が母語としている言語の辞書は、そうでない言語の辞書と(い)少し違う点もありそうだ。スペイン語を母語としていない人がスペイン語の辞書を使って何かを調べる。このような場合は、「知らないことについて調べる」という面がつよそうだ。しかし、日本語を母語としている人が日本語についての辞書を調べる場合は、もちろんまったく知らない語についての情報を得ようとしている場合もあるだろうが、少しはわかっているけれども「確認」するということもあるだろう。それも結局は「調べる」ということであるが、多少余裕はありそうだ。せっぱつまっていない。その「余裕」の気分は「実用的」ということからは少し離れていて、「よむ」という側に少しちかいように思う。

オンライン版の場合は、調べたい文字列を検索欄に入力するところから始まる。入力してエンターキーをぽんと押すと、検索結果が出て来る。そこには「余裕の気分」も何もない。オンライン版は検索機能を使って、辞書に蓄蔵されている「情報」を引き出すという面が強い。いや、「強い」どころか、そういうものだ。(う)「よむ」という言語活動とはだいぶ異なる。「よむ」は「考える」ということとセットになっていると思う。「よみながら考える」あるいは「考えながらよむ」。それなりの時間がかかるし、時間をある程度かけないと「よむ」ことができない。「よむ」は生体反応ではないので、AといえばB、BといえばCというわけにはいかない。「ああでもないこうでもない」というプロセスをともなう。

辞書の全体は小説のようにまとまりをもった文章ではない。しかし、「日本語のリスト」であることは間違いない。自分のもっている「日本語のリスト」を、辞書をよみつつ点検してみる。「おお、自分

＜国語＞

時間　五〇分　満点　一〇〇点

【注意】　問題の1は放送による検査です。問題用紙は放送による指示があるまで開いてはいけません。

1　放送による検査（16点）

【資料】

資料1

花壇に植えたい花
についてのアンケート

環境委員会

○花壇整備の目的
・花を見た人に
［　　　　　　　　］ため。

○植えたい花はどれですか？
下から一つ選んでマルをつけてください。
・ペチュニア
・マリーゴールド
・パンジー

アンケートへのご協力
ありがとうございました。

資料2

生活委員会

朝の挨拶運動標語　応募用紙

［　　　　　　　　］

年　組　名前

2　次の(1)、(2)に答えなさい。（14点）

(1)　次のア〜オの――の漢字の読みがなを書きなさい。また、カ〜コの――のカタカナの部分を楷書《かいしょ》で漢字に書き改めなさい。

ア　丹精こめて咲かせた花。
イ　全ての情報を網羅した資料。
ウ　世界最古の鋳造貨幣を見る。
エ　観光資源が街の発展を促す。
オ　元旦には近くの神社に詣でる。
カ　ジュンジョ立てて考える。
キ　内容をカンケツにまとめる。
ク　この辺りは日本有数のコクソウ地帯だ。
ケ　堂々とした姿で開会式にノゾむ。
コ　きつい練習にもネをあげることはない。

(2)　次のア、イの――のカタカナの部分を漢字で表したとき、その漢字と同じ漢字が使われている熟語を、それぞれあとの1〜4の中から一つずつ選び、その番号を書きなさい。

ア　月の満ちカけを観察する。
　1　出欠　2　図書　3　懸命　4　駆使

イ　質問ジコウを手帳にまとめる。
　1　巧妙　2　項目　3　効果　4　郊外

3　次の文章を読んで、あとの(1)〜(3)に答えなさい。（12点）

陰陽師《をんやうじ》(注1)のもとなる小童《こわらはべ》こそ、いみじう《(すばらしく)》物は(あ)知りたれ。祓《はらへ》(注2)などしにいでたれば、祭文《さいもん》(注3)など(い)よむを、人は猶《なほ》こそきけ《(人はただ聞いているだけだが)》、ちうと《(さっと)》たち走りて、

国語放送台本

今から、国語の、放送による検査を行います。はじめに、解答用紙を出して、受検番号を決められた欄に記入してください。

次に、問題用紙の2ページを開いてください。

□《しかく》一は、【資料】を見ながら放送を聞いて、質問に答える問題です。ある中学校の四月の生徒総会で、環境委員長と生活委員長の二人の生徒が発表をしました。これから、その二人の発表の様子を紹介します。そのあとで、四つの問題を出します。それを聞いて、解答用紙の(1)、(2)、(3)、(4)、それぞれの欄に答えを書きなさい。発表の様子、問題は、それぞれ一回しか言いません。必要なことは、メモを取ってもかまいません。

それでは、始めます。

[生徒会役員]

これから各委員会からの発表を行います。はじめに、環境委員長の工藤さん、お願いします。

[工藤さん]

はい。環境委員長の工藤です。環境委員会では美化活動を校外まで広げたいと考えています。整えられた環境で生活することは校内ではもちろんのこと、また地域のためにもとても有意義なことだと思います。私はそのために二つの取り組みに力を入れたいと考えています。

まずは通学路の清掃です。委員会活動の時間を使って、通学路を中心に清掃活動を行います。私たちの手で、学区内の美化に貢献しましょう。

次に花壇整備です。植える場所は学校の正門の花壇を考えています。花壇整備の目的は、皆さんや来校された方、また通りがかりの町内の方など、花を見た人に明るい気持ちになってもらうためです。植える花の種類については全校の皆さんから植えたい花のアンケートをとり、決めていきたいと考えています。ご協力をお願いします。

環境の美化は心の美化につながります。皆さん、一緒に活動を頑張りましょう。

[生徒会役員]

ありがとうございました。次に生活委員長の吉田さん。お願いします。

[吉田さん]

はい。生活委員長の吉田です。生活委員会の目標は元気な挨拶で活気あふれる学校にすることです。

私は入学してすぐ、不慣れな学校生活に不安な気持ちを抱えていたときがありました。そんな思いで登校すると、生徒玄関では先輩方が朝の挨拶運動を行っていました。明るい笑顔と張りのある大きな声で励まされ、私の心の中の不安がどんどん小さくなっていったのを覚えています。そして、三年生になった今、私は先輩たちと同じように挨拶のよい学校にしたいと思い、活動をしています。

現在も朝の挨拶運動は続けていますが、その様子を見ると、挨拶の声が小さかったり、また挨拶を返さなかったりと、よい状態であるとは言えません。そこで私は挨拶運動の改善に取り組もうと考えています。まず皆さんから「おはよう」の言葉を使った標語を募集します。それを校内に掲示し、挨拶運動の活性化を図り、挨拶をよくしていきたいです。

皆さん、元気な挨拶で活気あふれる学校をつくっていきましょう。

以上、発表の様子は、ここまでです。続いて問題に移ります。

(1)の問題。工藤さんは今年度の環境委員会の取り組みとして二つ発表をしました。その取り組みとは何と花壇整備でしたか。書きなさい。

(2)の問題。資料1は、発表のあとで環境委員会が行った全校アンケートです。空欄に入る適切な内容を書きなさい。

(3)の問題。資料2の空欄に入る標語を「おはよう」を使って一つ書きなさい。

(4)の問題。工藤さん、吉田さんの発表の仕方の説明として最も適切なものを、これから言う、1、2、3、4の中から一つ選んで、その番号を書きなさい。

1　工藤さんは、説得力を高めるために、取り組みについての問題点を何度も強調しながら説明している。

2　吉田さんは、活動内容を効果的に示すために、ふだんの会話のような親しげな話し方をして説明している。

3　工藤さんと吉田さんは、自分の思いを伝えるために、過去の体験を具体的に交えながら説明している。

4　工藤さんと吉田さんは、聞き手の理解を得るために、発表の最後に呼びかけの言葉を入れて説明している。

これで、放送による検査を終わります。では、あとの問題を続けてやりなさい。

2021年度

解 答 と 解 説

《2021年度の配点は解答用紙集に掲載してあります。》

＜数学解答＞

1　(1)　ア　-6　　イ　1　　ウ　$-6x^2y$　　エ　$\dfrac{x-4y}{3}$　　オ　$-1+\sqrt{5}$　　(2)　$r=\dfrac{\ell}{2\pi}$
(3)　$x=0,\ 9$　　(4)　-3　　(5)　9　　(6)　ア　　(7)　45　　(8)　$(2\sqrt{3},\ 2)$

2　(1)　ア　$m+n$
イ　偶数　(例)ウ　2
エ　6　　オ　12
(2)　ア　$\dfrac{1}{9}$　　イ　お⃝

3　(1)　ア　12　　イ　$6\sqrt{2}$
(2)　ア　あ⃝　BC＝AC
い⃝　∠BCD＝∠ACE
う⃝　2組の辺とその間の角
イ　(ア)　$21-2a-b$
(イ)　4

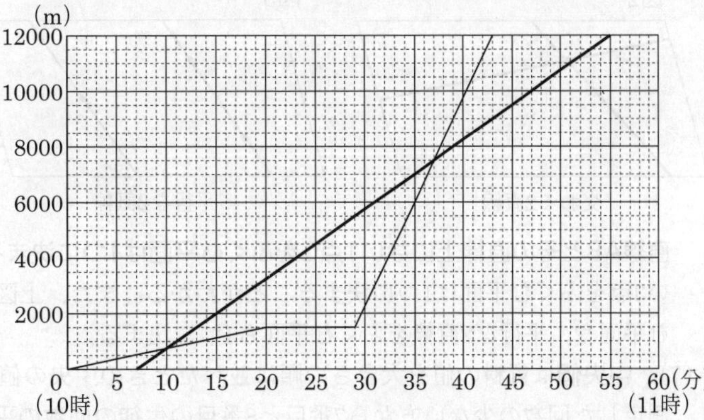

4　(1)　-3　　(2)　-4
(3)　$(5,\ 0)$　　(4)　$y=2x-8$

5　(1)　あ⃝　1500　　い⃝　9　　う⃝　750　　(2)　ア　上図　　イ　午前10時29分，4000
(3)　午前9時55分

＜数学解説＞

1　(数・式の計算，平方根，等式の変形，二次方程式，比例関数，角度，空間内の平面，資料の散らばり・代表値，円の性質)

(1)　ア　同符号の2数の和の符号は2数と同じ符号で，絶対値は2数の絶対値の和だから，$-1-5=(-1)+(-5)=-(1+5)=-6$

イ　四則をふくむ式の計算の順序は，指数→かっこの中→乗法・除法→加法・減法となる。$(-3)^2=(-3)\times(-3)=9$だから，$(-3)^2+4\times(-2)=9+(-8)=9-8=1$

ウ　$10xy^2\div(-5y)\times 3x=10xy^2\times\left(-\dfrac{1}{5y}\right)\times 3x=-\dfrac{10xy^2\times 3x}{5y}=-6x^2y$

エ　$2x-y-\dfrac{5x+y}{3}=\dfrac{3(2x-y)}{3}-\dfrac{5x+y}{3}=\dfrac{3(2x-y)-(5x+y)}{3}=\dfrac{6x-3y-5x-y}{3}=\dfrac{6x-5x-3y-y}{3}=\dfrac{x-4y}{3}$

オ　乗法公式$(x+a)(x+b)=x^2+(a+b)x+ab$を用いると，$(\sqrt{5}+3)(\sqrt{5}-2)=(\sqrt{5}+3)\{\sqrt{5}+(-2)\}=(\sqrt{5})^2+\{3+(-2)\}\sqrt{5}+3\times(-2)=5+\sqrt{5}-6=-1+\sqrt{5}$

(2)　$\ell=2\pi r$　左辺と右辺を入れかえて　$2\pi r=\ell$　両辺を2πで割って，$2\pi r\div 2\pi=\ell\div 2\pi$　$r=\dfrac{\ell}{2\pi}$

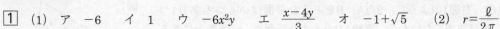

(3)　$x^2=9x$　右辺の$9x$を左辺に移項して$x^2-9x=0$　**共通因数**x**をくくり出して**$x(x-9)=0$　よって，$x=0$，9

(4)　**yはxに比例する**から，xとyの関係は，$y=ax$と表せる。$x=-3$，$y=18$を代入して，$18=a\times(-3)$　$a=-6$　よって，$y=-6x$　これに，$x=\frac{1}{2}$を代入すると，$y=-6\times\frac{1}{2}=-3$

(5)　**1つの頂点のとなり合う内角と外角の和は180°**であることから，正n角形の1つの内角が140°であるとき，1つの外角は$180-140=40$(°)　多角形の外角の和は360°だから，$40\times n=360$(°)　より，$n=\frac{360}{40}=9$

(6)　右図1のように，2点A，Bをふくむ平面はいくつもあり1つには決まらないから，直線ABをふくむ平面や，一直線上にある3点をふくむ平面は1つには決まらない。これに対して，**1つの直線ABとその直線上にない1点Cをふくむ平面は1つに決まる**。このことから，同じ直線上にない3点をふくむ平面は1つに決まることがわかる。また，上図2，3のように，交わる2直線をふくむ平面や，平行な2直線をふくむ平面も1つに決まる。

図1

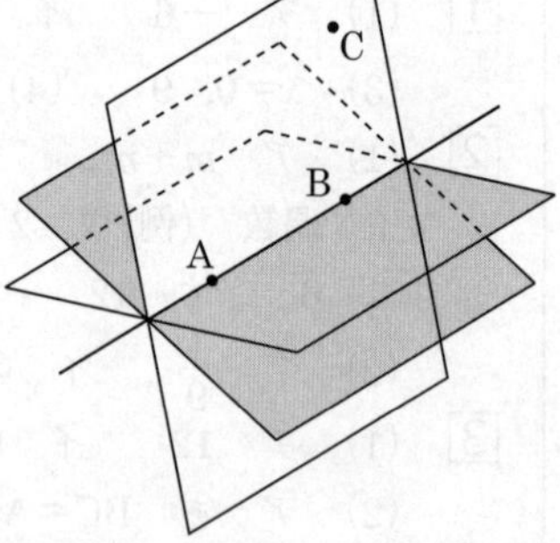

図2

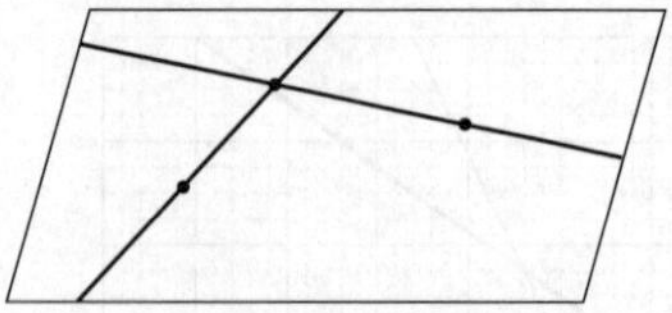

交わる2直線

図3

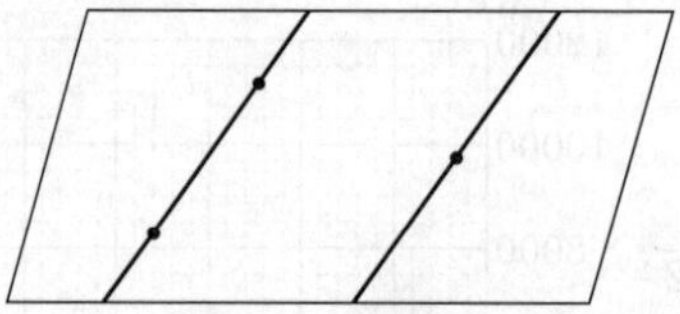

平行な2直線

(7)　**中央値**は資料の値を大きさの順に並べたときの中央の値。生徒の人数は14人で偶数だから，測定した回数の少ない方から7番目と8番目の生徒の回数の**平均値**が中央値。7番目の生徒の回数をx回とすると，7番目の生徒と8番目の生徒の回数の差が6回であったことから，8番目の生徒の回数は$(x+6)$回。7番目と8番目の生徒の回数の平均値，つまり中央値が48.0回であったことから，$\frac{x+(x+6)}{2}=48.0$　より，$x=45$

(8)　円の中心をQとすると，$\overset{\frown}{\mathrm{OA}}$に対する**中心角と円周角の関係**から，$\angle\mathrm{OQA}=2\angle\mathrm{OPA}=2\times30°=60°$　よって，$\triangle\mathrm{QAO}$は頂角$\angle\mathrm{OQA}=60°$，$\mathrm{QO}=\mathrm{QA}$の二等辺三角形だから，正三角形である。点Qからy軸へ垂線QHを引くと，**二等辺三角形の頂角からの垂線は底辺を2等分する**から，点Hは線分OAの中点である。また，$\triangle\mathrm{QOH}$は**30°，60°，90°の直角三角形で，3辺の比は$2:1:\sqrt{3}$**である。以上より，$\mathrm{OH}=\frac{\mathrm{OA}}{2}=\frac{4}{2}=2$，$\mathrm{QH}=\mathrm{OH}\times\sqrt{3}=2\times\sqrt{3}=2\sqrt{3}$だから，円の中心Qの座標は$(2\sqrt{3},\ 2)$

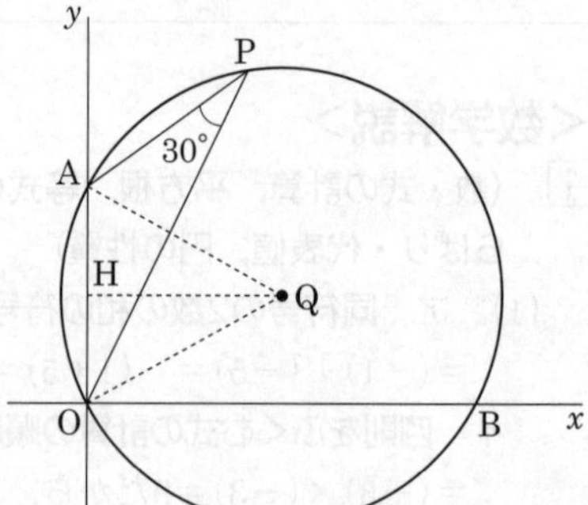

2　**(数の性質，式による証明，確率)**

(1)　m，nを異なる自然数とすると，異なる2つの偶数は$2m$，$2n$と表すことができるから，異なる2つの偶数の和は，$2m+2n=2(m+n)$…アとなる。ここで，自然数＋自然数＝自然数より，$m+n$は自然数だから，$2(m+n)$は2×(自然数)より，必ず偶数…イになる。したがって，異なる2つの偶数の和は，偶数であるといえる。異なる2つの偶数の積は，たとえば，2…ウと6…エの積は12…オとなり，8の倍数ではないから，異なる2つの偶数の積は，必ず8の倍数になるとはいえない。異なる2つの偶数$2m$，$2n$を用いると，異なる2つの偶数の積は，$2m\times2n=4mn$となる。自然数×自然数＝自然数より，mnは自然数だから，$4mn$は4×(自然数)より，4の倍数になる。したがって，異なる2つの偶数の積は，4の倍数であるといえるが，8の倍数であるとはいえない。mnが2の倍数(偶数)のときに限り，$4mn$は8の倍数になる。

(2)　ア　2つの袋のそれぞれから1個の玉を同時に取り出すとき，すべての取り出し方は右図の(あ)～(か)で示した36通り。このうち，それぞれから取り出す玉が，どちらも白玉であるのは，(い)で示した4通りだから，求める確率は$\frac{4}{36}=\frac{1}{9}$

1つ目の袋＼2つ目の袋	赤	白	白	黒	黒	黒
赤	(あ)	(え)	(え)	(か)	(か)	(か)
白	(え)	(い)	(い)	(お)	(お)	(お)
白	(え)	(い)	(い)	(お)	(お)	(お)
黒	(か)	(お)	(お)	(う)	(う)	(う)
黒	(か)	(お)	(お)	(う)	(う)	(う)
黒	(か)	(お)	(お)	(う)	(う)	(う)

イ　前問アと同様に右図より，それぞれから取り出す玉が，どちらも赤玉であるのは，(あ)で示した1通りだから，その確率は$\frac{1}{36}$　どちらも黒玉であるのは，(う)で示した9通りだから，その確率は$\frac{9}{36}=\frac{1}{4}$　赤玉1個と白玉1個であるのは，(え)で示した4通りだから，その確率は$\frac{4}{36}=\frac{1}{9}$　白玉1個と黒玉1個であるのは，(お)で示した12通りだから，その確率は$\frac{12}{36}=\frac{1}{3}$　赤玉1個と黒玉1個であるのは，(か)で示した6通りだから，その確率は$\frac{6}{36}=\frac{1}{6}$　以上より，それぞれから取り出す玉の組み合わせとして，最も起こりやすいのは，確率が$\frac{1}{3}$で一番大きい白玉1個と黒玉1個を取り出す玉の組み合わせである。

3　(三角すいの体積，線分和の最短の長さ，合同の証明，線分の長さ)

(1)　ア　(三角すいBQFPの体積)$=\frac{1}{3}\times\triangle\mathrm{QFP}\times\mathrm{BF}=\frac{1}{3}\times\left(\frac{1}{2}\times\mathrm{PF}\times\mathrm{QF}\right)\times\mathrm{BF}=\frac{1}{3}\times\left(\frac{1}{2}\times3\times4\right)\times6=12(\mathrm{cm}^3)$

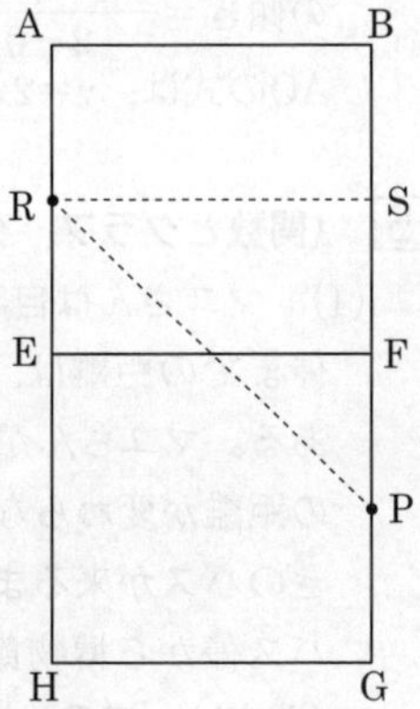

イ　問題の立方体の展開図の一部(糸をかける部分)を右図に示す。点Rから辺EFを通って点Pまで糸をかけるとき，糸の長さが最も短くなるのは，展開図上で直線になるときで，そのときの糸の長さは線分RPの長さに等しい。点Rから辺BFへ垂線RSを引くと，PS＝SF＋PF＝RE＋PF＝3＋3＝6(cm)で，△PRSはPS＝RSの直角二等辺三角形だから，3辺の比は$1:1:\sqrt{2}$。以上より，$\mathrm{RP}=\mathrm{RS}\times\sqrt{2}=6\times\sqrt{2}=6\sqrt{2}$ (cm)

(2)　ア　(証明)△BCDと△ACEについて仮定より，△ABCと△DCEは正三角形で，それぞれ3辺が等しく，3つの角も等しいので，BC＝AC(あ)…①　CD＝CE…②　∠BCD＝∠ACE＝60°(い)…③　①，②，③から，2組の辺とその間の角(う)がそれぞれ等しいので，△BCD≡△ACE

イ　(ア)　四角形ABCEの周の長さが21cmだから，AB＋BC＋CE＋AE＝21(cm)より，AE＝21－(AB＋BC＋CE)＝21－(AB＋AB＋CD)＝21－$(a+a+b)$＝21－$2a-b$(cm)

(イ)　前問アより△BCD≡△ACEだから，BD＝AE＝21－$2a-b$(cm)　また，AD＝AC－CD＝AB－CD＝$a-b$(cm)　△ABDの周の長さが13cmだから，AB＋BD＋AD＝13(cm)より，$a+(21-2a-b)+(a-b)=13$　よって，$b=4$　正三角形DCEの1辺の長さは，CD＝b＝4(cm)

4　(図形と関数・グラフ)

(1)　点Bは$y=-\frac{4}{9}x^2$上にあるから，そのy座標－4を代入して$-4=-\frac{4}{9}x^2$　$x^2=9$　点Bのx座標は

負の値をとるから，$x=-\sqrt{9}=-3$より，B$(-3,\ -4)$

(2)　$y=-\frac{4}{9}x^2$について，$x=3$のとき$y=-\frac{4}{9}\times3^2=-4$，$x=6$のとき$y=-\frac{4}{9}\times6^2=-16$。よって，$x$の値が3から6まで増加するときの**変化の割合**は，$\frac{-16-(-4)}{6-3}=-4$

(3)　2点A，Bのy座標は等しいから，線分ABの長さはそれぞれの点のx座標の差に等しくAB$=2-(-3)=5$(cm)　点Aからx軸へ垂線AHを引く。問題の条件より，AP=AB=5(cm)だから，△APHに**三平方の定理**を用いると，PH$=\sqrt{\mathrm{AP}^2-\mathrm{AH}^2}=\sqrt{5^2-4^2}=3$(cm)　点Hの$x$座標は点Aの$x$座標と等しく2だから，仮に，点Pが点Hの左側にあるとすると，点Pのx座標は2−PH=2−3=−1で，負の値となり問題の条件に適さない。点Pが点Hの右側にあるとすると，点Pのx座標は2+PH=2+3=5で，正の値となり問題の条件に適する。以上より，点Pの座標は，(5，0)

(4)　C(6，−16)だから，直線BCの傾き$=\frac{-16-(-4)}{6-(-3)}=-\frac{4}{3}$　直線BCの式を$y=-\frac{4}{3}x+b$とおくと，点Bを通るから，$-4=-\frac{4}{3}\times(-3)+b$　$b=-8$　直線BCの式は　$y=-\frac{4}{3}x-8$
四角形OBCA=△AOB+△ACB$=\frac{1}{2}\times$AB×(点Oのy座標−点Aのy座標)$+\frac{1}{2}\times$AB×(点Aのy座標−点Cのy座標)$=\frac{1}{2}\times$AB×{(点Oのy座標−点Aのy座標)+(点Aのy座標−点Cのy座標)}$=\frac{1}{2}\times$AB×(点Oのy座標−点Cのy座標)$=\frac{1}{2}\times5\times\{0-(-16)\}=40$(cm^2)　これより，点Aを通り，四角形OBCAの面積を2等分する直線と線分BCとの交点をQとすると，四角形OBQA$=\frac{40}{2}=20$(cm^2)
点Qのx座標をqとすると，点Qは直線BC上の点だから，Q$\left(q,\ -\frac{4}{3}q-8\right)$　四角形OBQA=△AOB+△AQB$=\frac{1}{2}\times$AB×(点Oのy座標−点Aのy座標)$+\frac{1}{2}\times$AB×(点Aのy座標−点Qのy座標)$=\frac{1}{2}\times$AB×(点Oのy座標−点Qのy座標)$=\frac{1}{2}\times5\times\left\{0-\left(-\frac{4}{3}q-8\right)\right\}=\frac{10}{3}q+20$(cm^2)　これが20cm^{2}に等しいから，$\frac{10}{3}q+20=20$　$q=0$　よって，Q$\left(0,\ -\frac{4}{3}\times0-8\right)=Q(0,\ -8)$　以上より，直線AQの傾き$=\frac{-4-(-8)}{2-0}=2$，切片が−8だから，点Aを通り，四角形OBCAの面積を2等分する直線AQの式は，$y=2x-8$

5　**(関数とグラフ，グラフの作成)**

(1)　マユさんは自宅から分速75mで20分間歩いてバス停に着いたから，マユさんの自宅からバス停までの距離は，**(道のり)=(速さ)×(時間)**より，(分速)75(m)×20(分間)=1500(m)…(あ)である。マユさんがバス停で博物館行きのバスが来るまで待った時間は，問題のグラフで自宅からの距離が変わらなかった10時20分から10時29分までの間だから，マユさんはバス停で博物館行きのバスが来るまで10(時)29(分)−10(時)20(分)=9(分間)…(い)待った。博物館行きのバスは，バス停から博物館までの12000(m)−1500(m)=10500(m)の道のりを，14分間で走ったから，**(速さ)=(道のり)÷(時間)**より，バスは10500(m)÷14(分間)=(分速)750(m)…(う)で移動した。

(2)　ア　午前10時x分にマユさんの兄は自宅からymの距離のところにいるとすると，マユさんの兄は，マユさんが午前10時に自宅を出発してから7分後に，休むことなく分速250mの一定の速さで移動し，博物館へ到着したから，マユさんの兄が自宅を出発してから博物館へ到着するまでの時間と自宅からの距離との関係は，y(m)=(分速)250(m)×$(x-7)$(分間)　つまり，$y=250x-1750$…①　マユさんの兄が博物館へ到着する時刻は，①に$y=12000$を代入して，$12000=250x-1750$　$x=55$より，午前10時55分だから，マユさんの兄のグラフは，2点(7，0)，(55，12000)を結んだ直線となる。

イ　前問アのグラフから，マユさんとマユさんの兄の距離が最も離れたと考えられるのは，マユさんが博物館行きのバスに乗車した午前10時29分のときか，博物館へ到着した午前10時43分のときである。前問アの①を用いると，午前10時29分のとき，マユさんは自宅から1500mの距離にいて，マユさんの兄は自宅から250×29－1750＝5500(m)の距離にいるから，マユさんとマユさんの兄の距離は5500－1500＝4000(m)離れていた。また，午前10時43分のとき，マユさんは自宅から12000mの距離にいて，マユさんの兄は自宅から250×43－1750＝9000(m)の距離にいるから，マユさんとマユさんの兄の距離は12000－9000＝3000(m)離れていた。以上より，マユさんとマユさんの兄の距離が最も離れたのは，午前10時29分で，そのときの2人は4000m離れていた。

(3) 前問(2)アの結果より，マユさんの兄が博物館へ到着したのは午前10時55分だから，マユさんより(午前)10(時)55(分)－(午前)10(時)43(分)＝12(分)遅れて博物館へ到着した。よって，マユさんと同時に博物館へ到着するためには，自宅を午前10時7分の12分前である午前9時55分に出発していればいい。

＜英語解答＞

1 (1) ア 1　イ 3　ウ 2　(2) ア 2　イ 1　ウ 4　(3) ア 4　イ 3　(4) (例)I talk about my friends.

2 (1) ア Which is the most popular(food in this restaurant?)　イ It was more delicious than(paella.)　ウ I'm looking forward to it(.)
(2) from　(3) (例)*Osechi* is Japanese traditional food. Many people eat it during the New Year's holidays. It is delicious. Please try it.
(例)A *yukata* is a kind of Japanese traditional clothes. It is cool and beautiful. Some people wear it when they go to summer festivals.

3 (1) (例)ア How long did it take?　イ I changed it.　ウ What did they say?　(2) A 1　B 3

4 (1) ア 2　イ 日常生活　ウ 世界中の　(2) (例)1 Because it was written in English.　2 They will get the chance to think about their important place.　3 Yes, he does.　(3) (例)1 I have many thigs to learn.　2 I will enjoy showing people wonderful things.

5 (1) ア 3　イ 2　ウ 4　エ 1　(2) ア 4　イ 5　ウ 2
(3) (例)もし自分が好きなことをしているということを忘れなければ，難しいことを楽しむ力を得られるということ。

＜英語解説＞

1 **(リスニング)**

放送台本の和訳は，46ページに掲載。

2 **(会話文問題：語句の並べ換え，語句補充・記述，条件英作文，比較，進行形，接続詞，未来，不定詞)**

(全訳) ローブ(以下L)：ご注文をお伺いしてもよろしいですか。／ジュンイチ(以下J)：あっ，まだ決まっていません。アこのレストランで最も人気がある食事はどれですか。／L：ジャンバラヤです。／J：ジャンバラヤですって？　それは何ですか。／L：ジャンバラヤはアメリカ料理で，当地で人気があります。肉，野菜，そして，米がジャンバラヤには使われています。／J：わかりました。それを頂きます。ところで，メニューの‘free refills’とはどういう意味ですか。／L：それは，1つ飲み物を注文すれば，何度もそれがもらえるという意味です。／J：なるほど。オレンジジュースを頂きます。／L：かしこまりました。それをお持ちします。／<食事後>／L：食事を楽しまれましたか。／J：とても。ジャンバラヤはパエリアみたいでしたね。イパエリアよりもっとおいしかったです。日本では，ジャンバラヤについて知りませんでした。／L：あっ，あなたは日本からいらっしゃったのですか。私は日本の文化が好きです。／J：本当ですか。次の日曜日に学校での行事で，私は日本の文化について話すことになっています。その時，私の学校の行事にいらしてはいかがですか。／L：わかりました。ウ楽しみにしています。

ー　メニュー　ー
ジャンバラヤ　　コーラ
ハンバーガー　　オレンジジュース
ピザ　　コーヒー
食べ物と飲み物で7ドルです。 1時間は飲み物のお代わりは無料です。

(1)　ア　Which is the most popular(food in this restaurant ?)　<**the** + 最上級 + **in** + 単数名詞[**of**+ 複数名詞]>「～の中で最も…」 the most popular「最も人気のある」は most の最上級。通常は<原級 + **-est**>で最上級を作るが，長い語の場合は，<**most** + 原級>で最上級となる。　イ　It was more delicious than(paella.)<比較級 + **than**>「～と比較してより…」 more delicious「より美味しい」は delicious の比較級。通常は<原級 + **-er**>で比較級を作るが，長い語の場合は，<**more** + 原級>で比較級となる。

ウ　I'm looking forward to it. <**look forward to**>「～を楽しみにしている」　<**be** 動詞 + 現在分詞[原形 + **-ing**]>「～しているところだ」進行形

(2)　ジュンイチ：「日本にいた時，ジャンバラヤについて知らなかった」→　ローブ：「[　　]私は日本の文化が好きだ」以上の文脈と与えられた語より，空所を含む英文は「あなたは日本出身ですか」という意味となるように空所に適語を補うことになる。正解は Oh, are you [from] Japan ? となる。<be動詞 + from> 出身・由来・起源などを表す表現　<接続詞 when + 主語 + 動詞>「～するときに」

(3)　波線部は「日本の文化について話すつもりだ」の意。紹介したい日本文化について20語以上の英語で書く条件英作文。<be動詞 + **going** + 不定詞[**to** + 原形]>「～しようとしている，するつもりだ」

(全訳)「皆さん，こんにちは。私は＿＿＿です。今日，日本文化について話そうと思います。[　　　]ありがとうございます」

(例訳)「おせちは日本の伝統的な食べ物です。正月の休暇中に多くの人々が食べます。美味しいです。どうぞ食べてみてください」／「浴衣は日本の伝統的な着物の一種です。涼しくて，美しいです。夏祭りへ行く時に，浴衣を着る人々がいます」

3　(会話問題：条件英作文，文の挿入・記述・選択，接続詞，助動詞，前置詞，動名詞)

(全訳)　ニック(以下N)：お父さん，僕はちょうどホテルに着いたところです。／父(以下D)：それは良かった。[ア]どのくらい時間がかかったのかなあ。／N：12時間かかりました。あの，お父さんと話さなければならないことがあります。／D：何だね。／N：日本に来る前に，我がチームの合宿がありました。その時に，僕はチームのリーダーに選ばれました。僕は良いチームを作ろうと頑張ってきたのですが，チームメイトの中には僕についてこない人もいます。どうしたらよいかわかりません。／D：なるほど。私も高校で野球部のチームキャプテンだった時に，同様の問題を抱えていたことがあるよ。まず，私は，チームメイトに相談することなく，全てを自分で決めていた。それが私のやり方だった。その結果，彼らは私の言うことに従わなかった。彼らの中には，私の意見を決して受け入れようとしない者もいた。その時に，私は自分のやり方が良くないということがわかった。そこで，[イ]やり方[それ]を変えてみたのさ。／N：どのように変えたのですか。／D：自分のチームメイトの意見を聞くようにしたよ。／N：それは良いですね。1つ聞きたいことがあります。[ウ]彼ら[チームメート]は何と言ったのですか。／N：彼らは野球の練習方法について発言をしたのさ。彼らは異なった意見を持っていた。そこで，私は彼らの話を聞くようにして，それから，自分の方向性を決めるようにしたのさ。これは指導者がしなければならないことの1つなのだね。／D：[A1]チームメイトの中には私の方向性を受け入れない人たちがいます。／D：君の言っていることはよくわかるよ。他のチームメイトが君の方向性を受け入れないのであれば，ニック，私たちはみんな同じではないということを記憶しておくべきだね。私たちは異なる，だから，君は彼らの意見を聞く必要があるのさ。／N：なるほど，指導者になることは大変なのですね。／D：そうだね。指導者は時には孤独だよ。[B3]でも，こうした経験をしていれば，君は良いリーダーになるだろう。／N：わかりました。最善を尽くそうと思います。ありがとうございます，お父さん。／D：どういたしまして，ニック。幸運を祈っているよ。

(1)　父の[ア]の発言を受けて，ニックは所要時間を答えているので，空所アには「どのくらい時間がかかったのか」を尋ねる英文を入れること。正解は **How long did it take ?** となる。父：「自分のやり方が間違っていることが分かった。→　そこで，[イ]」→　ニック：「どのように変えたか？」以上の文の展開より，空所イには「それ[自分のやり方]を変えた」という内容を表す英文を入れればよいことになる。<~. **So**…>「～である。だから[したがって，よって]…」　ニック：「質問があります。[ウ]」→ 父：「彼らは～と言った」なので，空所ウには「彼らは何と言ったか」という内容の英文を当てはめればよい。

(2)〔A〕「ニック：[A1]チームメイトの中には私の方向性を受け入れない者がいる。／父：言っていることはよくわかる。他のチームメイトが君の方向性を受け入れないのであれば，私たちはみんな同じではないとうことを記憶しておくべきだ」 **should**「～するべきだ／するはずだ」
〔B〕「父：指導者は時には孤独だ。[B3]でも，こうした経験をしていれば，君は良いリーダーになるだろう。／ニック：わかりました。最善を尽くそうと思う」　他の選択肢は次の通り。
2「私たちはみんな同じであるということを記憶していれば，あなたは良いリーダーになるだろう」(×)　意見が違うことに気づくべきだ，というのが会話の趣旨。　4「すべてのチームメイトが私に従う」(×)　もしこのことが事実であれば，父やニックが悩む必要はない。　5「だから，彼らの意見を聞くべきでない」(×)　人の意見に耳を傾けるべきであるというのが会話の要点。<~. **So**…>「～である。だから[したがって，よって]…」 **should**「～するべきだ／するはずだ」 **listen to**「～を聞く」　6「チームメイトと話さずに，指導者は全てを決めるべきだ」(×)　父は，人と意見を交換せずに自分自身で決定していたことを反省して，それまでのやり方を変更したのである。<without + 動名詞[原形 + -ing]>「～しないで」 talk with「～と話す」

4　(長文読解問題・エッセイ：メモを用いた問題，日本語で答える問題，内容真偽，和文英訳，現在完了，前置詞，受け身，接続詞，助動詞，不定詞，動名詞)

(全訳)　私は青森県に2年間住んでいます。ある日，1人の日本人の教員が私に，北海道・北東北における縄文遺跡群に関するパンフレットを渡してくれました。私はそれらの存在を知らず，そのパンフレットを読んでみました。それは英語で書かれてあったので，私でも簡単に理解することができました。それらの遺跡の1つがこの町に位置しており，私は自身の目で確認してみたくなりました。

1週間後に，私はその遺跡を訪れました。縄文時代の人々は多くの種類のものを作った，ということを知り，私は驚きました。あるものは日常生活で使われ，別のものは儀式のような特別の目的のために使用されたのです。それらの全てのものが，私にとって美しく映りました。私がこの遺跡を見学していた際に，何人かの地元の高校生に出会いました。彼らはボランティアガイドとして活動していたのです。彼らはこういった経験を通じて，自分らにとって大切な場所について考える機会を得ることでしょう。

北海道・北東北地域の縄文遺跡群について知るのは，私にとって楽しいことです。外国の人たちも同様に，それらから多くのことを学ぶことが可能です。地元の人々だけではなくて，世界中の人々にとっても，それらは重要である，と私は考えています。多くの人たちにこれらの遺跡を楽しんで欲しいと願うと共に，私たちはそれらを守らなければなりません。世界遺産への登録は良い方法だと思います。早くそんな日が来ることを私は望んでいます。

(1)　ア　第1段落第1文 I have lived in Aomori Prefecture for two years. を参考にすること。現在完了<**have[has]** + 過去分詞> 完了・継続・経験・結果　<for + 期間>「～の間」　イ　縄文時代に作られたものの用途は，第2段落3文(Some were used in their daily lives(「日常生活で」)and others were used for special purposes like rituals)に記されている。were used「使われた」← <**be**動詞 + 過去分詞>「～される」受け身　some ～ and others …「～するもの[者]もあれば，…するもの[者]もある」　前置詞like「～のような」　ウ　第3段落3文(they[Jomon Prehistoric Sites in Northern Japan]are important not only for local people but also for people all over the world「世界中の人々にとっても」)を参照すること。not only A but also B「AばかりでなくBもまた」　all over the world「世界中」← all over「～中」

(2)　1　質問「なぜスミス先生はそのパンフレットを簡単に理解することができたか」第1段落4文に It[The pamphlet]was written in English, so I could understand it easily. とあることを参考にすること。Why ～? と理由を聞かれているので，Because ～で答えること。could「できた」← can の過去形　was written「書かれた」← <**be**動詞 + 過去分詞>「～される」受け身　<～, **so** …>「～なので，…」　2　質問「これらの地元の高校生はこの経験から何を得るだろうか」local high school students「地元の高校生」のことに言及されているのが，第2段落後半。最終文に They[The local high school students]will get the chance to think about their important place from the experience. と記されているのを参考にすること。the chance to think about「～について考える機会」← <名詞 + 不定詞[**to** + 原形]>「～するための[するべき]名詞」不定詞の形容詞的用法　3　質問「スミス先生は，北海道・北東北にある縄文遺跡群を保存することが必要であると考えているか」第3段落4文後半に we should preserve them[Jomon Prehistoric Sites in Northern Japan]とあるので，肯定で答えること。<**It is** + 形容詞 + 不定詞[**to** + 原形]>「～する[不定詞]ことは… [形容詞]である」 **should**「～するべきだ／するはずだ」

(3)（和訳）「私は先生の話を聞き，遺跡のボランティアガイドとして参加することに興味を抱いています。遺跡のために役立つことをすることは良いことです。参加する前に，[1]私には学ぶべきことがたくさんあります。そのことを実行に移してみようと考えています。[2]私は，すばらしいものを人々に見せることを楽しむでしょう」「学ぶべきたくさんのこと」many things to learn ← <名詞 + 不定詞[**to** + 原形]>「～するための[するべき]名詞」不定詞の形容詞的用法「見せることを楽しむ」enjoy showing ← <**enjoy** + 動名詞[原形 + **-ing**]>「～することを楽しむ」<show + 人 + もの>⇔<show + もの + to + 人>

5 (長文読解問題・エッセイ：語句の補充・選択，要約文などを用いた問題，語句の解釈・指示語，日本語で答える問題，助動詞，動名詞，不定詞，受け身)

(全訳)　8年間村の伝統的催しで，私は笛を演奏してきた。演奏が上達するように，私はそれを毎日練習している。私の祖父は，村で最も上手い笛の演奏家の1人であり，自宅で私や他の子どもたちに(笛を)教えてくれている。

ある日，彼は私の演奏を聴き，私に次のように言葉をかけてくれた。「とてもいいね！　タロウが懸命に練習をしたということがわかるよ。そうだ，ある考えが思い浮かんだ。今度の土曜日に，一緒に子どもたちに指導してみてはどうだろう」私は心配だった。教えることは私には難しすぎるからだ。

当日，私が祖父宅へ行くと，1人の少女の姿が目に入った。彼女は私の祖父の隣のいすに座っており，緊張している様子だった。彼女の名前はアミで，年齢は9歳だった。彼女は2か月前に笛の練習を始めた。彼女に私の稽古を楽しんでもらいたかったので，村の伝統的音楽を自分自身で演奏してみた。彼女はそれを聞くと，笑顔になり，立ち上がった。彼女は私の指を注意深く見つめていた。

私たちは音楽の練習を開始した。その曲には彼女にとって難しい箇所が含まれており，彼女の演奏はそこで何度も中断した。彼女はあきらめなかったが，悲しそうだった。私は声をかけた。「頑張っているね。君はあきらめないものね」彼女は「私は笛を吹くのが好きです。早くこの箇所も上手く吹けるようになりたいです」と応えた。私は次のような話をした。「アミ，2つのことが言えるよ。たとえ短い時間でも毎日練習すれば，上手く演奏できるようになる。好きなことをしているということを忘れなければ，困難なことを楽しむ力が得られるだろうね」その日のうちに，彼女は該当箇所を演奏することはできなかったが，練習後に彼女は私に明るく語った。「あなたのレッスンを楽しむことができました。ありがとう。また会いましょう」

祖父宅を後にしようとすると，彼は私に言った。「私はタロウから大切なことを学んだよ」その言葉を聞き，私は驚いて，彼に尋ねた。「僕から学んだ？　どうして？ おじいちゃんは最も優れた笛の先生でしょう」彼は言った。「私は完ぺきではないよ。まだ学習途上さ。今日，タロウは学ぶ姿勢を彼女に教えていたよね。もちろん，笛を上手く演奏するためには，私たちは懸命に練習する必要があるが，別の重要な点がある。アミはタロウからそのことを学び，そして，私がそのことを学んだのさ。ありがとう，タロウ」教えることは私にとって貴重な経験となった。私の祖父のように，私は学ぶことを中断しないように心がけようと思う。

(1)　ア「タロウの演奏後，彼の祖父は□と思った」タロウの演奏を聴いた際の祖父のせりふは第2段落で，"Very good！ I can understand that you practice hard."と記されているので，正解は，3「タロウは笛を上手く演奏することができる」。<**be**動詞 + **able** + 不定詞[**to** + 原形]>「～できる」他の選択肢は次の通り。1「タロウは笛の練習を止めてしまった」(×)上記 you practice hard の内容に反する。<**stop** + 動名詞[原形 + **-ing**]>

「～することを止める」　2「タロウは村の伝統的行事の先生である」(×)下線部の記述なし。4「タロウは笛を演奏することを心配している」(×)タロウが心配していたのは，笛の演奏を教えることである。(第2段落の最後の2文)<be動詞 + worried about>「～について心配している」　イ「タロウがアミに伝統音楽を演奏した時に，□。」正解は，2「彼女は喜び，立ち上がった」。第3段落最後から2文目(When she listened to it, she smiled and stood up.)に一致。他の選択肢は次の通りだが，いずれも記載なし。1「彼女は泣きだした」(×)　3「彼女も音楽を演奏し始めた」(×)　4「彼女は緊張してしゃがみ込んだ」(×)<start + 不定詞[to + 原形]>「～し始める」 sat down ← sit down「座る」　ウ「□ので，アミは悲しそうだった」悲しそうだった(looked sad)という表現は第4段落第3文にある。その原因は，前文に It had a difficult part for her and she stopped at that part many times とあるのを参考にすること。正解は，4「彼女は難しい箇所を演奏できなかった」。**could ← can「できる」の過去形**　他の選択肢は次の通りだが，アミが悲しそうであった理由に該当しない。1「彼女はタロウと練習をすることをあきらめた」(×)give up「あきらめる」　2「彼女はタロウの祖父と練習したかった」(×)　3「彼女は好きなことをしているわけではない」(×)彼女は I like playing the Japanese flute.(第4段落5文)と述べているので，不可。　エ「タロウが彼の祖父宅を辞するときに，□。」タロウが祖父宅を出る際の出来事は最終段落で扱われていて，祖父が「タロウから大切なことを学んだ」という発言を聞いて，タロウが驚いている様子が描かれている。従って，正解は，1「タロウは彼の祖父の言葉に驚いた」**<be動詞 + surprised>「驚いている」**他の選択肢は次の通りだが，すべて誤り。2「タロウと彼の祖父はアミの学校について語った」(×)記載なし。3「タロウの祖父はアミに重要なことを教えた」(×)アミを指導したのはタロウである。4「タロウはとても疲れたので何も言えなかった」(×)**<so ～ that … >「とても～なので…」**

(2)　(全訳)「タロウは毎日笛$^{ア}{}_{4}$を練習している。ある日，彼はアミに演奏法を指導した。彼らは村の伝統的音楽を練習した。難しい箇所があり，彼女はそれを演奏しようと試みた。タロウとの練習の最後で，彼女は彼に対して，$^{イ}{}_{5}$素晴らしい時間を一緒に過ごすことができた，と語った。その後，彼と祖父は話をした。タロウは彼の祖父のように学び$^{ウ}{}_{2}$続けることを望んでいる」ア「～を練習する」Taro practices the Japanese flute ～　イ「素晴らしい時間を過ごした」had a good time　ウ「～を続ける」<keep + 動名詞[原形 + -ing]>他の選択肢は次の通り。1「難しい」3「悪い」6「教える」7「終える」

(3)　下線部を含む文は「笛を上手く演奏するためには，懸命に練習する必要があるが，別の重要な点がある」の意。後続文では「アミがそのことを学んだ」とあるので，タロウがアミに教えた事を確認すること。第4段落では，タロウは以下の2つのことをアミに伝えている。「2つのことが言える。たとえ短い時間でも毎日練習すれば，上手く演奏することができる。好きなことをしているという点を忘れなければ，困難なことを楽しむ力が得られる」波線と下線がそれぞれ呼応関係にあることに注目すること。

2021年度英語　放送による検査

［放送台本］

(1)は，英文と質問を聞いて，適切なものを選ぶ問題です。問題は，ア，イ，ウの三つあります。質問の答えとして最も適切なものを，1，2，3，4の中からそれぞれ一つ選んで，その番号を解答用紙に書きなさい。英文と質問は二回読みます。

アの問題

Ken is watching a soccer game on TV. Which picture shows this?

イの問題

Miku found a book under the desk in the music room. Which picture shows this?

ウの問題

Your teacher is carrying many bags and looks busy. What will you say to the teacher?

〔英文の訳〕

アの問題

「ケンはテレビでサッカーの試合を見ている。このことを示しているのはどの絵か。」

イの問題

「ミクは音楽室の机の下に本を見つけた。これを示すのはどの絵か。」

ウの問題

「あなたの先生は多くのカバンを抱えて，忙しそうです。あなたなら先生に対して何というだろうか。」

〔選択肢の訳〕

1　私はそう思わない。　②　あなたのカバンを運びましょうか。

3　聞いていただき，ありがとうございます。

4　それをもう一度言っていただけませんか。

〔放送台本〕

(2)は，ジョンの自転車に関するスピーチを聞いて，質問に答える問題です。問題は，ア，イ，ウの三つあります。はじめに，英文を二回読みます。次に，質問を二回読みます。質問の答えとして最も適切なものを，1，2，3，4の中からそれぞれ一つ選んで，その番号を解答用紙に書きなさい。

When I was six years old, I could ride a bike for the first time. It is useful to me because I can go to many places by bike. My mother also likes riding a bike because it is good for her health. Now, my bike is too small. When I want to ride a bike, I usually use my father's one. So, I want a new bike.

ア　How old was John when he could ride a bike for the first time?

イ　Why is a bike useful to John?

ウ　Whose bike does John usually ride?

〔英文の訳〕

6歳の時に，私は初めて自転車に乗ることができた。それは私にとって役立っている。というのは，自転車で多くの場所へ行くことができるからである。私の母も自転車に乗ることが好きだ。彼女の健康に良いからである。今や，自分の自転車は小さすぎる。自転車に乗りたい時には，私は，通常，父のものを使うことにしている。だから，私は新しい自転車が欲しいのである。

質問ア：ジョンが初めて自転車に乗ることができた時に，彼は何歳だったか。

〔選択肢の訳〕

1　5歳。　②　6歳。　3　15歳。　4　16歳。

質問イ：なぜ自転車はジョンにとって役立っているのか。

〔選択肢の訳〕

①　彼は自転車で多くの場所へ行くことができるから。

2　歩くことが彼の健康に良いから。　3　彼は新しい自転車を買いたいから。

4　彼の兄[弟]は学校まで歩くから。

質問ウ：誰の自転車にジョンは通常乗るか。

〔選択肢の訳〕

1　彼の自転車。　2　彼の兄[弟]の自転車。　3　彼の母の自転車。　④　彼の父の自転車。

〔放送台本〕

(3)は，ピーターとサトコの対話の一部を聞いて，質問に答える問題です。問題は，ア，イの二つあります。はじめに，対話を読みます。次に，質問を読みます。質問の答えとして最も適切なものを，1，2，3，4の中からそれぞれ一つ選んで，その番号を解答用紙に書きなさい。対話と質問は二回読みます。

アの問題

Peter:　I want to borrow books here.　How many books can I borrow?

Satoko:　Well, you can borrow five books.

Question:　Where are they talking now?

イの問題

Peter:　When is your birthday?

Satoko:　May eleventh.　How about you, Peter?

Peter:　My birthday is the same day, but the next month.

Question:　When is Peter's birthday?

〔英文の訳〕

ア　ピーター：私はここで本を借りたいです。何冊借りることができますか。／サトコ：えーと，5冊借りることができます。／質問：彼らは今どこで話をしているか。

〔選択肢の訳〕

1　映画館で。　2　郵便局で。　3　スタジアムで。　④　図書館で。

イ　ピーター：あなたの誕生日はいつですか。／サトコ：5月11日です。ピーター，あなたはどうですか。／ピーター：私の誕生日は同じ日ですが，(あなたの誕生月の)翌月です。／質問：ピーターの誕生日はいつか。

1　5月11日。　2　5月12日。　③　6月11日。　4　6月12日。

〔放送台本〕

(4)は，外国語指導助手のアレン先生の話を聞いて，質問に答える問題です。話の最後の質問に対して，あなたなら何と答えますか。あなたの答えを解答用紙に英文で書きなさい。アレン先生の話は二回読みます。

I like talking with my family.　When I was young, I often talked about my future with them.　What do you talk about with your family?

〔英文の訳〕

私は私の家族と話すことが好きです。若い頃，しばしば彼らと私の将来について話しました。あなたの家族と，あなたはどのようなことを話しますか。

(模範解答例訳)

私は私の友人について話をします。

＜理科解答＞

1 (1) ア 2 イ 有性生殖 (2) (例)aの方がbよりも蒸散がさかんに行われたから。 (3) ア 4 イ 12.3〔g〕 (4) ア 1 イ (例)地球が地軸を傾けたまま公転しているから。

2 (1) ア 蒸留 イ (例)試験管Aは水より沸点の低いエタノールの量が多いから。 (2) ア FeS イ (名称) 鉄 (質量) 0.3〔g〕 (3) ア 真空放電 イ ① － ② － ③ ＋ (4) ア (運動エネルギー最大) Q点 (位置エネルギー最大) S点 イ 1.5〔倍〕

3 (1) 魚類 (2) 胎生 (3) 恒温動物 (4) A, E (5) ① カエル ② えら ③ 肺 (6) 3

4 (1) Cu^{2+} (2) 6.48〔g〕 (3) 2 (4) 図1 (5) 0.66〔g〕

5 (1) ア 垂直抗力 イ 3 ウ 3600〔Pa〕 (2) ア 0.50〔N〕 イ 1

6 (1) 4 (2) (例)火山灰などが固まってできた凝灰岩があるから。 (3) (化石) 示準化石 (番号) 3 (4) ア 63〔m〕 イ 図2

図1

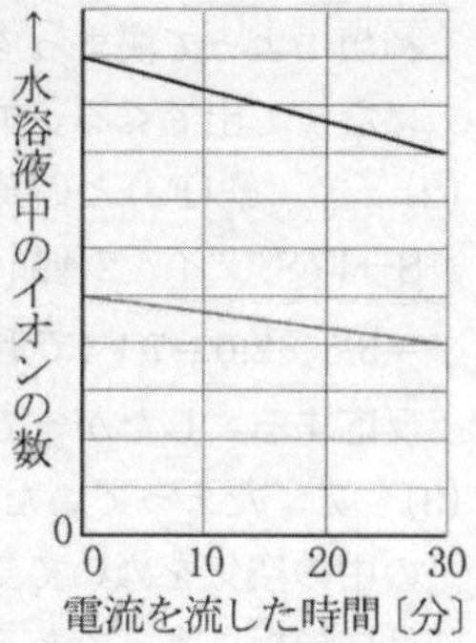

図2

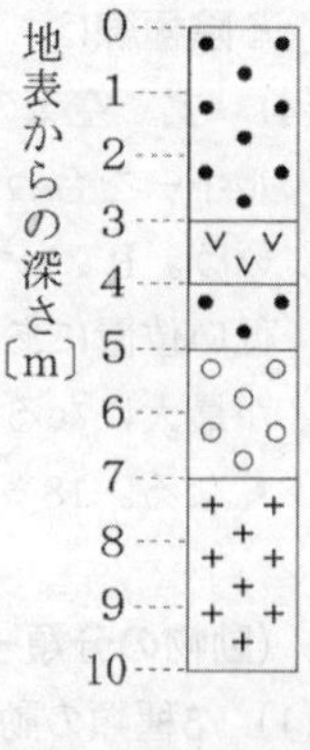

＜理科解説＞

1 (小問集合―生殖，植物のつくりとはたらき，気象観測，天体の動き)

(1) ア めしべの柱頭に花粉がつくと，**花粉管**が**胚珠**に向かってのび，その中を精細胞が運ばれていく。この精細胞が胚珠の中の卵細胞と結びついて受精する。 イ 植物の精細胞と卵細胞，動物の精子と卵子が結びつく受精による生殖を**有性生殖**という。

(2) 植物の体の中の水分は，おもに葉の裏側に多く見られる**気孔**から，水蒸気として空気中に出ていく。このはたらきを**蒸散**という。ふくろの内側についた水滴は，蒸散によって放出された水蒸気が液体に変化したもにである。

(3) ア 天気記号は○快晴，⦶晴れ，◎くもり，●雨，⊗雪など。**風向**は，風がふいてくる方向を16方位で表し，**風力**は矢羽根の本数で風力0～12の13段階を表す。 イ 図1で，乾球温度18℃を右に見ていくと，乾球と湿球の差が(18.0－16.0)℃のときの80％が湿度にあたる。15.4(g/m³)×80÷100＝12.3(g)

(4)　ア　春分の日から3か月後は夏至。北半球で太陽を観測すると，西に沈む太陽の位置は，真西を中心にして春から夏は北寄りへ移り，秋から冬は南寄りへ移る。　イ　地球が公転面に対して垂直な方向から地軸を23.4°傾けて**公転**している。そのため，太陽の**南中高度**や昼の長さが変化し，地表のあたためられ方が変わり，季節の変化が生じる。

2　**(小問集合―状態変化，化合，放電，ふりこの運動)**

(1)　ア　物質は温度によって固体→液体→気体と変化する。このような物質の変化を**状態変化**という。実験では，液体の混合物を加熱して，気体に変化する温度である**沸点**まで温度を上げ，出てきた気体を冷やしてふたたび液体として取り出している。　イ　純粋な物質の沸点は，物質の種類によって決まっている。液体の混合物を加熱すると，沸点の低い物質から順に沸騰して気体になって出てくる。エタノールの沸点は78℃，水の沸点は100℃である。

(2)　ア　鉄(Fe)と硫黄(S)が**化合**する化学変化を化学反応式で表すと，次のようになる。$Fe+S \rightarrow FeS$　イ　2種類の物質が化合するとき，それぞれの物質の質量比は一定になる。鉄：硫黄＝3.5：2.0＝7：4で過不足なく反応しているので，硫黄2.4gに対して，$2.4\times\frac{7}{4}=4.2$(g)の鉄が反応する。したがって，4.2－3.9＝0.3(g)

(3)　ア　たまっていた**静電気**が，空間を一気に流れる現象を**放電**という。クルックス管では，管の中の空気をぬいて気圧を低くしてあるため，放電が起こりやすく，管内に電流が流れ続ける。けい光板に塗ってある塗料が明るく発光する。　イ　**真空放電**によって見られる**電子**の流れである**陰極線**は，－の電気をもっているため，＋極に引きつけられる。

(4)　ア　空気の抵抗や摩擦は考えないという設定なので，物体がもつ位置エネルギーと運動エネルギーを合わせた**力学的エネルギー**の総量は一定に保たれる。これを**力学的エネルギーの保存**という。Pでもつ位置エネルギーが，高さが低くなるにつれて運動エネルギーに変換される。最も低い位置にあるおもりの運動エネルギーが最大で，最も高い位置にあるおもりの位置エネルギーが最大になる。　イ　物体の質量と位置(高さ)が大きいほど，物体のもつ位置エネルギーも大きくなる。18÷12＝1.5(倍)

3　**(動物の分類－せきつい動物の分類，胎生，恒温動物，呼吸のしかた)**

(1)　5種類の動物の中で，一生を水の中で過ごすせきつい動物は魚類のサケ。

(2)　親が卵をうみ，卵から子がかえる生まれ方を**卵生**，母親の体内である程度育ってから生まれるのを**胎生**という。胎生はホニュウ類だけなので，Dはネズミである。

(3)　環境の温度が変化しても，体温をほぼ一定に保つしくみをもつ動物を**恒温動物**，環境の温度の変化にともなって体温も変動する動物を**変温動物**という。恒温動物にあたるのは鳥類とホニュウ類で，Cは鳥類のハトである。殻がある卵を陸上にうむC，Eはハチュウ類または鳥類なので，Eはハチュウ類のヘビである。

(4)　からだの表面がうろこでおおわれている動物は，魚類とハチュウ類である。

(5)　両生類の幼生は水中で生活するので主にえらで呼吸し，成体になると陸上でも生活するので肺と皮ふで呼吸する。

(6)　Cは鳥類なのでペンギンかワシ，Eはハチュウ類なのでカメかトカゲがあてはまる。

4　**(電解質の電気分解－電離，濃度，気体の性質，イオンの数)**

(1)　塩化銅($CuCl_2$)が水に溶けて銅イオン(Cu^{2+})と塩化物イオン(Cl^-)に電離する。

(2)　質量パーセント濃度(％)＝(溶質の質量)(g)÷(溶液の質量)(g)×100より，60.0(cm^3)×1.08

$(g/cm^3)\times 10.0\div 100=6.48(g)$

(3)　気体の中で最も軽いのは水素。二酸化炭素は石灰水を白くにごらせるので，気体を確認する方法として利用される。酸素はものを燃やすはたらきがあるが，酸素そのものは燃えない。

(4)　陽極では，$2Cl^{-}\rightarrow Cl_2+2e^{-}$，陰極では，$Cu^{2+}+2e^{-}\rightarrow Cu$という電子の受けわたしが行われ，それぞれのイオンが減少していく。

(5)　求める質量をxgとすると，$20:(11\times 2)=0.60:x$，$x=0.60\times\frac{22}{20}=0.66$(g)

5　**(力と圧力－垂直抗力，圧力，浮力)**

(1)　ア　面が物体におされたとき，その力に逆らって面が物体をおし返す力を**垂直抗力**という。　イ　直方体がスポンジに加える力の大きさは，どの面を下にしても等しい。スポンジに加える**圧力**の大きさは，スポンジと接する面積が小さいほど大きく，深くへこむ。　ウ　[圧力](Pa)＝[面を垂直におす力](N)÷[力がはたらく面積](m^2)より，5.4(N)÷15(cm^2)×10000＝3600(Pa)

(2)　ア　物体が水中で上向きに受ける力を**浮力**という。540gの物体にはたらく**重力**の大きさは5.4Nなので，浮力の大きさは，5.40－4.90＝0.50(N)　イ　物体の水中にある部分の体積が増すほど，物体にはたらく浮力は大きくなる。

6　**(地層の重なり－堆積岩，火山噴出物，化石，柱状図)**

(1)　石灰岩の主な成分は炭酸カルシウムで，うすい塩酸に溶けて二酸化炭素を発生する。同じように生物が堆積してできた**堆積岩**であるチャートの主な成分はケイ酸で，ひじょうにかたく，うすい塩酸には溶けない。

(2)　**火山噴出物**が広い範囲に降り積もって固まってできた岩石が凝灰岩で，その層は離れた場所の地層の対比に役立つ。

(3)　**示準化石**の条件としては，次のようなことがあげられる。①種としての寿命が短く，ある特定の時代の地層にだけ含まれること。②広い地域で分布していること。③個体数が多く，発見されやすいこと。

(4)　ア　凝灰岩の上面は，地点A，Bでそれぞれ57mなので，地点Cでの凝灰岩の上面の標高が57mにあたる。57＋6＝63(m)　イ　地点A，Bの柱状図を凝灰岩の標高を合わせて重ね，地点Aの5mの深さから地点Bの8mの深さまでを示す。

＜社会解答＞

1　(1)　ア　ユーラシア(大陸)　イ　3　(2)　4　(3)　ア　環太平洋造山帯　イ　スペイン　ウ　(例)[カナダ，アメリカ，メキシコの3か国は,]貿易協定を結び，経済の面で結び付きを強めている。

2　(1)　ア　リアス海岸　イ　対馬海流　ウ　2　(2)　d　(3)　A　堺　B　工芸品　(4)　1

3　(1)　古墳[前方後円墳]　(2)　ア　3　イ　藤原道長　(3)　1　(4)　(例)支配者としての地位　(5)　2→3→1　(6)　参勤交代

4　(1)　3　(2)　ポーツマス条約　(3)　ア　ニューディール[新規まき直し]　イ　2　(4)　八幡製鉄所　(5)　4　(6)　(例)地主が持つ小作地を政府が強制的に買い上げて，小作人に安く売りわたした。

5　(1)　衆議院の優越　(2)　1　(3)　4　(4)　a, b, d, g　(5)　内閣総理大臣[首相]
(6)　(例)主権者である国民が直接選んだ国会議員

6　(1)　利潤[利益]　(2)　消費者庁　(3)　ア　2　イ　証券取引所　(4)　3
(5)　(例)大規模小売業者は，商品を生産者から直接仕入れることで，流通費用の削減を図ろうとしているから。

7　(1)　1　(2)　PKO　(3)　教育　(4)　4　(5)　南アフリカ共和国[南アフリカ]

＜社会解説＞

1　(地理的分野—世界地理－地形・貿易・人々のくらし)

(1)　ア　世界の**六大陸**とは，ユーラシア大陸・アフリカ大陸・北アメリカ大陸・南アメリカ大陸・オーストラリア大陸・南極大陸の6つの大陸を指す。Xは，**ユーラシア大陸**である。　イ　この地図では**経線**は15度ごとにひかれており，イギリスを通る西経0度の**本初子午線**から数えれば，西経60度になる。緯度0度の緯線を**赤道**という。赤道は，インドネシア・南アメリカ大陸北部・アフリカ大陸中央部を通る。この地図では緯線は15度ごとにひかれている。〇地点は赤道よりも緯線2本分南にあり，南緯30度である。

(2)　a国は中国である。中国の輸出品は，電気電子製品等の機械類，衣類が1位，2位を占める。

(3)　ア　太平洋を環状にとりまく，中生代以後の新しい造山帯を**環太平洋造山帯**という。アンデス山脈・ロッキー山脈・アリューシャン列島・日本列島・フィリピン諸島・ニューギニア島を経て，ニュージーランドの諸島につながる。なお，**アルプス－ヒマラヤ造山帯**と合わせて，**世界の2大造山帯**という。　イ　メキシコなど中南米・カリブ海地域の出身者やその子孫で，**スペイン語**を母国語とし，米国に居住する人々を**ヒスパニック**といい，メキシコとの国境付近を中心に分布している。　ウ　カナダ，アメリカ，メキシコの3か国は**北米自由貿易協定**(North American Free Trade Agreement，**NAFTA**)を結び，関税の引き下げに始まり，金融・投資の自由化などを取り決め，締結国間での貿易障壁を取り除き，経済の面で結び付きを強めている。以上を簡潔にまとめる。

2　(地理的分野—日本地理－地形・農林水産業・工業)

(1)　ア　起伏の多い山地が，海面上昇や地盤沈下によって海に沈み形成された，海岸線が複雑に入り組んで，多数の島が見られる地形を**リアス海岸**という。日本では，東北地方の**三陸海岸**や，問題の三重県にある**志摩半島**が代表的である。　イ　**対馬海流**は，**日本海流(黒潮)**の一部が対馬海峡から日本海に入り，日本列島の沿岸を北に向かって流れる**暖流**である。　ウ　主に奈良県中南部の吉野林業地帯が産地の杉を吉野すぎという。屋久すぎは鹿児島県の屋久島を，越後すぎは新潟県を，秋田すぎは秋田県を産地とするすぎである。

(2)　資料1の写真の**天橋立**は，京都府北部の日本海に面した丹後地方の宮津湾にある。**陸奥の松島**・**安芸の宮島**とともに**日本三景**の一つである。

(3)　A　16世紀半ばに伝来した**鉄砲**は，戦国時代後期となると，和泉の**堺**・近江の**国友**・紀伊の**根来**(ねごろ)など，日本各地で生産されるようになった。和泉の堺は，現在の大阪府堺市であり，古くから鉄を加工する鉄製道具が生産されてきた。　B　1974年に制定された「伝統的工芸品産業の振興に関する法律」による指定工芸品を，**伝統的工芸品**という。主として日常生活に使われるもの，製造過程の主な部分が手工業的・伝統的な技術技法によるものが指定される。

(4)　**国宝・重要文化財**の指定件数が最も多いのは京都府，次に多いのは奈良県であり，2が京都府であり，3が奈良県である。(なお，国宝は，重要文化財の中から選ばれるので，その数は重要文化財の数の中に含まれる。)工業生産額では，大阪府が全国第3位で，兵庫県が全国第5位なので，4府県のうちでは，最も多い4が大阪府，次に多い1が兵庫県となる。

3 (歴史的分野―日本史時代別－古墳時代から平安時代・鎌倉時代から室町時代・安土桃山時代から江戸時代，―日本史テーマ別－政治史・文化史・外交史)

(1) 3世紀半ばから7世紀半ばにかけて築造された，土を高く盛った古代の墓のことを古墳という。大王や豪族など身分の高い人や権力者の墓として築造された。3世紀から見られた古墳の形状は，前方後円墳である。4世紀から5世紀には，大和地方で前方後円墳は巨大化し，一方で，各地にも前方後円墳の分布が広がった。前方後円墳でも正答とされる。

(2) ア 1は飛鳥時代の仏教に関する説明である。2は奈良時代の仏教に関する説明である。4は鎌倉時代の仏教に関する説明である。3が摂関政治の時代の仏教に関する説明である。平安時代中期は末法思想の流行から，浄土信仰が発展した。念仏を唱え阿弥陀如来にすがり，極楽浄土に往生しようとするのが，浄土信仰である。 イ この歌を詠んだのは，藤原道長である。道長は，4人の娘を天皇のきさきとして摂政の位についたが，望月の歌は，道長の三女威子が後一条天皇の中宮になった日に宴席で詠まれた。

(3) 室町幕府の3代将軍である足利義満は，南北朝を統一した後，1397年に金閣を建立した。写真の1である。金閣は1950年に放火により焼失し，現在の金閣は再建されたものである。

(4) 明は，各方面の国に対して朝貢を求め，貢ぎ物を差し出させる代わりに，その国の支配者として認める外交を行った。明の皇帝に対して朝貢貿易を行い，明の皇帝から日本国王として認められたのが，室町幕府の3代将軍の足利義満である。この貿易にあたっては，勘合符が用いられたため勘合貿易といわれる。

(5) 1 異国船打払令が出されたのは，11代将軍徳川家斉の時のことである。 2 生類憐みの令が出されたのは，5代将軍徳川綱吉の時のことである。 3 公事方御定書(くじかたおさだめがき)が出されたのは，8代将軍徳川吉宗の時のことである。したがって，年代の古い順に並べると，2→3→1の順となる。

(6) 大名が江戸と領地を往復することはすでに習慣化していたが，3代将軍徳川家光によって1635年に出された武家諸法度の寛永令により，初めて明文化された。この制度を，参勤交代という。

4 (歴史的分野―日本史時代別－明治時代から現代，―日本史テーマ別－政治史・経済史・外交史・法律史，―世界史－政治史)

(1) 日清戦争後の産業革命で軽工業が発達し，輸入した綿花を綿糸に加工する紡績業の生産が飛躍的に伸びたため，1890年代の半ばから輸出が輸入を上回るようになった。3が正しい。

(2) ポーツマス条約は，アメリカ合衆国のセオドア・ルーズベルト大統領の仲介で，日本全権小村寿太郎，ロシア全権セルゲイ・ウィッテの間で締結された。ポーツマス条約によって日本が手に入れたのは，韓国における日本の優越権，樺太の南半分，遼東半島南部の租借権などであったが，賠償金がなかったために，日本国民の反発を買い，講和に反対する日比谷焼打ち事件が起こった。なお，ポーツマスとはアメリカの地名である。

(3) ア 世界恐慌に対する政策として，フランクリン・ルーズベルト大統領が行ったのが，ニューディール政策である。ニューディール政策では，テネシー川流域においてダム建設などの公共事業を行い，失業者を大量に雇用するなど，政府が積極的に経済に関わった。ニューディールとは，新規まき直しの意味である。　イ　世界恐慌は，1929年に起こった。1の二・二六事件が起こったのは，1936年である。3の関東軍が柳条湖事件を起こしたのは，1931年である。4の国家総動員法が制定されたのは，1938年である。1・3・4のどれも世界恐慌よりも後のできごとである。世界恐慌よりも前のできごとは，2である。シベリア出兵を機に起こった米騒動の鎮圧に，軍隊を利用した責任をとって寺内正毅内閣が退陣し，政友会の原敬による本格的政党内閣が成立したのは，1918年のできごとである。

(4)　日清戦争後には，特に鉄鋼の需要が増え，軍備増強および産業資材用鉄鋼の生産増大をはかるためにつくられたのが，八幡製鉄所である。日清戦争の賠償金の一部が建設費に用いられ，1901年に操業開始した。

(5)　財閥解体・農地改革などが，GHQの指令で行われたのは，戦後の民主化政策の一環である。

(6)　GHQの農村の民主化の指令により，地主制の解体を目的とする農地改革が行われた。具体的には，政府が地主の持つ耕地を強制的に買い上げて，小作人に安く売りわたすことが行われた。これにより，グラフに見られるように，自作農の割合が飛躍的に増えた。

5　(公民的分野―国の政治の仕組み・憲法の原理)

(1)　日本国憲法では，法律案の議決・予算案の議決・条約の承認・内閣総理大臣の指名等について衆議院の優越が定められている。衆議院の優越の理由としては，参議院が6年任期なのに対して，衆議院は4年と任期が短く，解散もあるため選挙も頻繁になり，その時点での国民の意思をより直接に反映する機関であるからと考えられている。

(2)　毎年1回1月中に召集されるのが，常会(通常国会)である。常会では，次年度の国の予算やこの予算を実行するのに必要な法律案などを審議する。常会の会期は，150日間と定められている。内閣が必要と認めたとき，または衆参いずれかの議院の総議員の4分の1以上の要求があったときに，臨時に召集されるのが，臨時会(臨時国会)である。補正予算や外交といった，国政において緊急を要する議事を審議する。衆議院が解散したあとの総選挙の日から30日以内に召集され，内閣総理大臣の指名などを行うのが，特別会(特別国会)である。

(3)　日本国憲法第41条に「国会は，国権の最高機関であって，国の唯一の立法機関である。」と明記されており，国会以外の機関が法律を制定することはない。

(4)　比例代表選挙において採用されているドント式では，各政党の総得票数を，それぞれ1，2，3，4…と自然数で割っていき，得られた商の大きい順に議席を配分する方式をとる。結果は，a，b，d，gが当選となる。

(5)　衆議院が解散したあとの総選挙の日から30日以内に召集される特別会では，内閣総理大臣の指名が行われる。首相と答えてもよい。

(6)　主権者が国民であることを明記し，その国民が選挙によって直接選んだ国会議員によって構成されるので，憲法に記されているとおり「国会は，国権の最高機関」であることを簡潔に記せばよい。

6　(公民的分野―経済一般・消費生活)

(1)　企業において，総収益から賃金・地代・利子・原材料費などのすべての費用を差し引いた残りの金額を利潤という。利潤を追求するのが，企業の本来的目的であるが，現代では企業は利潤の追求だけでなく，従業員・消費者・地域社会・環境などに配慮した企業活動を行うべきとする考え方が打ち出され，それを企業の社会的責任(CSR)という。

(2)　消費者保護，安全の確保，消費者啓発を目的として，消費者行政に関する施策や，消費者問題に関する注意喚起を行う機関として，2009年に設置されたのが，**消費者庁**である。

(3)　ア　**株式会社**において「経営方針」「決算」「役員人事」「配当金」などの重要事項を審議し，決定する最高意思決定機関が**株主総会**であり，株主総会で**経営者を交代**させることができる。

イ　**株式**や債券などの売買取引を行ない，大量の株式や債券の需要と供給を調整して，公平な市場価格の形成をし，適正な流通を図る役割を果たしている施設が，**証券取引所**である。**東京証券取引所**は，日本最大の証券取引所で，略して**東証**と呼ばれる。

(4)　資料1のグラフ中の○部分は，**好景気**に向かうところである。　1　好景気の時には商品は順調に売れており，企業は生産を増やす。　2　好景気の時には企業は雇用を拡大し，失業者が減少する。　4　好景気の時には供給量が減ると，需要量との均衡が崩れてくる。1・2・4のどれも好景気の時の説明ではなく，**不景気**の時の説明であり，3が正しい。好景気の時に需要量が供給量を上回ると，**インフレーション**が発生する。

(5)　**大規模小売業者**が**生産者**から直接仕入れることで，出荷業者や集荷業者，卸売業者や仲卸業者を通さず，**流通費用の削減**を図ろうとしているから，という趣旨のことが書ければよい。

7　**(歴史的分野―日本史時代別－明治時代から現代，―日本史テーマ別－外交史，地理的分野―世界地理－気候・人々のくらし，公民的分野―国際社会との関わり)**

(1)　2の**日ソ共同宣言**は，1956年に**鳩山一郎**首相が行ったことである。3の**サンフランシスコ平和条約**の調印は，1951年に**吉田茂**首相が行ったことである。4の**日中共同声明**は，1972年に**田中角栄**首相が行ったことである。2・3・4のどれも，ほかの首相の行ったことである。1が正しい。**佐藤栄作**首相は，**沖縄**の日本への復帰を実現した。佐藤栄作首相は，**非核三原則**を打ち出したことでも有名である。

(2)　地域紛争で停戦を維持したり，紛争拡大を防止したり，公正な選挙を確保するなどのための活動が，**国際連合**の**PKO(平和維持活動)**である。日本は，1992年に**国際平和協力法**が成立し，以来この活動に参加している。

(3)　パキスタンでタリバン勢力に銃撃されて頭部に重傷を負った**マララ・ユスフザイ**は，紛争下にある女性・子どもに**教育の機会**を与えようと，2013年に**国連総会**で演説した。マララ・ユスフザイは，2014年に17歳で**ノーベル平和賞**を受賞した。

(4)　**ミャンマー**の首都である**ヤンゴン**は，**赤道**に近いため，**雨温図**に見られるように年平均気温が高く，**雨季と乾季**があり，気候帯としては**熱帯**に属する。

(5)　1990年代まで**「アパルトヘイト」**と呼ばれる**人種隔離政策**が行われていた国は，**南アフリカ共和国**である。そこでは，異なる人種間での結婚が禁止されたり，居住区域が制限されたりしていた。1994年に，同国初の黒人大統領**ネルソン・マンデラ**によって，アパルトヘイトは廃止された。

＜国語解答＞

1　(1)　通学路の清掃　(2)　明るい気持ちになってもらう　(3)　(例)おはようで活気あふれるスタートだ　(4)　4

2　(1)　ア　たんせい　イ　もうら　ウ　ちゅうぞう　エ　うなが　オ　もう　カ　順序　キ　簡潔　ク　穀倉　ケ　臨　コ　音　(2)　ア　1　イ　2

3　(1)　いわせぬ　(2)　3　(3)　(例)さっと立ち走って，酒や水を振りかける

4　(1)　4　(2)　(例)「実用的」ということから離れて，「よむ」　(3)　1
(4)　A　自分のリストにはない語　B　自分の言語生活で出会える日本語
(5)　(例)自身の使い方と他者の使い方を照合すると異なる使い方をしている

5　(1)　4　(2)　形の上でだけ競う　(3)　3　(4)　A　やめて正解　B　(例)自分の居場所がなくなる心細さ　(5)　(例)子どもたちにはっきり気づかないようにした，卑怯な様子　(6)　2

6　(例)　Aは過去や未来を無視して現在だけに注目する生き方，Bは過去・現在・未来をどれも大切にしようとする生き方である。
　時間はつながっているから，過去や未来を完全に切り離すことはできない。確かに過去にこだわり過ぎたり，未来のことばかり考えたりして現在をおろそかにするのはよくないと思う。しかし，私は「今日」をしっかり生きるためにも，Bのように過去の経験や未来への希望を大切にしていきたい。

＜国語解説＞

1　(聞き取り―内容吟味)

(1)　工藤さんは，今年度の環境委員会の取り組みとして，「**通学路の清掃**」と「**花壇整備**」の2つを挙げている。

(2)　工藤さんは，花壇整備の目的を「花を見た人に**明るい気持ちになってもらうため**」と説明している。

(3)　吉田さんは，生活委員会の目標を「元気な挨拶で活気あふれる学校にすること」と説明しており，挨拶運動の改善に取り組もうとしているので，「おはよう」を使って目標に合った標語を考える。解答例は「**おはようで活気あふれるスタートだ**」だが，この通りでなくても「おはよう」を使った標語として適切な内容であれば正解とされた。

(4)　1は，工藤さんは「問題点を何度も強調」していないので不適切。2は，吉田さんは丁寧語で話しており「ふだんの会話のような親しげな話し方」をしていないので誤り。3は，「過去の体験」について吉田さんは話しているが，工藤さんは話していないので誤り。4は，工藤さんは「皆さん，～頑張りましょう」，吉田さんは「皆さん～つくっていきましょう」と**発表の最後に呼びかけの言葉を入れている**ので，適切な説明である。

2　(知識―漢字の読み書き)

(1)　ア　「**丹精**こめて」は，真心をこめてという意味。　イ　「**網羅**」は，残らず集めること。　ウ　「**鋳造**」は，金属を溶かして型に流し込んでつくること。　エ　「**促**」の音読みは「ソク」で，「促進」「催促」などの熟語を作る。　オ　「**詣でる**」は，寺や神社に行っておまいりすること。　カ　「**順序**」の「順」の左側の形は「川」。　キ　「**簡潔**」は，手短に要領よくまとまっていること。　ク　「**穀倉**地帯」は，米や麦がたくさんとれる地域を指す。　ケ　「**臨**」の音読みは「リン」で，「臨時」「臨機応変」などの熟語を作る。　コ　「**音**をあげる」は，「もうだめだ」と言って降参すること。

(2)　ア　「月の満ち**欠**け」は，月が丸くなったり細くなったりすること。　イ　「**事項**」は，一つ一つのことがら。同音異義の「時効」などと間違えないこと。

3　(古文―内容吟味，仮名遣い)

〈口語訳〉　陰陽師のところにいる子どもは，すばらしく物を知っている。(陰陽師が)祓などをしに出かけると，祭文などを読むのを，他の人はただ聞いているだけだが，さっと立ち走って，「酒，水を振りかけなさい」とも言わないのに，それをしてまわる様子が，やるべきことをわきまえ，少しも主人に物を言わせないのが，うらやましいことだ。こういう気のきく者を使いたいものだ，と思われる。

(1)　語頭にない「**は**」を「**わ**」に書き改めて「**いわせぬ**」とする。

(2)　物を知っているのは「陰陽師のもとなる**小童**」なので，傍線部(あ)「知りたれ」の主語は「小童」。傍線部(い)を含む文は主語が省略されているが，祭文を読むのは「**陰陽師**」である。したがって，3が正解。

(3)　設問に「『小童』の具体的な様子」とあるので，「**ちうとたち走りて『酒，水，いかけさせよ』ともいはぬに，しありく**」をもとに現代語で書く。「いはぬに」の部分は「指示されなくても」と説明されているので，その部分を除き，字数制限に注意して「**さっと立ち走って，酒や水を振りかける**」(18字)などと書く。

4　**(論説文―内容吟味，文脈把握，品詞・用法)**

(1)　「調べるために」の「に」は**格助詞**。1「夏なのに」は接続助詞「のに」の一部，2「さわやかに」は形容動詞の連用形の活用語尾，3「すでに」は副詞の一部，4「見に」は格助詞なので，4が正解。

(2)　空欄の前の「余裕」という語句に着目して本文を見ると，第1段落の最後に「その『余裕』の気分は『**実用的』ということからは少し離れていて『よむ**』という側に少しちかい」とあるので，この部分をもとに字数制限に注意して書く。「　」や句読点も字数として数えること。

(3)　**適切でないもの**を選ぶことに注意する。第2段落と照合すると，1は「**『よむ』は～AといえばB，BといえばCというわけにはいかない」と合わない**ので，適切でないものである。2は「『あ あでもないこうでもない』というプロセスをともなう」，3は「『よむ』は『考える』ということとセットになっている」，4は「それなりの時間がかかる」と合致するので，いずれも適切な内容である。

(4)　A　傍線部の「それ」は直前の「**自分のリストにはない語**」を指しているので，この部分を抜き出す。　B　傍線部の文の次の文に「**自分の言語生活で出会える日本語**はたかが知れている」とあるので，ここから抜き出す。

(5)　母語について，誰かが自身の使い方と異なる使い方をしているのをみたとき，「間違っている」と否定するだけなら照らし合わせに意義はない。**自身の使い方と他者の使い方を照合して異なる使い方をしている**と感じたとき，どちらが正しいかを判断するのではなく，「ここは同じ」「この点は違う」などと具体的に知ることができるから意義があるのである。後の語句につながるように30字以内でまとめること。

5　**(小説―情景・心情，内容吟味，文脈把握，脱文・脱語補充，品詞・用法)**

(1)　1「言っ」は**四段活用**動詞「言う」の連用形，　2「差し込む」は**四段活用**動詞「差し込む」の終止形，　3「そらさ」は**四段活用**動詞「そらす」の未然形，　4「務め」は**下一段活用**動詞「務める」の連用形なので，活用の種類が他と異なるのは4である。

(2)　空欄の後の「バカらしい」という語句に注目して本文を見ると，傍線部(あ)の少し前に「**形の上でだけ競う**。そんなのはバカらしすぎる」とあるので，この部分から抜き出す。

(3)　生徒会は「選んでくださった人の意志を尊重する」という役割を求められているが，「先生の思惑」と「生徒の願望」を両方満たすことはできないし，「がんばる」ことで得られるはずの「報われる」もない。「二つのことのつじつまが合わず，同時に成立しないこと」という意味の3「矛盾」が入る。

(4)　A　本文の空欄を含む段落の最後の文に「1年でやめて正解だ。」とあるので，ここから抜き出す。　B 「でも，これからは」で始まる段落の「なんだか居場所がない感じがする。こんなに心細いのは～」という部分をもとに，15字以内で前後につながるように書く。

(5)「華」の行動は「横目で見ながらもスルーすることにした」「視線をそらして，はっきり気づかないようにした」と書かれており，「華」がその行動を「我ながら卑怯だった」と考えている様子が読み取れるので，この部分をもとに30字以内で前後につながるように書く。

(6)　1は，「大きな身振りや手振り」が本文に書かれていないし，「華」が「ふだんは冷静」であることは本文から読み取れないので不適切。2は，本文は生徒会室を出てからの現在の場面と，生徒会の事務局員になってからのことや小学校低学年の頃のことを回想する場面が描かれており，それが「華」の不安定な心情を強調しているので，適切な説明である。3は，本文には「『華』と『女性』が会話を交わす場面」は描かれていないので誤り。4は，「最後まで厳しく質問を続ける」が誤り。「女性」は，最後の場面で第一発見者の子たちをほめている。

6 **(作文)**

(1)～(3)の条件を満たすこと。題名は書かず，二段落構成で第一段落にAとBの「生き方」の違いについて気づいたことを書き，第二段落にそのことをふまえた自分の意見を書く。制限字数は，両方合わせて150～200字である。解答例は，第一段落にAとBの過去・現在・未来についての捉え方の違いを書き，第二段落にそれをふまえた意見を書いている。

書き始めや段落の初めは1字空けるなど，原稿用紙の使い方にも注意する。書き終わったら必ず読み返して，誤字・脱字や表現のおかしなところは書き改める。

青森県公立高等学校

2020年度

入 試 問 題

2020年度

●くわしい解説…… 39ページ

＜数学＞

時間　45分　　満点　100点

[1]　次の(1)～(8)に答えなさい。(43点)

(1)　次のア～オを計算しなさい。

ア　$-5-(-7)$

イ　$\left(\frac{1}{4}-\frac{2}{3}\right)\times 12$

ウ　$4x\times\frac{2}{5}xy\div 2x^2$

エ　$(-2a+3)(2a+3)+9$

オ　$\sqrt{24}\div\sqrt{8}-\sqrt{12}$

(2)　次の数量の関係を等式で表しなさい。

100円硬貨が a 枚，50円硬貨が b 枚あり，これらをすべて10円硬貨に両替《りょうがえ》すると c 枚になる。

(3)　150を素因数分解しなさい。

(4)　次の連立方程式を解きなさい。

$$\begin{cases} y=4(x+2) \\ 6x-y=-10 \end{cases}$$

(5)　関数 $y=\frac{a}{x}$ について述べた文として**適切でないもの**を，次のア～エの中から1つ選び，その記号を書きなさい。ただし，比例定数 a は負の数とし，$x=0$ のときは考えないものとする。

ア　この関数のグラフは2つのなめらかな曲線になる。

イ　x の変域が $x<0$ のとき，y は正の値をとり，x の値が増加すると y の値も増加する。

ウ　対応する x と y の値について，積 xy は一定で a に等しい。

エ　この関数のグラフは $x>0$ の範囲で，x の値を大きくしていくと x 軸に近づき，いずれ x 軸と交わる。

(6)　箱の中に同じ大きさの白玉がたくさん入っている。そこに同じ大きさの黒玉を100個入れてよくかき混ぜた後，その中から34個の玉を無作為に取り出したところ，黒玉が4個入っていた。この結果から，箱の中にはおよそ何個の白玉が入っていると考えられるか，求めなさい。

(7)　右の図で，$\ell /\!/ m$, AB=AC のとき，$\angle x$ の大きさを求めなさい。

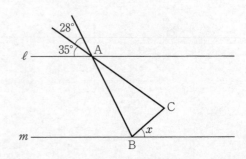

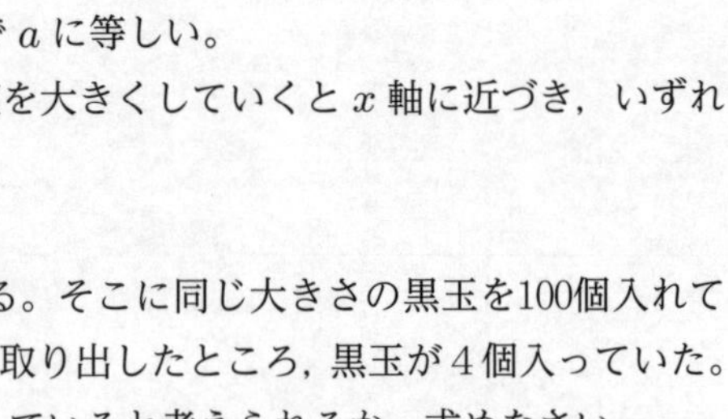

(8)　右の図の立体は，半径6㎝の球を中心Oを通る平面で切った半球である。この半球の表面積を求めなさい。

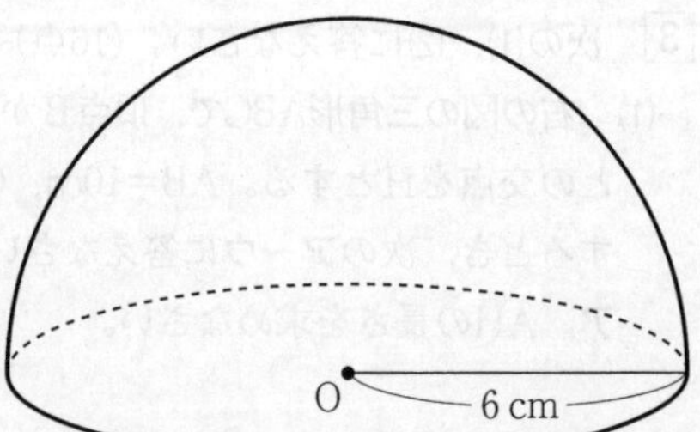

2　次の(1)，(2)に答えなさい。(15点)

(1)　異なる4つの自然数を小さい順に a，b，c，d とし，図1のように並べたとき，ab，cd，ac，bd の和を p とした。

次の文章は，p の値について考えているレンさんとメイさんの会話である。[ア] ～ [オ] にあてはまる数を求めなさい。

a	b
c	d

図1

レン：たとえば，図2のように，$a=1$，$b=5$，$c=6$，$d=11$ のときは

$$p=ab+cd+ac+bd$$
$$=1\times5+6\times11+1\times6+5\times11$$
$$=132$$

になるね。では，図3のように，$a=2$，$b=3$，$c=7$ で $p=150$ となるとき，d の値はいくらになるかな？

1	5
6	11

図2

メイ：方程式をつくって，それを解くと $d=$ [ア] になるよ。

2	3
7	d

図3

レン：では，図4のように，$a=3$，$d=9$ で $p=168$ となるとき，b と c の値はいくらになるかな？

メイ：同じ考え方で方程式をつくると，[イ] $(b+c)=168$ となり，$b+c=$ [ウ] になるよね。

条件を満たすのは，$b=$ [エ]，$c=$ [オ] だということがわかったよ。

3	b
c	9

図4

(2)　右の図は，円周の長さが8㎝である円Oで，その円周上には円周を8等分した点がある。点Aはそのうちの1つであり，点P，Qは，点Aを出発点として次の［操作］にしたがって円周上を移動させた点である。

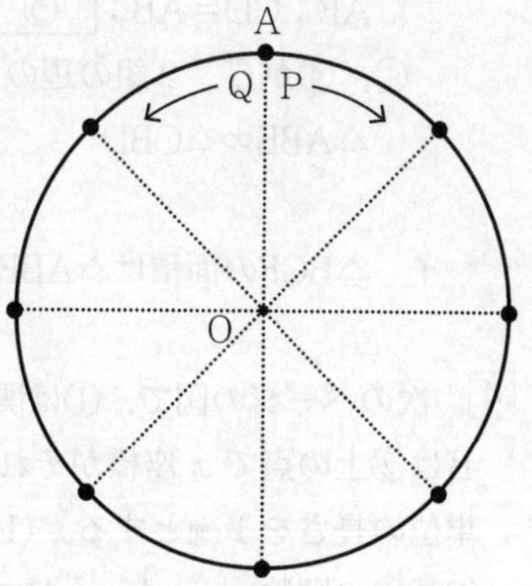

> ［操作］
>
> 大小2つのさいころを同時に投げ，大きいさいころの出た目の数を x，小さいさいころの出た目の数を y とする。点Pは時計回りに x ㎝，点Qは反時計回りに y ㎝それぞれ点Aから移動させる。

ア　$x=4$，$y=2$ となるとき，∠PAQの大きさを求めなさい。

イ　∠PAQ＝90°となる確率を求めなさい。

3　次の(1)，(2)に答えなさい。(16点)

(1)　右の図の三角形ABCで，頂点Bから辺ACに垂線をひき，辺ACとの交点をHとする。AB＝10㎝，CH＝６㎝，∠BCH＝45°とするとき，次のア～ウに答えなさい。

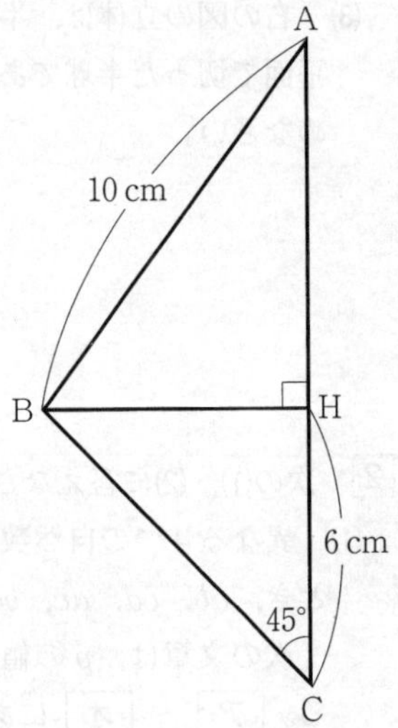

ア　AHの長さを求めなさい。

イ　△ABCを，辺ACを軸として１回転させてできる立体の体積を求めなさい。

ウ　△ABHを，辺AHを軸として１回転させると円すいができる。この円すいの展開図をかいたとき，側面になるおうぎ形の中心角を求めなさい。

(2)　下の図は，AB＝$\sqrt{3}$㎝，BC＝３㎝ の平行四辺形ABCDである。辺AD上に AE＝１㎝ となる点Eをとり，線分BDと線分CEの交点をＦとするとき，次のア，イに答えなさい。

ア　△ABEと△CBDが相似になることを次のように証明した。[あ] には角，[い] には数，[う] には辺，[え] にはことばをそれぞれ入れなさい。

［証明］

△ABEと△CBDについて

仮定より

∠BAE＝ [あ] ……①

また

AE：CD＝１： [い] ……②

AB： [う] ＝$\sqrt{3}$：３

＝１： [い] ……③

②，③から

AE：CD＝AB： [う] ……④

①，④から，２組の辺の [え] とその間の角がそれぞれ等しいので

△ABE∽△CBD

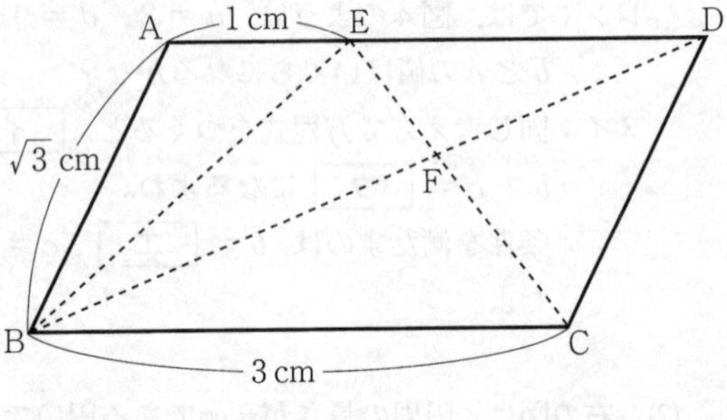

イ　△BCFの面積は△ABEの面積の何倍か，求めなさい。

4　次のページの図で，①は関数 $y=\frac{1}{3}x^2$，②は関数 $y=-\frac{1}{2}x^2$ のグラフである。２点A，Bは②上の点で x 座標がそれぞれ－４，２である。次の(1)～(3)に答えなさい。ただし，座標軸の単位の長さを１㎝とする。(11点)

(1)　①の関数 $y=\frac{1}{3}x^2$ について，x の変域が $-3\leqq x\leqq 1$ のとき，y の変域を求めなさい。

(2)　直線ABの式を求めなさい。

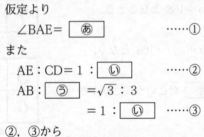

⑶　①上に x 座標が正である点Pをとる。また，点Pを通り，x 軸と平行な直線を引いたとき，y 軸との交点をCとする。点Pの x 座標を t としたとき，次のア，イに答えなさい。

ア　点Pの y 座標を t を用いて表しなさい。

イ　OC＋CP＝18㎝ であるとき，点Pの座標を求めなさい。

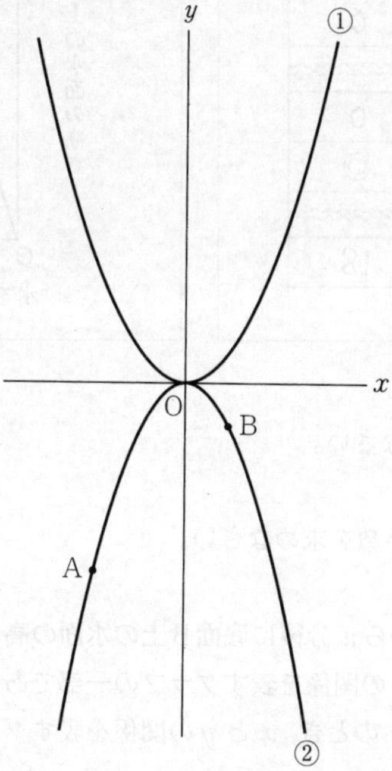

5　図1のように，直方体の形をした水の入っていない水そうが水平に固定されており，水そうの中には PQ＝RS＝20㎝ である長方形の仕切り①，②が底面に対して垂直に取り付けられている。それぞれの仕切りの高さは a ㎝と21㎝であり，水面が仕切りの高さまで上昇すると水があふれ出て仕切りのとなり側に入る。図2は，この水そうを真上から見た図であり，仕切りで区切られたそれぞれの底面を左側から順に底面A，B，Cとする。マユさんは底面Aの真上にある給水口から一定の割合で25分間水を入れ続け，それぞれの底面上において水面の高さがどのように変化するか観察した。次のページの図3，図4は，そのようすを記録したノートの一部である。次の⑴～⑷に答えなさい。ただし，水そうや仕切りの厚さは考えないものとする。(15点)

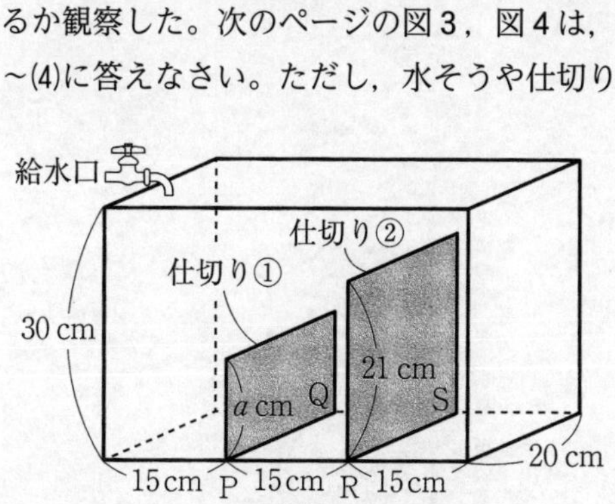

図1

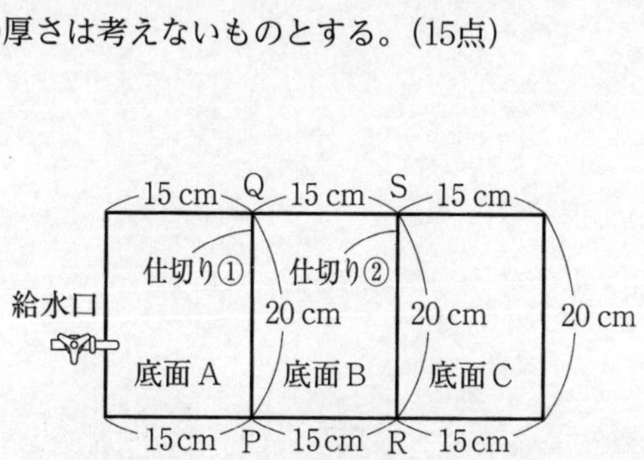

図2

水を入れ始めてからの時間(分)と
底面A，B上の水面の高さ(cm)との関係を記録した表

水を入れ始めてからの時間(分)	底面A上の水面の高さ(cm)	底面B上の水面の高さ(cm)
0	0	0
1	㋐	0
4	12	0
5	12	㋑
㋒	18	18

図3

水を入れ始めてからの時間(分)と
底面A上の水面の高さ(cm)との関係を表したグラフ

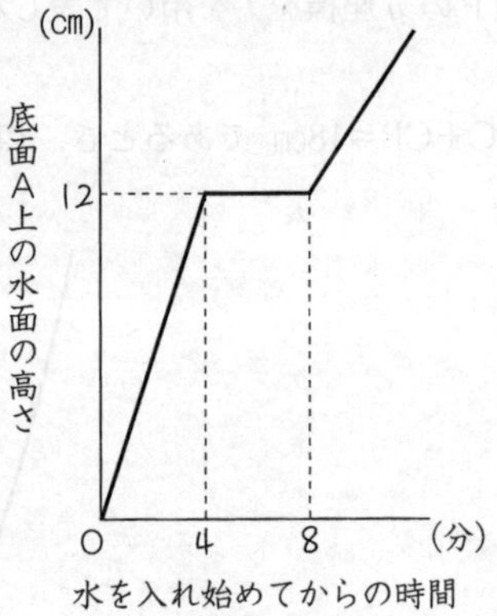

図4

(1)　仕切り①の a の値を求めなさい。

(2)　図3の㋐～㋒にあてはまる数を求めなさい。

(3)　図5は，水を入れ始めてから x 分後に底面B上の水面の高さが y cmとなるとき，x と y の関係を表すグラフの一部である。x の変域が $4 \leqq x \leqq 14$ のとき，x と y の関係を表すグラフを図5にかき加えなさい。

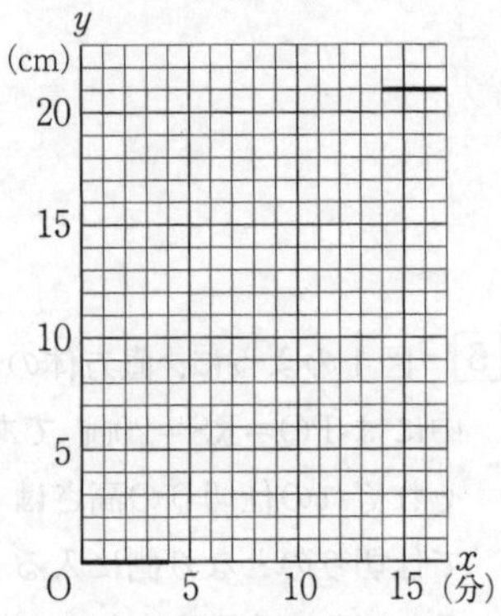

図5

(4)　水を入れ始めてから20分後の，底面C上の水面の高さを求めなさい。

＜英語＞　時間　50分　満点　100点

1　放送による検査（27点）

(1) ア

1

メアリー へ
あけましておめでとう！
ユカ より

2

ユカ へ
あけましておめでとう！
メアリー より

3

Dear Mary,
Happy New Year !
Yuka

4

Dear Yuka,
Happy New Year !
Mary

イ

1

2
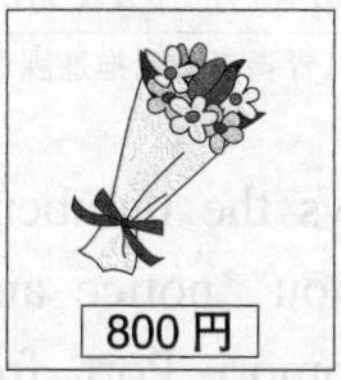

3

4

ウ　1　Here you are.　　2　I hope so.
　　3　You're welcome.　　4　Yes, I do.

(2) ア　1　This Wednesday.　　2　This Friday.
　　3　Next Wednesday.　　4　Next Friday.

イ　1　They can read news about India.
　　2　They can watch a movie.
　　3　They can sing popular songs.
　　4　They can take pictures together.

ウ　1　One.　2　Two.　3　Three.　4　Four.

(3) ア　1　At a station.
　　2　At a convenience store.
　　3　At an airport.
　　4　At a zoo.

イ　1　It is rainy.
　　2　It is sunny.
　　3　It is tomorrow.
　　4　It is warm.

(4) (　　　　　　　　　　　　　　　　).

2　次の英文は，オーストラリア出身の ALT（外国語指導助手）のポール（Paul）と，青森県に住んでいる高校生のダイゴ（Daigo）の対話の一部です。２人は，青森港（Aomori Port）に来たクルーズ客船（観光旅行用の客船）の数を示したグラフ（graph）の資料を見ながら話をしています。これを読んで，あとの(1)～(3)に答えなさい。＊印の語句には，対話のあとに（注）があります。(14点)

【グラフ】

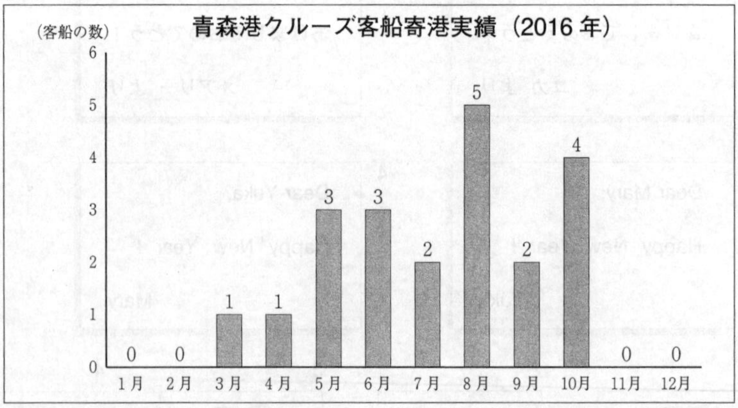

（青森市交流推進課ホームページより作成）

Paul　: Look at this graph. This shows the number of *cruise ships that came to Aomori Port in 2016. Do you *notice anything from this graph?

Daigo : Well, cruise ships came to Aomori Port from March to □. Five cruise ships came to Aomori Port in August.

Paul　: Many festivals are held in summer, so a lot of people came to see them. ア I have (them　I　never　since　seen) came to Aomori. But finally, I can see a festival next week.

Daigo : Wow. That's nice. Let's go to see the festival together. イ By the way, do you (don't　why　have　know　we) cruise ships in winter?

Paul　: *Maybe many people don't know about the *good points of winter in Aomori, but I know many good points. ウ I think (can　to enjoy　people　something　find) in winter in Aomori. I hope cruise ships will come to Aomori Port *all year round.

Daigo : I agree. We can use the Internet to give *tourists more *information about the good points of winter in Aomori.

Paul　: That's a good idea.

（注） cruise ships　クルーズ客船　　notice ～　～に気づく　　Maybe　たぶん
good points　良い点　　all year round　一年中　　tourists　観光客　　information　情報

(1) □ に入る最も適切な英語１語を書きなさい。

(2) 下線部ア～ウについて，文の意味が通るように，(　) 内の語句をすべて用いて，正しい順序に並べかえて書きなさい。

(3)　クルーズ客船で青森港に来た外国人観光客に，あなたが住んでいる所について紹介することになりました。下の英文の〔　〕内に，あなたが住んでいる県，地域，市町村などのいずれかについて紹介する文を，英語20語以上で書きなさい。
文の数はいくつでもかまいません。

Hello. I'm あなたの名前. Nice to meet you. 〔　　　　　　　　〕 Thank you.

3　次の英文は，高校生のシオリ（Shiori）と，日本の大学に留学しているアメリカ人のケイティ（Katie）との電話での応答の一部です。これを読んで，あとの(1)，(2)に答えなさい。＊印の語句には，応答のあとに（注）があります。（13点）

Katie : Hello. This is Katie.

Shiori : Oh, Katie. This is Shiori. What's up?

Katie : I have some homework about Japanese culture. I'm writing a report about two things which are new to me. I have to finish it today. ア

Shiori : Yes, I can. What do you want to know?

Katie : The first thing is about *surgical masks. I often see Japanese people who use surgical masks. You also use them, right? イ

Shiori : Because we want to *prevent a cold and don't want to *give a cold to others. Do American people use surgical masks, too?

Katie : No. American people *rarely use them. Some people use them for their jobs. For example, doctors, nurses, and scientists. I don't think that using them is our culture.

Shiori : OK. *I got it. 〔 A 〕 Japanese people think that it's a way to keep good health and good *manners.

Katie : I see. The second thing is about life in Japanese high schools. I hear that Japanese students clean their classrooms. 〔 B 〕

Shiori : Yes, it is.

Katie : Oh. Usually, American students don't clean the classrooms. Tell me about the classrooms at your school. ウ

Shiori : After school. We clean them every day.

Katie : That's interesting. I think that I can write a good report. Thank you, Shiori.

（注） surgical masks　マスク　　prevent a cold　風邪《かぜ》を予防する　　give a cold　風邪をうつす
rarely　めったに～ない　　I got it.　分かりました。　　manners　礼儀

(1)　電話での応答が成立するように，ア ～ ウ に入る英文をそれぞれ一つ書きなさい。

(2)　電話での応答が成立するように〔A〕，〔B〕に入る最も適切なものを，次の１～６の中からそれぞれ一つ選び，その番号を書きなさい。

1　Is it the fourth thing?

2　The ideas about using surgical masks are different.

3 Are they thinking about Japanese schools?
4 We should not know about surgical masks.
5 Is it true?
6 You have to write your report.

4 次の英文は，ナナ（Nana）が，英語の授業で行ったスピーチです。これを読んで，あとの⑴～⑶に答えなさい。＊印の語句には，スピーチのあとに（注）があります。（21点）

Today, I'm going to talk about Japanese language, especially for foreign people. Twenty-five years ago, Japan had a *disaster. Many foreign people had a hard time then because they did not understand *warnings and necessary *information in Japanese. Most of the words and *sentences were too difficult for them. Another way was needed to have communication in Japanese. Then, *_yasashii nihongo_ was made to support foreign people in a disaster.

Yasashii nihongo has rules. I will tell you some of them. You should choose necessary information from *various information sources. You should use easy words and make sentences short. You should not use too many *_kanji_ when you write Japanese. Is it difficult for you to understand these rules?

These days _yasashii nihongo_ begins to spread around you. At some hospitals, doctors use it. Sick foreign people can understand the things which they should do. It is used at some city halls, too. They give information about how to take trains and buses. The information is written in _yasashii nihongo_.

Some people say that the word "_yasashii_" of _yasashii nihongo_ means two things. One is "easy" and the other is "kind." When you use it, foreign people around you can live in Japan easily. They will thank you for your kind *actions, too.

Now, you know a lot about _yasashii nihongo_. Let's use it for foreign people. You can do it.

（注） disaster 災害　warnings 警告　information 情報　sentences 文
yasashii nihongo やさしい日本語　various information sources さまざまな情報源
kanji 漢字　actions 行動

⑴ 次の文章は，ナナのスピーチに関する同級生のメモです。スピーチの内容と合うように，（ア）～（ウ）に入る最も適切な日本語や数字をそれぞれ書きなさい。

【メモ】

・日本で（　ア　）年前に災害があった。
・「やさしい日本語」の規則によると，私たちはさまざまな情報源から必要な情報を（　イ　）べきだ。
・「やさしい日本語」の「やさしい」には「簡単な」と「（　ウ　）な」の２つの意味があると言う人もいる。

(2) ナナのスピーチの内容と合うように，次の１～３の質問に対する答えをそれぞれ一つの英文で書きなさい。

1 Did many foreign people have a hard time in the disaster?

2 What can sick foreign people understand when doctors use *yasashii nihongo*?

3 What does Nana want her classmates to do?

(3) 次の文章は，ナナのスピーチを聞いたあとで，同級生が彼女に英語で書いた感想です。下線部１，２をそれぞれ一つの英文で書きなさい。

I saw the news about *yasashii nihongo* on TV. We can use it to tell more foreign people about Japan. 1 それは英語と同じくらい大切です。 For example, foreign people may learn some Japanese words before a trip to Japan. 2 もし彼らが知っている単語を見つければ，彼らは幸せでしょう。 I think that they will come again.

5 次の英文は，中学生のアユミ（Ayumi）と彼女の両親が，村が企画した「星とキャンドルの夜」(Night of Stars and Candles) というイベントに参加したときのことについて書かれたものです。これを読んで，あとの(1)～(3)に答えなさい。＊印の語句には，本文のあとに（注）があります。(25点)

One day, Ayumi came home from school after her *club activity. She was surprised to see her father at home. He was reading a newspaper. Ayumi said, "*What's going on? You're always very busy and come home *late." Her father said, "Today, our village has an event called Night of Stars and Candles. In this event, people see beautiful stars and *candlelight at the park and spend the summer night in a *relaxed way. So, I came home early to go there with you and your mom."

Ayumi said, "I want to watch *videos on the Internet after dinner. Can I use your *smart phone at the park?" Her father said, "Sorry, but you can't use it today. I think that we can enjoy the event without it." She didn't feel happy when she heard that. She could not *imagine how to spend the night without *electronic devices. Then, Ayumi's mother said, "You liked to see stars when you were in elementary school. You can see many stars and beautiful candlelight at the park. Let's go there together after dinner." Ayumi started to be interested in the event.

When Ayumi and her parents arrived at the park, many people were already there and talking a lot. There were about five hundred *candles in the park and the candlelight was *bright. Later, the *electric lights of the park were *turned off. The sky and the park were amazing. Everyone *caught their breath. Ayumi saw a lot of stars in the sky. She also saw candlelight around her in the park. Ayumi said to her parents, "The stars and candlelight are very beautiful. I didn't know that they were very bright like this." Ayumi felt very relaxed.

Her father said to her mother, "I'm happy to have a lot of time with you and Ayumi." Her mother said, "You're right. It's nice to spend the time together." Ayumi said, "I thought that the time with my family was special for me because I spent the time in a different way." Her mother said, "That is a good thing, Ayumi. I want to talk more with you." Many people in the park were smiling when they saw the beautiful stars and candlelight. Ayumi and her parents continued to see the lights and talk for a long time. They thought that the night was so wonderful.

（注）club activity　部活動　What's going on?　どうしたの。　late　遅く
candlelight　ろうそくの明かり　relaxed　くつろいだ　videos　動画
smart phone　スマートフォン　imagine　想像する　electronic devices　電子機器
candles　ろうそく　bright　輝いている　electric　電気の　turned off　消された
caught their breath　息をのんだ

(1) 本文の内容と合うように，次のア～エの英語に続けるのに最も適切なものを，１～４の中からそれぞれ一つ選び，その番号を書きなさい。

ア Ayumi came home from school and found that
1 her father was already at home.
2 her father was surprised to see her.
3 her father was seeing the candlelight.
4 her father was reading a book.

イ Before Ayumi went to the park with her parents,
1 she wanted to know how to go there.
2 she wanted to visit her elementary school.
3 she began to use candles with them.
4 she began to be interested in the event.

ウ When Ayumi arrived at the park,
1 many people were talking there.
2 her parents didn't come with her.
3 three hundred candles were sold there.
4 the electric lights of the park were turned off.

エ During the event,
1 Ayumi's father lost his smart phone at the park.
2 Ayumi's mother felt that it was good to spend the time with her family.
3 Ayumi and her parents saw the electric lights for a long time.
4 Ayumi was too busy to see the stars.

(2)　次の英文が本文の内容と合うように，（ア）～（ウ）に入る最も適切な語を，下の１～７の中からそれぞれ一つ選び，その番号を書きなさい。

One day, Ayumi （ ア ） an event called Night of Stars and Candles. During the event, Ayumi saw many stars and beautiful candlelight. She was （ イ ） to talk with her parents a lot. Ayumi and her parents had a wonderful （ ウ ） in this event.

１　experience　　２　made　　３　joined　　４　sad　　５　walked　　６　glad
７　dinner

(3)　下線部 That が表している内容を日本語で書きなさい。

＜理科＞　時間 45分　満点 100点

1 次の(1)～(4)に答えなさい。(20点)

(1) 下の文章は，顕微鏡でミカヅキモを観察したときの操作について述べたものである。次のア，イに答えなさい。

> ミカヅキモを観察するために，池の水を試料としてプレパラートをつくった。視野が最も明るくなるように調節してから，プレパラートをステージにのせ，顕微鏡を ① から見ながら，調節ねじを回して対物レンズとプレパラートをできるだけ ② た。その後，接眼レンズをのぞきながら，調節ねじを回してピントを合わせ，しぼりで明るさを調節して，観察した。

ア ミカヅキモのように，からだが１つの細胞でできている生物を何というか，書きなさい。

イ 文章中の ① ， ② に入る語の組み合わせとして最も適切なものを，次の１～４の中から一つ選び，その番号を書きなさい。

１ ① 横　② 近づけ　　２ ① 上　② 近づけ

３ ① 横　② 遠ざけ　　４ ① 上　② 遠ざけ

(2) ヒトの目と耳について，次のア，イに答えなさい。

ア 目や耳のように，周囲からの刺激を受け取る器官を何というか，書きなさい。

イ ものが見えたと感じたり，音が聞こえたと感じたりするときの刺激の伝わり方について述べたものとして適切なものを，次の１～４の中から**二つ**選び，その番号を書きなさい。

１ 目に入った光は，レンズを通って，網膜の上に像を結ぶ。

２ 光の刺激は，網膜から毛細血管を通して脳に伝えられる。

３ 耳でとらえた音は，はじめにうずまき管を振動させ，次に耳小骨を振動させる。

４ 音の刺激は，振動から電気の信号に変えられ，神経を通して脳に伝えられる。

(3) 地震について，次のア，イに答えなさい。

ア 地震の発生やゆれについて述べたものとして**適切でないもの**を，次の１～４の中から一つ選び，その番号を書きなさい。

１ 地震が起こると，Ｐ波とＳ波が発生し，Ｐ波はＳ波よりも伝わる速さが速い。

２ 地震が起こると，がけくずれや液状化が起こることがある。

３ 地震のゆれの大きさは，マグニチュードで表される。

４ 地震のゆれは，地表面では震央を中心にほぼ同心円状にまわりに伝わる。

イ ある地震を地点Ａ～Ｃで観測した。初期微動継続時間は地点Ａが10秒，地点Ｂが15秒，地点Ｃが35秒であり，また震源から地点Ａまでの距離は70㎞，震源から地点Ｃまでの距離は245㎞であった。震源から地点Ｂまでの距離は何㎞と考えられるか，求めなさい。ただし，Ｐ波とＳ波はそれぞれ一定の速さで伝わるものとする。

(4) 次のページの図は，地球の北極側から見たときの，地球と月の位置関係および太陽の光を模式的に表したものである。次のア，イに答えなさい。

ア　月のように，惑星のまわりを公転している天体を何というか，書きなさい。

イ　下の文は，月食について述べたものである。文中の ① に入る語句として最も適切なものを，次の１～４の中から一つ選び，その番号を書きなさい。また，② に入る月の位置として最も適切なものを，図のＡ～Ｄの中から一つ選び，その記号を書きなさい。

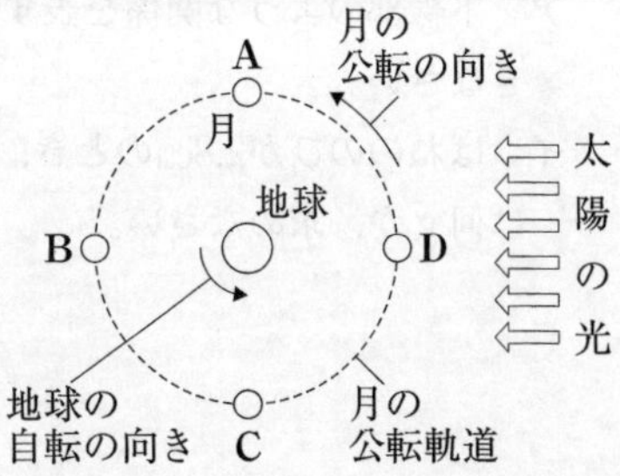

月食は，① のときに起こることがあり，そのときの月の位置は，図の ② である。

１　新月　　２　上弦の月　　３　満月　　４　下弦の月

2　次の(1)～(4)に答えなさい。(20点)

(1)　右の図の装置を用いて，酸化銀を加熱して発生した気体を集めた。集めた気体に火のついた線香を入れると，線香が炎を上げて燃えた。加熱した試験管が冷めてから，中に残った白い物質を取り出した。次のア，イに答えなさい。

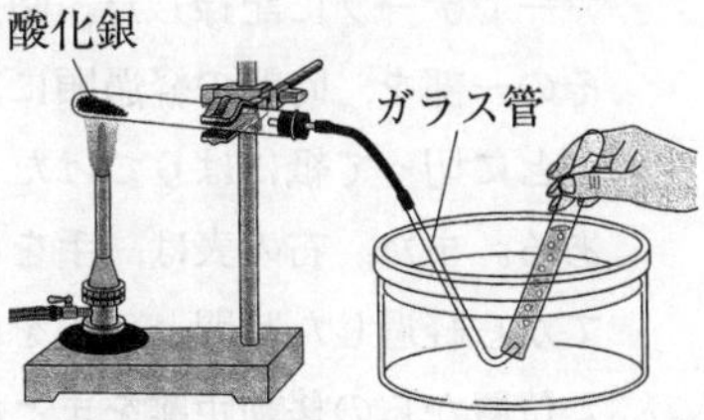

ア　白い物質の性質について述べたものとして適切なものを，次の１～４の中から一つ選び，その番号を書きなさい。

１　電気を通しやすい。　　２　水に溶けやすい。
３　燃えやすい。　　４　水より密度が小さい。

イ　酸化銀の変化のようすを表した下の化学反応式を完成させなさい。

$$2Ag_2O \rightarrow \boxed{} + \boxed{}$$

(2)　うすい塩酸$10\,cm^3$にうすい水酸化ナトリウム水溶液を$16\,cm^3$加えてよくかき混ぜたところ，中性になった。次に，この混合液を加熱して水をすべて蒸発させると，塩化ナトリウムが0.24ｇ得られた。次のア，イに答えなさい。

ア　酸性の水溶液とアルカリ性の水溶液を混ぜると，たがいにその性質を打ち消し合う。このような化学変化の名称を書きなさい。

イ　同じうすい塩酸とうすい水酸化ナトリウム水溶液を$20\,cm^3$ずつ混ぜ合わせた。この混合液を加熱して水をすべて蒸発させたとき，得られる塩化ナトリウムの質量は何ｇか，求めなさい。

(3)　あるばねにいろいろな質量のおもりをつるして，ばねののびを測定した。次のページの図は，測定した結果をもとに，ばねののびが，ばねに加える力の大きさに比例する関係を表したものである。次のページのア，イに答えなさい。ただし，質量100ｇの物体にはたらく重力の大きさを１Ｎとする。

ア　下線部のような関係を表す法則を何というか，書きなさい。

イ　ばねののびが2.8㎝のとき，つるしたおもりの質量は何ｇか，求めなさい。

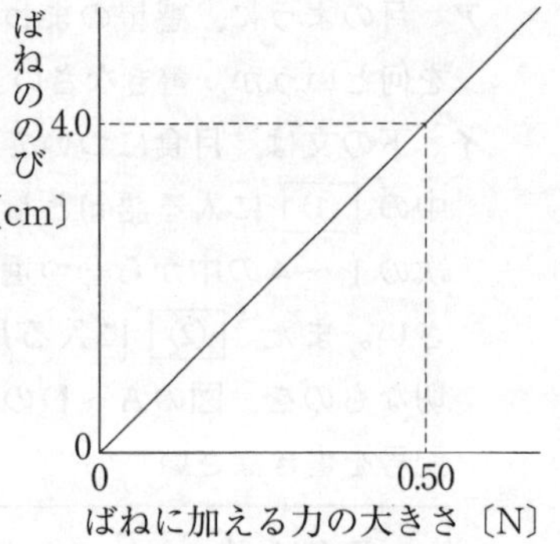

(4)　図１のように，台車をなめらかな斜面上に置いて，手で止めておいた。手をはなすと台車は斜面を運動した。このときの台車の運動のようすを，１秒間に50打点する記録タイマーでテープに記録した。図２は，その一部を，時間の経過順に５打点ごとに切って紙にはりつけたものである。また，右の表は，手をはなしてから経過した時間と，手をはなした位置からの移動距離をまとめたものである。次のア，イに答えなさい。

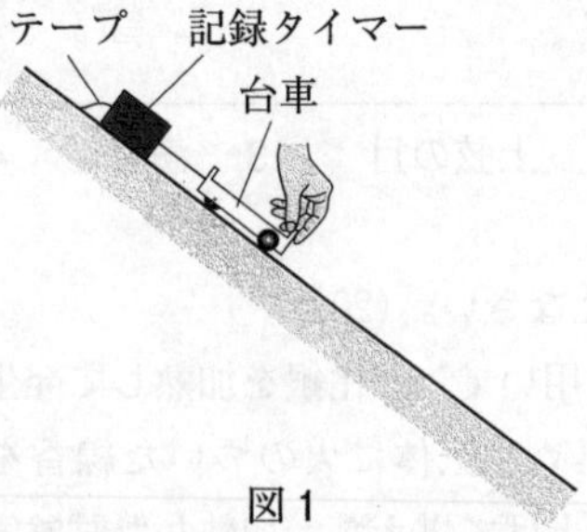

図１

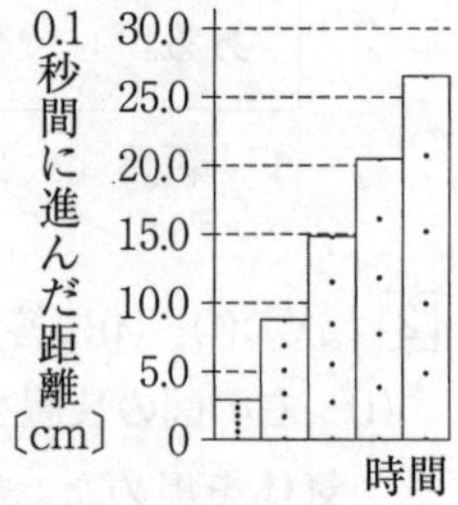

図２

経過した時間〔秒〕	0	0.1	0.2	0.3	0.4	0.5
移動距離〔cm〕	0	2.9	11.7	26.4	46.9	73.3

ア　図３は，台車が斜面上を運動しているときのようすを方眼紙にうつしたもので，矢印は台車にはたらく重力を示している。台車にはたちく重力を，斜面に沿った方向の分力と斜面に垂直な方向の分力に分解し，それぞれの力を表す矢印をかきなさい。

イ　表をもとにすると，経過した時間が0.4秒から0.5秒の間の台車の平均の速さは，0.1秒から0.2秒の間の台車の平均の速さの何倍になると考えられるか，求めなさい。

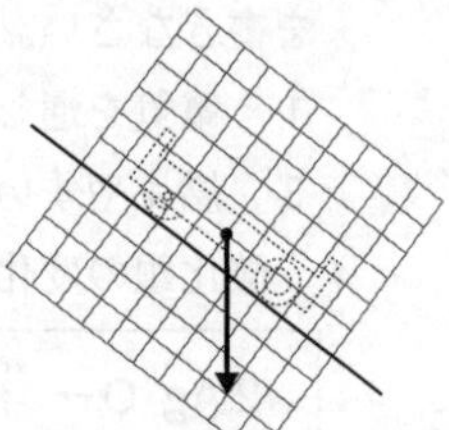
図３

3　植物の根の成長について調べるために，下の実験を行った。次の(1)～(4)に答えなさい。

(15点)

実験

目的　タマネギの根の細胞を(あ)染色液で染色して顕微鏡で観察し，根の成長について調べる。

手順１　タマネギの根の先端を切り取り，試験管に入れて(い)うすい塩酸を加え，約60℃の湯で３分間あたためた。

手順２　手順１の処理をした根から，図１のＸ～Ｚの各部分を切り取って

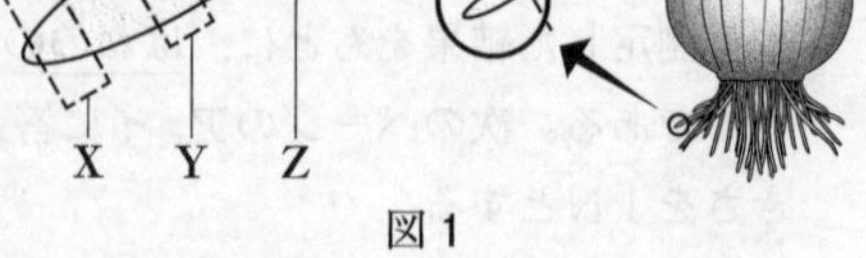

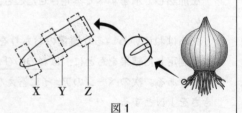

図１

染色し，プレパラートをつくった。そのうち，Xのプレパラートを顕微鏡で観察すると，細胞の中に，核と㋒染色体が見られた。図２のａ～ｆは，そのときに観察したいくつかの細胞のスケッチである。

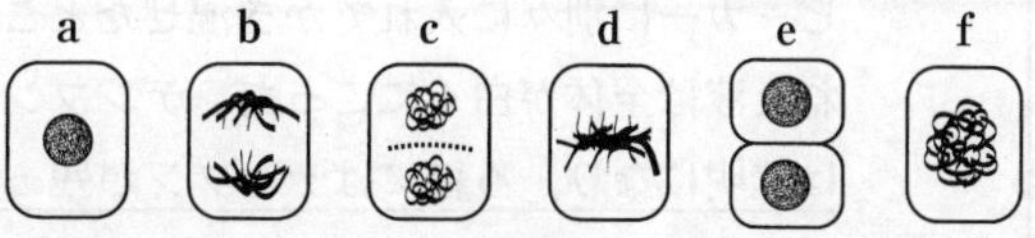

図２

手順３　手順２で作成したＸ～Ｚのプレパラートを，すべて同じ倍率で観察した。図３は，そのときのスケッチである。

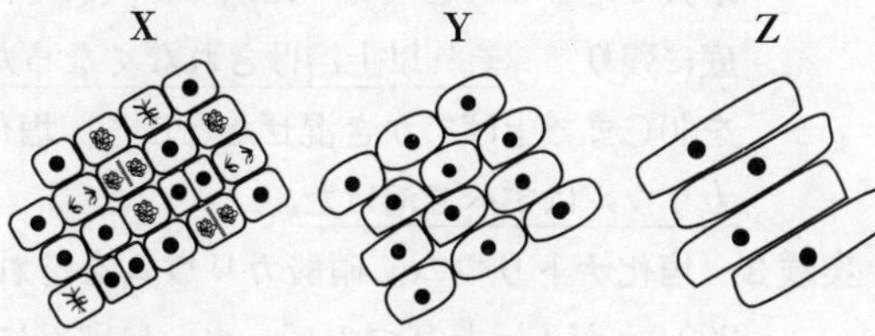

図３

(1) この実験で用いる下線部㋐として最も適切なものを，次の１～４の中から一つ選び，その番号を書きなさい。

１　フェノールフタレイン溶液　　２　ヨウ素液

３　酢酸オルセイン液　　４　ベネジクト液

(2) 下線部㋑の処理を行うことで，細胞が観察しやすくなる理由を書きなさい。

(3) 手順２について，次のア～ウに答えなさい。

ア　下線部㋒の中にある遺伝子の本体は何という物質か，書きなさい。

イ　下の文は，細胞分裂の前後における染色体のようすについて述べたものである。文中の ① ， ② に入る語句の組み合せとして最も適切なものを，次の１～４の中から一つ選び，その番号を書きなさい。

> 根などのからだをつくる細胞が分裂するとき，染色体が　①　されて，もとの細胞と　②　の染色体をもつ２個の細胞ができる。

１　①　複製されてから２等分　　②　同じ数

２　①　２等分されてから複製　　②　同じ数

３　①　複製されてから２等分　　②　異なる数

４　①　２等分されてから複製　　②　異なる数

ウ　図２のａ～ｆを，細胞分裂が進む順に並べ，その記号を書きなさい。ただし，細胞分裂の過程の最初をａとする。

(4) 実験をもとにすると，植物の根は，細胞がどのような変化をすることによって成長すると考えられるか。Ｘ～Ｚのようすに着目して，書きなさい。

4　砂糖，デンプン，塩化ナトリウム，硝酸カリウムの４種類の物質を用いて，水への溶け方や溶ける量について調べるために，下の実験１～４を行った。次の(1)～(4)に答えなさい。ただし，水の蒸発は考えないものとする。(15点)

実験１　砂糖とデンプンをそれぞれ1.0ｇずつはかり取り，20℃の水20.0ｇが入った２つのビーカーに別々に入れてかき混ぜたところ，(あ)砂糖はすべて溶けたが，デンプンを入れた液は全体が白くにごった。デンプンを入れた液をろ過したところ，(い)ろ過した液は透明になり，ろ紙にはデンプンが残った。

実験２　塩化ナトリウムと硝酸カリウムをそれぞれ50.0ｇずつはかり取り，20℃の水100.0ｇが入った２つのビーカーに別々に入れてかき混ぜたところ，どちらも粒がビーカーの底に残り，(う)それ以上溶けきれなくなった。次に，２つの水溶液をあたためて，温度を40℃まで上げてかき混ぜたところ，塩化ナトリウムは溶けきれなかったが，(え)硝酸カリウムはすべて溶けた。

実験３　塩化ナトリウム，硝酸カリウムをそれぞれ □ ｇずつはかり取り，60℃の水200.0ｇが入った２つのビーカーに別々に入れてかき混ぜたところ，どちらもすべて溶けたが，それぞれを冷やして，温度を15℃まで下げると，２つの水溶液のうちの１つだけから結晶が出てきた。

実験４　水に硝酸カリウムを入れて，あたためながら，質量パーセント濃度が30.0％の水溶液300.0ｇをつくった。この水溶液を冷やして，温度を10℃まで下げたところ，硝酸カリウムの結晶が出てきた。

(1)　下線部(あ)のときのようすを，粒子のモデルで表したものとして最も適切なものを，次の１～４の中から一つ選び，その番号を書きなさい。ただし，水の粒子は省略しているものとする。

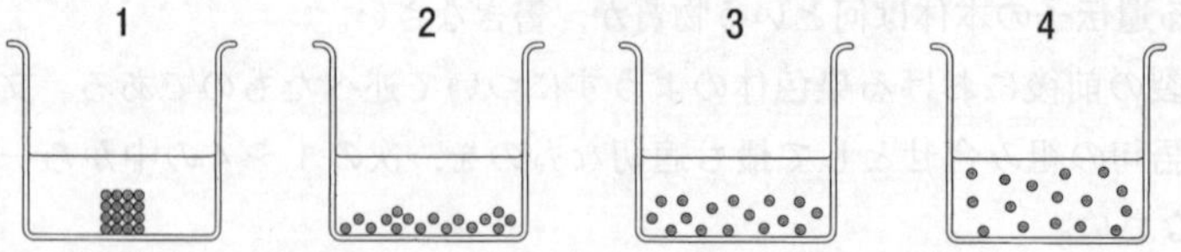

(2)　下線部(い)のようになるのはなぜか。水の粒子とデンプンの粒子の大きさに着目して，**ろ紙のすきま**という語句を用いて書きなさい。

(3)　下線部(う)のときの水溶液を何というか，書きなさい。

(4)　右の図は，硝酸カリウムと塩化ナトリウムについて，水の温度と100ｇの水に溶ける物質の質量との関係を表したものである。次のア～ウに答えなさい。

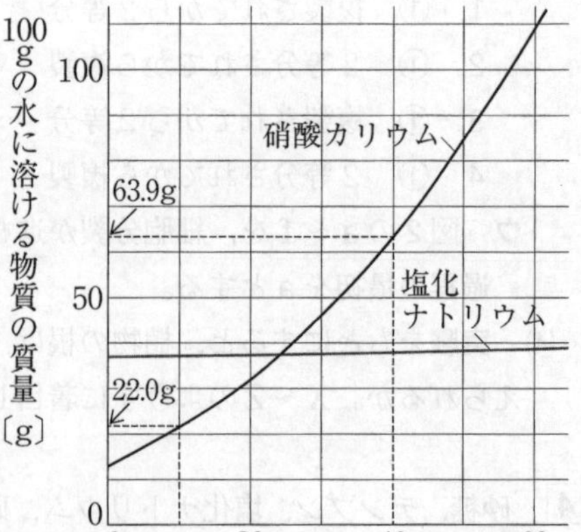

ア　下線部(え)について，この水溶液を40℃に保った場合，硝酸カリウムをあと何ｇ溶かすことができるか，求めなさい。

イ　実験３の □ に入る数値として最も適切なものを，次の１～４の中から一つ選び，その番号を書きなさい。

１　20.0　　２　40.0
３　60.0　　４　80.0

ウ　実験４について，出てきた硝酸カリウムの結晶は何ｇか，求めなさい。

5　電熱線に流れる電流と電熱線の発熱量について調べるために，下の実験１，２を行った。次の⑴，⑵に答えなさい。ただし，電熱線以外の抵抗は考えないものとする。(15点)

実験１

手順１　図１のように，2.0Ωの電熱線ａを用いて回路をつくり，電圧をかけたときの，(あ)電流計の値を読み取ったところ，1.5Aであった。

手順２　図２のように，手順１と同じ電熱線ａと3.0Ωの電熱線ｂを用いて並列回路をつくり，6.0Vの電圧をかけたときの，電流の大きさをはかった。

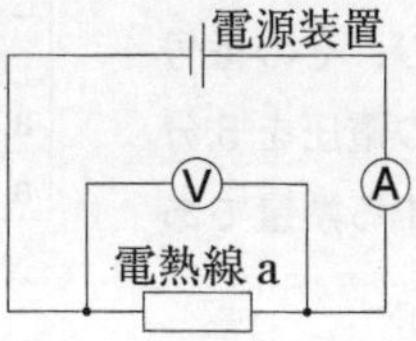

図１

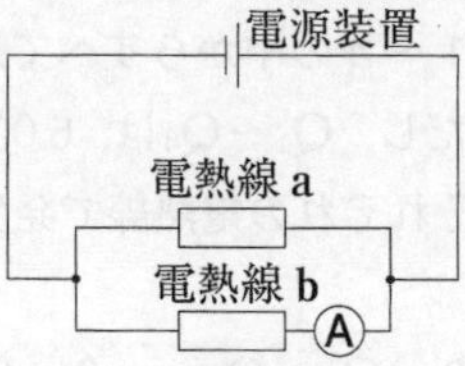

図２

実験２　図３の装置で，実験１と同じ電熱線を用いて，発生する(い)熱量を求めるために，6.0Vの電圧をかけ，電流を流した時間と水の上昇温度の関係を調べた。実験は，はじめ電熱線ａで行い，次に電熱線ｂで行った。図４は，実験結果を表したものである。さらに，同じ実験を電熱線ａと電熱線ｂを直列につないだ場合と，並列につないだ場合でも行った。なお，すべての実験において水の量は一定であり，はじめの水温も同じであった。

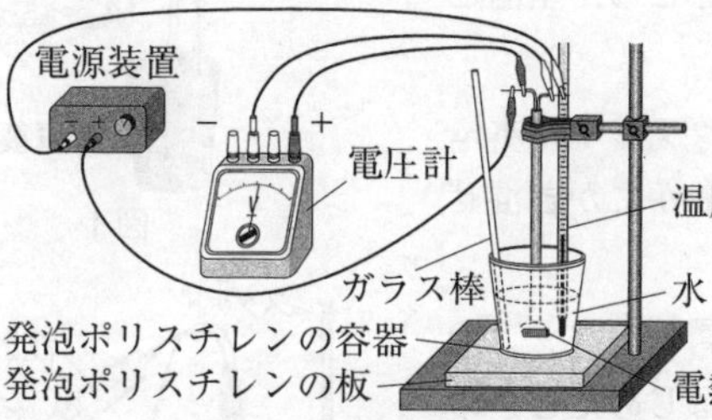

図３

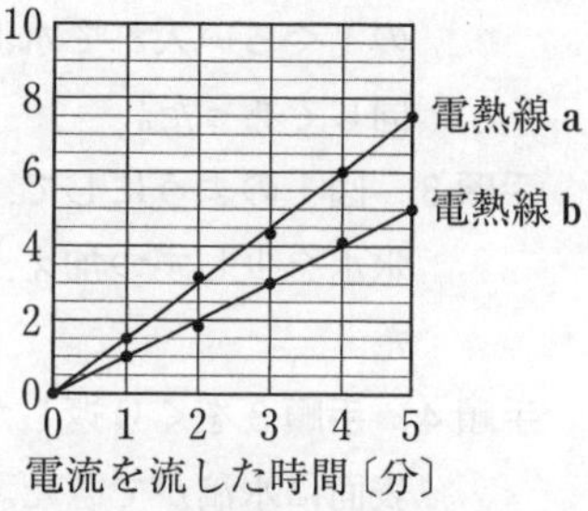

図４

⑴　実験１について，次のア～エに答えなさい。

ア　下線部(あ)のときの電流計の端子のつなぎ方とそのときの電流計のようすを表したものとして適切なものを，次の１～４の中から一つ選び，その番号を書きなさい。

1
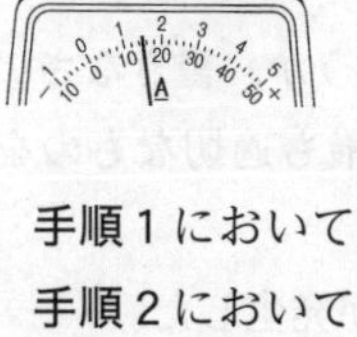

2
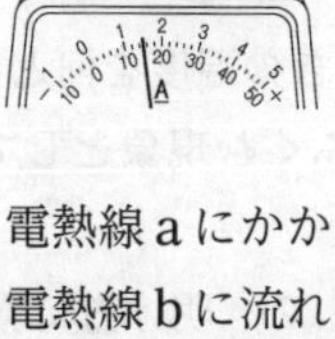

3
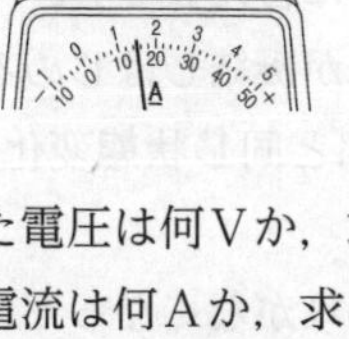

4

イ　手順１において，電熱線ａにかかった電圧は何Vか，求めなさい。

ウ　手順２において，電熱線ｂに流れた電流は何Aか，求めなさい。

エ　手順２において，回路全体の抵抗は何Ωか。適切なものを，次のページの１～４の中から一つ選び，その番号を書きなさい。

1　0.6Ω　　2　1.2Ω　　3　5.0Ω　　4　6.0Ω

(2)　**実験2**について，次の**ア**，**イ**に答えなさい。

ア　下線部(い)について述べた下の文中の（　）に入る適切な語を，**カタカナ**で書きなさい。

熱量の単位の記号にはJが用いられ，その読み方は（　　　　）である。

イ　右の表のように，各電熱線で発生した熱量を，Q_1～Q_4とするとき，熱量の大小関係を表したものとして適切なものを，次の1～4の中から**すべて選び**，その番号を書きなさい。ただし，Q_1～Q_4は，6.0Vの電圧を5分間かけたときに，それぞれの電熱線で発生する熱量であるものとする。

電熱線	熱量
aのみ	Q_1
bのみ	Q_2
aとbを直列につないだもの	Q_3
aとbを並列につないだもの	Q_4

1　$Q_1 > Q_2$　　2　$Q_3 > Q_1$　　3　$Q_2 > Q_3$　　4　$Q_3 > Q_4$

6　空気中の水蒸気の変化と雲のでき方について調べるために，下の**実験1**，**2**を行った。次の(1)，(2)に答えなさい。（15点）

実験1

手順1　理科室の室温をはかったところ，24℃であった。

手順2　金属製のコップの中に，くんでおいた水を3分の1くらい入れて水温をはかったところ，室温と同じであった。

手順3　図1のようにして，金属製のコップの中の水に氷水を少しずつ加え，ガラス棒で静かにかき混ぜた。

手順4　**手順3**をくり返したところ，金属製のコップの表面に水滴ができた。水滴ができはじめたときの水温をはかったところ，14℃であった。

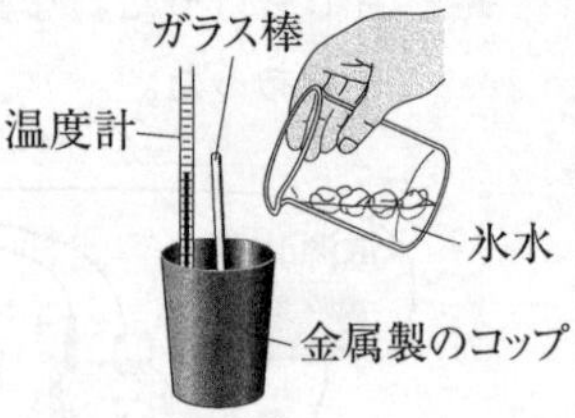

図1

実験2　丸底フラスコの中を水でぬらし，線香の煙を少し入れた。図2のように，丸底フラスコに注射器をつなぎ，デジタル温度計を接続した。注射器のピストンを引いたり押したりして，丸底フラスコ内のようすの変化と温度の変化を調べた。

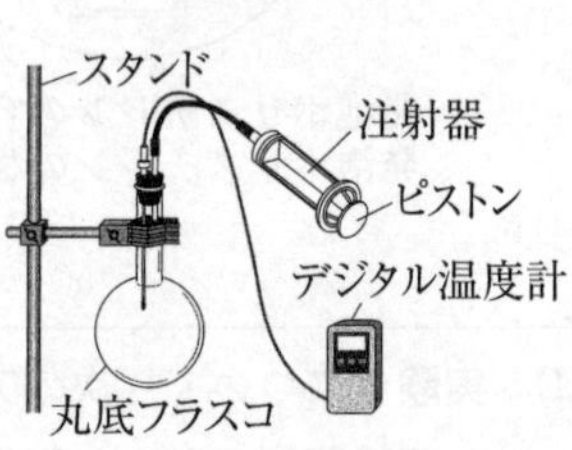

図2

(1)　**実験1**について，次の**ア**～**エ**に答えなさい。

ア　空気中にふくまれる水蒸気が凝結しはじめるときの温度を何というか，書きなさい。

イ　次の1～4の中で，下線部と同じ状態変化をふくむ現象として最も適切なものを一つ選び，その番号を書きなさい。

1　晴れた日に道路の水たまりがなくなった。　　2　明け方に霧が発生した。

3　しめっていた洗濯物が乾いた。　　4　冬にバケツの中の水がこおった。

ウ　下の文は，手順２～４において金属製のコップを用いている理由について述べたものである。文中の（　）に入る適切な内容を書きなさい。

> 金属には（　　　　　　　　　）性質があるため，コップの中の水温とコップの表面付近の空気の温度が，ほぼ等しくなると考えることができるから。

エ　下の表は，空気の温度と飽和水蒸気量との関係を表したものである。**実験１**を行ったときの理科室の湿度は何％か，小数第一位を四捨五入して整数で求めなさい。ただし，理科室の空気中にふくまれる水蒸気量は変わらないものとする。

空気の温度〔℃〕	10	12	14	16	18	20	22	24	26	28
飽和水蒸気量〔g/m^3〕	9.4	10.7	12.1	13.6	15.4	17.3	19.4	21.8	24.4	27.2

(2)　下の文章は，**実験２**を終えたある生徒が，実験の結果から自然界における雲のでき方について考察して，まとめたものの一部である。次のア，イに答えなさい。

> 実験では，ピストンを急に［①］たときに，フラスコ内の空気の温度が下がることで［②］が生じ，それによってフラスコ内が白くくもった。自然界では，しめった空気のかたまりが上昇すると，上空ほど［　③　］ために，膨張して温度が下がり，雲ができると考えられる。

ア　文章中の［①］，［②］に入る語の組み合わせとして最も適切なものを，次の１～４の中から一つ選び，その番号を書きなさい。

１　①　引い　　②　水蒸気　　２　①　押し　　②　水蒸気

３　①　引い　　②　水滴　　４　①　押し　　②　水滴

イ　文章中の［③］に入る適切な内容を書きなさい。

＜社会＞

時間　45分　　満点　100点

1　下の略地図や資料を見て，次の⑴，⑵に答えなさい。(14点)

⑴　略地図１を見て，次のア～ウに答えなさい。

略地図１

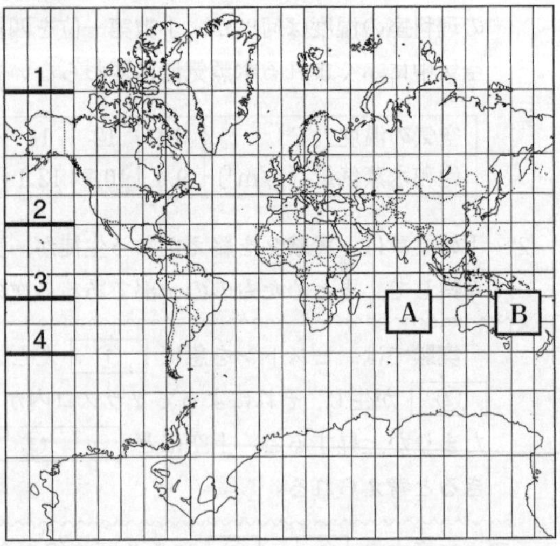

ア　世界の三大洋の一つである略地図１中のAの海洋名を書きなさい。

イ　略地図１は，緯線《いせん》と経線が直角に交わった地図を表している。緯線と平行に同じ長さで描かれている略地図１中の１～４の――のうち，実際の距離が最も短いものを一つ選び，その番号を書きなさい。

ウ　Bのオセアニア州について述べた文として**適切でないもの**を，次の１～４の中から一つ選び，その番号を書きなさい。

１　面積の小さい島々の多くは，現在でもアメリカ領，フランス領などである。
２　貿易などで，アジア諸国との結び付きを強めている。
３　日本と季節が逆であることから，日本を訪れる観光客が増えている。
４　18世紀後半から世界に先がけて鉄鋼業や機械工業が発達した。

⑵　略地図２を見て，次のア～ウに答えなさい。

略地図２

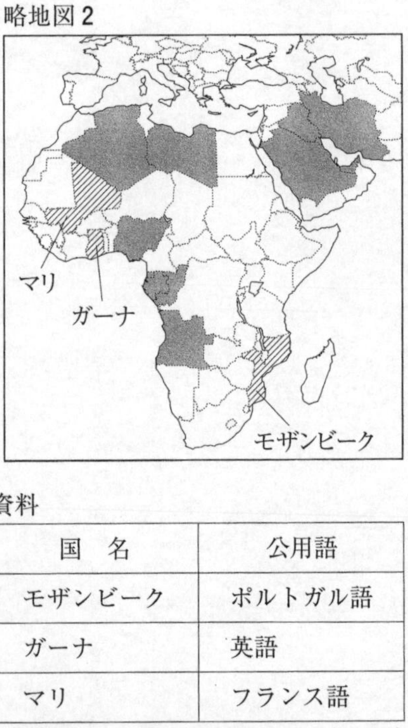

ア　略地図２中の　　　の国々は，石油の価格の安定を確保することなどを目的としている組織に加盟することを通して，結び付いている。この組織を何というか，書きなさい。

イ　アフリカ北部や西アジアの一部の地域では，水や草を求めて季節的に移動し，牛やラクダなどを飼育する牧畜《ぼくちく》が行われている。このような牧畜を何というか，書きなさい。

ウ　右の資料は，略地図２中のモザンビーク，ガーナ，マリの公用語を表している。この３か国のように，アフリカ州の多くの国々で，独自の言語を持ちながらポルトガル語，英語，フランス語などが公用語として使われている理由を，書きなさい。

資料

国　名	公用語
モザンビーク	ポルトガル語
ガーナ	英語
マリ	フランス語

〔「2019データブック オブ・ザ・ワールド」による〕

2　下の略地図や資料を見て，次の⑴～⑹に答えなさい。（15点）

⑴　略地図中のXについて述べた下の文中の □ にあてはまる語を書きなさい。

> 夏に吹く冷たくしめった北東の風で □ と呼ばれ，冷害をもたらすことがある。

略地図

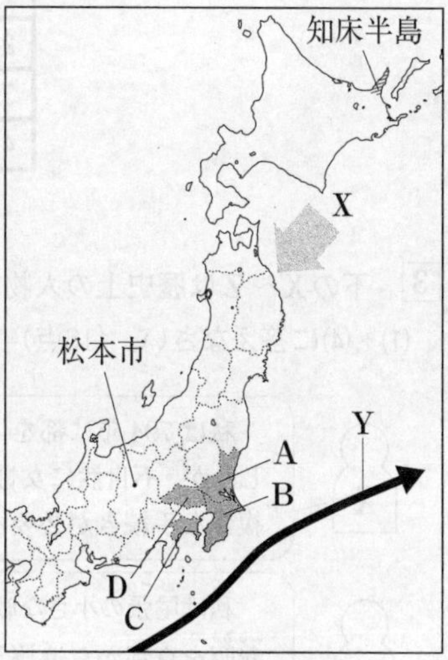

⑵　略地図中のYは，赤道付近から北上してくる海流を表している。この海流名を書きなさい。

⑶　略地図中の松本市の雨温図として適切なものを，次の1～4の中から一つ選び，その番号を書きなさい。

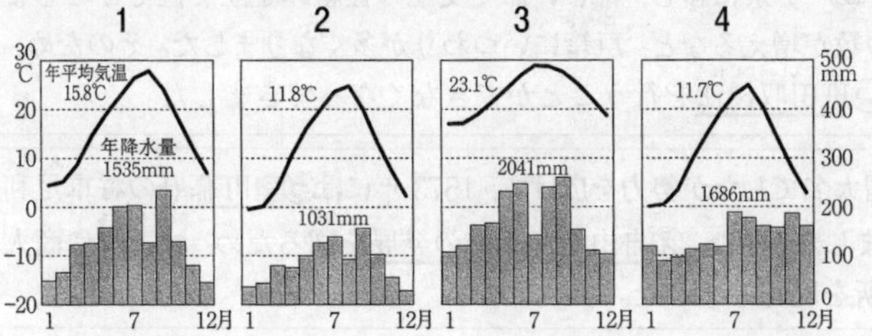

〔「理科年表平成31年版」による〕

⑷　資料1は，略地図中の知床《しれとこ》半島の高架《こうか》木道を表している。これは，自然環境を維持しながら雄大な自然を体験するために設置された。このように自然環境や歴史，文化などを観光資源とし，その観光資源を損《そこ》なうことなく，体験したり学んだりする観光の在り方を何というか，**カタカナ7字**で書きなさい。

資料1

⑸　資料2は，略地図中のA～Dの各県に計画的につくられた都市や地区を表している。これらの都市や地区がつくられた目的を，「都市問題の解決に向けて，」に続けて，次の2語を用いて書きなさい。

　　集中　　　**分散**

資料2

A	筑波《つくば》研究学園都市
B	幕張《まくはり》新都心
C	横浜みなとみらい21
D	さいたま新都心

⑹　資料3のア～ウは，北海道地方，東北地方，中部地方の各地方の畜産《ちくさん》，野菜，果実，米の生産額を表している。各地方とア～ウの組み合わせとして適切なものを，次の1～4の中から一つ選び，その番号を書きなさい。

資料3
〔2015年〕

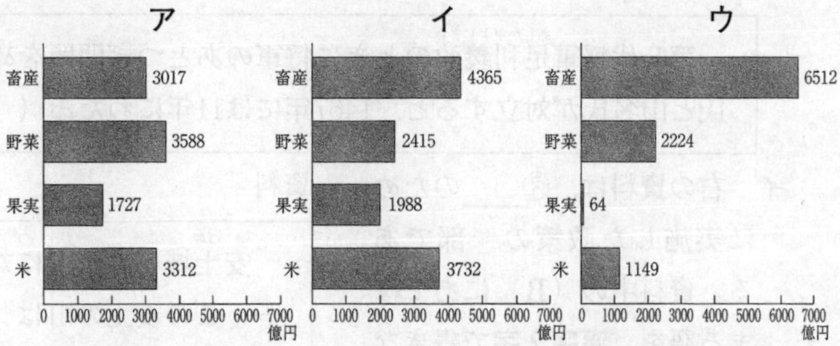

〔「農林水産省　統計情報」などによる〕

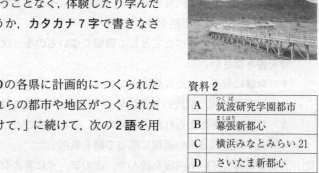

	北海道地方	東北地方	中部地方
1	ア	イ	ウ
2	イ	ウ	ア
3	ウ	イ	ア
4	ウ	ア	イ

3　下のX～Zは歴史上の人物を表している。X～Zがそれぞれ話している内容について，次の(1)～(4)に答えなさい。（16点）

私は794年に都を（　(あ)　）京に移し，新しい都で支配の仕組みを立て直そうとしましたが，不自然に女性の数が増えるなど，戸籍《こせき》にいつわりが多くなりました。そのため，複雑な手続きが必要な(い)班田収授法《はんでんしゅうじゅのほう》を行うことができなくなってきました。

私は尾張《おわり》の小さな戦国大名《だいみょう》でしたが勢力を広げて，1573年には(う)室町幕府の将軍足利《あしかが》義昭《よしあき》を京都から追放しました。また，(え)自由な商工業の発展を図《はか》るため，城下町《じょうかまち》に商人を招き，座《ざ》や各地の関所を廃止《はいし》しました。

私は老中《ろうじゅう》になった後，幕府の財政を立て直すために，(お)商工業者が株仲間《かぶなかま》を作ることを奨励《しょうれい》しました。また，長崎での貿易を奨励し，新しい輸出品の開発に力を入れました。この時代は，商工業が活発になり，自由な風潮で(か)学問や芸術も発展しました。

(1)　人物Xが話している内容を読んで，次のア，イに答えなさい。

ア　（(あ)）にあてはまる語を書きなさい。

イ　(い)＿＿について述べた文として**適切でないもの**を，次の1～4の中から一つ選び，その番号を書きなさい。

1　戸籍に登録された6歳《さい》以上のすべての人々に口分田《くぶんでん》があたえられた。
2　性別や良民《りょうみん》，賤民《せんみん》の身分に応じて口分田の広さが決められていた。
3　口分田をあたえられた人が死ぬと，国に返すことになっていた。
4　人々は，口分田の面積に応じて調《ちょう》を負担した。

(2)　人物Yが話している内容を読んで，次のア，イに答えなさい。

ア　(う)＿＿に関連して，起きたできごとについて述べた下の文中の（A）にあてはまる語を書きなさい。

> 第8代将軍足利義政《あしかがよしまさ》のときに将軍のあとつぎ問題をめぐって，有力な守護大名《しゅごだいみょう》の細川《ほそかわ》氏と山名《やまな》氏が対立すると，1467年には11年にわたる（　A　）が始まった。

イ　右の資料は，(え)＿＿のために実施した政策の一部である。資料中の（B）にあてはまる語を，**漢字2字**で書きなさい。

資料

> 安土《あづち》城下の町中に対する定め
> 一　この安土の町は（　B　）としたので，いろいろな座は廃止し，さまざまな税や労役《ろうえき》は免除《めんじょ》する。

(3)　人物Zが話している内容を読んで，次のア，イに答えなさい。

ア　お＿＿について，この目的を，次の2語を用いて書きなさい。

特権　　営業税

イ　か＿＿について，18世紀後半に本居宣長《もとおりのりなが》が大成させた学問を書きなさい。

(4)　X，Y，Zの人物名として適切なものを，次の1～9の中からそれぞれ一つ選び，その番号を書きなさい。

1　織田信長《おだのぶなが》　2　桓武《かんむ》天皇　3　聖武《しょうむ》天皇
4　推古《すいこ》天皇　5　田沼意次《たぬまおきつぐ》　6　徳川家康《とくがわいえやす》
7　豊臣秀吉《とよとみひでよし》　8　松平定信《まつだいらさだのぶ》　9　水野忠邦《みずのただくに》

4　下のA～Cは，ある生徒が歴史の授業で興味をもったことについて，まとめたカードである。次の(1)～(6)に答えなさい。(15点)

A　開国の影響《えいきょう》

1858年に幕府は日米修好通商《にちべいしゅうこうつうしょう》条約《じょうやく》を結び，外国との自由な貿易を始めた。あ開国後の最大の貿易港は横浜で，い貿易の相手国はイギリスが中心であった。外国との貿易は，日本の経済に大きな影響をあたえた。

B　明治維新の三大改革

う新政府は，欧米《おうべい》諸国にならった近代化のためのさまざまな改革を推《お》し進めた。なかでも，学制，徴兵令，え地租改正《ちそかいせい》の三つの改革は，近代政策の基礎となり，国民の生活に大きな影響をあたえた。

C　お大正デモクラシーの思想

寺内正毅《てらうちまさたけ》内閣が（　か　）によって退陣すると，原敬《はらたかし》が本格的な政党内閣《せいとうないかく》を組織した。政党政治が発展した大正時代，特に第一次世界大戦後は，民主主義（デモクラシー）が強く唱えられた時期だった。

(1)　あに起こった次の1～3のできごとを年代の古い順に並べ，その番号を書きなさい。

1　薩長同盟《さっちょうどうめい》が結ばれた。　2　大政奉還《たいせいほうかん》が行われた。　3　桜田門外の変が起こった。

(2)　資料1は，い＿＿の変化を表している。資料1中の□にあてはまる国名を書きなさい。また，□の国の割合が減少している理由について，資料2を参考にして，書きなさい。

資料1

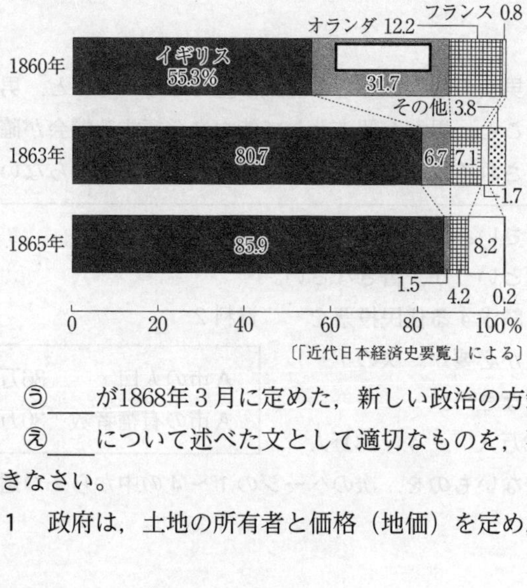

〔「近代日本経済史要覧」による〕

資料2

年	世界のおもなできごと
1853年	クリミア戦争が始まる
1857年	インド大反乱《だいはんらん》が始まる
1861年	イタリア王国が成立する アメリカ南北戦争《なんぼくせんそう》が始まる
1871年	ドイツが統一される

(3)　う＿＿が1868年3月に定めた，新しい政治の方針を何というか，書きなさい。

(4)　え＿＿について述べた文として適切なものを，次の1～4の中から一つ選び，その番号を書きなさい。

1　政府は，土地の所有者と価格（地価）を定め，地券を発行した。

2　課税の基準を，その土地の収穫高《しゅうかくだか》にした。

3　地租は地価の2.5％としたが，のちに３％に引き上げた。

4　土地の所有者は，地租を米で納めた。

(5)　(お)＿＿を広めるうえで大きな役割を果たした民本主義《みんぽんしゅぎ》を主張した人物名を書きなさい。

(6)　資料３は，（　(か)　）のできごとの様子を表している。(か)にあてはまるできごととして適切なものを，次の１～４の中から一つ選び，その番号を書きなさい。

1　第一次護憲運動《ごけんうんどう》　　2　米騒動《こめそうどう》

3　小作争議《こさくそうぎ》　　4　第１回メーデー

資料３

5　下の文章を読んで，次の(1)～(5)に答えなさい。（14点）

> 私たちが自由に人間らしく生きていくことができるように，自由権，(あ)社会権，(い)平等権，(う)参政権，(え)裁判を受ける権利などの基本的人権が保障されている。人権の保障は，一人一人の個性を尊重し，かけがえのない人間としてあつかうという「個人の尊重」の原理（憲法第13条）に基《もと》づいている。
>
> しかし，産業や科学技術の発展などにともなって，日本国憲法に直接的には規定されていない権利が主張されるようになり，このような権利は「新しい人権」と呼ばれる。「新しい人権」には，(お)環境権や知る権利，プライバシーの権利などがある。

(1)　1919年に定められた，(あ)＿＿を最初に取り入れたドイツの憲法を何というか，書きなさい。

(2)　(い)＿＿について，資料１は日本における男女平等の実現に向けて，1999年に制定された法律の一部である。資料１中の（Ｘ）に共通してあてはまる語を書きなさい。

資料１

> 〈男女共同（　Ｘ　）社会基本法〉
>
> 第３条〔男女の人権の尊重〕
>
> 男女共同（　Ｘ　）社会の形成は，男女の個人としての尊厳が重んぜられること，男女が性別による差別的取扱《とりあつか》いを受けないこと，男女が個人として能力を発揮する機会が確保されることその他の男女の人権が尊重されることを旨《むね》として，行われなければならない。

(3)　(う)＿＿について，次のア，イに答えなさい。

ア　国や地方の機関に要望する権利を何というか，書きなさい。

イ　資料２のＡ市の場合，市長の解職を請求《せいきゅう》する住民投票を行うためには，最低何人の有効な署名が必要か。次の１～４の中から一つ選び，その番号を書きなさい。

1　６万人　　2　10万人　　3　12万人　　4　18万人

資料２

Ａ市の人口	36万人
Ａ市の有権者数	30万人

(4)　(え)＿＿について述べた文として**適切でないもの**を，次のページの１～４の中から一つ選び，その番号を書きなさい。

1　司法制度改革の一環《いっかん》として，国民が刑事《けいじ》裁判に参加する裁判員制度が始まった。

2　裁判において，裁判官は自らの良心に従い，憲法と法律だけに拘束《こうそく》される。

3　地方裁判所での第一審《だいいっしん》の判決に納得《なっとく》できない場合，高等裁判所に上告することができる。

4　国会や内閣は裁判所の活動に干渉《かんしょう》してはいけない。

(5)　資料3は，(お)＿＿に配慮《はいりょ》されたマンションを表している。このマンションについて述べた下の文中の□に入る適切な内容を書きなさい。

資料3

> 環境権に配慮し，中央のマンションは，左のマンションへの□ために，側面を階段状にしている。

6　下の文章は，ある生徒が「経済の仕組み」についてまとめたものの一部である。次の(1)～(4)に答えなさい。(14点)

> ・私たちの経済は，生産と(あ)消費を中心に成り立っている。
> ・商品には(い)価格がつけられ，価格は需要《じゅよう》量と供給量との関係で変化する。
> ・独占《どくせん》や寡占《かせん》を防ぐために，(う)独占禁止法が制定された。
> ・(え)少子高齢化が経済にも影響をあたえている。

(1)　(あ)＿＿について，家族や個人など，消費生活を営む単位を何というか，書きなさい。

(2)　(い)＿＿について，次のア，イに答えなさい。

ア　右の資料は，東京都中央卸売市場《おろしうりしじょう》における，ほうれんそうの入荷《にゅうか》量と価格の動きを表している。ほうれんそうの入荷量と価格の関係について，「ほうれんそうの入荷量が」に続けて書きなさい。

イ　下の文章中の□にあてはまる語を書きなさい。

> 電気，ガス，水道などの価格は，大きく変動すると，国民生活に大きな影響をあたえかねない。そこで，これらの価格（料金）は□と定められ，国や地方公共団体が決定したり認可したりしている。

資料

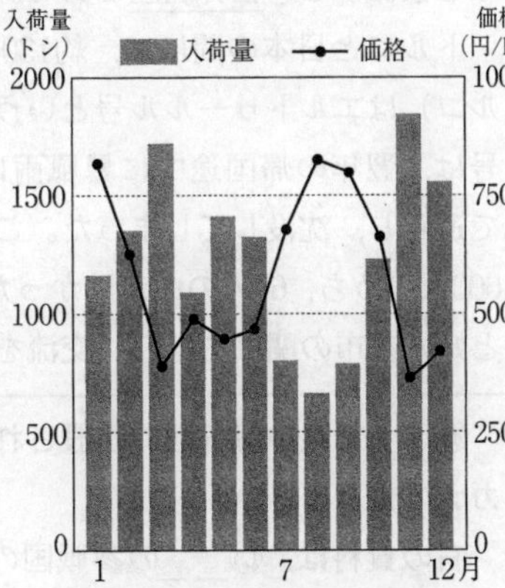

〔「東京都中央卸売市場年報」平成30年による〕

(3)　(う)＿＿について述べた文として適切なものを，次の1～4の中から一つ選び，その番号を書きなさい。

1　企業《きぎょう》などに市場での公正かつ自由な競争をうながし，消費者の利益を確保するために制定された。

2　消費者の権利や自立の支援《しえん》などの基本理念と，国や地方公共団体の責務などが規定されている。

3　欠陥《けっかん》商品で消費者が被害《ひがい》を受けたときの企業の責任について定めている。
4　労働時間，休日，賃金など労働条件についての最低基準を定めている。

(4) ㋓について，次のア，イに答えなさい。

ア　少子高齢化の進展に対応して導入された，40歳以上の人が加入し，介護《かいご》が必要になったときに介護サービスを受けられる制度を何というか，書きなさい。

イ　少子高齢化の進展と社会保障との関連について述べた文として**適切でないもの**を，次の1～4の中から一つ選び，その番号を書きなさい。

1　公的年金や医療など高齢者の生活を支える社会保障にかかる費用が増加した。
2　高齢者を支える現役《げんえき》世代の数が減少するため，国民一人あたりの経済的な負担が軽くなった。
3　子育て及び家族の介護と仕事を両立できる雇用環境を整えるために，育児・介護休業法が定められた。
4　75歳以上の高齢者が加入する，後期高齢者医療制度が導入された。

7　下の文章は，ある生徒がトルコ共和国と日本との関係についてまとめたものである。次の(1)～(5)に答えなさい。（12点）

> トルコは黒海，エーゲ海，地中海《ちちゅうかい》に囲まれており，㋐古代ギリシャなど，さまざまな文明が栄えた場所に位置している。トルコが近代国家として誕生したのは，㋑第一次世界大戦後である。現在のトルコでは，国民の９割以上が（　㋒　）教を信仰しているが，その他の宗教が信仰されていた時代もあった。イスタンブールにあるアヤ・ソフィア大聖堂は宗教的融《ゆう》和《わ》を象徴《しょうちょう》する㋓世界遺産である。
>
> トルコと日本の間には，約130年におよぶ友好の歴史がある。1889年，オスマン帝国《ていこく》（トルコ）はエルトゥールル号という軍艦《ぐんかん》で日本に使節を派遣した。ところが，エルトゥールル号は，翌年の帰国途中に暴風雨により，和歌山県大島村《おおしまむら》（現在の㋔串本町《くしもとちょう》）の樫野崎《かしのざき》付近で遭難《そうなん》し，沈没《ちんぼつ》してしまった。この時，大島村の村人は献身《けんしん》的な救助活動を行い，乗組員約600人のうち，69人の命が助かった。現在でも，串本町はトルコのメルシン市，ヤカケント町と姉妹《しまい》都市の関係を結び，交流を続けている。

(1) ㋐で地中海各地に建設された，アテネやスパルタのような都市国家を何というか，**カタカナ**で書きなさい。

(2) 右の資料は，㋑の参戦国の一部を表している。㋑中のオスマン帝国（トルコ）と日本について述べた下の文中の□にあてはまる国名を，資料中から一つ選び，書きなさい。

> オスマン帝国（トルコ）は同盟国側として参戦したが，日本は□と同盟を結んでいることを理由に，連合国側として参戦した。

資料

連合国側	同盟国側
イギリス	ドイツ
フランス	オーストリア
ロシア	オスマン帝国（トルコ）
セルビア	
イタリア	
アメリカ	
日本	

(3) （㋒）にあてはまる語を書きなさい。

(4) (え)＿＿などの文化財の保護や，識字教育などの活動をしている，国際連合の専門機関の略称として適切なものを，次の1～4の中から一つ選び，その番号を書きなさい。

1　UNEP《ユネップ》　　2　UNICEF《ユニセフ》

3　UNCTAD《アンクタッド》　　4　UNESCO《ユネスコ》

(5) (お)＿＿の場所を下の文章を参考にして，右の略地図中の1～4の中から一つ選び，その番号を書きなさい。

> 串本町は，紀伊《きい》山地を背に雄大な太平洋に面し，海岸線が東西に長く延《の》びている。町の南の先端《せんたん》には，潮岬《しおのみさき》があり，これは東京の八丈島《はちじょうじま》とほぼ同緯度に位置する。

略地図

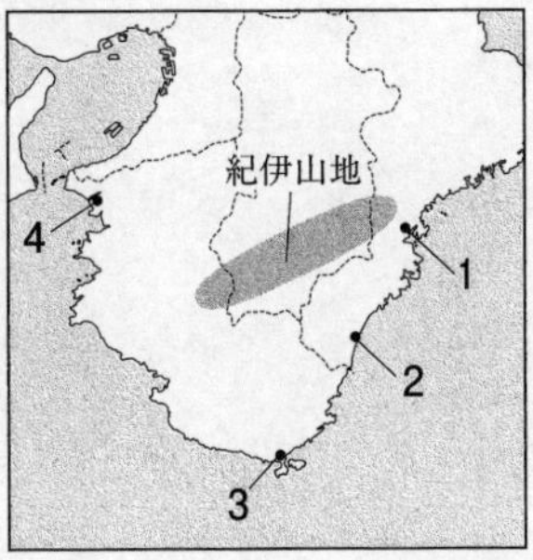

6　ある中学校で、国語の時間に行った、類義語に関する学習で、場面や状況に応じた適切な言葉づかいについて、意見文を書くことになりました。次の文章は、ある中学生が「美しい」と「きれいだ」の違いについて調べてまとめたものの一部です。これを読んで、あとの(1)～(3)に従って文章を書きなさい。（10点）

　私は形容詞の「美しい」と形容動詞の「きれいだ」の違いについて考えました。「ひたむきな姿が美しい」は、しっくりしますが、「ひたむきな姿がきれいだ」は、変な感じがします。「床をきれいに掃く」は、しっくりしますが、「床を美しく掃く」は、やはり変な感じがします。「美しい風景」と「きれいな風景」は、どちらも言えそうですが、場面や状況が異なるように感じられます。

(1)　題名を書かないこと。

(2)　二段落構成とし、第一段落では、「美しい」と「きれいだ」の違いについて気づいたことを書き、第二段落では、そのことをふまえて、自分の意見を書くこと。

(3)　百五十字以上、二百字以内で書くこと。

3　連敗することは「祐也」の成長にとって必要であるため、現実の過酷さを受け入れさせようと突き放している。

4　「祐也」が厳しい状況にあることを理解しつつも、対戦相手を打ち負かしてほしいと躍起になっている。

(2)　㋑取り返しのつかないこと　とありますが、どのようなことを表しているかを、「祐也」の思いをふまえながら、次のようにまとめました。□に入る最も適切な語句を、本文中から**七字**で**そのまま**抜き出して書きなさい。

> 「祐也」は、将棋の研修会に入ってから、勝てない苦しみでおかしくなり、その状態が続けば□になるということ。

(3)　㋒あふれた涙が頬をつたって、地面にぽとぽと落ちていく　とありますが、ある生徒が、この表現の特徴について、次のようにまとめました。□に入る最も適切な語句を、次の1～4の中から一つ選び、その番号を書きなさい。

> □響きをもつ擬音語を用いて、「祐也」の心の内の悲しみを効果的に表現している。

1　鈍く重い
2　鈍く軽い
3　鋭く重い
4　鋭く軽い

(4)　㋓すぐには気持ちを切り換えられないだろう　とありますが、ある生徒が、「父」の気持ちについて次のようにまとめました。□に入る具体的な内容を**三十五字以内**で書きなさい。

> 「父」は棋士を目ざしている「祐也」に対して、□と願っている。

(5)　㋔祐也は顔がほころんだ　とありますが、このときの「祐也」の気持ちとして最も適切なものを、次の1～4の中から一つ選び、その番号を書きなさい。

1　母の言葉でやる気が湧きあがり、今度こそはと闘志を燃やしている。
2　将棋を気にかけない母に対して不満を抱き、やりきれないでいる。
3　厳格な態度の父と異なり、温かな態度の母に感極まっている。
4　勝敗に関係なく見守ってくれる母に接し、ほっとしている。

(6)　ある生徒が、家に着いたあとの「祐也」について次のようにまとめました。[A] [B]に入る具体的な内容を、それぞれ**二十字以内**で書きなさい。

> 「祐也」は家に着いたあと、浴槽につかっているあいだも、夕飯のあいだも、研修会で戦ってきた緊張がとけて、ただただ眠たく、ベッドに入ってからは、[A]、涙があふれ、布団をかぶって泣いているうちに眠ってしまった。夜中の1時すぎに目が覚め、ベッドのうえに正座をし、将棋をおぼえてからの日々を思い返し、今日の4局を並べ直したとき、プロにはなれなかったけれど、それでも[B]思いを抱いた。

千駄ヶ谷駅で(注7)総武《そうぶ》線に乗ってからも、父は、世間の誰もが感心したり、褒めそやしたりする能力だけが人間の可能性ではないのだということをわかりやすく話してくれた。

「㋓すぐには気持ちを切り換えられないだろうが、まだ中学1年生の12月なんだから、いくらでも挽回はきく。高校は、偏差値よりも、将棋部があるかどうかで選ぶといい。そして、自分なりの将棋の楽しみかたを見つけるんだ」

ありがたい話だと思ったが、祐也はしだいに眠たくなってきた。(注8)錦《きん》糸《しちょう》町駅で乗り換えた東京メトロ(注9)半蔵門《はんぞうもん》線のシートにすわるなり、祐也は眠りに落ちた。

午後6時すぎに家に着くと、玄関で母がむかえてくれた。

「祐ちゃん、お帰りなさい。お風呂が沸いているから、そのまま入ったら」

いつもどおり、張り切った声で話す母に、㋔祐也は顔がほころんだ。浴槽につかっているあいだも、夕飯のあいだも、祐也は何度も眠りかけた。2年と2ヵ月、研修会で戦ってきた緊張がとけて、ただただ眠たかった。

悲しみにおそわれたのは、ベッドに入ってからだ。

「もう、棋士にはなれないんだ」

祐也の目から涙があふれた。布団《ふとん》をかぶって泣いているうちに眠ってしまい、ふと目をさますと夜中の1時すぎだった。父と母も眠っているらしく、家のなかは物音ひとつしなかった。

常夜灯がついた部屋で、ベッドのうえに正座をすると、祐也は将棋をおぼえてからの日々を思い返した。(注10)米村《よねむら》君はどうしているだろう。中学受験をして都内の私立に進んでしまったが、いまでも将棋を指しているだろうか。いつか(注11)野崎《のざき》君と、どんな気持ちで研修会に通っていたのかを話してみたい。

祐也は、頭のなかで今日の4局を並べ直した。どれもひどい将棋だと思っていたが、1局目と2局目はミスをしたところで正しく指していれば、優勢に持ち込めたことがわかった。

「おれは将棋が好きだ。プロにはなれなかったけど、それでも将棋が好きだ」

うそ偽りのない思いにからだをふるわせながら、祐也はベッドに横になり、深い眠りに落ちていった。

（佐川光晴《さがわみつはる》「駒音高く」より）

（注1）三和土……ここでは研修会場の玄関。
（注2）D1……研修会の階級クラス。
（注3）D2……研修会の階級クラス。
（注4）奨励会試験……日本将棋連盟のプロ棋士養成機関に入会する試験。
（注5）千駄ヶ谷駅……駅名。
（注6）秀也……「祐也」の兄。
（注7）総武線……路線名。
（注8）錦糸町駅……駅名。
（注9）半蔵門線……路線名。
（注10）米村君……小学生の時に「祐也」に将棋を教えてくれた友達。
（注11）野崎君……2局目の対戦相手。

(1)　㋐それでも最後まで最善を尽くしてきなさい　とありますが、このときの「父」の心情として最も適切なものを、次の1～4の中から一つ選び、その番号を書きなさい。

1　無理だとあきらめることは勝負に影響を及ぼすので、「祐也」を奮い立たせようと怒鳴りつけている。

2　「祐也」が挽回できそうにないことはわかっているものの、将棋に向き合い全力で臨んでほしいと願っている。

5 次の文章を読んで、あとの(1)～(6)に答えなさい。(26点)

中学校1年生の「祐也《ゆうや》」はプロ棋士を目ざし、将棋の研修会に通っていた。日々、対局を重ねていたが、最近は何をしても勝てない状況に陥っていた。

「祐也」

呼ばれて顔をあげると、(注1)三和土《たたき》に背広を着た父が立っていた。

「どうした?」

心配顔の父に聞かれて、祐也は4連敗しそうだと言った。

「そうか。それじゃあ、もう休もう。ずいぶん、苦しかったろう」

祐也は父に歩みよった。肩に手を置かれて、その手で背中をさすられた。

「挽回《ばんかい》できそうにないのか?」

手を離した父が一歩さがって聞いた。

「無理だと思う」

祐也は目を伏せた。

「そうか。(あ)それでも最後まで最善を尽くしてきなさい」

「わかった」

父に背をむけて、祐也は大広間に戻った。どう見ても逆転などあり得ない状況で、こんな将棋にしてしまった自分が情けなかった。

10手後、祐也は頭をさげた。次回の、今年最後の研修会で1局目から3連勝しないかぎり、(注2)D1で2度目の降級点がつき、(注3)D2に落ちる。これでは(注4)奨励会試験に合格するはずがない。しかし、そんなことよりも、いまのままでは、将棋自体が嫌いになりそうで、それがなによりこわかった。

祐也はボディーバッグを持ち、大広間を出た。

「負けたのか?」

父に聞かれて、祐也はうなずいた。そのまま二人で1階まで階段をおりて、JR(注5)千駄ヶ谷《せんだがや》駅へと続く道を歩いていく。いきには気づかなかったが、街はクリスマスの飾りでいっぱいだった。

「プロを目ざすのは、もうやめにしなさい」

祐也より頭ひとつ大きな父が言った。

「2週間後の研修会を最後にして、少し将棋を休むといい。いまのままだと、きみは(い)取り返しのつかないことになる。わかったね?」

「はい」

そう答えた祐也の目から涙が流れた。足が止まり、(う)あふれた涙が頬《ほお》をつたって、地面にぼとぼと落ちていく。胸がわななき、祐也はしゃくりあげた。こんなふうに泣くのは、保育園の年少組以来だ。身も世もなく泣きじゃくるうちに、ずっと頭をおおっていたモヤが晴れていくのがわかった。

「将棋をやめろと言っているんじゃない。将棋は、一生をかけて、指していけばいい。しかし、おとしの10月に研修会に入ってから、きみはあきらかにおかしかった。おとうさんも、おかあさんも、気づいてはいたんだが、将棋については素人《しろうと》同然だから、どうやってとめていいか、わからなかった。2年と2ヵ月、よくがんばった。今日まで、ひとりで苦しませて、申しわけなかった」

父が頭をさげた。

「そんなことはない」

祐也は首を横にふった。

「たぶん、きみは、(注6)秀也《しゅうや》が国立大学の医学部に現役合格したことで、相当なプレッシャーを感じていたんだろう」

父はそれから、ひとの成長のペースは千差万別なのだから、あわてる必要はないという意味の話をした。

のんびりとした雰囲気を味わったような記憶がある。だが、これをもし、東京の中心街から遠い土地に住んでいることを気にしている人間が読んだら、ちょっと複雑な気持ちかもしれないとも思った。同じそのことばから、都心に住む人が近郊を「いなか」と見くだすまなざしを感じとらないとも限らない。□次第で効果も逆効果もあるから微妙である。

広く読まれる文章では相手も不特定だから、どういう表現で誰が傷つくか、ますます油断がならない。要は㋑他者への配慮であり、やさしさである。基本はそれに尽きるだろう。

（中村明《なかむらあきら》「日本語の作法」より。一部省略がある。）

（注1）フォーカス……焦点。
（注2）どんぐり眼……丸くて愛らしい目。
（注3）おちょぼ口……小さくかわいらしい口。
（注4）文章作法書……ここでは文章を書く方法を著した書物。
（注5）都下……東京都のうちで、二十三区を除いた市町村。
（注6）小金井市……東京都中部の地名。
（注7）国木田独歩……作家。
（注8）徳富蘆花……作家。
（注9）武蔵野……ここでは埼玉県川越から東京都府中までの間に広がる地域。

(1) 読まと動詞の活用形が同じものを、次の1～4の――の中から一つ選び、その番号を書きなさい。

1 勉強をする時間だ。
2 借りた本を返す。
3 係を決めればよい。
4 彼にも話そう。

(2) ㋐全体としてつじつまの合わないとありますが、その理由を次のようにまとめました。□に入る最も適切な語句を、本文中から**十字でそのまま抜き出して**書きなさい。

> 「御出産おめでとうございます」という祝いの手紙が来て、□いたのに、文章が母親に合わせて書かれていたから。

(3) □に入る語として最も適切なものを、次の1～4の中から一つ選び、その番号を書きなさい。

1 土地　2 目的
3 相手　4 意味

(4) この文章について述べたものとして最も適切なものを、次の1～4の中から一つ選び、その番号を書きなさい。

1 文章作法書の手順に従って全体を構成し、文章の書き方が的確に伝わるように表現している。
2 最初に疑問を述べ、次に疑問の答えを裏付ける具体例を示し、説得力を増すように表現している。
3 複数の具体例とともに、意見を繰り返して示し、筆者の主張が明確に伝わるように表現している。
4 間違いを積極的に修正する必要性を具体例に必ず含め、主張に客観性をもたせて表現している。

(5) ㋑他者への配慮であり、やさしさであるとありますが、ある生徒が、この語句について、次のようにまとめました。□に入る具体的な内容を、**四十字以内**で書きなさい。

> 自分が書いた文章を読んでくれる相手に対する感謝として、□、論点をくっきりさせることが大切である。

ただ漫然と書くのではなく、まずは誰が読むのかを考え、語りかける方向を定めよう。こういう極端な例ならわかりやすいだろう。意中の人の心に訴えかけるべき恋文を、もしも万人向けに書き、そんなものをビラのように配ったら、肝腎の相手は本気にしない。だから当然、そんな場合は誰だって、内容も表現も、そのかけがえのない一個人に合わせて書く。

こんなふうに読み手の方向性をしぼる配慮は、特定の人に宛てる手紙にだけ必要なわけではない。程度の違いこそあれ、書きだす前に誰でも考え、実際に試みているはずなのだ。ここが曖昧だと、ピントが甘くなり、フォーカス(注1)が定まらないから、論点がぼやけてしまう。一般向けの文章であっても、どういう人に読んでもらいたいのかという、いわば文章の宛先をできるだけ限定し、ターゲットとなる読者層を明確にして書きたい。意識してピンぼけを防ぎ、シャープな文章に仕立てるためである。

通常の文章はたいてい不特定多数の読み手を想定して書く。だから、もちろん、どんぐり眼《まなこ》(注2)でおちょぼ口(注3)をした丸顔のぽちゃぽちゃっとした女の子などと、個別の読み手をイメージするわけにはいかない。とはいえ、読者層はのっぺりとした得体の知れないかたまりとは違う。子供か大人か、男性か女性か、学生か社会人か教員か職人か主婦か、その問題にどの程度の関心や知識のある人びとなのか、可能な範囲で読者対象をしぼりこみたい。どういう人が読むかによって、適切な表現はそれぞれ違ってくる。どのような人間が読むかという点を一切抜きにして、絶対すぐれた文章などというものはありえないからである。

読み手の立場に寄り添って書くようにと説くのは、おそらく文章作法(注4)書というものの常道だろう。そういう当然のことができるのは、書き始める前に読者層のイメージが頭のなかにおよそ方向づけられているからだ。むろん、世の中には、物知りもいれば、物知らずもいる。関心のありかも人それぞれみな違う。ぴたりと照準を合わせるのは至難の業《わざ》だ。それでも、書くのは自分で、読むのは他人、その他人は自分とはまるで違う人間であるという当然きわまる事実を、きちんと認識して書く、その第一歩が肝腎なのである。

子供の生まれた家に市長名で「御出産おめでとうございます」という祝いの手紙が来て、よく見ると宛名が赤ん坊になっていた、そんな笑い話みたいな実話があるらしい。「出産」したのは母親であって、子供は夢中で「誕生」したにすぎない。発信人としては、赤ん坊はまだ字を知らないから実際に読むのは母親だと気をまわしすぎて、(あ)全体としてつじつまの合わない通信文になったのかもしれない。もし一度でも、宛名の相手の身になって読み返すことがあったら、こういう間違いはきっと避けられたはずなのだ。

この場合はまだ愛嬌《あいきょう》といって済まされそうな例だが、気づかずに相手を傷つけるケースもある。たとえば、東京の人間に「下阪《げはん》」と書かれたら、きっと大阪《おおさか》の人間はいい気持ちがしないことだろう。大阪へ下るなどと、相手を見くだす態度が気に食わないはずだ。

かつて千年以上も都だった京都、その地に生まれ育った人は、長年にわたって「京に上る」と言われてきただけに、東京に行くという意味の「上京」という語に抵抗が強く、無意識のうちにその使用を避ける傾向がありそうだ。[中略]

以前、「都下(注5)小金井市《こがねいし》(注6)」と宛てたはがきが舞い込んだことがある。作家の永井龍男《ながいたつお》から届いた一通だったかもしれない。ほのかに文学的かおりが漂うせいか、「都下」という懐《なつ》かしいことばから、国木田《くにきだ》独歩《どっぽ》(注7)や徳富蘆花《とくとみろか》(注8)などの時代の武蔵野《むさしの》(注9)のおもかげが目に浮かび、一瞬以ツテ身ヲ親ラス之ヲ。而シテ単父亦治マル。巫馬期問フ㆓其ノ故ヲ㆒。
宓子曰ハク、「我ハ之レ謂フ㆑任スト㆑[A]ニ。子ハ之レ謂フ㆑任スト㆑[B]ニ。任ス㆑力ニ者ハ故ヨリ労ス、任ス㆑人ニ者ハ故ヨリ逸ス。」

【書き下し文】

宓子賤《ふくしせん》単父《ぜんぽ》を治むるに、鳴琴《めいきん》を弾《ひ》きて、身《み》堂《だう》を下《くだ》らず、而《しかう》して単父治まる。巫馬期《ふばき》星を以《も》つて出《い》で、星を以つて入《い》り、日夜居《を》らず、身を以つて之《これ》を親《みづか》らす。而して単父亦《また》治まる。巫馬期其《そ》の故《ゆゑ》を問ふ。宓子曰《い》はく、「我は之《こ》れ[A]に任《まか》すと謂《い》ふ。子《し》は之れ[B]に任すと謂ふ。力に任す者は故《もと》より労《らう》す、人に任す者は故より逸《いつ》す。」と。

（現代語訳）

宓子賤が知事として単父を治めたとき、いつも琴を弾き、自身は堂より下りて来ず、何もしないのに単父は治まった。巫馬期が知事として単父を治めたとき、朝は早く星を見て出かけ、夜も遅く星を見て戻り、日夜政道に尽くして安居せず、自ら政治を行った。そのようにして単父は同じように治まった。巫馬期はその訳を尋ねた。すると宓子賤は答えた。「私の政治のやり方は[A]に任せて治めるというものです。あなたの政治のやり方は[B]に任せて治めるというものです。自身の力に頼る者は疲れるが、他人に任せる者は楽なのです。」

（「蒙求《もうぎゅう》」より）

（注1） 宓子賤……中国の春秋時代の人。
（注2） 単父……中国の春秋時代の地名。
（注3） 巫馬期……中国の春秋時代の人。

(1) 以ツテ身ヲ親ラス之ヲ に、【書き下し文】を参考にして、**返り点**をつけなさい。

(2) 星を以つて出で、星を以つて入り とありますが、どのようなことを表していますか。最も適切なものを、次の1～4の中から一つ選び、その番号を書きなさい。

1 風流を楽しむこと。　2 物事の兆候があらわれること。
3 仕事に勤め励むこと。　4 事態が差し迫ること。

(3) [A]、[B]に入る語の組み合わせとして最も適切なものを、次の1～6の中から一つ選び、その番号を書きなさい。

1 A 力 B 労　2 A 労 B 力
3 A 人 B 逸　4 A 逸 B 人
5 A 力 B 人　6 A 人 B 力

[4] 次の文章を読んで、あとの(1)～(5)に答えなさい。（22点）

書く側には、誰も読まないかもしれないなどという想像は浮かんでこない。何の疑いもなく、読み手の存在を当然の前提として文章を綴《つづ》る。だが、人間には、読む権利があると同時に、読まない自由もある。そんな何の義務も義理もない赤の他人に、ぜひ読んでもらおうと思えば、それ相応の配慮が必要だ。まずは、読むに値するすぐれた内容を盛ること、そして、読むにたえる秀《ひい》でた表現で綴ることである。わざわざその文章を読んでくれる奇特な相手に感謝し、その負担をできるだけ減らすことで少しでもその労に報いたい。

一般的な心構えとしてなら、そんなことは誰にでもわかっているかもしれない。だが、具体的にどうするかがむずかしい。しかも、表現の方策と効果はつねに一定ではない。読み手により、局面により、その目的により、その他さまざまな条件に応じて、結果はそれぞれ違うから、現実には途方にくれるばかりである。

＜国語＞

時間　五〇分　満点　一〇〇点

【注意】問題の1は放送による検査です。問題用紙は放送による指示があるまで開いてはいけません。

1 放送による検査（16点）

【資料】

発表項目

テーマ
「折り紙」という言葉の意味
日本で使う「折り紙」
世界で使う「折り紙」
折り紙の特徴を応用した研究
まとめ

質問メモ

田中さんの質問
折り畳める構造をもつ建物のよさとは？

2 次の⑴、⑵に答えなさい。（14点）

⑴ 次のア～オの――の漢字の読みがなを書きなさい。また、カ～コの――のカタカナの部分を楷書《かいしょ》で漢字に書き改めなさい。

ア 音読で抑揚をつける。

イ 廉価な製品をつくる。

ウ 曇天の中を移動する。

エ 地域の催しに参加する。

オ 事実と意見を併せて発表する。

カ 体の中のゾウキの働きを勉強する。

キ カンダンの差が激しい。

ク 方位ジシンを購入する。

ケ 物音に驚いて馬がアバれる。

コ サイワいなことに雨がやんだ。

⑵ 次のア、イの――のカタカナの部分を漢字で表したとき、その漢字と同じ漢字が使われている熟語を、それぞれあとの1～4の中から一つずつ選び、その番号を書きなさい。

ア 部屋をカタづける。

1 方言　2 破片　3 模型　4 形式

イ 当初の目的をカンスイする。

1 遂行　2 推進　3 睡眠　4 抜粋

3 次の文章を読んで、あとの⑴～⑶に答えなさい。（12点）

【漢文】

宓（注1）子賤治ムル二単（注2）父一ヲ、弾キ二テ鳴琴一ヲ、身不レ下レラ堂ヲ、而シテ単父治マル。巫（注3）馬期以テレ星ヲ出デ、以テレ星ヲ入リ、日夜不レ居ラ、

国語放送台本

今から、国語の、放送による検査を行います。はじめに、解答用紙を出して、受検番号を決められた欄に記入してください。

次に、問題用紙の2ページを開いてください。

□《しかく》一は、【資料】を見ながら放送を聞いて、質問に答える問題です。

ある中学校の国語の時間に、木村さんが調べたことについて発表しました。これから、その発表と、発表後の質疑応答の様子の一部を紹介します。そのあとで、四つの問題を出します。それを聞いて、解答用紙の(1)、(2)、(3)、(4)、それぞれの欄に答えを書きなさい。発表と質疑応答の様子、問題は、それぞれ一回しか言いません。必要なことは、メモを取ってもかまいません。

それでは、始めます。

［木村さん］

これから発表を始めます。私は折り紙について調べました。発表項目の資料を見てください。その項目順に、発表を進めます。

皆さんは、折り紙と聞いて、何を想像しますか。私は折り鶴を想像します。ところが、先日のテレビでは、折り紙と人工衛星の関係について放送していたのです。ロケットに人工衛星を載せるときに、太陽電池パネルを小さく畳んだり、宇宙の、予定された位置で、大きく広げたりするために、折り紙の特徴を応用する例が紹介され、私は興味をもちました。そこで、私は、テーマを「折り紙の特徴を生かした研究」と設定し、調べることにしました。

まず、「折り紙」という言葉の意味について説明します。日本で使う「折り紙」という言葉の意味は、紙でさまざまな形を折る遊びのことです。しかし、世界で使う「折り紙」という言葉の意味は、金属などを折ることで、状態を変化させること、とする場合もあるのです。

次に、折り紙の特徴を応用した研究について説明します。折り紙の特徴は、「畳んだり広げたりできる」ということです。その特徴を、金属などに応用する研究が、世界中で進んでいます。宇宙分野では、一辺が十四メートルの正方形で、髪の毛よりも薄い膜を、宇宙で広げることに、日本のグループが成功しました。その膜を折り畳むときに、折り紙をヒントにしたそうです。医療分野では、金属を使った網状（あみじょう）の筒を小さく折り畳み、血管を保護するために用いる研究が進んでいます。建築分野では、畳むと平らで、広げると立体になるという、折り畳める構造をもつ建物の研究が進んでいます。現在は、畳むと二十センチの高さが、広げると二メートルの高さになり、人が入れる建物が開発されています。私は、折り紙が国際語として広く使われ、折り紙の特徴が、身近なものから人工衛星まで、幅広い分野で応用されていることを知りました。折り紙の特徴を生かした研究がさらに進み、世界中の人々を支える手立ての一つになればいいと思います。以上で発表を終わります。質問はありませんか。田中さん、どうぞ。

［田中さん］

はい。折り畳める構造をもつ建物には、どのようなよさがあるのですか。

［木村さん］

はい。目的地に、容易に運べます。また、使ったあとは、場所をとらずにしまっておけます。折り畳める構造をもつ建物には、そういうよさがあるのです。

以上、木村さんの発表と質疑応答の様子の紹介は、ここまでです。続いて問題に移ります。

(1)の問題。木村さんが設定したテーマは何でしたか。書きなさい。

(2)の問題。木村さんは、日本で使う「折り紙」という言葉の意味は、どのようなことだと言っていましたか。書きなさい。

(3)の問題。木村さんの発表の仕方の説明として最も適切なものを、これから言う、1、2、3、4の中から一つ選んで、その番号を書きなさい。

1　発表の最初に自分の主張を述べることで、聞き手に話題が伝わるように発表している。

2　調べた内容について反対意見を交えて述べることで、聞き手が興味をもつように発表している。

3　調べた結果の問題点を強調して述べることで、聞き手の理解が深まるように発表している。

4　発表の項目を資料にして述べることで、聞き手に分かりやすくなるように発表している。

(4)の問題。木村さんは、田中さんの「折り畳める構造をもつ建物には、どのようなよさがあるのですか」という質問に対して、どのようなよさがあると言っていましたか。木村さんが言っていた内容をまとめて書きなさい。

これで、放送による検査を終わります。では、あとの問題を続けてやりなさい。

2020年度

解　答　と　解　説

《2020年度の配点は解答用紙集に掲載してあります。》

＜数学解答＞

1　(1)　ア　2　イ　-5　ウ　$\frac{4}{5}y$　エ　$-4a^2+18$　オ　$-\sqrt{3}$

(2)　$100a+50b=10c$　(3)　$2\times3\times5^2$

(4)　$\begin{cases} x=-1 \\ y=4 \end{cases}$　(5)　エ　(6)　750　(7)　41

(8)　108π

2　(1)　ア　13　イ　12　ウ　14　エ　6　オ　8

(2)　ア　45　イ　$\frac{1}{9}$

3　(1)　ア　8　イ　168π　ウ　216

(2)　ア　㋐　∠BCD　㋑　$\sqrt{3}$　㋒　CB

㋓　比　イ　$\frac{9}{5}$

4　(1)　$0\leqq y\leqq3$　(2)　$y=x-4$　(3)　ア　$\frac{1}{3}t^2$

イ　(6,　12)

5　(1)　12　(2)　㋐　3　㋑　3　㋒　12

(3)　右図　(4)　18

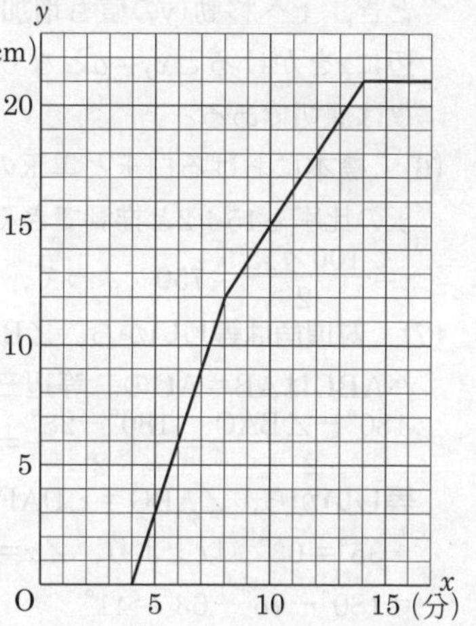

＜数学解説＞

1　(数・式の計算，平方根，文字を使った式，素因数分解，連立方程式，比例関数，標本調査，角度，表面積)

(1)　ア　正の数・負の数をひくには，符号を変えた数をたせばよい。また，異符号の2数の和の符号は絶対値の大きい方の符号で，絶対値は2数の絶対値の大きい方から小さい方をひいた差だから，$-5-(-7)=(-5)+(+7)=+(7-5)=2$

イ　分配法則を使って，$\left(\frac{1}{4}-\frac{2}{3}\right)\times12=\frac{1}{4}\times12-\frac{2}{3}\times12=\frac{1\times12}{4}-\frac{2\times12}{3}=3-8=-5$

ウ　$4x\times\frac{2}{5}xy\div2x^2=4x\times\frac{2xy}{5}\times\frac{1}{2x^2}=\frac{4x\times2xy}{5\times2x^2}=\frac{4}{5}y$

エ　乗法公式$(\boldsymbol{a}+\boldsymbol{b})(\boldsymbol{a}-\boldsymbol{b})=\boldsymbol{a}^2-\boldsymbol{b}^2$より，$(-2a+3)(2a+3)+9=-(2a-3)(2a+3)+9=-\{(2a)^2-3^2\}+9=-(4a^2-9)+9=-4a^2+9+9=-4a^2+18$

オ　$\sqrt{12}=\sqrt{2^2\times3}=2\sqrt{3}$　だから，$\sqrt{24}\div\sqrt{8}-\sqrt{12}=\sqrt{24\div8}-2\sqrt{3}=\sqrt{3}-2\sqrt{3}=(1-2)\sqrt{3}=-\sqrt{3}$

(2)　100円硬貨がa枚，50円硬貨がb円の合計金額は，100円×a枚＋50円×b枚＝$(100a+50b)$円…①　また，両替した10円硬貨がc枚の合計金額は，10円×c枚＝$10c$円…②　①＝②だから，$100a+50b=10c$

(3)　自然数を素因数の積に分解することを素因数分解という。

素因数分解は，右図のように，**素数**で順にわっていき，商が素数になったらやめる。よって，150を素因数分解すると　$2\times3\times5^2$　である。

```
2) 150
3)  75
5)  25
     5
```

(4)　$\begin{cases} y=4(x+2)\cdots① \\ 6x-y=-10\cdots② \end{cases}$　①を②へ代入して，$6x-4(x+2)=-10$　$6x-4x-8=-10$　$2x=-2$　$x=-1$　これを①に代入して，$y=4(-1+2)=4$　よって，連立方程式の解は，$x=-1$，$y=4$

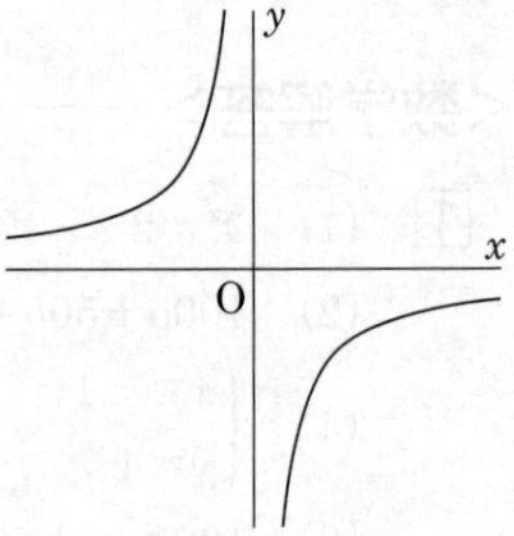

(5)　関数$y=\dfrac{a}{x}\cdots①$　のグラフは，**双曲線**とよばれる座標軸とは交わらない2つのなめらかな曲線であり，$a<0$のとき右図のようなグラフになるから，アは適切であり，エは適切ではない。右図のグラフ上の点は，$x<0$の範囲で$y>0$であり，右へ移動(xの値が増加)するとき，上へ移動(yの値も増加)している。イは適切である。①の両辺にxをかけると$xy=a$となり，積xyは一定で**比例定数a**に等しい。ウは適切である。

(6)　**標本**における白玉と黒玉の比率は，$(34-4):4=15:2$　よって，**母集団**における白玉と黒玉の比率も$15:2$と推測できる。母集団における白玉の個数をx個とすると，$x:100=15:2$　$x=\dfrac{100\times15}{2}=750$　よって，箱の中にはおよそ750個の白玉が入っていると推測できる。

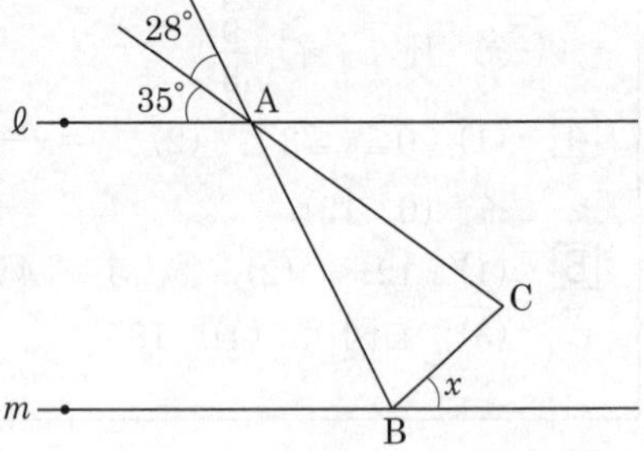

(7)　**対頂角は等しい**から，$\angle BAC=\angle DAE=28°$
$\triangle ABC$は$AB=AC$の二等辺三角形だから，$\angle ABC=\dfrac{180°-\angle BAC}{2}=\dfrac{180°-28°}{2}=76°$　**平行線の同位角は等しい**から，$\angle ABG=\angle DAF=\angle DAE+\angle EAF=28°+35°=63°$　以上より，$\angle x=180°-\angle ABC-\angle ABG=180°-76°-63°=41°$

(8)　**半径rの球の表面積は　$4\pi r^2$**　だから，問題の半球の表面積は　$4\pi\times6^2\times\dfrac{1}{2}+\pi\times6^2=108\pi\,\mathrm{cm}^2$

2　(方程式の応用，図形と確率)

(1)　問題図3において，$p=ab+cd+ac+bd=2\times3+7\times d+2\times7+3\times d=6+7d+14+3d=10d+20$　これが，150に等しいから，方程式$10d+20=150$が成り立つ。これを解いて　$d=13\cdots$ア
問題図4において，$p=ab+cd+ac+bd=ab+ac+cd+bd=a(b+c)+d(c+b)=(a+d)(b+c)=(3+9)(b+c)=12(b+c)$　これが，168に等しいから，方程式$12(b+c)=168\cdots$イ　が成り立つ。両辺を12でわって　$b+c=14\cdots$ウ　ここで，問題の条件　$a<b<c<d$　より　$3<b<c<9\cdots①$
ウと①の条件を同時に満たすのは，$b=6\cdots$エ，$c=8\cdots$オ　だということがわかる。

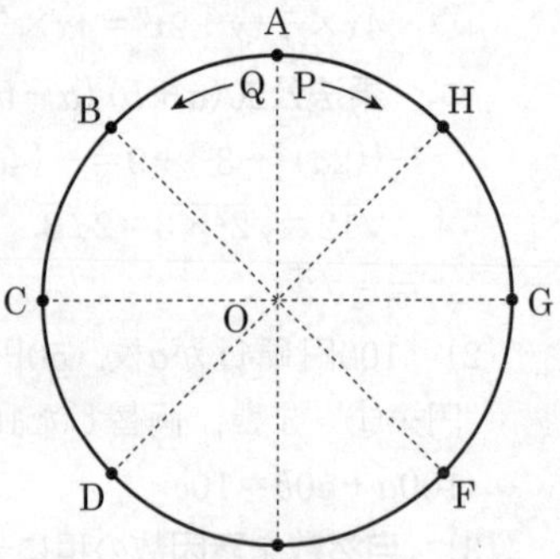

(2)　ア　$x=4$，$y=2$となるとき，点P，Qはそれぞれ点E，Cに移動するから，$\angle PAQ$の大きさは，$\angle EAC$の大きさに等しい。$\overset{\frown}{CE}$に対する**中心角と円周角の関係**から，$\angle PAQ=\angle EAC=\dfrac{1}{2}\angle EOC=\dfrac{1}{2}\times90°=45°$

イ　大小2つのさいころを同時に投げるとき，全ての目の出方は$6\times6=36$通り。このうち，$\angle PAQ=90°$となるのは，**直径に対する円周角が90°**であることから，線分PQが円Oの直径になるときで，$(x,\ y)=(1,\ 3)$，$(2,\ 2)$，$(3,\ 1)$，$(6,\ 6)$の4通り。よって，求める確率は　$\dfrac{4}{36}=\dfrac{1}{9}$

3 **(線分の長さ，回転体の体積，円すいの展開図，相似の証明，面積の比)**

(1)　ア　**直角三角形BCHの1つの内角が45°なので，3辺の比は1：1：$\sqrt{2}$**　BH＝CH＝6cm　△ABHで三平方の定理を用いると，$AH=\sqrt{AB^2-BH^2}=\sqrt{10^2-6^2}=\sqrt{64}=8$cm

イ　できる立体は，底面の半径がBH，高さがAHの円すいと，底面の半径がBH，高さがCHの円すいを合わせたものだから，求める体積は　$\frac{1}{3}\times\pi\times BH^2\times AH+\frac{1}{3}\times\pi\times BH^2\times CH=\frac{1}{3}\pi\times BH^2\times(AH+CH)=\frac{1}{3}\pi\times6^2\times(8+6)=168\pi$ cm^3

ウ　△ABHを，辺AHを軸として1回転させてできる立体は，底面の半径がBH＝6cm，母線の長さがAB＝10cmの円すいである。この円すいを展開したとき，側面になるおうぎ形の中心角を$a°$とすると，1つの円では，**おうぎ形の弧の長さ(＝底面の円周の長さ)は，中心角の大きさに比例することから，**$\frac{a}{360}=\frac{2\pi\times BH}{2\pi\times AB}=\frac{BH}{AB}=\frac{6}{10}=\frac{3}{5}$　$a=\frac{3}{5}\times360=216$

(2)　ア　(証明)△ABEと△CBDについて　仮定より，**平行四辺形の2組の対角はそれぞれ等しいから**　∠BAE＝∠BCD(あ)…①　また，平行四辺形の2組の対辺はそれぞれ等しいから　AE：CD＝AE：AB＝1：$\sqrt{3}$ (い)…②　AB：CB(う)＝$\sqrt{3}$：3＝($\sqrt{3}\div\sqrt{3}$)：($3\div\sqrt{3}$)＝1：$\sqrt{3}$…③　②，③から　AE：CD＝AB：CB…④　①，④から，2組の辺の比(え)とその間の角がそれぞれ等しいので　△ABE∽△CBD

イ　△ABEと△CBDの相似比は，AE：CD＝1：$\sqrt{3}$　**相似な図形では，面積比は相似比の2乗に等しいから，**△ABE：△CBD＝1^2：$(\sqrt{3})^3$＝1：3…①　**平行線と線分の比についての定理**より，DF：BF＝DE：BC＝(AD－AE)：BC＝(3－1)：3＝2：3…②　①，②より，△BCF＝$\frac{BF}{BD}$△CBD＝$\frac{3}{2+3}$△CBD＝$\frac{3}{5}\times3$△ABE＝$\frac{9}{5}$△ABE　だから，△BCFの面積は△ABEの面積の$\frac{9}{5}$である。

4 **(図形と関数・グラフ)**

(1)　xの変域に0が含まれているから，yの**最小値**は0。$x=-3$のとき，$y=\frac{1}{3}\times(-3)^2=3$　$x=1$のとき，$y=\frac{1}{3}\times1^2=\frac{1}{3}$　よって，yの**最大値**は3　yの変域は，$0\leqq y\leqq3$

(2)　点A，Bは$y=-\frac{1}{2}x^2$上にあるから，そのy座標はそれぞれ　$y=-\frac{1}{2}\times(-4)^2=-8$，$y=-\frac{1}{2}\times2^2=-2$　で，A(－4，－8)，B(2，－2)　よって，直線ABの傾き＝$\frac{-2-(-8)}{2-(-4)}=1$　直線ABの式を　$y=x+b$　とおくと，点Bを通るから，$-2=2+b$　$b=-4$　直線ABの式は　$y=x-4$

(3)　ア　点Pは$y=\frac{1}{3}x^2$上にあるから，そのy座標は　$y=\frac{1}{3}t^2$　で，$P\left(t,\ \frac{1}{3}t^2\right)$

イ　OC＋CP＝$\left(\frac{1}{3}t^2+t\right)$cm　これが18cmに等しいから，$\frac{1}{3}t^2+t=18$　$t^2+3t-54=0$　$(t-6)(t+9)=0$　$t>0$より，$t=6$　よって，点Pの座標は$P\left(6,\ \frac{1}{3}\times6^2\right)=P(6,\ 12)$

5 **(関数とグラフ，グラフの作成)**

(1)　問題図4のグラフから，水を入れ始めて4分後からの4分間，底面A上の水面の高さが12cmで変わらないことから，$a=12$である。

(2)　水を入れ始めてから4分間，底面A上の水面の高さは1分当たり12cm÷4分＝3cmずつ上昇するから，水を入れ始めて1分後の，底面A上の水面の高さは　毎分3cm×1分＝3cm…あ　水を入れ始めて4分後から8分後は，底面A上の水があふれ出て，底面B上に入る。底面Aの面積と底面Bの面積が等しいことから，底面B上の水面の高さも毎分3cmの割合で上昇するから，水を入れ始めて5分後の，底面B上の水面の高さは　毎分3cm×(5−4)分＝3cm…㋑　水を入れ始めて8分後からは，底面Aと底面B上の水面が同時に上昇する。底面Aと底面Bを合わせた面積は，底面Aの面積の2倍だから，水面が上昇する割合は　毎分$3\times\frac{1}{2}=\frac{3}{2}$cm　となる。よって，底面Aと底面B上の水面の高さが18cmになるのは，水を入れ始めて　8分＋(18cm−12cm)÷毎分$\frac{3}{2}$cm＝12分後…㋒　である。

(3)　前問(2)の結果より，水を入れ始めて4分後から8分後は，底面B上の水面は毎分3cmの割合で上昇するから，水を入れ始めて8分後の，底面B上の水面の高さは　毎分3cm×(8−4)分＝12cm　$4 \leqq x \leqq 8$のグラフは点(4，0)と点(8，12)を結んだ直線になる。水を入れ始めて8分後から底面B上の水面の高さが21cmになるまでは，底面B上の水面は毎分$\frac{3}{2}$cmの割合で上昇するから，底面B上の水面の高さが21cmになるのは，水を入れ始めて　8分＋(21cm−12cm)÷毎分$\frac{3}{2}$cm＝14分後である。$8 \leqq x \leqq 14$のときのグラフは点(8，12)と点(14，21)を結んだ直線になる。

(4)　水を入れ始めて14分後からは，底面Aと底面B上の水があふれ出て，底面C上に入る。底面A，底面B，底面Cの面積は全て等しいことから，底面C上の水面の高さも毎分3cmの割合で上昇する。これより，水を入れ始めて20分後の，底面C上の水面の高さは　毎分3cm×(20−14)分＝18cm　である。

＜英語解答＞

1　(1)　ア　3　イ　2　ウ　1　(2)　ア　4　イ　2　ウ　3　(3)　ア　4　イ　1　(4)　(例)I cook breakfast with my mother(.)

2　(1)　October　(2)　ア　(I have)never seen them since I(came to Aomori.)　イ　(By the way, do you)know why we don't have(cruise ships in winter ?)　ウ　(I think)people can find something to enjoy(in winter in Aomori.)
(3)　(例)I live in Aomori City. It's famous for food and hot springs. You can eat delicious fish and relax there. I think the park in Hirosaki City is the best place to see many beautiful flowers. You can enjoy seeing them in spring.

3　(1)　(例)　ア　Can you help me?　イ　Why do you use them?　ウ　When do you clean them?　(2)　A　2　B　5

4　(1)　ア　25　イ　選ぶ　ウ　親切　(2)　(例)1　Yes, they did.　2　They can understand the things which they should do.　3　She wants them to use *yasashii nihongo* for foreign people.　(3)　(例)1　It is as important as English.　2　If they find the words which they know, they will be happy.

5　(1)　ア　1　イ　4　ウ　1　エ　2　(2)　ア　3　イ　6　ウ　1
(3)　(例)時間を違った方法で過ごしたので、家族との時間は自分にとって特別であると思ったこと。

＜英語解説＞

1　(リスニング)
放送台本の和訳は，47ページに掲載。

2 （会話文問題：グラフを用いた問題、語句補充・記述、語句の並べ換え、条件英作文、現在完了、間接疑問文、不定詞）

（和訳）　ポール（以下P）：このグラフを見て。これは2016年に青森港に来たクルーズ客船の数を示しているよ。このグラフから何か気づいたことはある？／ダイゴ（以下D）：そうだね，3月から10月にかけて，クルーズ客船が青森に来ているね。8月には5隻のクルーズ客船が寄港している。／P：夏には多くの祭りが催されるので，多くの人がそれを見学に来たのだね。ア僕は青森に住むようになってから，祭[それ]を見たことがないんだ。でも，ようやく来週には，お祭を見ることができる。／D：わっ，それは良かった。一緒にお祭を見に行こうよ。イところで，なぜ冬にはクルーズ客船が来ないのかが，わかる？／P：たぶん，多くの人々が青森の冬の良さがわかっていないからだね。でも，僕は多くの良い点があることを知っているよ。ウ青森の冬でも，人々が楽しみを見つけることができる，と僕は考えている。青森港に，一年中クルーズ客船がやって来るようになれば良い，と思っているんだ。／D：同感だなあ。インターネットを使えば，観光客に対して，もっと青森の冬の良さに関する情報を提供することができるよ。／P：それは良い考えだね。

(1)　空所を含む英文の意味は「3月から(　)にかけて，クルーズ客船が青森を訪れている」。従って，表より3月から何月まで，クルーズ客船が寄港しているかを確認のうえ，該当する月名を英語で答えること。正解は，「10月」に該当する October である。

(2)　ア　(I have)never seen them since I(came to Aomori.)　現在完了（完了・経験・継続・結果）<**have[has]never ＋過去分詞＋ since** …>「…以来，決して～したことがない」）　イ　(By the way, do you)know why we don't have(cruise ships in winter?)　間接疑問文（疑問文が他の文に組み込まれた形）<疑問詞＋主語＋動詞>の語順になるので注意。　ウ　(I think)people can find something to enjoy(in winter in Aomori.)　不定詞[to do]の形容詞的用法<名詞＋ **to do**>「～するための[するべき]名詞」

(3)　住んでいる地域の紹介文を英語20語以上でまとめる条件英作文。（解答例和訳）私は青森に住んでいる。食べ物と温泉で有名だ。ここでは，美味しい魚を食べて，くつろぐことができる。／多くの美しい花を見るには，弘前市の公園が最適だと思う。春にそれらを鑑賞して楽しむことが可能だ。

3 （会話文問題：文の挿入・記述・選択，助動詞，接続詞，動名詞）

（和訳）　ケイティ（以下K）：もしもし，こちらはケイティです。／シオリ（以下S）：あっ，ケイティ。シオリよ。どうしたのかしら。／K：日本の文化に関する宿題がちょっと出ているの。私にとって目新しかった2つの事柄についてレポートを書いているのよ。今日中に終わらせなければならないわ。ア手伝ってもらえるかしら。／S：ええ，いいわよ。何を知りたいのかしら。／K：最初（の項目）はマスクについてよ。マスクを着用している日本人をよく見かけるのだけれど。あなたもマスクを使っているでしょう？　イなぜそれ[マスク]を使うのかしら。／S：風邪を予防したいからと，風邪を他の人にうつしたくないからよ。アメリカ人もマスクを使うのでしょう？／K：いいえ。アメリカ人はめったにマスクを使うことはないわ。仕事上で使う人はいるけれど。例えば，医師，看護師，そして，科学者ね。マスクを使用することは，私達の文化ではない[文化に根付いていない]わ。／S：なるほど。分かった。A[2]マスクを使用するということに対する考え方は，異なっているのね。そのこと[マスクを使用すること]で，健康や礼儀を維持している，と日本人は考えているの。／K：なるほど。第2（の事柄）は，日本の高校生活についてよ。日本人の生徒は，自ら教室を清掃するそうね。B[5]それって本当かしら？／S：そうよ。／K：へえー，通常。アメリカ人学生は，教室の掃除はしないわ。あなたの学校の教室について教えて。ウいつ教室を掃除するのかしら。／

S：放課後よ。私達は毎日教室を掃除するの。／K：それは興味深いわね。良いレポートが書けると思うわ。シオリ，ありがとう。

(1) ア「日本の文化に関する宿題が出た。～ 今日中に終わらせなければならない。 ア 」(ケイティ)→「ええ，いいわよ」(シオリ)文脈と空所アに対するシオリの応答より，Can ～ ? で始まり，「手伝ってもらえるか？」という趣旨の英文が当てはまることになる。**can「～できる」助動詞を含む文の疑問文<助動詞＋主語＋原形 ～?>** イ「あなたもマスクを使うでしょう？ イ (ケイティ)→「風邪予防と人にうつしたくないから」(シオリ)空所イに対して，**because「～だから」**(理由を述べる接続詞)で応じていることや文脈から，マスク着用の理由を尋ねる英文(「なぜマスクを使うのか」)が当てはまることになる。**理由を尋ねる疑問文 Why ～ ?「なぜ～か」** ウ「日本人学生は教室の掃除を行う」(ケイティ／シオリ)→「アメリカ人学生は清掃を行わない。あなたの学校の状況を教えて欲しい。 ウ 」(ケイティ)→「放課後実施」(シオリ)以上の文脈から，空所には「いつ清掃をするのか」という意味の英文を当てはめれば良いことになる。**時を尋ねる疑問文 When ～ ?「いつ～か」**

(2) ［Ａ］「一部の職業従事者以外，アメリカ人はマスクを着用しない」(ケイティ)→「なるほど。分かった。［Ａ］日本人はマスクの着用により，健康や礼儀を維持している」(シオリ)以上より，マスクをめぐる日米の習慣の違いに言及した2「マスクを使用する考え方が異なる」が正解。about using masks ← **<前置詞＋動名詞> 動名詞[doing]「～すること」** ［Ｂ］「日本人の生徒は自ら教室を清掃するそうね。［Ｂ］」→「そうよ」空所には，直前の事実の真偽を尋ねる5「それって本当？」が当てはまる。その他の選択肢は次の通り。1「それは第4番目のこと？」／3「彼らは日本の学校について考えている？」／5「マスクについて知るべきでない」／6「あなたはレポートを書かなければならない」**<be動詞 ＋ 現在分詞[doing]>進行形「～しているところだ」 should「～すべきだ／きっと～だろう」<have[has]＋ 不定詞[to do]>「～しなければならない／に違いない」**

4 (長文読解問題・エッセイ：メモを用いた問題，日本語で答える問題，英問英答，内容真偽，和文英訳，助動詞，形容詞，代名詞，過去，関係代名詞，不定詞，比較，接続詞)

(和訳) 今日は，特に外国人のための日本語について話そうと思う。25年前，日本は災害に襲われた。当時，多くの外国人が困難な状況を経験した。彼らは日本語で表された警告や必要な情報を理解することができなかったからだ。ほとんどの語や文が彼らにとって難し過ぎたのである。日本語で意思伝達をするためには，他の方法が求められた。そこで，災害時に外国人を支援する目的で，‘やさしい日本語’がつくられた。／‘やさしい日本語’には規則がある。いつくか説明しよう。さまざまな情報源より，必要な情報を選択する必要がある。平易な言葉を使い，文は短くしなくてはならない。(日本語の)文字で表記される際には，漢字を使いすぎてはならない。これらの規則を理解するのは，難しいことだろうか。／最近，‘やさしい日本語’は周囲で広がりをみせている。病院でそれ[‘やさしい日本語’]を用いる医師が出てきた。病気にかかった外国人は，自分がしなければならないことがわかる。市役所で使用されている場合もある。電車やバスの乗り方に関する情報が提供されている。こうした情報は‘やさしい日本語’で表示されているのだ。／‘やさしい日本語’の中の‘やさしい’という語は，2つのものを指している，という人がいる。一つは「易しい」で，他方は「優しい」だ。これ[‘やさしい日本語’]を使えば，周囲の外国人にとって，日本での暮らしが容易になる。彼らは親切な行為に対して，感謝の気持ちも抱くだろう。／さて，‘やさしい日本語’に関して，多くのことを知ったことになる。外国の人々に対して，これ[‘やさしい日本語’]を使うようにしよう。実践するのはあなた。

(1)　(ア)日本で災害があったのは25年前。(第1段落第2番目の文)　(イ)第2段落第2文に，You should choose necessary information とあるのを参考にすること。「～さまざまな情報源から必要な情報を選ぶべきだ」とある。**should**「～すべきだ／するはずだ」(ウ)第4段落第1・2文目に「‘やさしい日本語’には，簡単な[easy]と親切な[kind]の2つの意味がある」と述べられている。one ～ the other …「一つには～，残りの一つには…」

(2)　1「災害の際に，多くの外国人は困難な体験をしたか」第1段落第2文目の内容に一致するので，肯定で答えること。**一般動詞過去時制の肯定の応答文 ＜Yes, 主語 ＋ did.＞** have a hard time「困難に遭遇する」　2「医師が‘やさしい日本語’を使用した際，病気の外国人は何を理解することができるか」第3段落第2・3文目参照[～ can understand the things which they should do]← which 目的格の関係代名詞 **＜先行詞＋目的格の関係代名詞＋主語＋動詞＞「主語が動詞する先行詞」**　3「ナナは彼女の級友に何をして欲しいか」最終段落を参考のこと。＜want ＋ 人 ＋ 不定詞[to do]＞「人に～してもらいたい」 **＜Let's＋原形＞「～しよう」**

(3)　(和訳)「私はテレビで‘やさしい日本語’に関するニュースを見ました。それを使えば，日本についてもっと多くの外国人に話をすることが可能です。$_{1}$それは英語と同じくらい大切です。例えば，日本へ旅行する前に，外国人が日本語を学ぶことができるかもしれません。$_{2}$もし彼らが知っている単語を見つければ，彼らは幸せでしょう。彼らは再び訪れることになると思います」

1「同じくらい～だ」**＜as ＋形容詞／副詞の原級＋ as＞**→「同じくらい重要な」as important as　2「もし～ならば」**if** ～ 条件を表す接続詞「彼らが知っている単語」the words (which／that) they know 目的格の関係代名詞。**＜先行詞＋(目的格の関係代名詞)＋主語＋動詞＞「主語が動詞する先行詞」目的格の関係代名詞は省略可。**

5　**(長文読解問題・エッセイ：内容真偽，要約文を用いた問題，指示語，不定詞，進行形，受け身，分詞の形容詞的用法)**

(和訳)　ある日，アユミは(彼女の)部活動を終えて，学校から帰宅した。彼女の父が自宅にいるのを見て，彼女は驚いた。彼は新聞を読んでいた。アユミは尋ねた。「どうしたの？　いつも忙しくて，帰宅が遅いのに」彼女の父は答えた。「今日は，星とキャンドルの夜と呼ばれる催しが，この村で行われるのさ。この行事では，人々が公園で美しい星とろうそくの明かりを見て，くつろいで夏の夜を過ごす。だから，君とお母さんとそこへ出かけるために，早く帰宅したのさ」／アユミは次のように述べた。「夕食の後，インターネットで動画を見たいの。公園でお父さんのスマートフォンを使っても良い？」彼女の父は答えた。「ごめんよ，今日は使えないね。それ[スマートフォン]なしでも，催しを楽しめると思う」彼女はそれを聞いて，がっかりした。電子機器なしでどうやって夜を過ごしたらよいかが，彼女には想像できなかった。その時にアユミの母が発言した。「小学校に通っていた時には，あなたは星を見るのが好きだったよね。公園でたくさんの星と美しいろうそくの明かりを見ることができるわ。夕食後に，一緒にそこへ行きましょうね」アユミはその催しに興味を抱き始めた。／アユミと彼女の両親が公園に着くと，多くの人々がすでにそこに来ていて，話で盛り上がっていた。公園にはおよそ500本のろうそくがあり，ろうそくの明かりは輝いていた。しばらくして，公園に備え付けられていた電気による照明は消された。空と公園は，驚くべき光景だった。みんなが息をのんだ。アユミは空に輝くたくさんの星を見た。同様に，彼女は公園にある自分の周辺のろうそくも見つめた。アユミは両親に言った。「星とろうそくの明かりがとてもきれいね。こんな明るいなんて知らなかった」アユミはとてもゆったりとした気持ちでいた。／

アユミの父が彼女の母に語りかけた。「君やアユミとたくさんの時間を共有することができるのは，幸せだね」彼女の母は返答した。「そうね。一緒に時間を過ごすのは良いわね」アユミが発言した。「家族と一緒の時間は，私にとって特別なものだ，と感じたわ。(今までと)違ったやり方で過ごしたので」彼女の母は「それは重要なことね，アユミ。私はあなたともっと話をしたいわ」と言った。美しい星とろうそくの明かりを見て，公園にいる多くの人々がほほ笑んでいた。アユミと彼女の両親は，長い間，明かりを見つめて，話し続けた。その晩はとても素晴らしいものとなった，と彼女らは感じた。

(1)　ア「アユミは学校から帰宅すると[1]彼女の父親が既に家にいた」第1段落第1・2文目の内容に一致。他の選択肢は次の通り。　2「彼女の父親は彼女を見て驚いた」(×)　驚いたのはアユミのほうである。(第1段落第2文目)＜**感情を表す語＋不定詞[to do]**＞「**～して感情がわきあがる**」　3「彼女の父はろうそくの明かりを見ていた」(×)　4「彼女の父は本を読んでいた」(×)　父は新聞を読んでいたのである。(第1段落第3文目)was seeing[reading]← ＜**be動詞＋現在分詞[doing]**＞　**進行形「～しているところだ」**　イ「アユミは両親と公園へ行く前に[4]彼女はその催しに興味を抱き始めた」第2段落の最終文と内容が一致。＜**be動詞 ＋ interested in**＞「**～に興味がある**」他の選択肢は次の通り。　1「彼女はそこへの行き方を知りたがった」(×)　＜**how ＋不定詞[to do]**＞「**～する方法**」　2「彼女は小学校を訪問したかった」(×)　小学校が話題に上がるのは，「小学生の時に星を見ることが好きだった」という事象のみに限定。(第2段落最後から第4文目)　3「彼女は両親とろうそくを使い始めた」(×)いずれも言及なし。　ウ「アユミが公園に着いた時に，[1]多くの人々がそこで話をしていた」第3段落第1文目に一致。arrive at「(場所)に到着する」＜**be動詞＋現在分詞[doing]**＞　**進行形「～しているところだ」**他の選択肢は次の通り。　2「彼女の両親は彼女と一緒に行かなかった」(×)　彼女の両親も一緒について行った。(第3段落最初の文)　3「300本のろうそくがそこで売られていた」(×)　約500本のろうそくがあった，という記述はあるが(第3段落第2文目)，「売られていた」という事実はない。were sold ← **受け身「～される／されている」＜be動詞＋過去分詞＞**　4「電気照明は消された」(×)　電気照明が消されたのは，後になって[later]からで(第3段落第3文目)，アユミの公園への到着時ではない。turn off「消す」⇔ turn on「点灯する」　エ「催しの最中に，[2]アユミの母は，彼女の家族と共に時を過ごすのは良いことである，と感じた」第4段落第2文目と一致。＜**It is ＋形容詞＋不定詞[to do]**＞「**～[不定詞]するのは…[形容詞]である**」他の選択肢は次の通り。　1「アユミの父は公園でスマートフォンを失くした」(×)　言及なし。　3「アユミと彼女の両親は電気照明を長い間見つめた」(×)　電気照明[electric lights]は途中で消灯され(第3段落第3文目)，見つめていたのは candlelight「ろうそくの明かり」である。(第4段落最後から第2文目)turn off「(栓・スィッチをひねって)止める／消す」⇔ turn on「(栓・スィッチをひねって)つける／出す」　4「アユミは忙しすぎて星を見ることができなかった」(×)　アユミは星を見ている。(第3段落第6文目)＜**too ＋ 形容詞／副詞 ＋ 不定詞[to do]**＞「**～[形容詞／副詞]すぎて…[不定詞]できない／…[不定詞]するにはあまりにも～[形容詞／副詞]すぎる**」

(2)（和訳）「ある日，アユミは星とキャンドルの夜と呼ばれる催しア[3]に参加した。催しの間に，アユミは多くの星や美しいろうそくの明かりを見た。彼女は両親とたくさん話をして，イ[6]うれしかった。アユミと両親はこの催しを通じて，素晴らしいウ[1]体験をした」　ア　join「～に参加する」an event called Night of Stars and Candles ← **過去分詞の形容詞的用法 ＜名詞＋過去分詞＋他の語句＞「～される名詞」**　イ　アユミは家族と一緒に過ごす経験を特別[special]だったと述べていることから考える。(第3文目)　ウ　experience「体験」他の選択肢は次の通り。2「作った」made ← makeの過去形／4「悲しい」／5「歩いた」／7「夕食・その日の主な食事」

(3)　直前のアユミの発言「時間を違った方法で過ごしたので，家族との時間は自分にとって特別であると思った」を受けている。thatが指す内容なので，文末を「～こと」にすると良い。

2020年度英語　放送による検査

〔放送台本〕

(1)は，英文と質問を聞いて，適切なものを選ぶ問題です。問題は，ア，イ，ウの三つあります。質問の答えとして最も適切なものを，1，2，3，4の中からそれぞれ一つ選んで，その番号を解答用紙に書きなさい。英文と質問は二回読みます。

アの問題

Yuka will send a New Year's card to Mary. She wrote it in English. Which card shows this?

イの問題

Shinji went to a shop to buy a gift for his sister. He had one thousand yen and bought flowers for her. Which did he buy?

ウの問題

You and Jiro are studying. You are going to pass a pen to him. What will you say to him?

〔英文の訳〕

アの問題

「ユカはメアリーに年賀状を送る。彼女はそれを英語で書いた。どのカードがこれを示しているか」

イの問題

「シンジは彼の姉[妹]のために贈り物を買いに店へ行った。彼は千円所持していて，彼女に花を買った。彼はどれを買ったか」

ウの問題

「あなたとジロウは勉強している。あなたは彼にペンを渡そうとしている。あなたは彼に何と言うか」

〔選択肢の和訳〕　1 「はい，どうぞ」(○)　2 「そう望んでいる」(×)
3 「いらっしゃい／どういたしまして」(×)　4 「はい，します／そうです」(×)

〔放送台本〕

(2)は，外国語指導助手のメイ先生からの，行事に関する話を聞いて，質問に答える問題です。問題は，ア，イ，ウの三つあります。はじめに，英文を二回読みます。次に，質問を二回読みます。質問の答えとして最も適切なものを，1，2，3，4の中からそれぞれ一つ選んで，その番号を解答用紙に書きなさい。

I have good news for you. We will have an event about India at the computer room. It will start after school next Friday. In the event, you can watch a movie about its history. You can also play three games. They are popular in India. We studied about India this Wednesday. I hope you will learn more about it. See you then.

ア When will students have the event?

イ What can students do in the event?

ウ How many games can students play in the event?

〔英文の訳〕

あなたたちに良い知らせです。コンピューター教室でインドに関する催しがあります。次の金曜日の放課後にそれは開催されます。催しでは，その[インドの]歴史に関する映画を見ることができます。また，3つのゲームをすることも可能です。それらはインドで人気があります。私たちは今週の水曜日にインドについて学びました。あなたたちがもっとそれ[インド]に関する知識を深めることができたら，と願っています。それではまた。

質問ア：「いつ生徒に対するそのイベントが開催されるか」

〔選択肢の訳〕 1 「この水曜日」 2 「この金曜日」 3 「次の水曜日」 ④ 「今度の金曜日」

質問イ：「その催しで生徒は何をすることができるか」

〔選択肢の訳〕 1 「インドについてニュースを読むことができる」 ② 「映画を見ることができる」 3 「人気のある歌を歌うことができる」 4 「写真を一緒に撮影できる」

質問ウ：「その催しでは生徒はいくつのゲームをすることができるか」

〔選択肢の訳〕 1 「1つ」 2 「2つ」 ③ 「3つ」 4 「4つ」

〔放送台本〕

(3)は，アンナとユウジの対話の一部を聞いて，質問に答える問題です。問題は，ア，イの二つあります。はじめに，対話を読みます。次に，質問を読みます。質問の答えとして最も適切なものを，1，2，3，4の中からそれぞれ一つ選んで，その番号を解答用紙に書きなさい。対話と質問は二回読みます。

アの問題

Anna: We can enjoy seeing a lot of animals here. I'm excited.

Yuji: Me, too. Which animal do you want to see first?

Question: Where are they talking now?

イの問題

Anna: It is raining and cold now! Yesterday, it was sunny and warm.

Yuji: Will it rain tomorrow, again?

Anna: No. It will be cloudy.

Question: How is the weather now?

〔英文の訳〕

アの問題

アンナ：「ここでは多くの動物を見て楽しむことができるわね。ワクワクするわ」

ユウジ：「僕もそうだよ。まず，君はどの動物を見たい？」

質問：「今彼らはどこで話をしているか」

〔選択肢の訳〕 1 「駅」 2 「コンビーニエンス・ストア」 3 「空港」 ④ 「動物園」

〔英文の訳〕
イの問題
アンナ：「今，雨が降っていて，寒いね！　昨日は晴れていて，温かかったわ」
ユウジ：「明日，再び雨が降るのかな」
アンナ：「いいえ。曇りよ」
質問：「今の天候はどうか」
〔選択肢の訳〕 ① 「雨だ」　2 「晴れている」　3 「それは明日だ」　4 「温かい」

〔放送台本〕
(4)は，メイ先生の話を聞いて，質問に答える問題です。話の最後の質問に対して，あなたなら何と答えますか。あなたの答えを解答用紙に英文で書きなさい。メイ先生の話は二回読みます。

It is good to help your family. When I was young, I washed my mother's car. What do you do for your family?

〔英文の訳〕
あなたの家族を手助けするのは良いことです。私は若い頃，母の車を洗いました。あなたは家族(のため)に何をしますか。
〔解答例の和訳〕 私は母と朝食を作ります。

＜理科解答＞

1　(1)　ア　単細胞生物　　イ　1　　(2)　ア　感覚器官　　イ　1，4　　(3)　ア　3
イ　105〔km〕　(4)　ア　衛星　　イ　①　3　②　B

2　(1)　ア　1　　イ　$2Ag_2O \rightarrow 4Ag + O_2$　　(2)　ア　中和
イ　0.30〔g〕　(3)　ア　フックの法則　　イ　35〔g〕
(4)　ア　右図　　イ　3.0〔倍〕

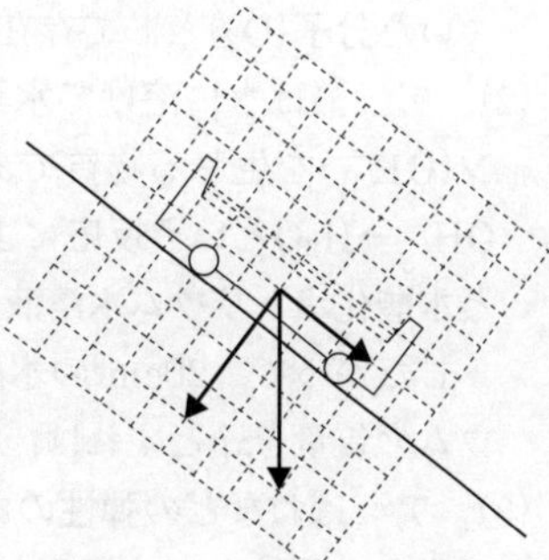

3　(1)　3　　(2)　(例)細胞どうしがはなれやすくなるから。
(3)　ア　DNA〔デオキシリボ核酸〕　　イ　1
ウ　a → f → d → b → c → e　　(4)　(例)根は，先端に近い部分の細胞が分裂することで数が増え，増えた細胞のそれぞれが大きく(長く)なることにより，成長する。

4　(1)　4　　(2)　(例)ろ紙のすきまより小さい水の粒子は通りぬけるが，デンプンの粒子は通りぬけることができないため。　(3)　飽和水溶液
(4)　ア　13.9〔g〕　　イ　3　　ウ　43.8〔g〕

5　(1)　ア　3　　イ　3.0〔V〕　　ウ　2.0〔A〕　　エ　2　　(2)　ア　ジュール　　イ　1，3

6　(1)　ア　露点　　イ　2　　ウ　(例)熱を伝えやすい　　エ　56〔%〕
(2)　ア　3　　イ　(例)大気圧(気圧)が低くなる

＜理科解説＞

1　(小問集合－生物の観察，ヒトの体のつくり，地震，天体)

(1)　ア　ミカヅキモやゾウリムシのように，体が1つの細胞だけでできている生物を**単細胞生物**，体が多くの細胞からできている生物を**多細胞生物**という。　イ　顕微鏡で観察するとき，プレパラートに対物レンズを近づけるようにしてピントを合わせると，対物レンズがカバーガラスにふれて割れるおそれがある。逆に，できるだけ近づけておいてから，対物レンズをプレパラートから遠ざけながらピントを合わせる。

(2)　ア　ヒトの**感覚器官**には目(視覚)，耳(聴覚)，鼻(臭覚)，舌(味覚)，皮ふ(触覚)などがあり，それぞれの感覚器官には，決まった種類の刺激を受けとる感覚細胞がある。　イ　光の刺激は，**網膜**から視神経を通して**大脳**に伝えられる。音は空気の振動で伝えられ，鼓膜で受けとられた空気の振動は，**耳小骨**で強められ，**うずまき管**の聴細胞で受けとられて神経を通して大脳へと伝えられる。

(3)　ア　地震によるある地点での地面のゆれの程度を**震度**といい，日本では10段階に分けられている。**マグニチュード**(M)は地震が起こったときに放出されるエネルギーのちがいを表している。　イ　**初期微動継続時間**は，震源からの距離に比例する。70(km)：10(秒)＝x：15(秒)，x＝105(km)

(4)　ア　太陽のように自ら光を出している天体を**恒星**といい，恒星のまわりを**公転**して光を反射して光っている天体を**惑星**という。さらに，この惑星のまわりを公転している小さな天体を**衛星**という。　イ　満月が地球の影に入ってしまい，月の一部または全部が欠けることを**月食**という。地球と月と太陽が一直線上に並ぶときに起こる。

2　(小問集合－分解，中和，力とばね，物体の運動)

(1)　ア　酸化銀を加熱すると，**分解**して銀と酸素が生じる。白い物質は金属である銀。金属には，みがくと輝く(金属光沢)，たたくと広がり(展性《てんせい》)，引っ張るとのびる(延性《えんせい》)，電流が流れやすく熱が伝わりやすいという共通の性質がある。　イ　(酸化銀)→(銀)＋(酸素)　化学反応式では，矢印の左右(反応の前後)で原子の種類と数が一致する。また，酸素の気体は**原子**2個が結びついた**分子**(O_2)として存在する。

(2)　ア　酸は水に溶けて**水素イオン**(H^+)と生じる物質で，アルカリは水に溶けて**水酸化物イオン**(OH^-)を生じる物質である。酸性の水溶液とアルカリ性の水溶液を混ぜ合わせると，H^+＋OH^-→H_2Oという反応によって水が生じ，おたがいの性質を打ち消し合う。　イ　うすい塩酸と水酸化ナトリウム水溶液は，10：16＝5：8の体積比で過不足なくちょうど反応する。

したがって，20cm^{3}の水酸化ナトリウム水溶液のすべてが反応に使われる。求める塩化ナトリウムの質量をxgとすれば，16：0.24＝20：x，x＝0.30(g)

(3)　ア　ばねなどの**弾性**のある物体が力を受けたときの変形の大きさは，加えた力の大きさに比例する。弾性とは，変形した物体がもとに戻ろうとする性質のことである。　イ　ばねに加える力の大きさをxNとすると，0.50(N)：4.0(cm)＝x(N)：2.8(cm)，x＝0.35(N)　したがって，つるしたおもりの質量は，0.35×100＝35(g)

(4)　ア　斜面上の物体にはたらく鉛直方向の**重力**を分解すると，斜面に沿った方向の分力と斜面に垂直な方向の分力は，重力を対角線とする平行四辺形(長方形)の2辺になる。　イ　0.4秒から0.5秒の**平均の速さ**は，(73.3－46.9)(cm)÷0.1(秒)＝264.0(cm/秒)，0.1秒から0.2秒の平均の速さは，(11.7－2.9)(cm)÷0.1(秒)＝88.0(cm/秒)　したがって，264.0÷88.0＝3.0(倍)

3　(細胞と成長－細胞の観察，染色体，遺伝子，細胞分裂)

(1)　フェノールフタレイン溶液はアルカリ性で赤色に，ヨウ素液はデンプンがあると青紫色になる。ブドウ糖などをふくむ溶液にベネジクト液を加えて加熱すると，赤かっ色の沈殿ができる。

(2)　うすい塩酸に入れて湯であたためると，細胞と細胞の結合を切ってばらばらになりやすく，顕微鏡で観察するときに見やすくなる。

(3)　ア　生物の特徴になる**形質**を表すもとになるものを**遺伝子**といい，これは細胞の核の中にある**染色体**に存在する。その遺伝子の本体はDNA(デオキシリボ核酸)という物質であることがわかっている。　イ　**体細胞分裂**では，まず染色体が複製されて数が2倍になり，これらが2つに分かれて新しい2つの細胞へそれぞれ入る。その結果，新しい2つの細胞の**核**にある染色体の数は，もとの細胞と同じになる。ウ　細胞分裂では，核の中に染色体が現れ(f)，染色体は太く短くなって2つに分かれる(d)。さらに，分かれた染色体は細胞の両端に移動し(b)，染色体はそれぞれかたまりになって細胞の真ん中にしきりができ始める(c)。この染色体のかたまりが核になってしきりがはっきりできる(e)。

(4)　細胞の1つ1つが細胞分裂をくり返すことで細胞の数がふえ，それらが大きくなることで生物の体全体が成長する。

4　(水溶液－粒子のモデル，飽和水溶液，溶解度，再結晶)

(1)　物質が水に溶けると，集まっていた物質の粒子がばらばらに分かれ，水の粒子の間に入りこんでいくため目には見えなくなり，透明な水溶液になる。ばらばらになった粒子は散らばって動き回っているので，時間がたっても下のほうに集まったりしない。

(2)　デンプンは水に溶けにくいため，液全体が白くにごった。ろ紙の目のすき間よりも小さな粒子は通りぬけるが，デンプンのように大きな粒子は通りぬけられず，ろ紙の上に残る。

(3)　一定量の水に溶ける物質の最大の量を，その物質の**溶解度**という。物質が溶解度まで溶けている水溶液を**飽和水溶液**という。

(4)　ア　40℃での硝酸カリウムの溶解度は63.9g。したがって，63.9－50.0＝13.9(g)の硝酸カリウムを溶かすことができる。　イ　60℃で塩化ナトリウムがすべて溶けていることから，(38.0×2)g以下であることがわかる。さらに，15℃で結晶が出てきたので(26.0×2)g以上である。

ウ　**濃度**30.0％の水溶液300.0gに溶けている硝酸カリウムの質量は，$300.0\times\frac{30}{100}=90.0$(g)　10℃の水(300.0－90.0)gの水に溶ける硝酸カリウムの質量をxgとすると，100：22.0＝210.0：x，x＝46.2(g)　したがって，再結晶によって出てくる硝酸カリウムの質量は，90.0－46.2＝43.8(g)

5　(電流－電圧と電流，抵抗，熱量)

(1)　ア　－端子については，50mA端子では最大50の目もりが50mA，500mA端子では最大5の目もりが500mAになる。1.5A＝1500mAなので，最大の－端子である5A端子を使用する。4はどちらも－端子を使用しているので測定できない。　イ　電圧(V)＝電流(A)×抵抗(Ω)より，1.5(A)×20(Ω)＝3.0(V)　ウ　図2の電熱線a，bには，いずれも6.0Vの電圧がかかる。電流(A)＝電圧(V)÷抵抗(Ω)より，6.0(V)÷3.0(Ω)＝2.0(A)　エ　電熱線aに流れた電流は，6.0(V)÷2.0(Ω)＝3.0(A)　したがって，回路全体の電流は，3.0＋2.0＝5.0(A)　回路全体の抵抗は，6.0(V)÷5.0(A)＝1.2(Ω)

(2)　ア　**熱量**の単位はジュール(J)で，1Wの電力で1秒間電流を流すと1Jの熱が発生する。

イ　熱量(J)＝電力(W)×時間(秒)，電圧は6.0Vで一定なので，電流が大きいほど(抵抗が小さいほど)熱量は大きくなる。aとbを**直列**につないだ回路全体の抵抗は(2.0＋3.0)Ω，aとbを**並列**につないだ回路全体の抵抗は，2.0Ωより小さい。

6　(空気中の水蒸気－露点，湿度，雲のでき方)

(1)　ア　水蒸気を含む空気が冷えてある温度になると，**凝結**が始まって水滴ができ始める。このときの温度を，その空気の**露点**という。　イ　1と3は液体(水)→気体(水蒸気)，4は液体(水)→固体(氷)の状態変化である。地表近くの気温が下がり，露点以下になると，空気中の水蒸気の一部が凝結して小さな水滴になる。これが地表付近に浮かんだものが雲である。　ウ　金属がもつ性質のうち，温度に関係するものがあてはまる。　エ　露点が14℃なので，理科室の空気中に含まれる水蒸気は12.1g/m^3。湿度は，12.1÷21.8×100＝55.5(％)

(2)　ア　ピストンをすばやく引くと，フラスコ内の空気が膨張して温度が下がる。また，空気が膨張するとき，気圧も下がる。このときフラスコ内の空気の温度が露点以下になり，水蒸気が水滴になった。　イ　地球をとりまく大気には重さがあるので，地表にはこの重さによる圧力である**大気圧**が加わっている。上空にいくほど，その高さに相当する分だけ大気の重さが減るので，気圧は低くなる。

＜社会解答＞

1　(1)　ア　インド洋　イ　1　ウ　4　(2)　ア　石油輸出国機構[OPEC]　イ　遊牧　ウ　(例)かつてアフリカ州を植民地にしたヨーロッパの国々の言語を使っているから。

2　(1)　やませ　(2)　黒潮[日本海流]　(3)　2　(4)　エコツーリズム　(5)　(例)[都市問題の解決に向けて,]東京の中心部に集中する都市機能を各地に分散させようとしたため。　(6)　3

3　(1)　ア　平安　イ　4　(2)　ア　応仁の乱[応仁・文明の乱]　イ　楽市　(3)　ア　(例)株仲間に特権をあたえ，そのかわりに営業税を取るため。　イ　国学　(4)　X　2　Y　1　Z　5

4　(1)　3→1→2　(2)　(国名)　アメリカ　(理由)　(例)アメリカは南北戦争の影響のため，アジアへの進出がしばらく止まったから。　(3)　五箇条の御誓文(五箇条の誓文)　(4)　1　(5)　吉野作造　(6)　2

5　(1)　ワイマール憲法　(2)　参画　(3)　ア　請願権　イ　2　(4)　3　(5)　(例)日当たりを確保する

6　(1)　家計　(2)　ア　(例)[ほうれんそうの入荷量が]少ないと価格は上がり，多くなると価格は下がる。　イ　公共料金　(3)　1　(4)　ア　介護保険制度　イ　2

7　(1)　ポリス　(2)　イギリス　(3)　イスラム　(4)　4　(5)　3

＜社会解説＞

1　(地理的分野―世界地理－地形・人々のくらし・産業・資源)

(1)　ア　太平洋・大西洋と並ぶ**世界三大洋**の一つが**インド洋**である。三大洋の中で最小の大洋で，アジアの南方で，アフリカ大陸とオーストラリア大陸の間に位置し，南は南極大陸に及ぶ。　イ　この地図は**メルカトル図法**で描かれているため，赤道から遠いほど，実際の距離よりも長く描かれる。よって最も短いのは，緯度の最も高い1の直線である。　ウ　18世紀後半から**産業革命**を達成し，世界に先がけて鉄鋼業や機械工業が発達したのは，イギリスであり，オセアニア州について述べた文としては適切でない。

(2)　ア　国際石油資本などから石油産出国の利益を守るため，欧米の石油カルテルに対抗して，1960年に設立されたのが**石油輸出国機構(OPEC)**である。当初の加盟国は，イラン・イラク・クウェート・サウジアラビア・ベネズエラの5か国であったが，リビア・アルジェリアなどが加わり，また，脱退した国もあって，現在では，14か国が加盟している。　イ　1か所に定住しないで，牛や羊などの家畜とともに水や牧草を求めて，移動しながら牧畜を行うことを**遊牧**という。特にアフリカ北部や西アジアなどで行われている。　ウ　ポルトガルはモザンビークを，イギリスはガーナを，フランスはマリをそれぞれ**植民地**としていた。アフリカ州の多くの国では，かつて植民地支配されていた国の言語を公用語として使用している。

2　(地理的分野―日本地理－気候・地形・都市・農林水産業，―環境問題)

(1)　梅雨明け後に，**オホーツク海気団**より吹く，冷たく湿った北東風を「**やませ**」といい，北海道・東北地方の太平洋側に吹き付け，冷害をもたらす。

(2)　東シナ海を北上して，九州と奄美大島の間のトカラ海峡から太平洋に入り，日本の南岸に沿って流れ，房総半島沖を東に流れる暖流を，**黒潮**という。黒潮は，**日本海流**ともいう。これとぶつかるように，北から南下してくる寒流を親潮という。**親潮**は，**千島海流**ともいう。

(3)　松本の気候の特徴は，夏冬の寒暖差が大きいことである。年平均気温は12度程度である。盆地であるため，周囲を山に囲まれて風が吹きにくい夏は暑く，また，冬は冷たい空気が盆地内にたまるため寒い。北側を山脈・山地によってさえぎられているため，大陸から吹いてくる北西の季節風の影響を受けにくく，気温が低い割には冬の降雪量は少ない。降水量は1年を通して少なく，年間降水量は1100mm弱である。松本の**雨温図**は，2である。

(4)　自然などの地域資源を活かしながら，持続的にそれらを利用することを目指した観光のあり方を，**エコツーリズム**という。出題されている知床の他，西表島・屋久島・尾瀬など多くの地域で，積極的な取り組みがなされている。

(5)　東京中心部に集中する機能を，関東地方の各地に移転・分散させ，東京の過密緩和を図る目的で，1960年代以降につくられたことを指摘すればよい。

(6)　この3地方のうち，**畜産**が最も盛んなのは，北海道地方であり，ウが北海道地方である。野菜の割合が最も多いのは，中部地方であり，アが中部地方である。米の割合が最も多いのは，東北地方であり，イが東北地方である。

3　(歴史的分野―日本史時代別－古墳時代から平安時代・鎌倉時代から室町時代・安土桃山時代から江戸時代，―日本史テーマ別－政治史・経済史・文化史・外交史)

(1)　ア　**桓武天皇**は，仏教勢力が強く，政治への影響力も強い**平城京**から遷都することを決意した。そして784年に**山背国長岡京**へ遷都がなされた。さらに，怨霊の祟りを恐れるために，都は794年に**平安京**に移された。平安京では，唐の長安にならい，また，陰陽道を考慮した都市づくりがなされた。　イ　**調**は，**正丁**と呼ばれる21歳から60歳までの男子が一定量，**老丁**と呼ばれる老人男子は正丁の2分の1を負担し，**少丁**と呼ばれる若年者は正丁の4分の1を負担したので，4は誤りである。1・2・3は正しい。

(2)　ア　**室町幕府**の8代将軍**足利義政**の後継問題をめぐって，管領の**細川勝元**と侍所の所司**山名宗全**の対立が激化し，管領家の細川氏や斯波氏の家督争いも関わって起こったのが，**応仁の乱**である。全国の守護大名も加わって，1467年から1477年まで争いが続いた。応仁の乱後は，**戦国時代**が到来した。応仁の乱は，応仁・文明の乱ともいう。　イ　市での商人の特権や独占を否定し，自由営業・課税免除を保証した**戦国大名**の商業政策を，**楽市**という。「楽市令」とは「楽市・楽座」を包括する法令である。**座**とは，特定地域での営業権を与えられた商人の組合である。**織田信長**の**楽市・楽座**が有名だが，戦国大名の間で，おもに城下町・港町の建設と発展に際し，広く行われていた。なお，「楽」とは規制が緩和されて自由な状態となったことを表す言葉である。

(3)　ア　幕府は，特定の商人集団を**株仲間**として，一定地域の特権的な営業独占を認め，**運上金**や**冥加金**という営業税を納めさせた。　イ　**本居宣長**が18世紀後半に大成させた学問とは，「**国学**」である。「国学」は，江戸時代から明治時代にかけて，日本独自の精神文化を研究した学問である。本居宣長をはじめ，多くの国学者が現れ，さまざまな研究成果を残した。本居宣長の著書としては，古事記の注釈書**『古事記伝』**や政治意見書の**『秘本玉くしげ』**が有名である。

(4)　X　794年に**平安遷都**を行ったのは，**桓武天皇**である。桓武天皇は，8世紀末から9世紀初期に在位し，**坂上田村麻呂**を**征夷大将軍**として東北地方の**蝦夷**を討つなど，朝廷権力を大きく伸ばした。　Y　尾張の小さな戦国大名出身で，のちに**室町幕府**の将軍**足利義昭**を京都から追放し，**天下統一**を大きく進めたのは，織田信長である。**楽市・楽座**制を進めるなど，古くからの権威を否定し，新しい時代を切り開きつつあったが，**本能寺の変**で，家臣の**明智光秀**に討たれた。　Z　18世紀後半に**老中**となり，**株仲間**を積極的に奨励して営業の独占権を認めるかわりに，**運上金**を納めさせるなど商工業者の力を利用して，幕府の財政を立て直そうとしたのは，**田沼意次**である。田沼意次は，長崎貿易にも力を入れ，**俵物**と呼ばれる海産物の干物を輸出するなどして，貿易黒字を生み出した。また，**印旛沼**の干拓による農地の拡大に力を入れた。

4　**(歴史的分野―日本史時代別－安土桃山時代から江戸時代・明治時代から現代，―日本史テーマ別－政治史・外交史・法律史・経済史，―世界史－政治史)**

(1)　1　**坂本龍馬**の仲介により，長い間犬猿の仲であった薩摩と長州のあいだに**薩長同盟**が結ばれたのは，1866年である。これにより時代は倒幕へと大きく進んだ。　2　15代将軍の**徳川慶喜**により，天皇家に政権を返上する**大政奉還**が行われたのは，1867年である。自ら政権を天皇に返上することで，新政府の中でも発言力を維持しようという狙いがあった。　3　**大老**の**井伊直弼**が江戸城の桜田門外で，水戸藩の脱藩者らに殺害された**桜田門外の変**は，1860年である。これにより幕府の権威が大きく低下した。したがって，年代の古い順に並べると，3→1→2となる。

(2)　(国名)　あてはまる国名は，アメリカである。**日米和親条約**で日本を開国させ，**日米修好通商条約**を結び日本との貿易の道を開いたのはアメリカであったが，日本が貿易を始めると，その相手国の中心はイギリスとなっていった。　(理由)　アメリカは1861年からは，国内を二分する**南北戦争**が起こり，1865年まで続いたため，アジアへの進出がしばらく止まったことを簡潔に指摘するとよい。

(3)　明治新政府は，旧幕府軍との**戊辰戦争**の最中の1868年3月に，「一　広ク会議ヲ興シ万機公論ニ決スヘシ」で始まる新政府の方針を内外に示した。これが**五箇条の御誓文**である。なお，最近では五箇条の誓文ということが多い。

(4)　1　課税の基準を収穫高にすると，政府の収入が毎年変動して不安定になるため，定額となるよう**地価**を課税基準としたのが**地租改正**である。　2　地租は，1873年当初地価の**3%**と定められたが，農民の反発が強く，**地租改正反対一揆**が頻発したため，1877年に2.5%に引き下げられた。　3　江戸時代の年貢は現物納(米)であったが，地租改正により土地の所有者は現金で納めるようになった。2・3・4のどれも誤りであり，1が正しい。**地券**には，土地の所在地・所有者・面積・地価・税率等が記載されていた。

(5)　**大日本帝国憲法**の枠内で，民意に基づいて政治を進め，民衆の福利を実現することが望ましいという「**民本主義**」を提唱したのが，東京帝国大学で教壇に立つ**吉野作造**である。民本主義を説く論文である「憲政の本義を説いて其有終の美を済すの途を論ず」は，雑誌『**中央公論**』に発表された。吉野作造は，**大正デモクラシー**の理論的リーダーの一人となった。

(6)　**シベリア出兵**を機に，1918年に富山県から起こったのが**米騒動**である。民衆が米の安売りを求めて米穀商を襲う騒動は全国に広がった。**寺内正毅内閣**は，米騒動の鎮圧に天皇の軍隊を利用した責任をとって退陣し，**政友会**の**原敬**による**本格的政党内閣**が成立した。

5　(公民的分野―憲法の原理・国の政治の仕組み・三権分立・地方自治・基本的人権)

(1)　1919年に，第一次世界大戦の敗戦国ドイツで制定されたのが**ワイマール憲法**である。当時，世界で最も先進的な憲法といわれ,世界で初めて国家が最低限の生活を保障する**社会権**を規定した憲法である。ドイツ共和国憲法でもよい。

(2)　男女が，社会の対等な構成員として，社会のあらゆる分野における活動に参画する機会が確保され，男女が均等に政治的・経済的・社会的および文化的利益を享受することができ，かつ，ともに責任を担うべき社会を，**男女共同参画社会**という。**男女共同参画社会基本法**は1999年に制定された。

(3)　ア　日本国憲法第16条は「何人も，損害の救済，公務員の罷免，法律，命令又は規則の制定，廃止又は改正その他の事項に関し，平穏に請願する権利を有し，何人も，かかる請願をしたためにいかなる差別待遇も受けない。」と規定している。国民のこの権利を「**請願権**」という。

イ　**首長**の解職については，**地方自治法**において，**有権者**の3分の1の署名をもって，**選挙管理委員会**に直接請求することができると定められている。A市の人口は30万人なので，その3分の1は10万人である。なお，首長の解職ではなく，**条例**の改廃の場合には，有権者の50分の1の署名をもって，首長に直接請求することができることになっている。

(4)　「**控訴**」は第1審に対する不服申し立てで，「**上告**」は第2審に対する不服申し立てのことをいう。問題文の**高等裁判所**に対してするのは，上告ではなく控訴である。よって3が適切ではない。なお，この「控訴」と「上告」は「上訴」ともいう。

(5)　マンションの側面を階段状にすることで，日当たりを確保する，壁状の圧迫感をやわらげる，ビル風をやわらげる，プライバシーが守られやすいなどのことを指摘するとよい。

6　(公民的分野―経済一般・国民生活と社会保障)

(1)　家庭の生活設計に従って行われる経済活動を**家計**という。また，その経済活動の結果を金銭面からとらえたものが家計である。

(2)　ア　**需要と供給の法則**により，資料に見られるように，ほうれんそうの入荷量が少ないと価格は上がり，多くなると価格は下がることを指摘すればよい。　イ　国会や政府及び地方公共団体がその料金の決定や改定に直接関与する料金のことを**公共料金**という。主なものとして，国会や政府が決定する社会保険診療報酬や介護報酬などと，政府が認可する電気料金・ガス料金・鉄道運賃・郵便料金・固定電話の通話料金・国内航空運賃，地方自治体が決定する公立学校授業料などがある。

(3)　資本主義の市場経済において，健全で公正な競争状態を維持し，消費者の利益を確保するために，1947年に制定されたのが**独占禁止法**である。その運用のために，同年設置されたのが**公正取引委員会**である。よって，1が正しい。なお，2は**消費者基本法**，3は**製造物責任法(PL法)**，4は**労働基準法**についての説明である。

(4)　ア　2000年から導入され，40歳以上の国民全員が加入して，**介護保険料**を支払い，必要が生じたときに**介護サービス**を受けられる制度を，**介護保険制度**という。　イ　**少子高齢化**の急激な進展により，**高齢者**を支える**現役世代**の数が減少し，現役世代一人あたりの経済的負担は重くなった。

7　**(歴史的分野―世界史－政治史，―日本史時代別－明治時代から現代，―日本史テーマ別－外交史，地理的分野―世界地理－人々のくらし，―日本地理－地形，公民的分野―国際社会との関わり)**

(1)　古代ギリシャの都市国家を，**ポリス**という。特に，多くのポリスで市民の**直接民主政**が行われたことが特徴であり，アテネやスパルタなどが有名である。紀元前8世紀ころに成立し，紀元前5世紀ころ消滅した。

(2)　ロシアの南下を警戒するイギリスと，ロシアの**満州・朝鮮**への進出を抑えようとする日本の利害の一致から，1902年に**日英同盟**が締結された。日本の第一次世界大戦への参戦は，日英同盟を理由として行われた。日英同盟は1922年に，日本・アメリカ・イギリス・フランスの間で結ばれた**四か国条約**により，破棄された。

(3)　インドネシア・パキスタン・インド・バングラデシュが**イスラム**人口を1億人以上抱える国である。これら諸国に次いで，イラン・トルコ・エジプト・ナイジェリアが7千万人台のイスラム人口を有するイスラム国である。トルコでは，イスラム教は国教ではないが，人口の99％がイスラム教信者である。

(4)　諸国民の教育・科学・文化の協力と交流を通じて，国際平和と人類の福祉の促進を目的とした国際連合の専門機関が，**ユネスコ**(国連教育科学文化機関，United Nations Educational Scientific and Cultural Organization **UNESCO**)であり，4が正しい。なお，1の**UNEP**は**国連環境計画**，2の**UNICEF**は**国連児童基金**，3の**UNCTAD**は**国連貿易開発会議**である。

(5)　「紀伊山地を背にし，太平洋に面し」の文から，4ではない。「海岸線が東西に延びている」の文から，1や2ではない。「町の南の先端には，潮岬があり」の文から，3であるとわかる。なお，潮岬・八丈町の緯度は，北緯約33度である。

<国語解答>

1　(1)　(例)折り紙の特徴を生かした研究　(2)　(例)紙でさまざまな形を折る遊びのこと。　(3)　4　(4)　(例)目的地に容易に運べ，使ったあとは場所をとらずにしまっておけるよさ。

2　(1)　ア　よくよう　イ　れんか　ウ　どんてん　エ　もよお(し)　オ　あわ(せて)　カ　臓器　キ　寒暖　ク　磁針　ケ　暴(れる)　コ　幸(い)
(2)　ア　2　イ　1

3　(1)　以レ身親レ之　(2)　3　(3)　6

4　(1)　4　(2)　宛名が赤ん坊になって　(3)　3　(4)　3　(5)　(例)読むに値するすぐれた内容を，読むにたえる秀でた表現で書くために，読者層を明確にし

5　(1)　2　(2)　将棋自体が嫌い　(3)　1　(4)　(例)プロになることをあきらめて，自分なりの将棋の楽しみかたを見つけてほしい　(5)　4　(6)　A　(例)棋士にはなれない悲しみにおそわれて　B　(例)将棋が好きだという，うそ偽りのない

6　(例)「美しい」は「ひたむきな姿」など人の態度にも使うが，「きれいだ」は「床」など物の見た目について使う。また，「美しい部屋」はセンスがいい家具や物で飾られているイ

メージだが,「きれいな部屋」だとごみがなくて片づいているという感じがする。
　このことから,「美しい」は「そこに存在するものを快く感じる」ことを表し,「きれいだ」は「不快な物が見えない」ことを表すのではないかと考えられる。

＜国語解説＞

1 (聞き取り－内容吟味)

(1)　木村さんは,「私は,テーマを**『折り紙の特徴を生かした研究』**と設定し,調べることにしました。」と言っている。

(2)　「『折り紙』という言葉の意味」は日本と世界とでは異なるが,木村さんは「日本で使う『折り紙』という言葉の意味」を**「紙でさまざまな形を折る遊びのこと」**と説明している。

(3)　木村さんは,**「発表項目の資料」**を使って,資料の項目順に発表を進めている。これは,**聞き手に分かりやすくなる**ようにするための工夫であるから,4が正解となる。1の「自分の主張」は,発言の最初にはない。2の「反対意見」,3の「問題点」にあたるものは述べられていないので,誤りである。

(4)　木村さんは,田中さんの質問に対して,「**目的地に,容易に運べます**。また,**使ったあとは,場所をとらずにしまっておけます**。」と答えているので,この内容をまとめて書く。

2 (知識－漢字の読み書き)

(1)　ア「**抑揚**」は,文章や声の調子に強弱や高低をつけること。　イ「**廉価**」は,値段が安いという意味。　ウ「**曇天**」は,くもり空やくもった天気のこと。エ「**催し**」は大勢の人が集まる行事のことで,「イベント」ともいう。　オ「**併**」の音読みは「ヘイ」で,「併用」「合併」などの熟語を作る。　カ「**臓器**」は,内臓など体の器官のこと。　キ「**寒暖**」は,寒さとあたたかさ。　ク「**磁針**」は,同音異義語の「地震」「自信」などと間違えないようにする。
ケ「**暴**」の下の部分の形は「氺」である。　コ「**幸**」は,横画の数に注意する。

(2)　ア「カタづける」を漢字で書くと「**片づける**」となる。　イ「カンスイ」は漢字で書くと「**完遂**」となり,やりとげるという意味を表す。

3 (漢文―内容吟味,脱文・脱語補充,その他)

(1)　「以身親之」に対応する部分の書き下し文は,「身を以つて之を親らす」である。「以」より「身」を先に読むので,「以」の左下に**レ点**を打つ。また,「親」より「之」を先に読むので,「親」の左下に**レ点**を打つ。

(2)　「星を以つて出で,星を以つて入り」は,「朝は早くから星を見て出かけ,夜も遅く星を見て戻り」と現代語訳されている。これは**朝早くから夜遅くまで仕事をする**ということなので,3の「仕事に勤め励むこと」が正解となる。

(3)　空欄Bの次の文に「**力**に任す者は故より労す,**人**に任す者は故より逸す」とあり,「自身の力に頼る者は疲れるが,他人に任せる者は楽なのです」と現代語訳されている。この場合,楽をしているのは「宓子賤(＝我)」,疲れているのは「巫馬期(＝子)」なので,Aには「人」,Bには「力」が入る。したがって,正解は6である。

4 (論説文―内容吟味,文脈把握,脱文・脱語補充,品詞・用法)

(1)　「読まない」は五段活用動詞「読む」の未然形。1「する時間」は「する」の連体形,2「借りた」は「借りる」の連用形，3「決めれば」は「決める」の仮定形，4「話そう」は「話す」の未然形なので，4が正解である。「ない」に続く形だけでなく，「う」に続く形も未然形なので注意する。

(2)　手紙はふつう宛名の人が読むことを想定している。しかし，この場合は**宛名が赤ん坊になっていた**のに，文章は母親が読むことを想定して書かれていたために，つじつまの合わない通信文になってしまったのである。

(3)　空欄の前には，「都下」という宛先を見て，筆者は「のんびりとした雰囲気を味わった」と好意的に捉えたが，「東京の中心街から遠い土地に住んでいることを気にしている人間」が読んだら「複雑な気持ち」かもしれないと書いてある。同じことばでも**相手**によって感じ方が異なるということなので，正解は3となる。

(4)　筆者は，子供の生まれた家への手紙，「下阪」「上京」「都下」など**複数の具体例**とともに，「文章を書くときは読む人のことを考えよう」という**意見**を繰り返し述べている。正解は3。1の「文章作法書の手順に従って」という説明は根拠が示されていないので不適切。本文の最初には2の「疑問」はない。4は，例えば「都下」の例に「間違いを積極的に修正する必要性」は含まれていないので，誤りである。

(5)　傍線部「配慮」は，第一段落に「まずは，**読むに値するすぐれた内容**を盛ること，そして，**読むにたえる秀でた表現**で綴ることである」と説明されている。また，第四段落に「**読み手の方向性をしぼる配慮**」とあるように，読者を明確にすることも示されている。この内容を，前後につながる形で制限字数内にまとめる。

5　**(小説―情景・心情，内容吟味，文脈把握)**

(1)　「それでも」ということばから，「父」は「祐也」が**負けることを受け入れている**ことがわかる。しかし，「父」は「祐也」に，負けるからといって勝負を放棄するのではなく，**最後まできちんと将棋に向き合ってほしい**と願っているのである。このことを説明した2が正解。1の「『祐也』を奮い立たせようと怒鳴りつけている」や3の「突き放している」は，この前の部分で「もう，休もう」と言って「祐也」の背中をさする「父」の行動と合わない。4は「対戦相手を打ち負かしてほしい」が不適切である。

(2)　「祐也」は何をしても勝てない状況で「いまのままでは，**将棋自体が嫌い**になりそうで，それがなによりこわかった」と考えている。「父」はそのような「祐也」の様子を見て「取り返しのつかないことになる」と言ったのである。

(3)　「ぼとぼと」は水滴などが落ちる様子を表す擬音語である。「ぼ」が濁音をなので，「ぽとぽと」などに比べて**鈍く重い**響きになっている。

(4)　「父」は「祐也」に「**プロを目ざすのは，もうやめにしなさい**」と言っている。しかし，「将棋をやめろ」と言っているのではなく，「**自分なりの将棋の楽しみ方を見つける**」ことを提案しているのである。この内容を，前後につながる形で制限字数内にまとめる。

(5)　「顔がほころぶ」は，表情をくずして笑みを浮かべるという意味である。「祐也」に**対局の結果も聞かず，「いつもどおり」に接してくれる母**の様子に，「祐也」が**ほっとしている**様子を読み取る。正解は4。1の「やる気」「闘志」は，プロ棋士をあきらめようとしている「祐也」の心情として不適切。「祐也」は「将棋を気にかけない母」に「不満」を抱いていないので，2は誤り。3は「厳格な態度の父」が本文と合わず，誤りである。

(6)　A「**悲しみにおそわれた**のは，ベッドに入ってからだ。『もう，**棋士にはなれないんだ**』」という部分をもとに，前後につながるように20字以内で書く。　B「『おれは将棋が好きだ～』う

そ偽りのない思い」という部分をもとに，前後につながるように20字以内で書く。

6　**(作文)**

(1)～(3)の条件を満たすことが必要である。題名は書かず，**二段落構成**で第一段落に「美しい」と「きれいだ」の違いについて**気づいたこと**を書き，第二段落にそのことをふまえた**自分の意見**を書く。制限字数は，**150～200**字である。解答例は，第一段落に「美しい」と「きれいだ」の使い方や印象の違いについて気づいたことを書き，第二段落にそれをふまえた意見を書いている。

書き始めや段落の初めは1字空けるなど，原稿用紙の使い方にも注意する。書き終わったら必ず読み返して，**誤字・脱字**や表現のおかしなところは書き改める。

MEMO

大切なことはメモしておこうネ！

青森県公立高等学校

2019年度

入　試　問　題

2019年度

●くわしい解説……39ページ

＜数学＞

時間 45分 満点 100点

1 次の(1)～(8)に答えなさい。(43点)

(1) 次の**ア**～**オ**を計算しなさい。

ア $-8+6$

イ $(-0.5)\div\dfrac{2}{7}$

ウ

$$\begin{array}{rr} & a+3b-2 \\ -) & a-\ \ b+4 \\ \hline \end{array}$$

エ $(x-2)^2-(x-1)(x+4)$

オ $\sqrt{3}-\dfrac{9}{\sqrt{3}}-\sqrt{12}$

(2) 次の数量の関係を不等式で表しなさい。

ある動物園の入場料は，おとな１人がa円，中学生１人がb円である。おとな２人と中学生３人の入場料の合計が2000円以下であった。

(3) $a=-2$，$b=-1$ のとき，$6ab^2\times(-a)^2$ の値を求めなさい。

(4) 次の方程式を解きなさい。

$x^2+x-3=0$

(5) ５本のうち３本のあたりくじが入っているくじがある。このくじをA，Bの２人がこの順に１本ずつひくとき，少なくとも１人はあたりくじをひく確率を求めなさい。ただし，ひいたくじは，もとにもどさないことにする。

(6) ２つの水そうA，Bに42Ｌずつ水が入っている。水そうAから水そうBに水を移して，AとBの水そうに入っている水の量の比が２：５になるようにする。何Ｌの水を移せばよいか，求めなさい。

(7) 右の図のように，△ABCでBCを延長した直線上の点をEとする。∠Bの二等分線と∠ACEの二等分線の交点をDとするとき，$\angle x$ の大きさを求めなさい。

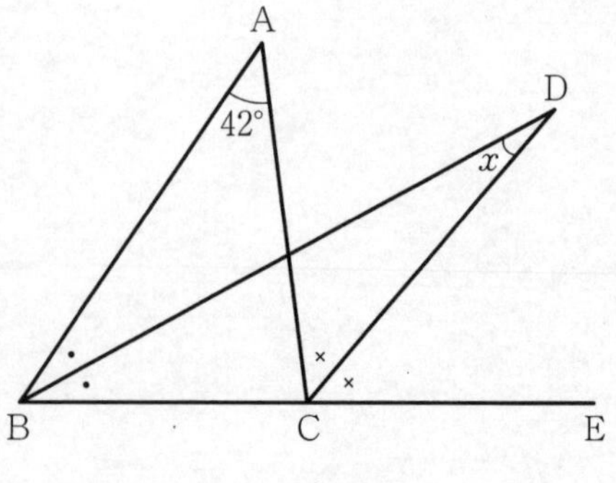

(8)　連立方程式 $\begin{cases} y = x + 6 \cdots\cdots ① \\ x + 2y = 6 \cdots\cdots ② \end{cases}$ の解をグラフを利用して求めるとき，①のグラフをかき，連立方程式の解を求めなさい。

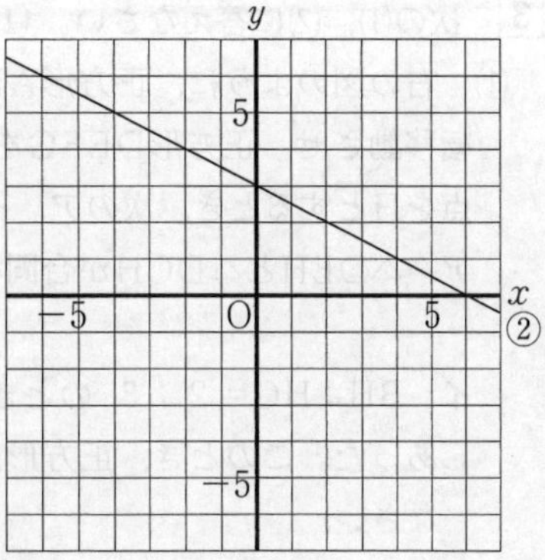

2　次の(1)，(2)に答えなさい。(10点)

(1)　下の図の△ABCにおいて，頂点Aから辺BCへの垂線を作図しなさい。ただし，作図に使った線は消さないこと。

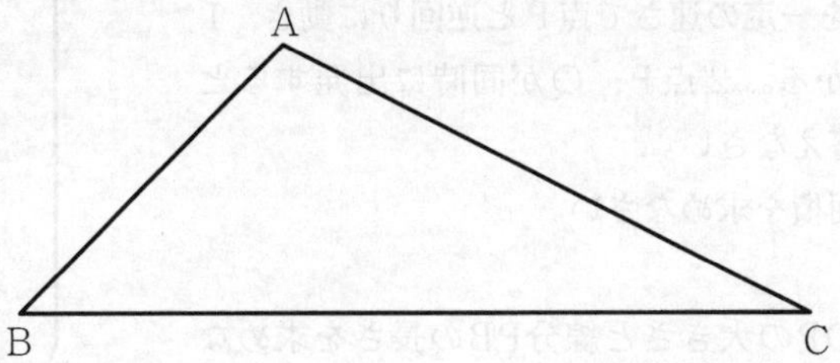

(2)　下の表は，A～Jの10人の生徒が輪投げを1人10回ずつ行ったときに成功した回数とその平均値をまとめたものである。

生徒	A	B	C	D	E	F	G	H	I	J	平均値
成功した回数(回)	3	6	9	2	1	7	ア	7	8	1	イ

次の文章は，上の表を見た兄と弟の会話である。 ア ， イ にあてはまる数を求めなさい。

弟：平均値 イ 回を上回っている人は，［順位の決め方］をもとに考えると，必ず，真ん中より上の順位になるよね？

兄：そうとは限らないよ。上の表では，Gさんの成功した回数は ア 回で平均値を上回っているけど，Gさんは真ん中より下の順位にいるよ。

［順位の決め方］

①　成功した回数が多い方から上の順位をつける。

②　成功した回数が同じ場合は同じ順位とし，次の人の順位は同じ順位の人数分下げる。例えば，1位が1人，2位が2人いるときは，次の人の順位は4位となる。

③　真ん中より上の順位は1位から5位まで，真ん中より下の順位は6位から10位までとする。

3　次の(1)，(2)に答えなさい。(19点)

(1)　右の図のように，正方形ABCDを点Dを中心として回転移動させ，正方形DEFGをつくる。BCとEFとの交点をHとするとき，次の**ア**，**イ**に答えなさい。

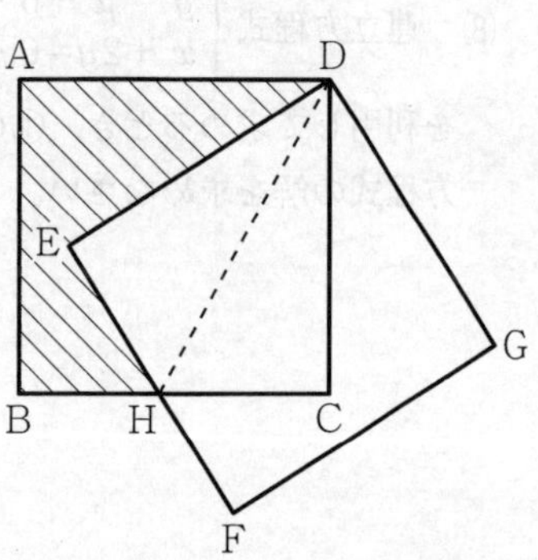

ア　△DEHと△DCHが合同になることを証明しなさい。

イ　BH：HC＝2：3　のとき，斜線部分の面積が20㎠であった。このとき，正方形ABCDの1辺の長さを求めなさい。

(2)　右の図は，底面の半径が5㎝，母線ABの長さが10㎝の円柱である。点Pは点Aを出発し，円Oの円周上を一定の速さで動き，1周するのに30秒かかる。点Qは点Bを出発し，円O′の円周上を一定の速さで点Pと逆回りに動き，1周するのに45秒かかる。2点P，Qが同時に出発するとき，次の**ア**～**エ**に答えなさい。

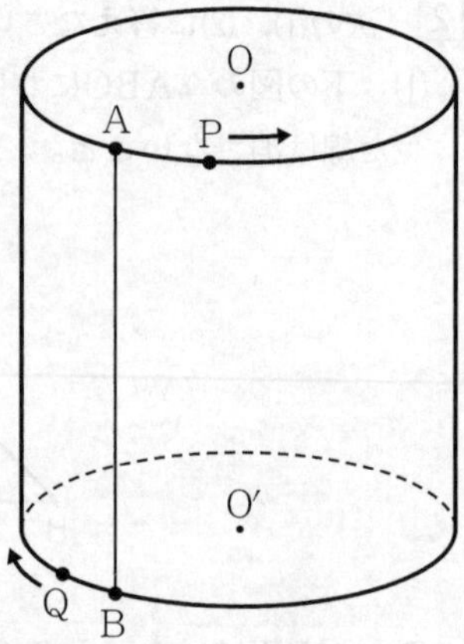

ア　この円柱の表面積を求めなさい。

イ　5秒後の∠AOPの大きさと線分PBの長さを求めなさい。

ウ　点Pが1周する間にOP∥O′Qとなるのは出発してから何秒後か，すべて求めなさい。ただし，出発時は考えないものとする。

エ　点Pが1周する間の線分PQの長さの変域を［あ］≦PQ≦［い］で表すとき，［あ］，［い］の値を求めなさい。

4　次のページの図で，放物線①は $y = ax^2$，双曲線②は $y = \dfrac{16}{x}$，直線③は $x = 2$ のグラフである。点Aは①と③の交点，点Bは①と②の交点で x 座標は－4，点Cは②と③の交点であり，点Dは直線BCと y 軸の交点である。点Pは①上の点で，x 座標は負である。次の(1)～(4)に答えなさい。ただし，座標軸の単位の長さを1㎝とする。(12点)

(1)　a の値を求めなさい。

(2)　直線BCの式を求めなさい。

(3)　①の関数 $y = ax^2$ の x の変域が $n \leqq x \leqq 4$ のとき，y の変域は $-4 \leqq y \leqq 0$ である。n は整数とするとき，n のとりうる値をすべて求めなさい。

(4)　△ACPの面積が△ACDの面積の5倍になるとき，点Pの座標を求めなさい。

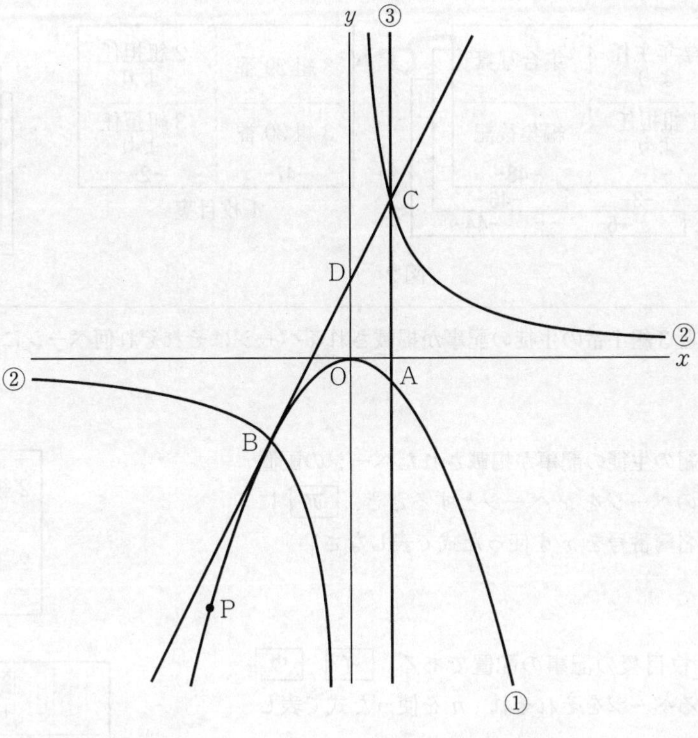

5 ひろさんの学校の３年生は，１クラス30人ずつの３クラスで，名簿番号はそれぞれのクラスで１番から30番までである。ひろさんが編集委員長になり，卒業文集を作成することになった。図１は，卒業文集に掲載する記事の内容を示した表である。生徒の記事は１組１番から始まり，3組30番まで名簿番号の順番に掲載する。作業は下の［手順］をもとに進めた。次の⑴～⑷に答えなさい。(16点)

掲載するページ	記事の内容	
１ページ	上段	学年主任より
	下段	１組担任より
２ページ	上段	２組担任より
	下段	３組担任より
３ページ	上段	１組１番
⋮		⋮
	下段	３組30番
48ページ	上段	集合写真
	下段	編集後記

図１

［手順］

① 図２のように，1枚の用紙の左側と右側をそれぞれ上下２段に分け，表《おもて》と裏《うら》で計８つの記事を配置できるようにする。

② １枚目表の左側を１ページ，右側を48ページとして－１－，－48－と表す。１ページの裏を２ページ，48ページの裏を47ページとして２枚目以降も１枚目と同様にページの番号をつける。

③ 図１のとおり１ページの上段から順に記事を配置する。

④ 図３のように，用紙を２つに折り１枚目表の１ページ，48ページが最も外側になるようにし，その内側に２枚目表，３枚目表…と順に綴《と》じ込んでいく。

（図２・図３は次のページにあります。）

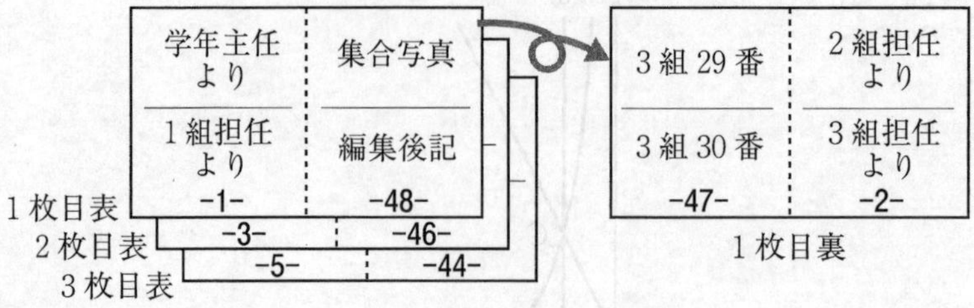

図2

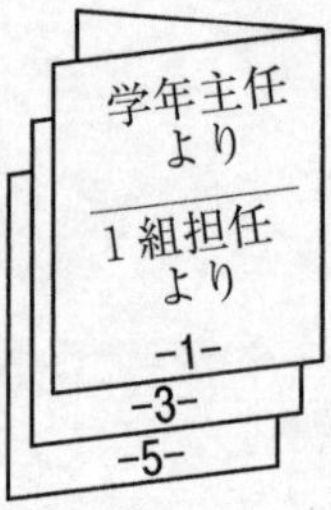

図3

(1) 1組30番と3組1番の生徒の記事が掲載されるページはそれぞれ何ページになるか，求めなさい。

(2) 図4は2組の生徒の記事が掲載されたページの配置である。このページをxページとするとき，ア にあてはまる名簿番号をxを使った式で表しなさい。

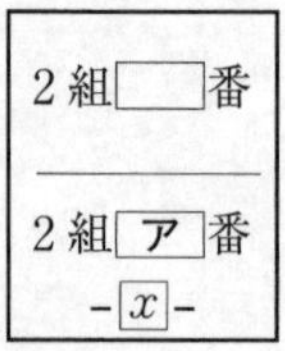

図4

(3) 図5はn枚目裏の記事の配置である。イ，ウ にあてはまるページをそれぞれ，nを使った式で表しなさい。

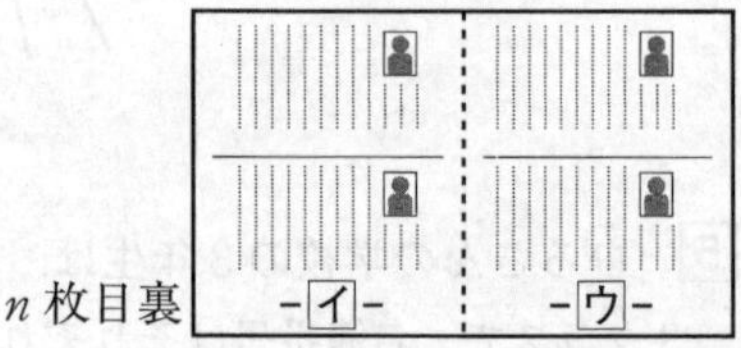

図5

(4) 図6はある用紙の記事の配置である。$a-b=10$となるとき，この用紙は何枚目の表か裏か，求めなさい。

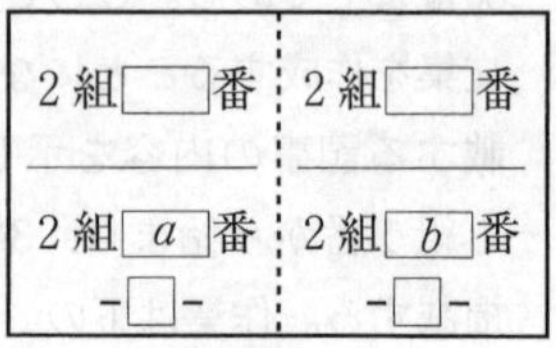

図6

＜英語＞

時間　50分　満点　100点

1　放送による検査（27点）

(1)　ア　1

2

3

4

イ　1

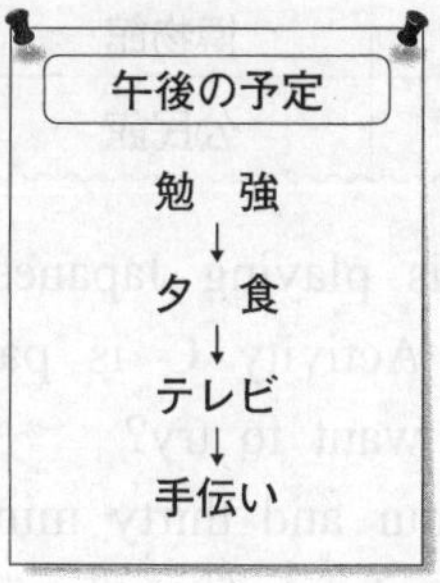

	午後の予定
1	勉　強 → 夕　食 → テレビ → 手伝い
2	勉　強 → 夕　食 → 手伝い → テレビ
3	手伝い → 夕　食 → 勉　強 → テレビ
4	手伝い → 夕　食 → テレビ → 勉　強

2

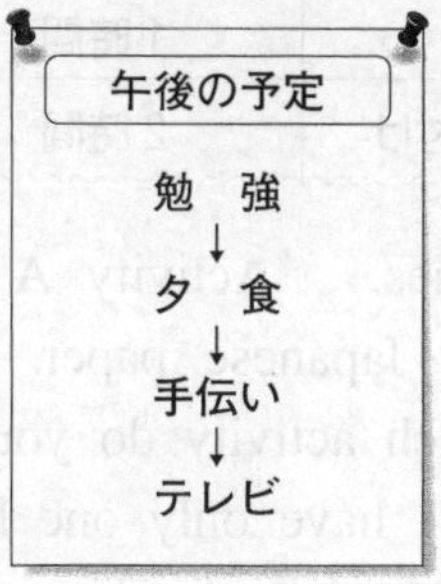

3

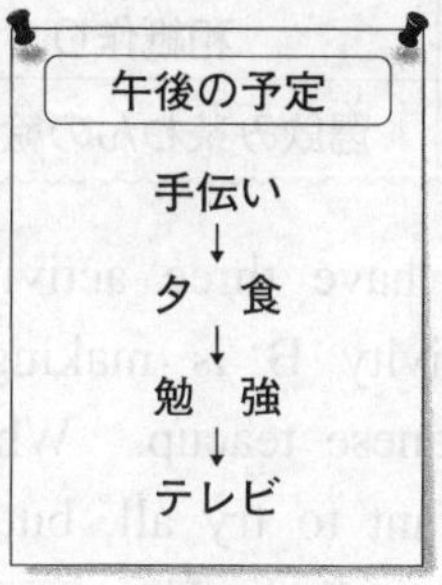

4

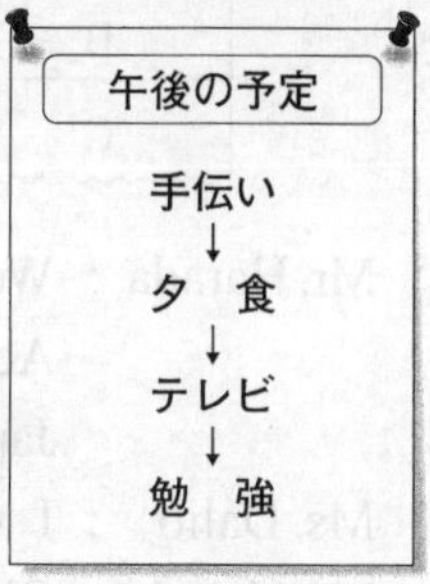

ウ　1　Well, where is your sister?　2　Actually, who wrote the book?
3　No. It is the book.　4　Sorry, but it is not mine.

(2)　ア　1　On Thursdays.　2　On Fridays.
3　On Saturdays.　4　On Sundays.

イ　1　For two years.　2　For seven years.
3　For eleven years.　4　For twelve years.

ウ　1　Because her brother made a cake for her.
2　Because her brother talked with Mr. Sato.
3　Because she wanted her brother to know more about Japanese food.
4　Because she wanted to work in a Japanese restaurant.

(3)　ア　1　I'll try it on.　2　I'll use it again.
3　It is a cap.　4　It is very serious.

イ　1　I saw him last month.
2　Sure. That sounds good.
3　Many people often go there.
4　No, but my father helped me.

(4)　(　　　　　　　　　　　　　　　　　　　　　).

2 次の英文は，日本のある市の観光案内所での，係員のハラダさん（Mr. Harada）と，外国人旅行者のダリオさん（Ms. Dalio）の対話の一部です。２人はパンフレット（pamphlet）を見ながら話をしています。これを読んで，あとの(1)～(3)に答えなさい。＊印の語句には，対話のあとに（注）があります。（14点）

Mr. Harada : May I help you?

Ms. Dalio : Yes. I want to have some *cultural experiences in Japan. ア(activities are any for there) those?

Mr. Harada : Of course. Please look at this pamphlet.

【パンフレットの一部】

活動	内容	所要時間	場所
A	和太鼓演奏《わだいこえんそう》	１時間	公会堂
B	和紙作《わしづく》り	１時間	博物館
C	湯飲《ゆの》み茶《ちゃ》わんの絵《え》付《つ》け	２時間	公民館

Mr. Harada : We have three activities. *Activity A is playing Japanese drums. Activity B is making Japanese paper. Activity C is painting *a Japanese teacup. Which activity do you want to try?

Ms. Dalio : I want to try all, but I have only one hour and thirty minutes.

Mr. Harada : Oh, really? Then, it is イ(to hard you join for) the activity C.

Ms. Dalio : You are right. Which activity is more popular, playing Japanese drums or making Japanese paper?

Mr. Harada : The activity of making Japanese paper is. ウ(be in it held will) the museum.

Ms. Dalio : All right. Is the museum □ from here?

Mr. Harada : No, it is near here.

Ms. Dalio : OK.

(注) cultural 文化的な　activity 活動　a Japanese teacup 湯飲み茶わん

(1) 下線部ア～ウについて，文の意味が通るように（ ）内の語をすべて用いて，正しい順序に並べかえて書きなさい。大文字にする必要のある文字は大文字にしなさい。

(2) □ に入る最も適切な英語１語を書きなさい。

(3) ダリオさんが体験活動を終えたあと，「楽しかった。また，この市に来たいです。」と感想を述べました。その感想を聞いて，あなたならダリオさんに何と言いますか。英語15語以上で書きなさい。文の数はいくつでもかまいません。

3 次の英文は，バスケットボール部に所属している留学生のサム（Sam）と，顧問《こもん》のモリ先生（Mr. Mori）の電話での応答です。これを読んで，あとの(1)，(2)に答えなさい。＊印の語句には，応答のあとに（注）があります。（13点）

Sam : Hello, Mr. Mori. This is Sam.

Mr. Mori : Hi, Sam. Most of the players have already come to school for the game.

Sam : I'm sorry, but I'll be late.

Mr. Mori : [ア]

Sam : Because I helped a group from Australia on Kita Street. A boy in that group was sick. So, I walked to Aoba Hospital with them and I'm still at the hospital.

Mr. Mori : I see. 〔 A 〕

Sam : Thank you, but I won't get to school *in time for the game.

Mr. Mori : Don't worry. If you take a train, you'll be in time for it. Do you take trains in Japan?

Sam : Yes, I do. I usually take them to visit my friends.

Mr. Mori : Good. Nishi Station is between the hospital and the school. [イ]

Sam : No, I haven't. How do I go there?

Mr. Mori : Go out of the hospital and turn left. Go straight and turn right at the second traffic light. You will see it soon.

Sam : 〔 B 〕

Mr. Mori : No, I said, "Turn right."

Sam : OK, turn right.

Mr. Mori : You will walk for about ten minutes to the station.

Sam : What time will the train leave?

Mr. Mori : [ウ] It's ten o'clock now. So you have twenty minutes.

Sam : Thank you, Mr. Mori.

Mr. Mori : See you soon.

(注) in time for ～　～に間に合って

(1) 電話での応答が成立するように，[ア] ～ [ウ] に入る英文をそれぞれ一つ書きなさい。

(2) 電話での応答が成立するように〔A〕，〔B〕に入る最も適切なものを，次の１～６の中からそれぞれ一つ選び，その番号を書きなさい。

1 Do you know when I should turn?
2 You should not do such a thing.
3 Did you say, "Turn left at the traffic light"?
4 Can I find the station?
5 I met them yesterday, too.
6 You did a good thing.

[4] 次の英文は，中学生のサオリ（Saori）が，カナダ（Canada）での２週間の語学研修を終え，帰国後に，英語の授業で行ったスピーチです。これを読んで，あとの(1)～(3)に答えなさい。＊印の語句には，スピーチのあとに（注）があります。(21点)

I studied at a junior high school in Canada for two weeks. In a class, our teacher, Mr. *Robert, showed us pictures of World Heritage Sites. He said, “Now, there are 1,092 World Heritage Sites in 167 countries. *Italy has the most World Heritage Sites. It has 54. The second country is China and it has 53. Canada has 19, and it is in the fourteenth *place. I like *Canadian Rocky Mountain Parks. They were under the sea in the past. You can find *fossils of fish, and relax in the beautiful mountains. You should visit them once.”

After the class, a friend said to me, “I like Canadian Rocky Mountain Parks, too. How many World Heritage Sites do you have in Japan? Which do you *recommend?” I wanted to tell her about *Shirakami-Sanchi, but I could not answer the questions well. I was sad.

*That night I wrote about the class in my diary. I wrote, “Today, my friend asked me questions about World Heritage Sites in Japan, but I could not answer well. I *realized that I should know more about Japan. So, I went to the library after school and found a book about World Heritage Sites in Japan. It was very interesting. In the future, I want to tell people in foreign countries about them.”

(注) Robert ロバート　Italy イタリア　place 順位
Canadian Rocky Mountain Parks カナディアン・ロッキー山脈自然公園群
fossils 化石　recommend ～ ～を勧《すす》める　Shirakami-Sanchi 白神山地
that night その日の夜　realized ～ ～を実感した

(1) 次の文章は，サオリのスピーチに関する同級生のメモです。スピーチの内容と合うように，（ア）～（ウ）に入る最も適切な日本語や数字をそれぞれ書きなさい。

【メモ】

・世界遺産が２番目に多い国は（　ア　）である。
・カナダには世界遺産が（　イ　）か所あり，第14位である。
・カナディアン・ロッキー山脈自然公園群の場所は，昔は（　ウ　）にあった。

(2) サオリのスピーチの内容と合うように次の１～３の質問に対する答えをそれぞれ一つの英文で書きなさい。

1 Did Mr. Robert tell his students to visit Canadian Rocky Mountain Parks?
2 Why was Saori sad after the class?
3 What does Saori want to do in the future?

(3) 次の文章は，サオリのスピーチを聞いたあとで，同級生が彼女に書いた感想です。下線部１，２をそれぞれ一つの英文で書きなさい。

I didn’t know that there are so many World Heritage Sites in the world.
1 あなたは日本について考える機会をもち，そして何をするべきかを理解しました。
You went to the library to read a book about World Heritage Sites in Japan.
2 その本に書かれていることは，あなたが日本について話す時に役立つと思います。

5　次の英文は，高校生のミオ（Mio）が，父親の友人のジャクソンさん（Mr. Jackson）と話した内容について書いた文章です。これを読んで，あとの(1)～(3)に答えなさい。＊印の語句には，本文のあとに（注）があります。(25点)

Mr. Jackson is my father's friend. He stayed in my grandfather's house for six months when he was young. He became a doctor after he went back to his country and made a new medicine for eyes. He built a hospital, too. He loves Japan very much. So he visited Japan with his family last year and they stayed in our house for a week.

One day I asked him, "Mr. Jackson, you have done great things in your life. How did you do those?" He answered, "I just did the things that I wanted to do, Mio." I was surprised because that was not so different from our daily *actions. I asked him again, "Many people think in the same way, but they can't do the same things. What is different?" He answered, "People have dreams, but they are only dreams. If you want to do something, you need a purpose and ways." I *was shocked. I had a dream but I didn't have those things. Mr. Jackson continued, "And I don't think many people *care about time. For example, they use the Internet or play video games for long hours. Mio, I think that life is a gift from our parents and it is short. We should use our time well. So I chose my purpose and ways when I was fifteen years old. Supporting sick people was my purpose. Becoming a doctor, making a new medicine and building a hospital were my ways. I worked hard for a long time to *achieve my purpose."

His words were amazing to me. He has lived with his own purpose and ways. He also doesn't forget that time *is limited. I think that we need to have our purpose and ways. And I believe that it is important to spend time *carefully. We may live longer *than ever before. You may say that we have much time, but time *goes fast. *Even if we have much time, we can't do anything without a purpose and ways. So I wrote them on paper.

Purpose: Helping people who are in need in the world.

Ways　: 1. I will read books about cultures of the world.

2. I will study French and five other languages.

3. I will go to university in a foreign country.

4. I will be a nurse and work at *international aid organizations.

I will send it to Mr. Jackson and *ask him for *advice. I want to do these four things and achieve my purpose.

(注) actions　行動　　～ was shocked　～は衝撃を受けた　　care about ～　～を大事にする
achieve ～　～を成し遂げる　　～ is limited　～は限られている　　carefully　大切に
than ever before　これまでになく　　goes　過ぎる　　even if ～　たとえ～としても
international aid organizations　国際援助団体　　ask ～ for…　～に…を求める　　advice　助言

(1) 本文の内容と合うように次のア～エの英語に続けるのに最も適切なものを，1～4の中からそれぞれ一つ選び，その番号を書きなさい。

ア When Mr. Jackson came to Japan last year,

1 he made a new medicine for eyes.
2 he built a hospital.
3 his family was not together.
4 he stayed in Mio's house for a week.

イ Mr. Jackson thinks that

1 people can do everything with dreams.
2 people use the Internet or play video games a lot.
3 life is a present from his brothers.
4 becoming a doctor is his purpose.

ウ Mio thinks that

1 Mr. Jackson's words are easy.
2 Mr. Jackson knows we don't have much time.
3 we need to do things quickly.
4 we always have a lot of time to do something.

エ One of Mio's ways is

1 to write reports about world cultures.
2 to learn four languages.
3 to study in a foreign country.
4 to be a nurse and work for the problems of global warming.

(2) 次の英文が本文の内容と合うように（ア）～（ウ）に入る最も適切な語を，下の1～7の中からそれぞれ一つ選び，その番号を書きなさい。

Mr. Jackson told Mio about his life. She was （ ア ） by his story. She decided her own purpose and ways （ イ ） she didn't have them. Her purpose is to （ ウ ） people in need all over the world and her ways are the things to do for her purpose.

1 because　2 share　3 tired　4 remember
5 influenced　6 but　7 save

(3) 下線部 his own purpose and ways が表している内容を日本語で具体的に書きなさい。

＜理科＞

時間　45分　満点　100点

1　次の⑴～⑷に答えなさい。(20点)

⑴　節足動物について，次のア，イに答えなさい。

ア　下の文は，節足動物の特徴について述べたものである。文中の（　）に入る適切な語を書きなさい。

からだに節があり，（　　　）というかたい殻におおわれている。

イ　次の１～４の中で，①昆虫類，②甲殻類にあてはまるものの組み合わせとして適切なものを一つ選び，その番号を書きなさい。

１　①　カブトムシ　　②　クモ　　　２　①　クモ　　②　カブトムシ
３　①　カブトムシ　　②　ミジンコ　４　①　クモ　　②　ミジンコ

⑵　下の図は，カエルの生殖と発生の一部を模式的に表したもので，Aは精子，Bは卵，Cは受精卵，D～Fは受精卵が細胞分裂をくり返していくようすを示している。次のア，イに答えなさい。

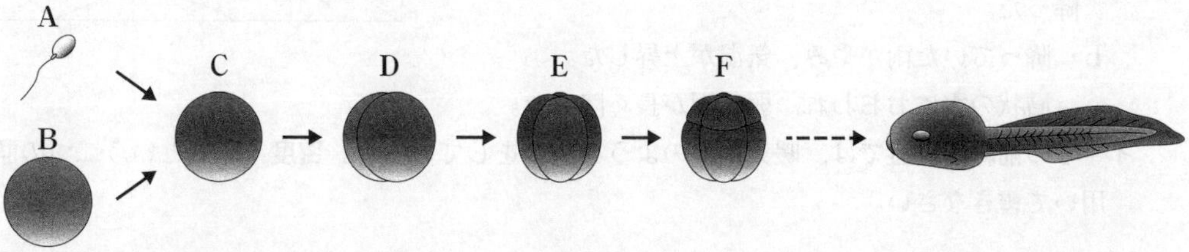

ア　Cが細胞分裂を始めてから，食物をとり始めるまでの間の個体を何というか，書きなさい。

イ　A～Fのそれぞれ１つの細胞にふくまれる染色体の数について述べたものとして適切なものを，次の１～６の中からすべて選び，その番号を書きなさい。

１　Bの染色体の数は，Aの染色体の数と同じである。
２　Cの染色体の数は，Bの染色体の数と同じである。
３　Dの染色体の数は，Bの染色体の数の半分である。
４　Eの染色体の数は，Cの染色体の数の半分である。
５　Eの染色体の数は，Aの染色体の数の２倍である。
６　Fの染色体の数は，Eの染色体の数の２倍である。

⑶　下の表のように，何種類かの鉱物がふくまれる火山灰P，Qについて，あとのア，イに答えなさい。

火山灰	多くふくまれる鉱物		少しふくまれる鉱物
P	セキエイ	チョウ石	カクセン石
Q	カンラン石	キ石	チョウ石

ア　次のページの文章は，火山灰P，Qと，それらを噴き出したマグマの性質について述べた

ものである。文章中の ① ， ② に入る語の組み合わせとして最も適切なものを，次の1～4の中から一つ選び，その番号を書きなさい。

2つの火山灰を比べると，Pの方が ① 色をしている。また，Pを噴き出したマグマの方が，Qを噴き出したマグマよりもねばりけが ② と考えられる。

1 ① 黒っぽい ② 大きい　2 ① 白っぽい ② 大きい
3 ① 黒っぽい ② 小さい　4 ① 白っぽい ② 小さい

イ 火山灰PやQとともに噴き出された軽石や溶岩などには，無数の穴が開いていた。これらの穴をつくった成分の中で，最も多くふくまれている物質の名称を書きなさい。

(4) 右の図は，ある日の日本付近における天気図の一部である。2つの前線X，Yは，この後青森市を通過した。次のア，イに答えなさい。

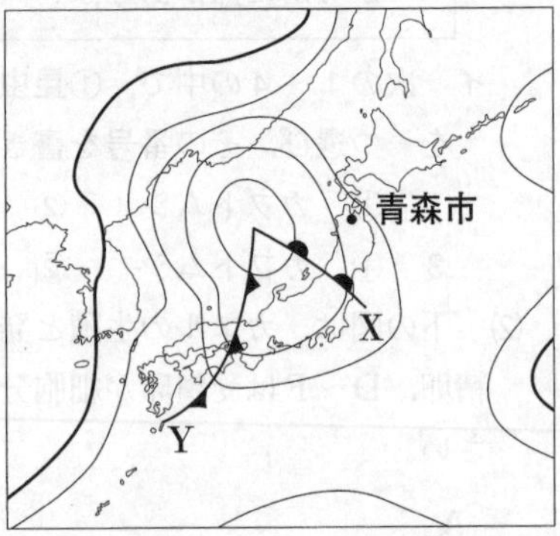

ア 次のa～cは，青森市で，この天気図のときから前線X，Yが通過するまでの間の天気を観察して記録したものである。a～cを観察された順に並べ，その記号を書きなさい。

a 南寄りから北寄りの風に変わり，激しい雨が降った。

b 降っていた雨がやみ，気温が上昇した。

c 層状の雲におおわれ，弱い雨が長く降った。

イ Yの前線面付近では，暖気はどのような動きをしているか。密度，寒気という二つの語を用いて書きなさい。

2 次の(1)～(4)に答えなさい。(20点)

(1) 質量142.0gのビーカーに，ある濃度のアンモニア水25cm^3をはかり取って入れ，さらに水350cm^3加えて，うすいアンモニア水をつくった。うすいアンモニア水が入ったビーカー全体の質量をはかったところ，514.7gであった。次のア，イに答えなさい。

ア アンモニア水はアンモニアと水が混ざり合ったものである。このように，いくつかの物質が混ざり合ったものを何というか，書きなさい。

イ 下線部のアンモニア水の密度は何g/cm^3か，小数第三位を四捨五入して求めなさい。ただし，水の密度を1.0g/cm^3とする。

(2) 亜鉛板，銅板，マグネシウムリボンの3種類の金属板と，うすい塩酸，塩化ナトリウム水溶液，エタノール水溶液を準備した。金属板の中から亜鉛板と銅板を選び，右の図のようにうすい塩酸に入れて，モーターにつないだところ，電流が流れ，モーターが回った。次に，金属板の組み合わせや水溶液を変えて，モーターが回るかどうかを調べた。次のア，イに答えなさい。

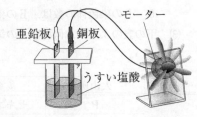

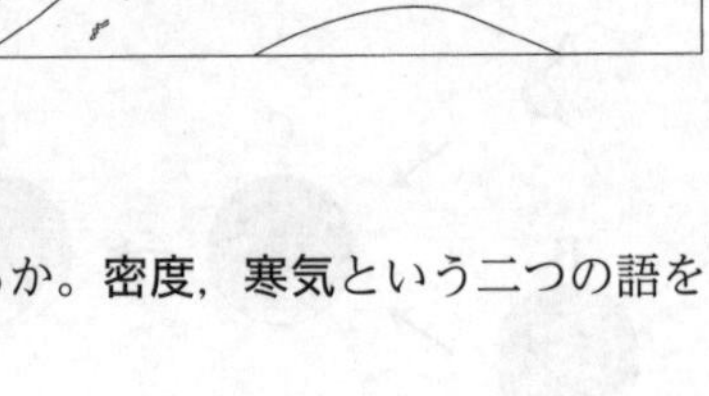

ア 化学変化によって電流を取り出すことができる装置を何というか，書きなさい。

イ　次の１～６の中で，電流を取り出すことができる金属板と水溶液の組み合わせはどれか。適切なものをすべて選び，その番号を書きなさい。

1　亜鉛板と銅板を，エタノール水溶液に入れる。
2　亜鉛板と亜鉛板を，うすい塩酸に入れる。
3　亜鉛板とマグネシウムリボンを，塩化ナトリウム水溶液に入れる。
4　銅板と銅板を，エタノール水溶液に入れる。
5　銅板とマグネシウムリボンを，うすい塩酸に入れる。
6　マグネシウムリボンとマグネシウムリボンを，塩化ナトリウム水溶液に入れる。

(3)　右の図のように，コイルを検流計につなぎ，棒磁石のＮ極を下にしてコイルの上から中に入れたところ，検流計の針は左にふれた。次のア，イに答えなさい。

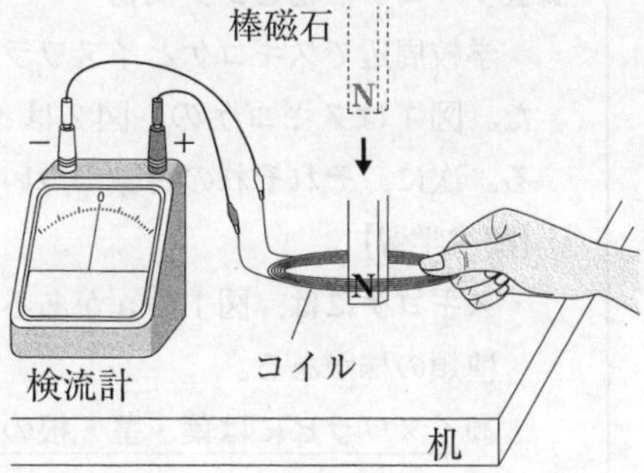

ア　図のような装置で，磁界が変化して電圧が生じ，コイルに電流が流れる現象を何というか，書きなさい。

イ　図の状態から，コイルの巻数を変え，棒磁石のＳ極を下にして動かしたときの，検流計の針のふれの向きや大きさについて述べたものはどれか。最も適切なものを，次の１～４の中から一つ選び，その番号を書きなさい。ただし，磁石を動かす速さは同じ速さとし，コイルは動かさないものとする。

1　コイルの巻数を多くし，Ｓ極をコイルの中から上に引き出すと，針は左に大きくふれる。
2　コイルの巻数を多くし，Ｓ極をコイルの上から中に入れると，針は左に小さくふれる。
3　コイルの巻数を少なくし，Ｓ極をコイルの中から上に引き出すと，針は右に小さくふれる。
4　コイルの巻数を少なくし，Ｓ極をコイルの上から中に入れると，針は右に大きくふれる。

(4)　図１は，滑車と質量300ｇの物体を直接床面から10㎝引き上げる実験を，図２は，同じ滑車を使って同じ物体を床面から10㎝引き上げる実験を表したものである。図２の状態から引き上げたところ，ばねばかりの値は1.6Nを示した。次のア，イに答えなさい。ただし，ひもと滑車の間には，摩擦力ははたらかないものとし，ひもののびや質量は無視できるものとする。また，質量100ｇの物体にはたらく重力の大きさを１Nとする。

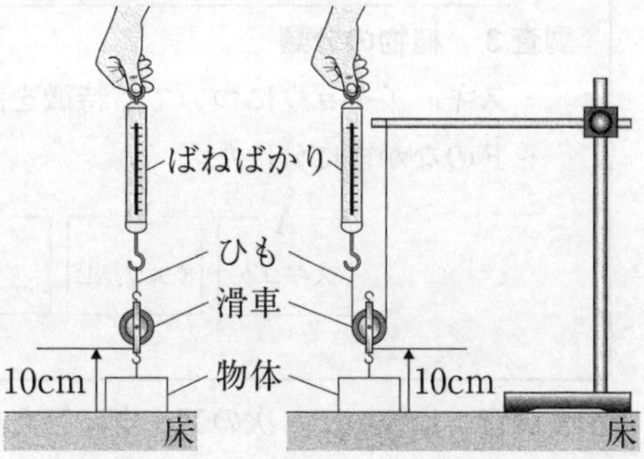

図１　　図２

ア　下の文章は，この実験について述べたものである。文章中の ① ，② に入る語句の組み合わせとして最も適切なものを，あとの１～４の中から一つ選び，その番号を書きなさい。

> 図２で物体を引き上げたとき，ばねばかりが示す値の大きさは，図１のときと比べて ① になった。また，ひもを引く距離は，図１のときと比べて ② になった。

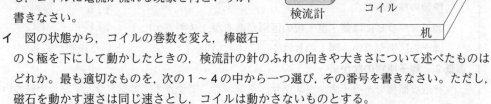

1　①　2倍　②　2倍　　2　①　2分の1　②　2分の1
3　①　2倍　②　2分の1　　4　①　2分の1　②　2倍

イ　滑車の質量は何gか，求めなさい。

3　下の資料は，リカさんが植物について調べたノートの一部である。次の(1)～(3)に答えなさい。
(15点)

資料

調査1　コケ植物とシダ植物

学校周辺でスギゴケとイヌワラビを観察して，スケッチした。図1はスギゴケの，図2はイヌワラビのスケッチである。次に，それぞれの特徴について調べた。

【調べ学習】

・スギゴケには，図1のaがある雌株と，aがない雄株の2種類の株がある。

・(あ)イヌワラビには葉・茎・根の区別があるが，スギゴケにはその区別がない。図1のbは［①］といい，［②］という役割がある。

図1

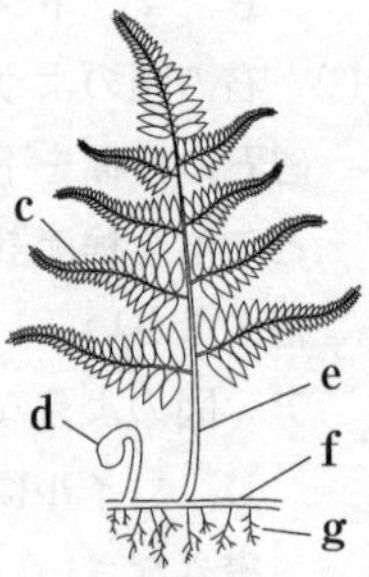

図2

調査2　種子植物のなかま

身近な植物であるイネ，ツユクサ，タンポポ，アサガオ，エンドウ，アブラナについて調べ，なかま分けを行った。

【調べ学習】

・イネとツユクサは(い)葉脈が平行脈で，根がひげ根という特徴をもつ。

・タンポポ，アサガオ，エンドウ，アブラナは葉脈と根の特徴は共通するが，(う)花弁のつくりは，タンポポやアサガオと，エンドウやアブラナとでは，ちがいがある。

調査3　植物の分類

スギ，イチョウについても特徴を調べ，調査1，2の植物をふくめて，図3のようにA～Fのなかまに分けた。

A	B	C	D	E	F
スギゴケ	イヌワラビ	イネ ツユクサ	タンポポ アサガオ	エンドウ アブラナ	スギ イチョウ

図3

(1)　調査1について，次のア～ウに答えなさい。

ア　図1のaの名称を書きなさい。

イ　下線部(あ)について，図2のc～gを区別したものとして最も適切なものを，次の1～4の中から一つ選び，その番号を書きなさい。

1　cは葉，d・eは茎，f・gは根である。
2　cは葉，d・e・fは茎，gは根である。
3　c・dは葉，e・fは茎，gは根である。
4　c・d・eは葉，fは茎，gは根である。

ウ　［①］に入る適切な語と，［②］に入る適切な内容を書きなさい。

(2)　調査2について，次のア，イに答えなさい。

ア　下線部㋑の特徴をもつなかまの名称を書きなさい。

イ　下線部㋒について，ちがいがわかるように，それぞれの花弁のつくりの特徴を書きなさい。

(3)　調査3について，A～Fを分類したものとして最も適切なものを，次の1～4の中から一つ選び，その番号を書きなさい。

1

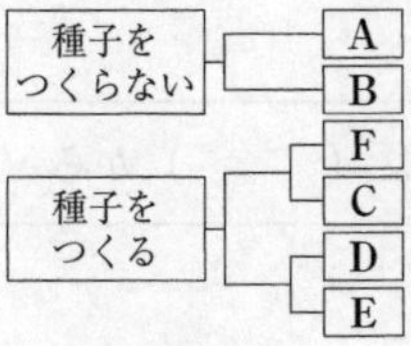

2

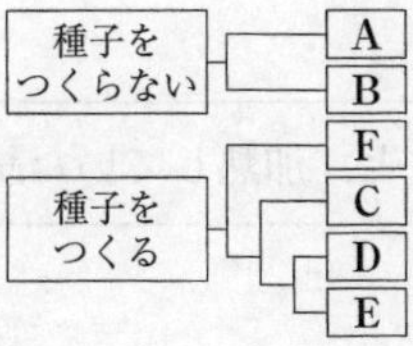

3

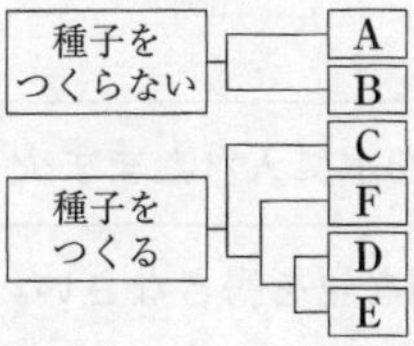

4

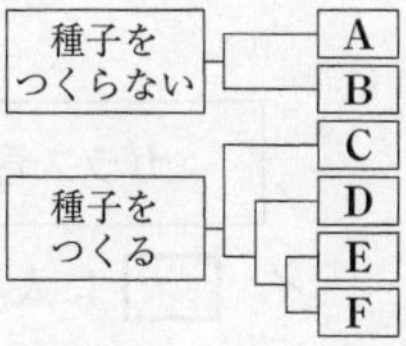

4　炭酸水素ナトリウムについて，下の実験1，2を行った。あとの(1)～(3)に答えなさい。

(15点)

実験1　炭酸水素ナトリウム約2gを試験管に入れ，図1のような装置を用いて加熱したところ，二酸化炭素が発生した。二酸化炭素の発生が止まったところで，ガラス管の先を水から取り出した後に加熱をやめた。加熱後の試験管の中には炭酸ナトリウムの固体ができ，試験管の口もとには液体がついた。この液体は，青色の［　　　］をうすい赤色（桃色）に変えたことから，水であることがわかった。

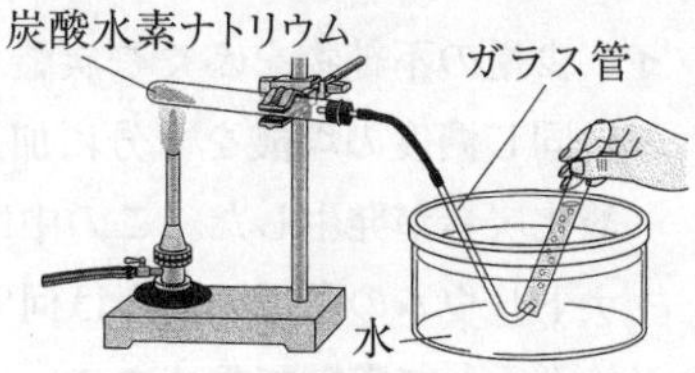

図1

実験2　うすい塩酸15cm³を入れたビーカー全体の質量を電子てんびんではかり，炭酸水素ナトリウム0.50gを加えたところ，二酸化炭素が発生した。二酸化炭素の発生が止まってから，再びビーカー全体の質量をはかった。図2は実験の流れを示したものである。炭酸水素ナトリウムの質量を変えて5回の実験を行った。下の表は，その結果をまとめたものである。

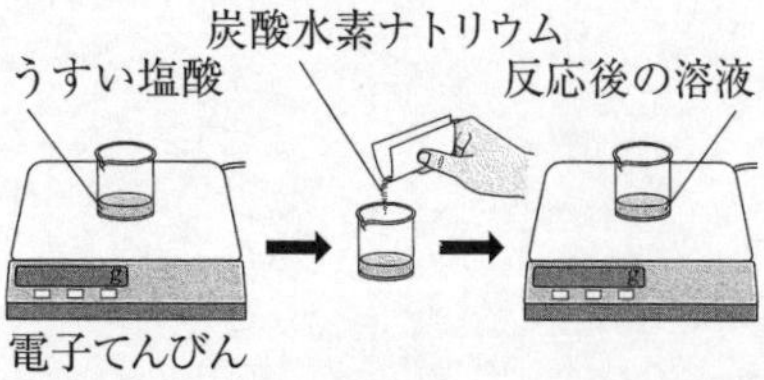

図2

実験の回数	1回目	2回目	3回目	4回目	5回目
うすい塩酸 15 cm³ が入ったビーカー全体の質量〔g〕	80.50	80.50	80.50	80.50	80.50
加えた炭酸水素ナトリウムの質量〔g〕	0.50	1.00	1.50	2.00	2.50
反応後のビーカー全体の質量〔g〕	80.74	80.98	81.22	81.58	82.08

ただし，反応によって発生した二酸化炭素はすべて空気中に逃げて，ビーカーに残らないものとする。なお，この実験の化学変化は，次の化学反応式で表すことができる。

$$NaHCO_3 + HCl \rightarrow NaCl + CO_2 + H_2O$$

(1)　実験１と実験２で発生した二酸化炭素について述べたものとして最も適切なものを，次の１～４の中から一つ選び，その番号を書きなさい。

１　ものを燃やすはたらきがある。　２　水によく溶ける。

３　有機物を燃やしたときにできる。　４　刺激の強いにおいがある。

(2)　実験１について，次のア～ウに答えなさい。

ア　下の文は，下線部の理由について述べたものである。（　）に入る適切な内容を書きなさい。

ガラス管の先を水に入れたまま火を消すと，加熱していた試験管に（　　　　）から。

イ　□ に入る適切な語を書きなさい。

ウ　この実験の化学変化を，化学反応式で書きなさい。

(3)　実験２について，次のア，イに答えなさい。

ア　加えた炭酸水素ナトリウムの質量と，発生した二酸化炭素の質量との関係を表すグラフをかきなさい。

イ　少量の不純物をふくむ炭酸水素ナトリウム1.00ｇに同じ濃度の塩酸を十分に加えたとき，0.49ｇの二酸化炭素が発生した。この中にふくまれる炭酸水素ナトリウムの質量の割合は何％か，小数第一位を四捨五入して整数で求めなさい。ただし，不純物は塩酸と反応しないものとする。

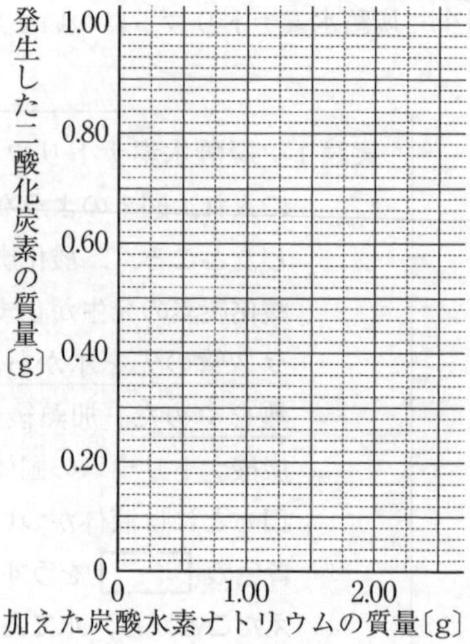

5　水中の物体にはたらく力について調べるため，次の実験１，２を行った。あとの(1)，(2)に答えなさい。ただし，100ｇの物体にはたらく重力の大きさを１Ｎとし，水の密度を$1.0\ g/cm^3$とする。

（15点）

実験１　異なる種類の物質でできた１辺が４㎝の立方体の物体Ａ，Ｂを準備した。空気中でばねばかりにつるしたところ，物体Ａは1.80Ｎ，物体Ｂは2.70Ｎを示した。次に，図１のように，ゆっくりと水中に沈めていき，水面から物体の下面までの距離と，ばねばかりの値を測定した。次のページの表は，その結果をまとめたものである。ただし，物体の下面は常に水面と平行であり，容器の底面に接していないものとする。

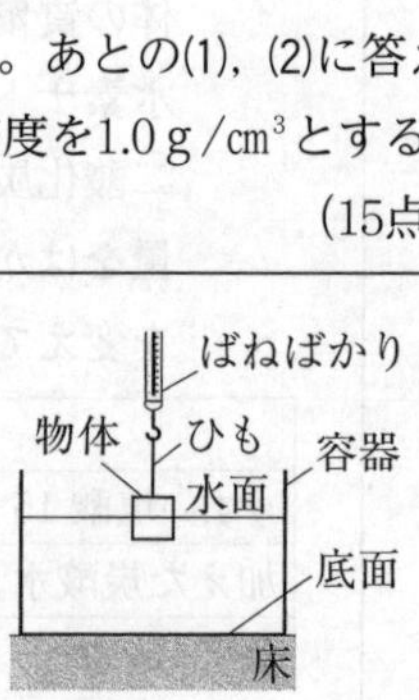

図１

水面から物体の下面までの距離〔cm〕	1	2	3	4	5
物体Aのばねばかりの値〔N〕	1.64	1.48	1.32	1.16	(　)
物体Bのばねばかりの値〔N〕	2.54	2.38	2.22	2.06	2.06

実験２　実験１で用いた物体A，Bと，長さ５cmのばねを準備した。空気中で物体Aをつるすとばねは６cmのびた。次に，図２のように，物体Bをばねにつるして水中に全部沈めたところ，ばねの長さは12cmであった。さらに，図２の状態から，図３のように，ばねの長さが８cmになるように物体Bを容器の底面に接するように沈めた。

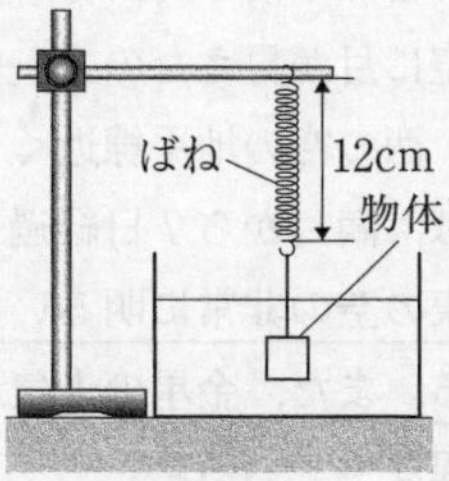

図２

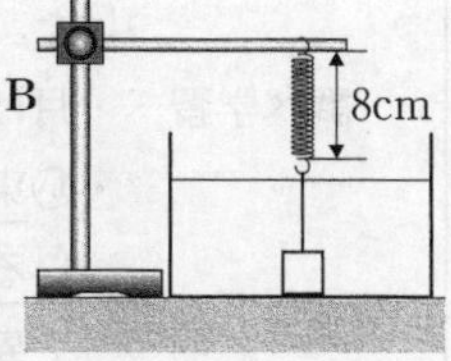

図３

⑴　実験１について，次のア～エに答えなさい。

ア　表の（　）に入る適切な数値を書きなさい。

イ　水面から物体Aの下面までの距離が２cmのとき，物体Aにはたらく重力の大きさは何Nか，書きなさい。

ウ　水面から物体Bの下面までの距離が５cmのとき，下面にはたらく水圧が500Paだった。物体Bの上面にはたらく水圧は何Paか，求めなさい。

エ　水面から物体の下面までの距離と物体が水中で受ける浮力との関係を示したグラフとして最も適切なものを，次の１～６の中から一つ選び，その番号を書きなさい。

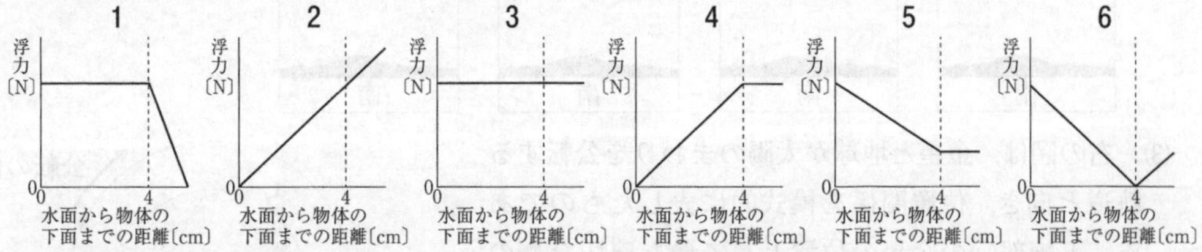

⑵　実験２について，次のア，イに答えなさい。

ア　図２のとき，物体Bにはたらく水圧の向きと大きさを模式的に表したものとして最も適切なものを，次の１～４の中から一つ選び，その番号を書きなさい。ただし，矢印の向きは水圧のはたらく向きを，矢印の長さは水圧の大きさを表している。

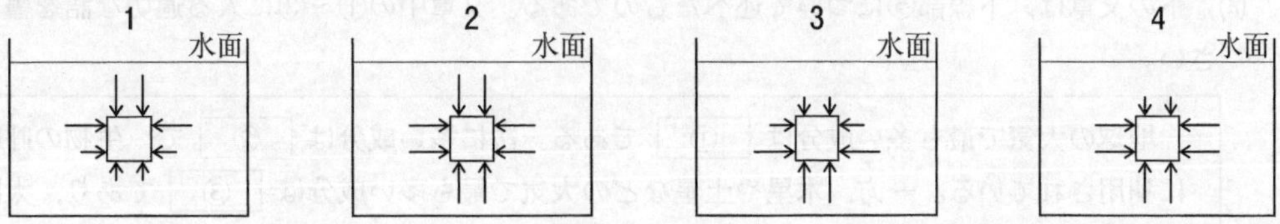

イ　図３のとき，容器の底面が物体Bを上向きに押す力は何Nか，求めなさい。

6　ヒカリさんは，青森県内のある場所で天体観察を行い，下の報告書を作成した。次の⑴～⑹に答えなさい。（15点）

報告書

観察日時　11月30日　午前５時00分　空はまだ暗く，星を観察することができた。

観察結果　南の空に月が見えたので，観察して記録した。東の空に，非常に明るい星を見つけた。西の空の地平線近くに，明るい星からなる星座を見つけた。

調べ学習　・月は，満月から７日経過した(あ)半月である。

・(い)東の空の非常に明るい星は金星で，この日は大きく欠けて細長い形をしている。また，金星の大気には二酸化炭素が多く，(う)大気の成分は天体によって異なっている。

・西の空で見つけた星座は，おうし座である。おうし座を毎日同じ時刻に観察し続けると，［　　　　］。

・(え)金星は夜明け前や夕方にしか見られないが，火星は真夜中でも見られる。

感　　想　今朝は火星が見つけられなかったので残念だ。今夜は火星が見られるようなので，夜の天体観察もしてみたい。

⑴　星座をつくる星のように，自ら光を放出する天体の名称を書きなさい。

⑵　下線部(あ)について，観察された月の記録として最も適切なものを，次の１～４の中から一つ選び，その番号を書きなさい。

1　　　　2　　　　3　　　　4

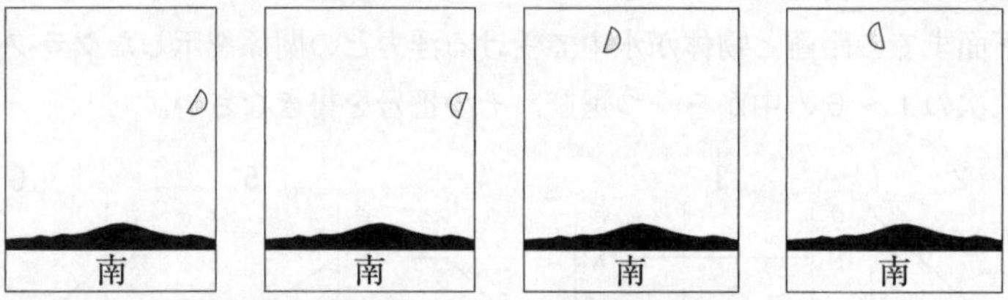

⑶　右の図は，金星と地球が太陽のまわりを公転する軌道と向き，位置関係を模式的に表したものである。下線部(い)の金星の位置として最も適切なものを，a～dの中から一つ選び，その記号を書きなさい。ただし，図は地球の北極側から見たものとする。

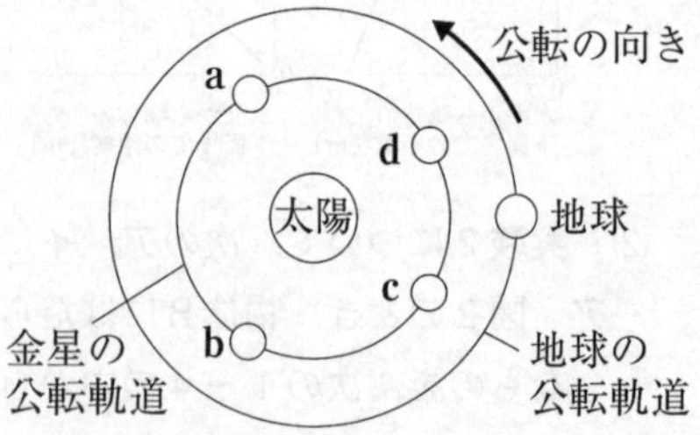

⑷　下の文章は，下線部(う)について述べたものである。文章中の①～③に入る適切な語を書きなさい。

地球の大気で最も多い成分は［　①　］である。次に多い成分は［　②　］で，生物の呼吸に利用されている。一方，木星や土星などの大気で最も多い成分は［　③　］であり，太陽の大気の主な成分と同じである。

(5) □ に入る内容として最も適切なものを，次の１～４の中から一つ選び，その番号を書きなさい。

1　年周運動で少しずつ西側へずれていき，30日ほどたつと西の地平線に沈んで見えなくなる

2　年周運動で少しずつ東側へずれていき，30日ほどたつと南西の空に見えるようになる

3　日周運動で少しずつ西側へずれていき，30日ほどたつと西の地平線に沈んで見えなくなる

4　日周運動で少しずつ東側へずれていき，30日ほどたつと南西の空に見えるようになる

(6) 下線部㋓のように，金星と火星で違いが生じる理由を書きなさい。

＜社会＞　時間　45分　　満点　100点

1　下の略地図や資料を見て，次の(1)～(5)に答えなさい。(15点)

(1)　略地図中のXは，経度０度の線を表している。この線を何というか，書きなさい。

略地図

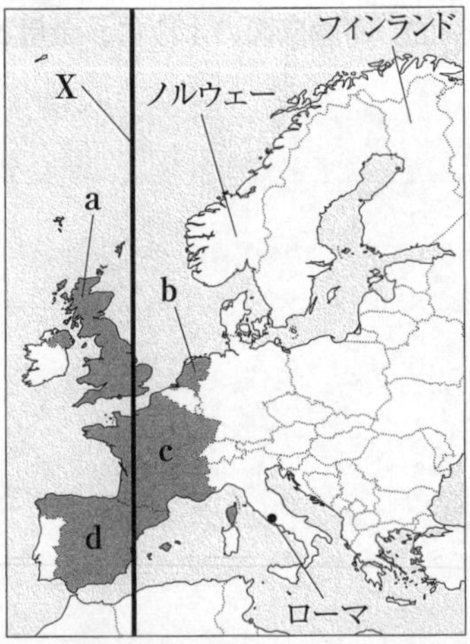

(2)　略地図中のノルウェーやフィンランドなどの緯《い》度《ど》の高い地域では，太陽がしずまない時期や，太陽がしずんだ後も明るい夜が続く時期がある。この現象を何というか，書きなさい。

(3)　資料１は，略地図中のローマと，東京の雨温図を表したものである。ローマと東京は同じ温帯に属しているが，気候の特徴《とくちょう》は異なっている。ローマの**気候名**と気候の**特徴**を，資料１を参考にして，書きなさい。

資料１

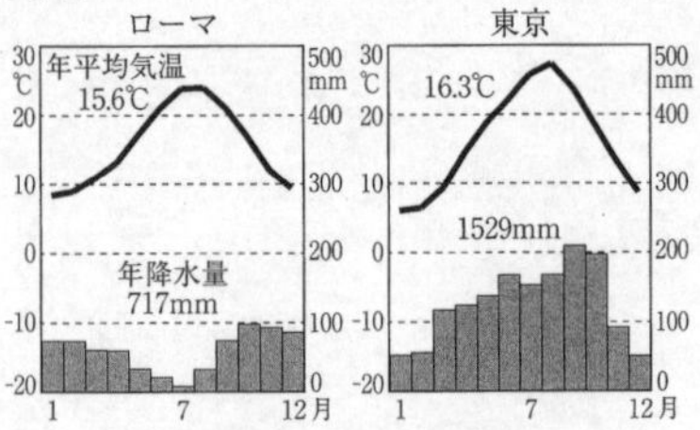

〔「理科年表平成26年版」などによる〕

(4)　次の１～４は，略地図中のａ～ｄの国の食料自給率を品目別に表したものである。このうち，ｃの国について表しているものを一つ選び，その番号を書きなさい。

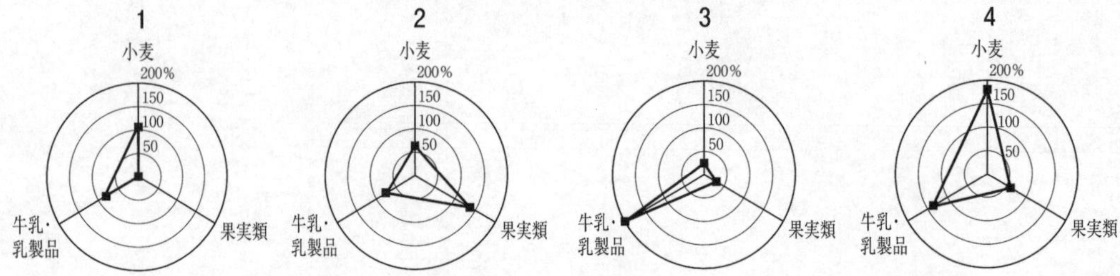

〔「食料需給表平成26年度」による〕

(5)　ヨーロッパでは，ヨーロッパ共同体（EC）が発展し，1993年にヨーロッパ連合（EU）が発《ほっ》足《そく》した。次のア，イに答えなさい。

ア　EUで使われている共通通貨を何というか，書きなさい。

イ　次のページの資料２は，EU加盟国一人あたりの国民総所得（GNI）をまとめたものである。この資料から読み取ることができる，EUのかかえる課題を書きなさい。

資料2
〔2015年〕　　　　（ドル）

3万ドル以上の国		2万ドル以上～3万ドル未満の国		1万ドル以上～2万ドル未満の国	
ルクセンブルク	77000	スペイン	28530	エストニア	18360
デンマーク	58550	キプロス	25990	チェコ	18140
スウェーデン	57920	マルタ	23930	スロバキア	17570
アイルランド	52580	スロベニア	22190	ラトビア	14980
オランダ	48860	ポルトガル	20530	リトアニア	14940
オーストリア	47410	ギリシャ	20320	ポーランド	13340
フィンランド	46550			ハンガリー	12980
ドイツ	45940			クロアチア	12700
ベルギー	44250				
イギリス	43390			1万ドル未満の国	
フランス	40540			ルーマニア	9500
イタリア	32810			ブルガリア	7480

〔「財務省貿易統計」などによる〕

2　下の略地図や資料を見て，次の(1)～(4)に答えなさい。(14点)

(1)　資料1は，日本の7つの地方の面積と人口の割合を表している。このうち，九州地方について表しているものを，資料1中のa～dの中から一つ選び，その記号を書きなさい。

略地図

資料1
〔2016年〕

面積	a 22.1%	東北 17.7	b 17.7	中国・四国 13.4	c 11.8	近畿 8.7	d 8.6
人口	d 33.7%	近畿 17.7	b 17.0	c 11.4	中国・四国 8.9	東北 7.1	a 4.2

〔「国土地理院資料」などによる〕

(2)　略地図中の▨の地域について，次のア，イに答えなさい。

ア　この地域には，火山活動にともなう噴出《ふんしゅつ》物が積み重なって生まれた地層が広がっている。この地層を何というか，書きなさい。

イ　この地域で盛《さか》んな農業について述べた文として最も適切なものを，次の1～4の中から一つ選び，その番号を書きなさい。

1　平野を中心に稲作が盛んである。
2　きゅうりやピーマンなどをビニールハウスで栽培する促成栽培《そくせいさいばい》が盛んである。
3　さとうきびやパイナップル，花などの生産が盛んである。
4　畑作や肉牛，豚などを飼育する畜産が盛んである。

(3)　略地図中の水俣《みなまた》市について，次のア，イに答えなさい。

ア　水俣市では，1950年代から1960年代にかけて，化学工業の発展とともに公害が発生して大きな被害が出た。この公害の原因として最も適切なものを，次の1～4の中から一つ選び，その番号を書きなさい。

1　土壌《どじょう》汚染　　2　水質汚濁《おだく》　　3　大気汚染　　4　地盤沈下《じばんちんか》

イ　水俣市は，公害を克服《こくふく》して，先進的な環境政策に取り組んできた。水俣市のように，環境問題の解決を通じて都市発展を目指す取り組みが認められ，国に選定された都市を何というか，書きなさい。

(4)　資料2は，略地図中の福岡市の公園の地下につくられた防災施設《しせつ》である。この施設がつくられた目的について述べた下の文中の［　　　］に入る適切な内容を，施設の機能と防ぎたい自然災害にふれて，書きなさい。

大雨が降ったときに，［　　　　　］ための施設としてつくられた。

資料2

3　下のA～Cは，ある生徒がさまざまな時代の「日本と中国の交流や関わり」についてまとめたものである。次の(1)～(7)に答えなさい。(16点)

A　(あ)鎖国《さこく》によって，東南アジア各地にあった（　X　）は衰退《すいたい》したが，中国や東南アジアの品物を必要としていたので，中国人やオランダ人とは長崎で貿易を続けた。中国産の生《き》糸《いと》や絹織物，東南アジア産の染料《せんりょう》や象牙《ぞうげ》などを輸入し，日本からは銀を中心に輸出した。

B　正式な貿易船に証明書を持たせ，朝貢《ちょうこう》の形で中国と貿易を始めた。日本は刀や銅，硫黄《いおう》，漆器《しっき》などを輸出し，(い)銅銭や生糸，絹織物，書画，陶磁器《とうじき》などを大量に輸入したので，日本の経済や(う)文化は大きな影響を受けた。

C　フビライ・ハンは日本を従えようと使者を送ってきたが，執権《しっけん》（　Y　）がこれを無視したため，高麗《こうらい》の軍勢も合わせて攻《せ》めてきた。このような戦いはあったが，中国と日本との民間の貿易は行われており，禅宗《ぜんしゅう》の僧《そう》も日本と中国との間を行き来していた。

(1)　A～Cを，時代の古い順に並べ，その記号を書きなさい。

(2)　（X）にあてはまる語を書きなさい。

(3)　（Y）にあてはまる人物名を書きなさい。

(4)　(あ)＿＿をしている間，朝鮮との連絡や貿易を行った藩名を書きなさい。

(5)　中国から輸入されて，日本で使用された(い)＿＿として適切なものを，次の1～4の中から一つ選び，その番号を書きなさい。

1　　2　　3　　4

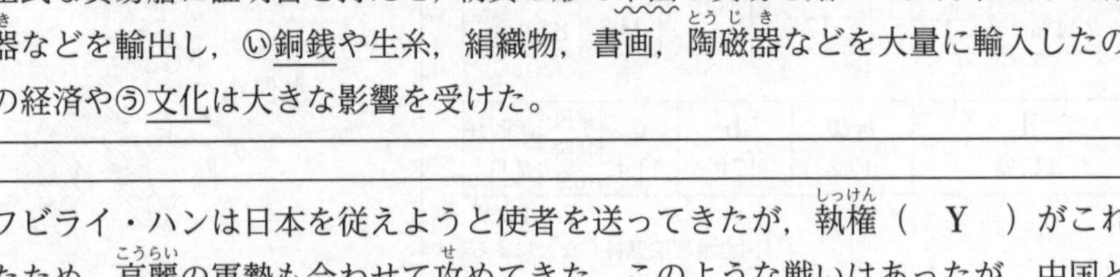

(6)　[B]で示された時代に栄えた(う)＿＿の作品として適切なものを，次の１～４の中から一つ選び，その番号を書きなさい。

1

2

3

4

(7)　[A]，[B]，[C]で示された中国の国（王朝《おうちょう》）名を，**漢字１字**でそれぞれ書きなさい。

[4]　下の[A]，[B]は，ある生徒が「二つの世界大戦後の様子」についてまとめたカードである。次の(1)～(5)に答えなさい。（15点）

[A]
第一次世界大戦後の様子
1918年に第一次世界大戦が終わり，1919年にパリ講和会議が開かれ，（　X　）が結ばれた。この条約で［　　　］は領土を縮小され，植民地を失い，巨額《きょがく》の賠償《ばいしょう》金《きん》や軍備縮小を課されることになった。1920年には，アメリカのウィルソン大統領の提案を基《もと》に国際連盟《こくさいれんめい》が発足し，4か国が常任理事国となった。また，1921年から1922年にかけて，(あ)ワシントン会議が開かれ，国際協調の時代になった。

[B]
第二次世界大戦後の様子
1943年９月にイタリアが，1945年５月に［　　　］が，8月に日本が降伏《こうふく》し，第二次世界大戦が終わった。1945年10月には国際連合《こくさいれんごう》が創られ，安全保障理事会では５か国が常任理事国となった。敗戦後，日本は連合国軍によって占領《せんりょう》され，連合《れんごう》国軍最高《こくぐんさいこう》司《し》令官《れいかん》総《そう》司《し》令《れい》部《ぶ》（GHQ）の指令で戦後《せんご》改革《かいかく》が行われたが，1951年に（　Y　）を結び，(い)翌年に条約が発効したことで，独立を回復した。

(1)　（X），（Y）にあてはまる条約名を，それぞれ書きなさい。

(2)　［　　　］について，次のア，イに答えなさい。

ア　［　　　］に共通してあてはまる国名を書きなさい。

イ　右の資料は，［　　　］で，第一次世界大戦後に札束で遊ぶ子どもの様子を表している。当時，この国の経済はどのような状況であったか，資料を参考にして，次の語句を**すべて**用いて書きなさい。

物価　　貨幣の価値

資料

(3) (あ)＿＿に関する内容として適切なものを，次の１～４の中から一つ選び，その番号を書きなさい。

1 空軍の軍備を制限する条約が結ばれた。
2 インドの独立と領土の保全を確認した。
3 日本が山東《さんとう》《シャントン》省の権益を引きついだ。
4 四か国条約が結ばれ，日英同盟《にちえいどうめい》が解消された。

(4) 国際連盟と国際連合の常任理事国として共通する二つの国名を書きなさい。

(5) (い)＿＿後の日本の外交関係のできごととして**適切でないもの**を，次の１～４の中から一つ選び，その番号を書きなさい。

1 日英通商航海《つうしょうこうかい》条約が結ばれた。　2 日《にっ》ソ共同宣言《きょうどうせんげん》が調印された。
3 日韓《にっかん》基本《きほん》条約が結ばれた。　4 日中共同声明《にっちゅうきょうどうせいめい》が発表された。

5 下の図は，ある生徒が「三権分立」についてまとめたものである。次の(1)～(5)に答えなさい。

(14点)

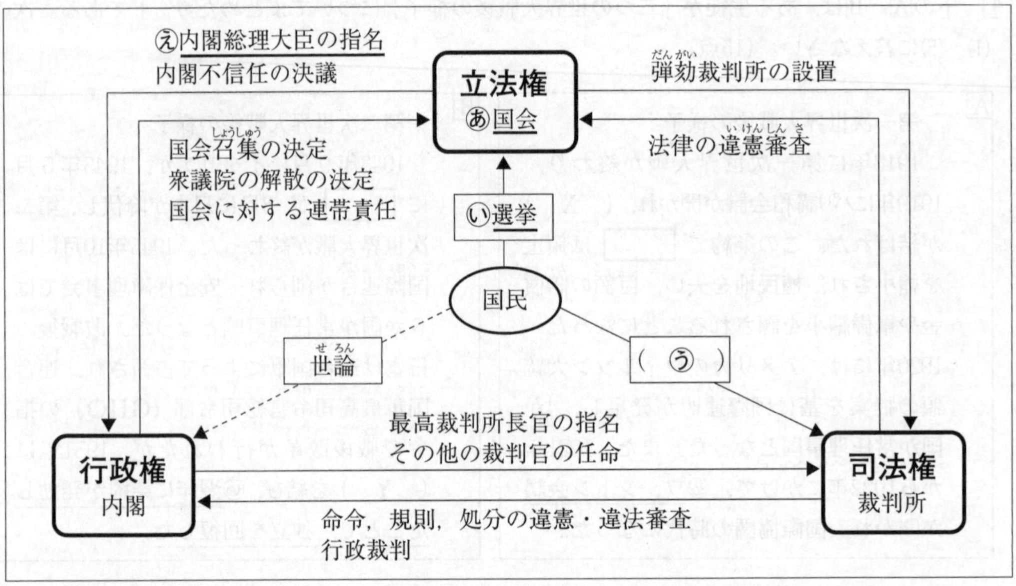

(1) (あ)＿＿について，次のア，イに答えなさい。

ア 内閣が必要と認めたとき，または衆議院，参議院いずれかの議院の総議員の４分の１以上の要求があった場合に召集される国会を，次の１～４の中から一つ選び，その番号を書きなさい。

1 常会（通常国会）　2 特別会（特別国会）
3 臨時会（臨時国会）　4 参議院の緊急《きんきゅう》集会

イ 証人を議院に呼んで質問したり，政府に記録の提出を要求したり，政治全般《ぜんぱん》について調査することができる，衆議院と参議院が持つ権限を何というか，書きなさい。

(2) (い)＿＿について，得票に応じて各政党の議席数を決める選挙制度を何というか，書きなさい。

⑶　最高裁判所の裁判官の任命が適切かどうか，直接，国民が判断する（㋒）の制度を何というか，書きなさい。

⑷　㋓について，右の資料は，衆議院と参議院での投票結果である。この投票結果に基づいて，衆議院と参議院が異なる国会議員を指名し，両院協議会を開いても意見が一致《いっち》しなかった場合に，内閣総理大臣として指名される議員を，資料中のａ～ｄ議員の中から一人選び，その記号を書きなさい。また，その理由も書きなさい。

資料

	a 議員	b 議員	c 議員	d 議員
衆議院	151 票	233 票	63 票	18 票
参議院	150 票	65 票	17 票	10 票

⑸　三権分立について述べた下の文中の□に入る適切な内容を，**権力**という語を用いて書きなさい。

　三権分立によって，□を防ぎ，国民の自由や権利が守られている。

6　下の文章は，ある生徒が「私たちの生活と金融《きんゆう》」というテーマで学習したときにまとめたものである。次の⑴～⑹に答えなさい。(14点)

　㋐商品を買うためのお金は，必ずしも手持ちのお金である必要はない。お金を借りることができれば，必要な商品を手に入れることができる。このように，資金が不足している人と余裕《よゆう》がある人との間でお金を融通《ゆうずう》することを㋑金融という。

　㋒金融機関のうち，代表的なものが銀行であり，都市銀行や地方銀行などいくつかの種類がある。銀行の仕事の中で，特に重要なのは，人々の貯蓄《ちょちく》を預金として集め，それを㋓家計や企業《きぎょう》に貸し出すことである。

　日本の㋔中央銀行である日本銀行は，特別な働きをする銀行である。また，日本銀行は物価の変動をおさえ，景気の安定化を図《はか》るために㋕金融政策も行っている。

⑴　㋐のうち，電車やバスに乗ったり，美容室で髪を切ったりするなど，形の無い商品のことを何というか，**カタカナ**で書きなさい。

⑵　㋑について述べた下の文中の（Ｘ）にあてはまる語を，書きなさい。

　金融の方法のうち，企業などが株式や債券《さいけん》を発行することで出資者から資金を借りることを，（　Ｘ　）金融という。

⑶　㋒として**あてはまらないもの**を，次の１～４の中から一つ選び，その番号を書きなさい。

１　消費生活センター　　２　証券会社

３　生命保険会社　　４　農業協同組合

⑷　㋓について，資料１は銀行と家計，企業との間のお金の貸し出しや預金の流れを表している。利子ａよりも利子ｂの金利（利子率）が上回る理由を書きなさい。

資料１

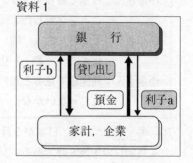

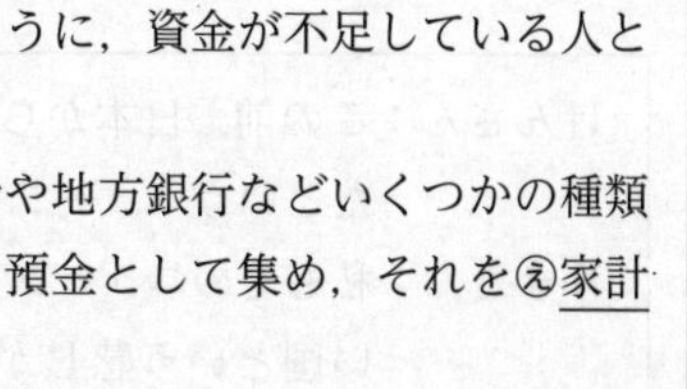

(5)　資料２は，㋔＿＿の役割を表している。資料２中のＡ，Ｂにあてはまる語を，それぞれ書きなさい。

(6)　日本銀行が行う㋕＿＿について述べた文として適切なものを，次の１～４の中から一つ選び，その番号を書きなさい。

1　好景気のときには，日本銀行が国債《こくさい》などを買うことで通貨量を減らし，景気をおさえようとする。

2　好景気のときには，日本銀行が国債などを売ることで通貨量を増やし，景気をおさえようとする。

3　不景気のときには，日本銀行が国債などを買うことで通貨量を増やし，景気を回復させようとする。

4　不景気のときには，日本銀行が国債などを売ることで通貨量を減らし，景気を回復させようとする。

資料２

［　Ａ　］銀行 ・日本銀行券と呼ばれる紙幣《しへい》を発行する。
［　Ｂ　］の銀行 ・［　Ｂ　］の資金を預金として預かり，その出し入れを行う。
銀行の銀行 ・一般の銀行に対して，資金の貸し出しや預金の受け入れを行う。

7　下の文章は，けんさんとゆきさんの会話である。これを読んで，次の(1)～(5)に答えなさい。（12点）

けんさん：この前，日本からの移民がブラジルに初めて到着して，2018年で110周年を迎えたというニュースを見たんだ。

ゆきさん：私もそのニュースを見たよ。ブラジルは，地図帳で見ると，日本からとても㋐遠い国という感じがするね。ブラジルについて，学習したことを復習してみようよ。

けんさん：15世紀後半に始まった㋑大航海時代《だいこうかいじだい》に，ポルトガル人がブラジルにやって来て植民地にしたことから，現在はポルトガル語が公用語として話されているよ。また，アマゾン川流域には森林が広がっていて，昔から㋒焼畑《やきはた》農業を続けてきたんだ。

ゆきさん：2000年代に入ると急速に経済成長して，㋓BRICS《ブリックス》と呼ばれる国の一つになったし，2016年には夏のオリンピックが開催されて，世界中から注目を集めたよね。

けんさん：それに，近年，日本で暮らすブラジル人が増えているんだよね。

ゆきさん：日本で暮らすブラジル人は，自国の文化を大切にしながら，生活しているということを学習したよ。

けんさん：たくさんの人，物，お金，情報などが国境をこえて移動することで，世界が一体化する（　㋔　）化が進んでいるんだね。

ゆきさん：地図帳で見ると遠いけれど，ブラジルは日本にとって「遠くて近い国」といえるんじゃないかな。

(1)　㋐＿＿について，日本が５月１日の午前８時のとき，ブラジルのリオデジャネイロの時刻は，４月30日の午後８時である。リオデジャネイロの標準時となっている経線のおよその経度として，最も適切なものを，次の１～４の中から一つ選び，その番号を書きなさい。

１　東経45度　２　西経45度　３　東経15度　４　西経15度

⑵　い＿＿について，右の資料はヨーロッパ人が大西洋に進出した目的をまとめたものである。資料中の（X）にあてはまる語を書きなさい。

資料

・（　X　）を世界に広めること。
・イスラム商人が仲介《ちゅうかい》していたために高価だったアジアの香辛料《こうしんりょう》を直接手に入れること。

⑶　う＿＿は，木を切りたおして燃やし，作物を栽培する農業である。木を燃やすのは何のためか，その理由を書きなさい。

⑷　え＿＿は，ブラジルを含む５か国の頭文字《かしらもじ》を採っている。え＿＿として**あてはまらない**国を，次の１～４の中から一つ選び，その番号を書きなさい。

１　ロシア連邦　２　インドネシア　３　中国　４　南アフリカ共和国

⑸　（お）にあてはまる語を，**カタカナ**で書きなさい。

である。

4　ものごとを発想したとき、実現の可能性を判断するためには、知識が必要である。

(6)　ある学級で、国語の時間にこの文章について話し合いをしました。次は、山本さんのグループで話し合っている様子です。［　　］に入る適切な内容を**五十字以内**で書きなさい。

山本　この文章は、「本を読むこと」と最初に書かれているから、「本を読むこと」が話題になっているはずよね。

小林　でも、この文章は、「発想」について多く述べられているよね。「本を読むこと」がどうして「発想」につながるのかな。

伊藤　［　　　　　］から、「本を読むこと」は「発想」につながると考えられるよ。

山本　やっぱり、本を読むことは大切なのね。

6　下の【資料】は、仕事を選択するときの重要な観点について、十六歳～二十九歳の男女を対象に調査した結果をまとめたものです。これを見て、あとの(1)～(3)に従って文章を書きなさい。（10点）

(1)　題名を書かないこと。

(2)　二段落構成とし、第一段落では、仕事を選択するときの重要な観点四つのうち、**二つを比較して気づいたこと**を書き、第二段落では、**そのことをふまえて**、**自分の意見**を書くこと。

(3)　**百五十字以上、二百字以内**で書くこと。

【資料】

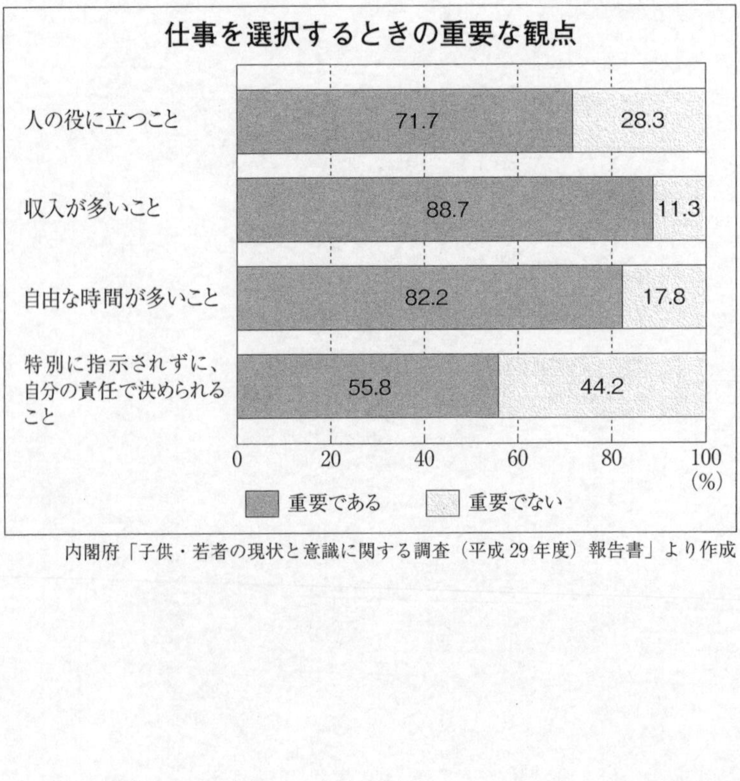

内閣府「子供・若者の現状と意識に関する調査（平成29年度）報告書」より作成

わかるのに、何を思いついたのか、なかなか引き出せない。それは、視覚的な情景だったり、もっと別の感覚（たとえば嗅覚）であったりする。ただ似ているというだけで、「そうそう、あのときと同じ」で終わってしまうこともある。むしろその方が多い。あるいは、考えても考えても、どうしても思い出せないこと、つまり、思いつきを逃してしまうこともある。夢を思い出せないみたいに、たしかに一度は自分の頭に浮かび上がったのに、煙のように消えてしまうのだ。

しかし、ときには「もしかしたら、あれが使えるのではないか」となったり、「これは、あれとなにか関係があるのでは」となったりして、そこから考えていった結果、新しいアイデアに辿《たど》り着けることがある。思いついただけでは、ただのアイデアであり、使いものになるかどうかは、実際に試してみたり、もう少し調べてみたり、あるいは正しいかどうか計算してみたりしないとわからない。それらの確認が、自分ではできないこともある。使えるかどうかも、やはり知識がないと判断できない。

（森《もり》博嗣《ひろし》「読書の価値」より）

（注1）インプット……入力。
（注2）ストック……ためておくこと。
（注3）編纂……本にまとめること。
（注4）ネット……「インターネット」の略。
（注5）アウトプット……出力。
（注6）リンク……いくつかのものごとを結びつけること。
（注7）デジャヴ……一度も経験したことがないのに、すでにどこかで経験したことがあるように感じること。

(1) 1なく、2ない、3なけれ、4なかっ の中で、文法上他と異なるものを一つ選び、その番号を書きなさい。

(2) ㋐歩く辞書 とありますが、この語句について次のようにまとめました。[A]、[B]に入る最も適切な語句を、[A]は十二字で、[B]は五字で、本文中からそのまま抜き出して書きなさい。

> この文章における「歩く辞書」は、辞書が[A]ときに、「なんでも知っている人」が重宝されたことから、「なんでも知っている人」を形容する語句として用いられた。この語句は、[B]目的で、「なんでも知っている人」のもとを人々が訪ねたことから、「なんでも知っている人」を尊敬する気持ちをこめて用いられたと考えられる。

(3) ㋑ゼロの状態 とありますが、ある生徒が、この語句について、次のようにまとめました。[　]に入る具体的な内容を、二十五字以内で書きなさい。

> この文章における「ゼロの状態」とは、[　]はないと考えるため、知識がストックされていない状態のことを表している。

(4) [　]に入る語として最も適切なものを、次の1～4の中から一つ選び、その番号を書きなさい。

1 刺激　2 言葉　3 方針　4 感覚

(5) この文章の内容として合っているものを、次の1～4の中から一つ選び、その番号を書きなさい。

1 今はネットに依存する現代人が多く、辞書の価値がこれまでより下がっている。
2 好奇心旺盛なら必ずアイデアが生まれるので、人と議論することが大切である。
3 視覚や嗅覚などは、発想が生まれる際に常に伴う具体的な感覚発音の順番で並んでいるので、少なくとも読み方を知っていれば、その意味を調べることができる。国語辞典や百科事典や英和辞典などがこれである（英語では、読み方ではなく、スペルを知っている必要がある）。

昔は、辞書というものが今ほど一般的ではなかっただろう。(注3)編《へん》纂《さん》することも難しいし、印刷して安く配布する技術もなかった。だから、「歩く辞書」的な人が重宝された。

そもそも、頭の中に知識をインプットするのは何故だろう？　どうして頭の中に入れ3なければならないのか。それは、咄嗟《とっさ》のときに辞書など引いていられ4なかったり、人にきくことができない環境であれば、頭にストックしている価値がある。今は、みんながスマホを持っていて、なんでも手軽に検索できるのだから、この価値は下がっているだろう。

であれば、苦労して覚えなくても、ただ辞書を買って持っていれば良いではないか、という話になる。(注4)ネットに依存している現代人の多くが、これに近い方針で生きているようにも見えてしまう。

しかし、そうではない。知識を頭の中に入れる意味は、その知識を出し入れするというだけではないのだ。頭の中で考えるときに、この知識が用いられる。じっくりと時間をかけて考えるならば、使えるデータがないかと外部のものを参照できるし、人にきいたり議論をすることもできるが、一人で頭を使う場合には、そういった外部に頼れない。では、どんなときに一人で頭を使うだろうか？

それは、「思いつく」ときである。

ものごとを発想するときは、自分の頭の中からなにかが湧いてくる。これは、少なくともインプットではない。ただ、言葉としてすぐに外に出せるわけでもなく、(注5)アウトプットの手前のようなものだ。面白いアイデアが思い浮かんだり、問題を解決する糸口のようなものを思いついたりする。このとき、まったく(い)ゼロの状態から信号が発生する、とは考えられない。そうではなく、現在か過去にインプットしたものが、頭の中にあって、そこから、どれかとどれかが結びついて、ふと新しいものが生まれるのである。

一般に、アイデアが豊かな人というのは、なにごとにも興味を示す、好奇心旺盛な人であることが多い。これは、日頃からインプットに積極的だということだ。ただ、だからといって、本を沢山読んでいれば新しい発想が湧いてくるのか、というとどうもそれほど簡単ではない。おそらく、それくらいのことは、ある程度長く人生を歩んできた人ならご存じだろう。

いずれにしても、いつでも検索できるのだからと頭の中に入れずにいる人は、このような発想をしない。やはり、自分の知識、あるいはその知識から自身が構築した理屈、といったものがあって、初めて生まれてくるものだ。そういう意味では、頭の中に入れてやることは意味がある。テストに出るからとか、知識を人に語れるからとか、そういった理由以上に、頭の中に入った知識は、重要な人間の能力の一つとなるのである。

また、発想というのは、連想から生まれることが多い。これは、直接的な関連ではなく、なんとなく似ているものなどから引き出される。現在受けた刺激に対して、「なにか似たようなものがあったな」といった具合に(注6)リンクが引き出される。人間の頭脳には、これがかなり頻繁にあるのではないか、と僕は感じている。

「これと同じことがどこかであったな」と思いつく、いわゆる(注7)デジャヴも同じである。思いついたときには、［　　］になっていない。なっていないから、「なんとなく……」と思いつく。思いついたとおじさんの人さし指が下をむいていた。おじさんの指の先をのぞきこむようにして斜面に体を乗りだした。そして、すぐに歩いてきた登山道をふりかえった。

「こんなに登って来たんだ」

腹立ちまぎれに進めてきた一歩一歩が、この高度をかせいだのだと思うと不思議な気がする。そして、完全にあきらめた。㋓もう行くしかないのだ。

（にしがきようこ「ぼくたちのP」より）

(1) ㋐勝ち目はない　とありますが、これと近い意味のことわざとして最も適切なものを、次の1～4の中から一つ選び、その番号を書きなさい。

1　悪事千里を走る　　2　多勢に無勢

3　出る杭《くい》は打たれる　　4　弘法《こうぼう》も筆の誤り

(2) ㋑おなかのそこからため息がでた　とありますが、ため息をついた理由について、次のようにまとめました。[A]、[B]に入る最も適切な語句を、[A]は**四字**で、[B]は**六字**で、それぞれ本文中から**そのまま**抜き出して書きなさい。

> 「ぼく」は、[A]で、本心と異なる行動をしたり、他人の目を気にしてしまう性格について、なぜなんだろうと[B]をしているため、ため息がでた。

(3) ㋒笑い　とありますが、このときの「おじさん」の心情として最も適切なものを、次の1～4の中から一つ選び、その番号を書きなさい。

1　感謝　　2　哀願　　3　親愛　　4　自虐

(4) ㋓もう行くしかないのだ　とありますが、ある生徒が、「ぼく」の気持ちの変化について、次のようにまとめました。[　]に入る具体的な内容を、変化前の気持ちときっかけを明らかにして**五十字以内**で書きなさい。

> [　]とする気持ちに変化した。

(5) この文章について述べたものとして最も適切なものを、次の1～4の中から一つ選び、その番号を書きなさい。

1　会話文を織り交ぜながら、「ぼく」と「おじさん」の心の交流を軽やかに描いている。

2　やさしい語句と比喩的表現を用いることで、険しい山の風景を視覚的に描いている。

3　擬人法を使いながら、山の力で「ぼく」と「おじさん」の心が変化する様子を丁寧に描いている。

4　論理的説明と細かい描写を積み重ねて、山のもつ不思議な魅力を分かりやすく描いている。

5　次の文章を読んで、あとの(1)～(6)に答えなさい。（26点）

日頃、本を読むことで、いろいろなものが頭の中に（注1）インプットされる。多くは「知識」というデータである。これを頭の倉庫に沢山（注2）ストックしている人が、いわゆる「知識人」とか「博学」などと呼ばれているようだ。

なんでも知っている人を、㋐「歩く辞書」などと形容するように、覚えた知識をすぐに披露できれば、周囲から尊敬される。少[1]なくとも、これまではそうだった。そういう人が「先生」と呼ばれ、教えを乞う人々が集まったのである。

しかし、その辞書は、つまり本である。辞書は歩か[2]ない。生きていない。だから、辞書を使う人が、言葉から調べなければならない。

てきた男の人がせまい登山道のわきに立ち止まっていた。明るい笑顔を浮かべてぼくたちに道をゆずってくれている。

「おはようございます」

おじさんが答え、ぼくもそれにならった。

ぼくたちが通りすぎるとその人は登山道にもどり、下山していった。

おじさんは歩調を変えることなく、また話しかけてきた。

「山では、登りが優先なんだ。だから今の人は道をゆずってくれたんだよ。そして、山では、会った人にあいさつする。これが礼儀だ。山でのマナー、その二ってとこかな」

それからは、下山してくる人にあいさつをし続けた。あいさつを返す声が不機嫌じゃないかどうかと気になる。

（イヤイヤ歩いているのに、ぼくは、どうして笑顔を作ったり、他人の目を気にしちゃうんだろう）

㋑おなかのそこからため息がでた。

一歩足を前にだすたびに汗がふきだしてくる。息がはずみ、あえぎはじめる。心臓の鼓動がばくばくと音をたてはじめる。走っているわけでも、飛んでいるわけでもなく、ただ、歩いているだけなのに、息が上がってしまう。汗が顔を、体を流れ落ちていく。前を歩くおじさんのザックをにらみつける。あのザックの重さを知らなければ歩きだしたりしなかったのにと、おかど違いの文句を頭の中で並べはじめる。不平不満が頭の中でぐるぐるまわりだした。そして、足元の岩に乗りそこねてよろけた。

（もう、イヤだ！）

そのとき、おじさんが声をあげた。

「よーし、一本だ」

登山道のわきに人が五人ほどすわれそうな草の生えた平らな場所があった。おじさんはそこで立ち止まった。

「休憩だ」

救われた気分になった。広くはない場所だけれど、見晴らしがよかった。ザックをおろして休んでいる人たちがいる。地面からつきでている岩に女の人が腰をおろしている。汗をふき、水を飲んでいる人もいる。ぼくはそっとザックをおろした。

「いいペースだ」

おじさんが満足そうな顔で、首からたらしたタオルで汗をふいた。

「ほれっ、飲むか？」

ザックの中から水の入った容器を渡してくれた。ペットボトルではない。軽く三リットルは入るだろうか。水がいっぱい入ったポリタンクだ。

（ザックの中にこんなに重いものを入れて歩いているんだ）

驚きながら、ぼくはタンクを両手でかかえて、ごくごくと飲んだ。冷たくはないけれど、とてもおいしい。ねばりつく口からのどへと一気に通りすぎていく。そして、おなかにおさまると同時に汗となってふきだす。ほてっている体の熱が汗といっしょに出ていった。

「おいおい、そんなに飲むと、ばてるぞ」

㋒笑いをふくんだ声だった。

「ほら、見てみろ。あれが車で上って来た道路だ」

おじさんの指さす方を見た。休憩場所のむこう側は木々がまばらな急斜面だった。その木々の間からアスファルトの道がくねくねと見えている。かなり下の方だ。

「木に隠れて見えないけど、あのあたりが登り口だ」

候へば、ゆゆしく《（ひどく）》見ざめ《（見劣り）》のし候。これを善《よ》しと思ひ候ひける㋑こそふしぎに候へ、などおぼゆるものにて候云々《うんぬん》、とぞ云はれける。誠にさる事なり《（もっともなことである）》。

（「玉勝間《たまかつま》」より）

（注）　いへたかの二位……藤原家隆。『新古今和歌集』をまとめた一人。二位は、朝廷の役人の地位・序列を示す。

(1) 思ひ　とありますが、すべてひらがなで現代かなづかいに書き改めなさい。

(2) ㋐面白く　とありますが、ここでそのように思われたのはなぜですか。最も適切なものを、次の1～4の中から一つ選び、その番号を書きなさい。

1　歌の鑑賞とは、必ず興味深く感じるはずであったから。
2　歌を鑑賞するとき、時間を十分かけていなかったから。
3　歌の鑑賞では、翌日に見直すことが必要であったから。
4　歌に興味がないと、鑑賞する価値がないと思ったから。

(3) ㋑こそ　とありますが、この語の他に用いられている係りの助詞を、本文中から一字でそのまま抜き出して書きなさい。

(4) ある生徒が、本文の内容について次のようにまとめました。［　　］に入る具体的な内容を三十字以内で書きなさい。

> 「いへたかの二位」は、歌の「ふしぎ」について、悪くないと思われた歌が、［　　］ことが不思議だと述べている。

4　次の文章を読んで、あとの(1)～(5)に答えなさい。(22点)

［中学生の「ぼく」は「おじさん」の別荘に行くことになった。しかし、別荘は山頂の途中にあり、たどり着くためには五時間歩くしか方法がなかった。］

今、ぼくは、細くて急な登山道を登っている。

どうしてこんなことになってしまったのだろうと、くり返し自問する。

別荘でバカンスだと浮かれていたおめでたい性格や、行きたくないのにずるずると歩きだす優柔不断さが、われながら情けなかった。

道をけとばすように歩いていく。

急におじさんの声がした。

「山とけんかするなよ」

前を歩いているおじさんがふりむきもせずに言った。

「㋐勝ち目はないからな。それに余計に疲れるぞ」

おじさんは、足音だけでぼくの気持ちがわかるのだろうか。

登山道の土がくつの下でじゃりっと、にごった音をたてた。

「歩いているときには、石を落とさないようにていねいに歩くこと。石を落とすと、あとから登ってくる人や、下山している人に当たったりする。ケガをするリスクがあるんだ。だから、ていねいにな。山でのマナー、その一だ」

おじさんの声が前から聞こえる。

ぼくは思わずおじさんの歩いている先を見た。アスファルトではない、石ころだらけの登山道が続いている。たとえ小さな石だとしても、ころがっているうちに勢いがついてしまうことが想像できる。当たったら痛い。

「うん」

ぼくは、つぶやくように返事をした。

「おはようございます」

突然、声をかけられた。下ばかりむいていた顔をあげると、下山し

＜国語＞

時間　五〇分　　満点　一〇〇点

【注意】問題の1は放送による検査です。問題用紙は放送による指示があるまで開いてはいけません。

1　放送による検査（15点）

【資料】

資料1

和　語 日本固有の言葉
漢　語 中国から伝わった言葉 漢字の音を用いて日本で作られた言葉
外来語 中国以外の国から伝わった言葉

資料2

三種の語の比較
和語　…幸せ
漢語　…幸福
外来語…ハッピー

資料3

拝啓
おばあちゃん、いかがお過ごしですか。［　　　　　　　　］。
（中略）
これから寒さが厳しくなります。お体を大切にお過ごしください。
敬具
十二月一日
田中　葵
田中光子　様

2　次の(1)、(2)に答えなさい。（14点）

(1) 次のア～オの――の漢字の読みがなを書きなさい。また、カ～コの――のカタカナの部分を楷書《かいしょ》で漢字に書き改めなさい。

ア　花束が芳香を放つ。
イ　両方の請求を棄却する。
ウ　劇団を主宰する。
エ　針を使って洋服を繕う。
オ　約束まで時間を潰す。
カ　安全第一が作業のテッソクだ。
キ　船がキテキを鳴らして進む。
ク　社会のコンカンにかかわる問題。
ケ　生徒をヒキいて見学に行く。
コ　決定を他の人にユダねる。

(2) 次のア、イの――のカタカナの部分を漢字で表したとき、その漢字と同じ漢字が使われている熟語を、それぞれあとの1～4の中から一つずつ選び、その番号を書きなさい。

ア　会長の座にツく。
　1　突破　2　就寝　3　尽力　4　継承
イ　キュウリョウに向かう人影が見える。
　1　緩急　2　追及　3　宮殿　4　砂丘

3　次の文章を読んで、あとの(1)～(4)に答えなさい。（13点）

（注）いへたかの二位の云《い》はれし《（言われた）》は、歌はふしぎ《（不思議）》のものにて候《さうらふ》なり《（ございます）》。きとう《（ちょっと）》見るに、（あ）面白く悪《あ》しからずおぼえ《（思われ）》候《さうら》へども、次の日又又見

国語放送台本

今から、国語の、放送による検査を行います。はじめに、解答用紙を出して、受検番号を決められた欄に記入してください。

次に、問題用紙の2ページを開いてください。

□《しかく》一は、【資料】を見ながら放送を聞いて、質問に答える問題です。

ある中学校の国語の時間に、田中さんが調べたことについて資料を使って発表しました。これから、その発表と、発表後の質疑応答の様子を紹介します。そのあとで、四つの問題を出します。それを聞いて、解答用紙の(1)、(2)、(3)、(4)、それぞれの欄に答えを書きなさい。発表と質疑応答の様子、問題は、それぞれ一回しか言いません。必要なことは、メモを取ってもかまいません。

それでは、始めます。

[田中さん]

私は、授業で和語・漢語・外来語を勉強しました。そのときに感じたのは、日本語は奥が深いということです。そこで、和語・漢語・外来語の特徴や使い方について、さらに調べてみることにしました。

資料1を見てください。和語は、漢字を訓読みする語のことで、日本固有の言葉です。親しみやすく意味を捉えやすいので、日常会話でよく使われます。日本語には他にも漢語、外来語があります。漢語は、漢字を音読みする語のことで、中国から伝わり、日本語として用いられた言葉です。また、日本で作られた漢語もあります。複雑な内容を短い形で表せるので、ニュースや新聞などでよく使われます。外来語は、通常カタカナ表記され、中国以外の外国語に由来し、日本に定着した言葉です。新鮮さや軽快な印象を与えるので、学問の用語や商品名などで使われます。

資料2を見てください。この三種の語を比較してみると、例えば「幸せ」は和語で、同じ意味の漢語は「幸福」、外来語は「ハッピー」になります。響きや語感の違いが分かると思います。

日本人は和語を中心に漢語や外来語を場面に応じて使い分けてきました。どの語ももちろん大切ですが、私は、日本で生まれ、受け継がれてきた和語には、優しさや華やかさを添える魅力があると思います。和語を会話や電話の応対、手紙などに盛り込むことで、相手や状況に、よりふさわしい表現が可能になると思います。

そこで、みなさんに提案です。今から和語を使って、手紙を書いてみませんか。和語を使うことをとおして、語彙を豊かにしましょう。

以上で発表を終わります。質問はありませんか。工藤さん、どうぞ。

[工藤さん]

はい。どのような和語を使って、手紙を書きますか。

[田中さん]

はい。「木枯《こが》らし」という和語を使って、手紙を書きましょう。「木枯らし」の意味は「冬の初めに吹く、冷たい風」です。時候の挨拶を和語で表しましょう。

以上、田中さんの発表と質疑応答の様子の紹介は、ここまでです。続いて問題に移ります。

(1)の問題。田中さんは、授業で和語・漢語・外来語を勉強したとき、どのようなことを感じたと言っていましたか。書きなさい。

(2)の問題。田中さんは、和語にはどのような魅力があると言っていましたか。書きなさい。

(3)の問題。田中さんの発表の仕方の説明として最も適切なものを、これから言う、1、2、3、4の中から一つ選んで、その番号を書きなさい。

1　聞き手の理解を深めるために、グラフや図表を取り入れながら、分かりやすく説明している。

2　自分の考えを効果的に示すために、最初に提案を述べ、続いてその理由を順序立てて説明している。

3　説得力を高めるために、収集した情報を整理し、比較したあとで、自分の考えを説明している。

4　話の内容を十分に伝えるために、自分の体験をあげながら、聞き手の関心に合わせて説明している。

(4)の問題。田中さんが提案していた「木枯らし」を使って、資料3の空欄に入る時候の挨拶を一つ書きなさい。

これで、放送による検査を終わります。では、あとの問題を続けてやりなさい。

MEMO

大切なことはメモしておこうネ！

2019年度

解答と解説

《2019年度の配点は解答用紙集に掲載してあります。》

＜数学解答＞

1 (1) ア　-2　イ　$-\frac{7}{4}$　ウ　$4b-6$　エ　$-7x+8$

オ　$-4\sqrt{3}$　(2)　$2a+3b \leqq 2000$　(3)　-48

(4)　$x=\frac{-1\pm\sqrt{13}}{2}$　(5)　$\frac{9}{10}$　(6)　18　(7)　21

(8)　(グラフ)　右図1　(連立方程式の解)　$\begin{cases} x=-2 \\ y=4 \end{cases}$

2 (1)　右下図2　(2)　ア　5　イ　4.9

3 (1)　ア　解説参照　イ　$5\sqrt{2}$　(2)　ア　150π

イ　∠AOP　60　PB　$5\sqrt{5}$　ウ　9, 18, 27(秒後)

エ　㋐　10　㋑　$10\sqrt{2}$

4 (1)　$-\frac{1}{4}$　(2)　$y=2x+4$

(3)　-4, -3, -2, -1, 0　(4)　$(-8,\ -16)$

5 (1)　1組30番　17　3組1番　33　(2)　ア　$2x-34$

(3)　イ　$-2n+49$　ウ　$2n$　(4)　11(枚目の)裏

図1

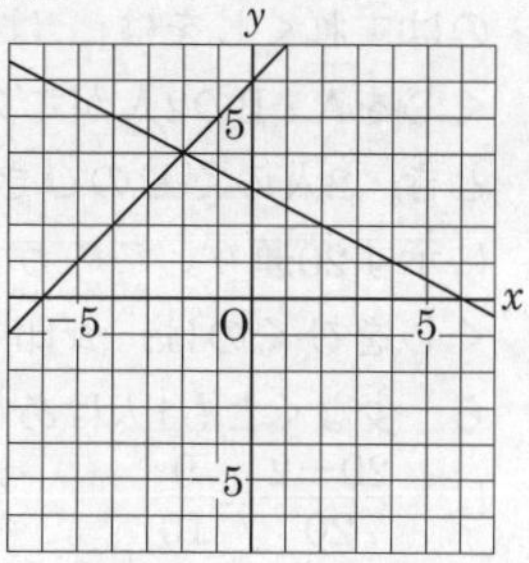

図2

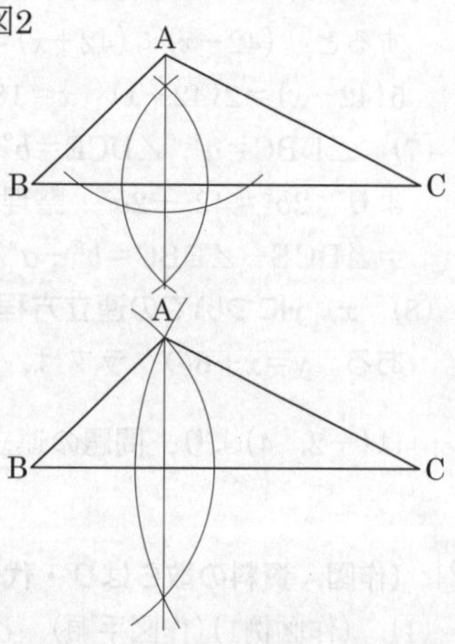

＜数学解説＞

1 (数・式の計算，平方根，不等式，式の値，二次方程式，確率，方程式の応用，角度，連立方程式，グラフの作成)

(1)　ア　異符号の2数の和の符号は絶対値の大きい方の符号で，絶対値は2数の絶対値の大きい方から小さい方をひいた差だから，$-8+6=(-8)+(+6)=-(8-6)=-2$

イ　異符号の2数の商の符号は負で，絶対値は2数の絶対値の商だから，$(-0.5)\div\frac{2}{7}=-\left(0.5\div\frac{2}{7}\right)=-\left(\frac{1}{2}\times\frac{7}{2}\right)=-\frac{7}{4}$

ウ　$(a+3b-2)-(a-b+4)=a+3b-2-a+b-4=a-a+3b+b-2-4=4b-6$

エ　乗法公式$\boldsymbol{(a-b)^2=a^2-2ab+b^2}$，$\boldsymbol{(x+a)(x+b)=x^2+(a+b)x+ab}$より，$(x-2)^2-(x-1)(x+4)=(x-2)^2-\{x+(-1)\}(x+4)=(x^2-2\times x\times 2+2^2)-[x^2+\{(-1)+4\}x+(-1)\times 4]=(x^2-4x+4)-(x^2+3x-4)=x^2-4x+4-x^2-3x+4=-7x+8$

オ　$\sqrt{3}-\frac{9}{\sqrt{3}}-\sqrt{12}=\sqrt{3}-\frac{9\times\sqrt{3}}{\sqrt{3}\times\sqrt{3}}-\sqrt{2^2\times 3}=\sqrt{3}-3\sqrt{3}-2\sqrt{3}=(1-3-2)\sqrt{3}=-4\sqrt{3}$

(2)　おとな2人分の入場料の合計は　a円×2人＝2a円。中学生3人分の入場料の合計は　b円×3人＝3b円。おとな2人と中学生3人の入場料の合計が2000円以下であったから　$2a+3b \leqq 2000$

(3)　$a=-2$，$b=-1$のとき，$6ab^2\times(-a)^2=6ab^2\times a^2=6a^3b^2=6\times(-2)^3\times(-1)^2=6\times(-8)\times 1=-48$

(4)　**2次方程式$ax^2+bx+c=0$の解は，$x=\dfrac{-b\pm\sqrt{b^2-4ac}}{2a}$**で求められる。問題の2次方程式は，$a=1$，$b=1$，$c=-3$の場合だから，$x=\dfrac{-1\pm\sqrt{1^2-4\times1\times(-3)}}{2\times1}=\dfrac{-1\pm\sqrt{1+12}}{2}=\dfrac{-1\pm\sqrt{13}}{2}$

(5)　3本のあたりくじをあ$_1$，あ$_2$，あ$_3$，2本のはずれくじをは$_1$，は$_2$　で表すと，このくじをA，Bの2人がこの順に1本ずつひくとき，2人のくじのひき方は右図の**樹形図**に示す20通り。このうち，2人ともはずれくじをひくのは，☆印を付けた2通りだから，少なくとも1人はあたりくじをひく確率は　$\dfrac{20-2}{20}=\dfrac{9}{10}$

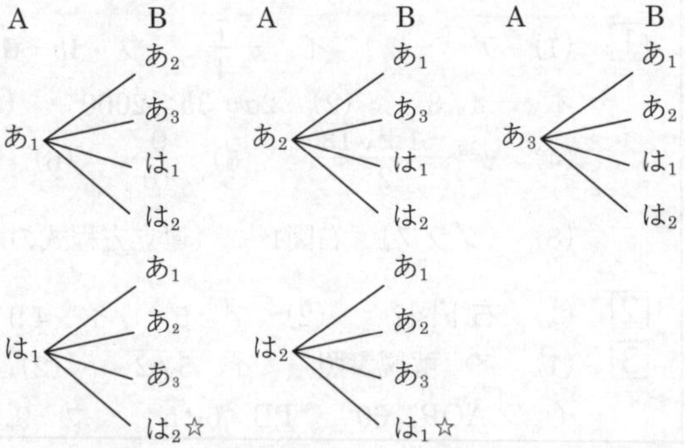

(6)　水そうAから水そうBにxLの水を移すとすると　$(42-x):(42+x)=2:5$　より
$5(42-x)=2(42+x)$　$x=18$　よって，18Lの水を移せばよい。

(7)　∠DBC＝a°，∠DCE＝b°とする。△ABCの**内角と外角の関係**から，∠ACE＝∠BAC＋∠ABCより　$2b°=42°+2a°$　整理して　$b°-a°=21°$…①　①と△DBCの内角と外角の関係から，$\angle x$＝∠DCE－∠DBC＝$b°-a°=21°$

(8)　**x，yについての連立方程式の解は，それぞれの方程式のグラフの交点のx座標，y座標の組である。**$y=x+6$のグラフは，2点(－6，0)，(0，6)を通る直線だから，$x+2y=6$との交点の座標は(－2，4)より，問題の連立方程式の解は　$\begin{cases} x=-2 \\ y=4 \end{cases}$　である。

2　**(作図，資料の散らばり・代表値)**

(1)　(作図例1)(作図手順)　次の①～②の手順で作図する。
①　点Aを中心とした円を描き，辺BC上に交点を作る。
②　①で作ったそれぞれの交点を中心として，交わるように半径の等しい円を描き，その交点と点Aを通る直線を引く。

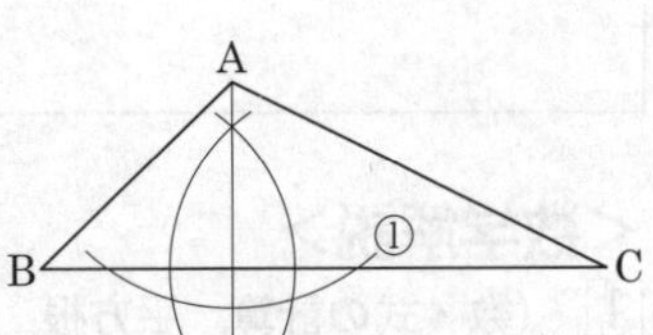

(作図例2)(着眼点)　辺BCに対して，点Aと反対側に△ABC≡△DBCとなるように点Dをとると，四角形ABDCは線分BCを**対称の軸**とした**線対称**な図形となるから，線分BCは線分ADの**垂直二等分線**となる。(作図手順)　次の①～③の手順で作図する。　①　点Bを中心として，点Aを通る円を描く。　②　点Cを中心として，①で描いた円と交わるように，点Aを通る円を描く。　③　①と②で描いた円の交点と点Aを通る直線を引く。(ただし，解答用紙には点Dの表記は不要である。)

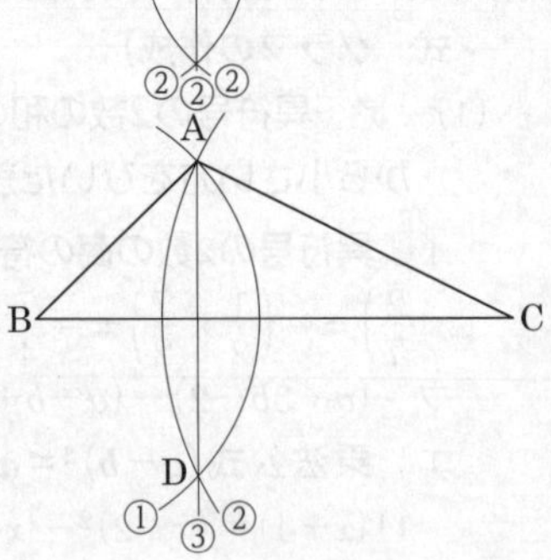

(2)　仮に，Gさんの成功した回数が6回以上だとすると，Gさんは真ん中より上の順位にいることになり，兄の発言と合わないから，Gさんの成功した回数は5回以下だとわかる。Gさんの成功し

た回数が5回だとすると，Gさん以外の9人の回数の合計は44回だから，**平均値**$=\frac{44+5}{10}=4.9$回となり，兄の発言と合う。Gさんの成功した回数が4回だとすると，平均値$=\frac{44+4}{10}=4.8$回となり，兄の発言と合わない。以上より，Gさんの成功した回数は5回，平均値は4.9回と決まる。

3 **(合同の証明，線分の長さ，円柱の表面積，動点)**

(1)　ア　(証明)(例)△DEHと△DCHについて　DHが共通…①　四角形ABCD，四角形DEFGは正方形だから　∠DEH＝∠DCH＝90°…②　DE＝DC…③　①，②，③より，直角三角形で斜辺と他の1辺がそれぞれ等しいから　△DEH≡△DCH

イ　正方形ABCDの1辺の長さを$a$cmとする。BH：HC＝2：3　より　$\mathrm{HC}=\frac{3}{2+3}\mathrm{BC}=\frac{3}{5}a\mathrm{cm}$　よって，$\triangle\mathrm{DCH}=\frac{1}{2}\times\mathrm{HC}\times\mathrm{DC}=\frac{1}{2}\times\frac{3}{5}a\times a=\frac{3}{10}a^2\mathrm{cm}^2$　△DEH≡△DCHを考慮すると，(正方形ABCDの面積)＝(斜線部分の面積)＋△DEH＋△DCH$=20+\frac{3}{10}a^2+\frac{3}{10}a^2=20+\frac{3}{5}a^2$　これがa^2に等しいから　$20+\frac{3}{5}a^2=a^2$　より　$a^2=50$　$a>0$より　$a=\sqrt{50}=5\sqrt{2}$ cm

(2)　ア　問題の円柱を展開したとき，側面は縦10cm，横$2\pi\times5=10\pi$cmの長方形になるから，(円柱の表面積)＝(側面積)＋(底面積)×2$=10\times10\pi+\pi\times5^2\times2=150\pi\mathrm{cm}^2$

イ　$\angle\mathrm{AOP}=360^\circ\times\frac{5秒}{30秒}=60^\circ$…①　①とOA＝OPより，△OAPは正三角形だから，AP＝OA＝5cm　△PABは∠PAB＝90°の直角三角形だから，**三平方の定理**を用いて　$\mathrm{PB}=\sqrt{\mathrm{AB}^2+\mathrm{AP}^2}=\sqrt{10^2+5^2}=5\sqrt{5}$ cm

ウ　2点P，Qが同時に出発してx秒後の∠AOPと∠BO′Qの大きさは，それぞれ　$\angle\mathrm{AOP}=360^\circ\times\frac{x秒}{30秒}=12x^\circ$，$\angle\mathrm{BO'Q}=360^\circ\times\frac{x秒}{45秒}=8x^\circ$　点Pが1周する間に$(0<x\leqq30)$，OP//O′Qとなるのは，$\angle\mathrm{AOP}+\angle\mathrm{BO'Q}=12x^\circ+8x^\circ=20x^\circ$　が180°の倍数となるときで，nを自然数とするとき　$20x=180n$　より　$x=9n$　のときだから，9×1＝9秒後，9×2＝18秒後，9×3＝27秒後である。

エ　線分PQの長さが最小になるは，線分PQが円柱の**母線**と一致するときで，そのときの線分PQの長さは　PQ＝AB＝10cm…㋐　点Qを通る円柱の母線と円Oの円周との交点をCとすると，PC⊥QCだから，△PQCで三平方の定理を用いると，$\mathrm{PQ}=\sqrt{\mathrm{QC}^2+\mathrm{PC}^2}=\sqrt{10^2+\mathrm{PC}^2}=\sqrt{100+\mathrm{PC}^2}$　よって，線分PQの長さが最大になるは，線分PCの長さが最大になるときで，それは線分PCが円Oの直径と一致するとき。そのときの線分PQの長さは　$\mathrm{PQ}=\sqrt{100+\mathrm{PC}^2}=\sqrt{100+10^2}=10\sqrt{2}$ cm…㋑

4 **(図形と関数・グラフ)**

(1)　点Bは$y=\frac{16}{x}$上にあるから，そのy座標は　$y=\frac{16}{-4}=-4$　で，B$(-4,\ -4)$　$y=ax^2$は点Bを通るから，$-4=a\times(-4)^2=16a$　$a=-\frac{1}{4}$

(2)　点Cは$y=\frac{16}{x}$上にあるから，そのy座標は　$y=\frac{16}{2}=8$　で，C$(2,\ 8)$　よって，直線BCの傾き$=\frac{8-(-4)}{2-(-4)}=2$　で，直線BCの式を　$y=2x+b$　とおくと，直線BCは点Cを通るから，$8=2\times2+b$　$b=4$　直線BCの式は　$y=2x+4$

(3)　yの**最大値**が0であることから，xの**変域**に0を含まなければならない。これより，$n\leqq0$…①　また，yの**最小値**が-4であることから，$-4=-\frac{1}{4}x^2$　$x^2=16$　より，$x=\pm4$　よって，$-4\leqq$

n…② ①，②より，$-4 \leqq n \leqq 0$ で，整数nのとりうる値は -4，-3，-2，-1，0

(4) 点Pのx座標をpとすると$\mathrm{P}\left(p,\ -\frac{1}{4}p^2\right)$ △ACPと△ACDは底辺ACが共通。底辺の長さが等しい三角形の面積比は，高さの比に等しいから，△ACP：△ACD＝(点Pと直線③との距離)：(点Dと直線③との距離)＝$(2-p)$：$(2-0)=5:1$ より，$2-p=10$ $p=-8$ よって，$\mathrm{P}\left(-8,\ -\frac{1}{4}\times(-8)^2\right)=\mathrm{P}(-8,\ -16)$

5 （規則性）

(1) 1組30番の生徒の記事は最初の記事から数えて$4+30=34$番目の記事だから，掲載されるページは $34\div 2=17$ より17ページ。また，3組1番の生徒の記事は最初の記事から数えて$4+30+30+1=65$番目の記事だから，掲載されるページは $65\div 2=32$あまり1 より$32+1=33$ページ

(2) 2組ア番の生徒の記事は最初の記事から数えて $4+30+$ア$=(34+$ア$)$番目 で，これはxページの下段に掲載されることから，$(34+$ア$)$は偶数。よって，2組ア番の生徒の記事が掲載されるページは $\frac{34+\text{ア}}{2}$ページ これがxページに等しいから $\frac{34+\text{ア}}{2}=x$ より ア$=2x-34$

(3) 各用紙の表の左側のページは，最初の1ページより2ページずつ増えるから，n枚目表の左側のページは $1+2(n-1)=(2n-1)$ページ。また，左側のページと右側のページの和は49ページだから，n枚目表の右側のページは，$49-(2n-1)=(-2n+50)$ページ。用紙を裏返すと，左側だったページが右側のページに，右側だったページが左側のページにくるから，以上より，イ$=(-2n+50)-1=-2n+49$，ウ$=(2n-1)+1=2n$

(4) 2組a番と2組b番の生徒の記事が掲載されたページをそれぞれAページ，Bページとすると，$a-b=10$…① より $a>b$ だから $\mathrm{A}>\mathrm{B}$。よって，問題図6は用紙の裏だとわかる。前問(2)の結果と，左右のページの和が49ページになることより，$\begin{cases} a=2\mathrm{A}-34 \cdots② \\ b=2\mathrm{B}-34 \cdots③ \\ \mathrm{A}+\mathrm{B}=49 \cdots④ \end{cases}$ ②と③を①に代入して $(2\mathrm{A}-34)-(2\mathrm{B}-34)=10$ 整理して $\mathrm{A}-\mathrm{B}=5$…⑤ ④＋⑤より $2\mathrm{A}=54$ $\mathrm{A}=27$ 前問(3)の結果 イ$=-2n+49$ より $\mathrm{A}=27=-2n+49$ $n=11$ 以上より，問題図6の用紙は11枚目の裏である。

＜英語解答＞

1 (1) ア 2 イ 1 ウ 4 (2) ア 3 イ 4 ウ 3 (3) ア 1 イ 2 (4) (例)It's English(.)

2 (1) ア Are there any activities for(those ?) イ (Then, it is)hard for you to join(the activity C.) ウ It will be held in(the museum.)
(2) far (3) (例)I hope you will come to this city again soon and try a different activity. I am glad to hear that. I am looking forward to seeing you in this city.

3 (1) (例)ア Why will you be late ? イ Have you ever been there ? ウ It will leave at ten twenty. (2) A 6 B 3

4 (1) ア 中国 イ 19 ウ 海の下(海の中) (2) (例)1 Yes, he did. 2 Because she could not answer the questions well. 3 She wants to tell people in foreign countries about World Heritage Sites in Japan.

(3)　(例)1　You had a chance to think about Japan and understood what to do.　2 I think the things written in the book are useful when you talk about Japan.

5　(1)　ア　4　イ　2　ウ　2　エ　3　(2)　ア　5　イ　1　ウ　7

(3)　(例)病人の支援をすることが彼の目的であり，医者になったり，新薬や病院を作ったりすることが手段であるということ。

<英語解説>

1　(リスニング)

放送台本の和訳は，47ページに掲載。

2　(会話文問題：語句の並べ換え，語句補充，条件英作文，不定詞，受け身，助動詞，形容詞)

(全訳)　ハラダさん(以下H)：ご要件を伺います。／ダリオさん(以下D)：ええ。日本で少し文化的な経験をしてみたいのです。ア<u>それらに対する何か活動はありますか</u>。／H：もちろんです。このパンフレットを見て下さい。／H：ここでは3つの活動があります。活動Aは和太鼓を演奏するものです。活動Bは和紙を制作します。活動Cは湯飲み茶わんに絵付けをします。あなたはどの活動をしてみたいですか。／D：すべてをやってみたいですが，1時間30分しかありません。／H：えっ，本当ですか？　それでは，イ<u>あなたは活動Cに参加することが難しいですね</u>。／D：そうですね。和太鼓を演奏することと，和紙を制作することのどちらの活動が，より人気がありますか。／H：和紙を作る活動の方ですね。ウ<u>それは美術館[博物館]で開催されることになっています</u>。／D：なるほど。その美術館[博物館]はここから<u>遠い</u>ですか。／D；いいえ，ここの近くです。／D：わかりました。

(1)　ア　Are there any activities for(those ?)　**<There + be動詞 + 主語 + 場所>「主語が～にある」の疑問文→<be動詞 + there + 主語 ～ ?>「主語が～にあるか」**
イ　(Then, it is)hard for you to join(the activity C.)　**<It + is[was] + 形容詞 + for[of] + S + to不定詞>「Sが不定詞するのは形容詞だ」**<S = 形 → of／S ≠ 形 → for>　ウ　It will be held in(the museum.)will be held「開かれるだろう」**← 助動詞を含む文の受け身 <助動詞 + be + 過去分詞>**

(2)　空所を含む文の意味は「その美術館[博物館]はここから＿＿＿か？」。これに対する応答文が「いいえ，ここから近いです」。従って，空所を含む文は「ここから<u>遠い</u>ですか」という英文を完成させれば良いことになる。答えはfar「遠い」となる。

(3)　(模範解答和訳)あなたがすぐに再びこの街を訪問して，他の活動に挑戦して欲しい，と私は願う。／そのことを聞いて私は喜ばしく思う。この街であなたに再開できることを楽しみにしている。

3　(会話文問題：文の挿入<選択・記述>，未来，助動詞，現在完了，間接疑問文)

(全訳)　サム(以下S)：こんにちは，モリ先生。サムです。／モリ先生(以下M)：やあ，サム。選手のほとんどが試合のためにすでに学校に来ています。／S：すみませんが，僕は遅れます。／M：ア<u>なぜ君は遅れるのですか？</u>／S：キタ通りで，オーストラリアからやって来た人たちの集団を手助けしていました。そのグループの1人の少年が体調を崩したのです。そこで，僕は彼らと一緒にアオバ病院まで歩いていき，まだその病院にいるのです。／M：なるほど。A[6]<u>君は良いことを</u>

したのですね。／S：ありがとうございます，でも，試合に間に合うように僕は学校へ到着できません。／M：心配しなくていいです。電車に乗れば，間に合うでしょう。君は日本で電車を利用していますか。／S：はい，利用しています。友達を訪問するために，僕はいつも電車に乗っています。／M：なるほど。ニシ駅は，病院と学校の間にあります。イ君は今までにそこに行ったことがありますか。／S：いいえ，ありません。どうやってそこへ行ったらよいのでしょうか。／M：病院を出てから，左へ曲ってください。まっすぐに進んで，2つめの信号で右へ曲ってください。すぐに見えますよ。／S：B3「信号で左折するように」と言いましたか。／M：いいえ，「右に曲れ」と言いました。／S：わかりました。右折ですね。／M：駅までおよそ10分間歩くことになるでしょう。／S：電車は何時に出発しますか。／M：ウ10時20分に出ます。今は10時です。だから，20分はありますね。／S：ありがとうございました，モリ先生。／M：それじゃ，後で。

(1) ア 空所の後で，サムは遅れる理由を述べているので，遅刻する理由を尋ねる英文を完成させること。<理由を尋ねる文> **Why ～ ?**「遅れるだろう」will be late イ 空所の後の No, I haven't. → <駅への道のりを尋ねる>の展開から，下線部は「いいえ，駅に行ったことがない」という意の英文であると解釈される。従って，その応答を導き出すには，空所イに「そこへ行ったことがあるか」という疑問文を当てはめれば良いことになる。**<have[has] ＋ 過去分詞> 現在完了(完了・経験・継続・結果)**「～へ行ったことがある」**have[has] been to ～** ウ 直前のサムの質問より，電車の発車時刻を伝えるせりふが空所ウに当てはまることがわかる。空所に続いて，「今は10時で，まだ20分ある」と言っているので，「それは10時20分に出発する」という未来時制の英文を完成させる。「～時に」at ～

(2) A サムが人助けをしたのを聞き，モリ先生は［ A ］の発言をして，さらにそれに対してサムは謝辞で応じている。従って，該当するのは，6「良いことをしましたね」。 B ［ B ］を受けて，「いいや，『右折するように』と言ったのだよ」と前言を訂正している。よって，正解は3「『信号で左折しなさい』とあなたは言いましたか」。他の選択肢は以下の通り。 1「いつ曲ったら良いかをあなたは知っていますか」Do you know when I should turn？ 下線部は**間接疑問文**(疑問文が他の文に組み込まれた形)で，**<疑問詞 ＋ 主語 ＋ 動詞>**の語順になっていることに注意。 2「そのようなことをするべきでない」**should**「～するべきだ」 4「その駅を見つけることができますか」 5「私は彼らに昨日も会いました」met ← meet「会う」の過去形

4 (長文読解問題・エッセイ：メモを用いた問題，英問英答・記述，和文英訳，前置詞，不定詞，助動詞，分詞の形容詞的用法，接続詞)

(全訳) 私はカナダの中学で2週間勉強をしました。ある授業では，私たちの担当のロバート先生が，私たちに世界遺産の写真を数枚見せてくれました。彼は次のように述べたのです。「現在，167か国で1092の世界遺産があります。イタリアには最も多くの世界遺産があり，(その数は)54カ所に達します。2番目の国は中国で，53箇所存在します。カナダには19箇所あり，14番目の順位に位置しています。私はカナディアン・ロッキー山脈自然公園群が好きです。過去，それらは海底に存在していたものです。(そこでは)魚の化石を見つけたり，美しい山脈でくつろいだりできます。1度は訪れるべきです」

その授業の後，ある友人が私に言いました。「私もカナディアン・ロッキー山脈自然公園群が好きです。日本にはいくつの世界遺産がありますか。どれをあなたは勧めますか」私は彼女に白神山地について話したかったのですが，その質問に上手く答えることができませんでした。私は悲しくなりました。

その晩，私の日記にその授業に関することを記しました。私は次のように綴りました。「今日，私の友人が日本の世界遺産について質問したが，私は上手く答えられなかった。私は日本に関してもっと知るべきであると実感した。そこで，放課後，図書館へ行き，日本の世界遺産に関する本を見つけた。それはとても興味深かった。将来，外国の人々にそれらについて話をしたい」

(1)（ア）第1段落第6文を参照のこと。（イ）第1段落第7文を参照のこと。（ウ）第1段落の最後から第3文を参照のこと。under「～の下に」

(2) 1 「ロバート先生は，彼の生徒にカナディアン・ロッキー山脈自然公園群を訪れるように言ったか」第1段落最終文で，You should visit there [Canadian Rocky Mountain Parks]と述べているので，肯定で答える。Did he tell ～？ → Yes, he did. <tell ＋ 人 ＋ to不定詞>「人に～するように言う」**should**「～するべきだ」 2 「授業の後に，「なぜサオリは悲しかったのか」第2段落の最後から第2番目の文で I could not answer the questions well. と述べられている。**could ← can**「できる」の過去形 Why ～？で尋ねられているので，because ～ で答えると良い。 3 「サオリは将来何をしたいのですか」第3段落最終文を参照のこと。I → she に注意。また，them は日本の世界遺産を指しているので，明示すること。**<to ＋原形>** 不定詞の名詞的用法「～すること」

(3) （全訳）世界にそんなに多くの世界遺産があるということを知らなかった。1あなたは日本ついて考える機会をもち，そして何をするべきかを理解しました。あなたは日本の世界遺産に関する本を読むために図書館へ行きました。2その本に書かれていることは，あなたが日本について話す時に役立つと思います。 1 「考える機会」a chance to think ← <名詞 ＋ **to**不定詞> 不定詞の名詞的用法「～するための[するべき]名詞」「何を～すべきか[したらよいか]」**<what ＋ to不定詞>** 2 「その本に書かれていること」the things written in the book ← <名詞 ＋ 過去分詞 ＋ 他の語句>「～される名詞」過去分詞の形容詞的用法「役に立つ」useful「～する時に」**<when ＋ 主語 ＋ 動詞>**

5 （長文読解問題・エッセイ：内容真偽・要約文を用いた問題，語句補充・選択，日本語で答える問題，接続詞，動名詞，受け身）

（全訳）ジャクソン氏は私の父の友人である。彼は若かったときに，6ヶ月間，私の祖父の家に滞在した。彼は祖国に戻って，医師になり，そして，新しい目薬を作った。また，彼は病院を建設した。彼は日本をとても愛している。そこで，昨年，彼は彼の家族と一緒に日本を訪れ，私たちの家に1週間，滞在した。

ある日，私は彼に尋ねた。「ジャクソンさん，あなたは自身の人生で素晴らしいことを行ってきました。どのようにそれらを実現したのですか」彼は答えた。「私は自分でしたいことを単に行っただけですよ，ミオ。」私は驚いた。というのは，そのことは，私たちの日常の行動とそれほど変わらなかったからである。私は彼に再び尋ねた。「多くの人々が同じように考えていますが，同様のことが実現できるわけではありません。何が違うのですか」彼は答えた。「人々は夢を抱いていますが，それらは単に夢にすぎません。もし何かを成し遂げたいのであれば，目的と方法が必要となってきます」私は衝撃を受けた。私には夢があったが，それらを欠いていたからだ。ジャクソン氏は(話を)続けた。「そして，多くの人々が時間を気にしているとは思えないのです。例えば，長時間，彼らはインターネットやゲームを行いますね。ミオ，私は，人生は親からの贈り物で，短いと考えています。私たちは時間を上手く使うべきなのです。だから，私は15歳の時に，自分の目標と手段を選んだのです。病気の人々を支援することが，私の目標となりました。医師になり，新薬を作り，そして病院を建設することが，私の手段でした。私は目標を成し遂げるために，長い間懸命に働きました」

彼の言葉は私にとって驚きだった。彼は自身の目的と手段をもって，生きてきたのである。同様に，時間が限られているということを彼は忘れていない。自分自身の目標と手段を私たちは持つ必要があると私は考える。そして，時間を大切に使うことが重要であると私は信じている。私たちはこれまでになく長く生きるようになるかもしれない。私たちには多くの時間があるとあなた方は言うかもしれないが，時間は素早く過ぎ去る。たとえ多くの時間があったとしても，目的や方法がなければ，我々は何もできないのである。だから，私はそれらを紙に書き記してみた。

目標：世界で困っている人々を助けること。

手段：1. 世界の文化に関する本を読む。／2. フランス語と他の5か国語を学ぶ。／3. 外国の大学へ行く。／4. 看護師になり，国際援助団体で働く。

私はこれをジャクソン氏に送り，彼に助言を求めようと思う。私はこれらの4つのことを行って，私の目標を達成したい。

(1)　ア「ジャクソン氏が去年来日した時に，${}_{4}$彼はミオの家に1週間滞在した」第1段落の最終文を参照すること。**when「～するときに」** その他の選択肢は次の通り。　1「新しい目薬を作った」　2「彼は病院を建設した」1と2は去年の来日時の出来事ではない。3「彼の家族は一緒でなかった」第1段落の最終文に，家族と一緒に来日したことが書かれている。イ「ジャクソン氏は ${}_{2}$人々がインターネットやビデオゲームを頻繁に使っていると考えている」第2段落の後から第7番目のfor example で始まる文と内容が一致している。a lot ＝ for long hours　その他の選択肢は次の通り。　1「人々は夢を持っていれば何でもできる」第2段落で，何かを成し遂げたければ，目標と手段が必要であると述べられているので，不可。　3「人生は彼の兄弟からの贈り物である」第2段落後ろから第6番目の文で，「人生は両親からの贈り物」と述べられているので，不可。　4「医者になることは彼の目標である」第2段落の後から第2・3番目の文で「病気の人を支援するのが目標で，医師になるのは手段」と述べられている。supporting sick people「病気の人々を支援すること」← **<原形 ＋ -ing> 動名詞「～すること」**　ウ「${}_{2}$我々には時間がないということをジャクソン氏は知っているとミオは思っている」第3段落第3番目の文に一致。その他の選択肢は次の通り。　1「ジャクソン氏の言葉は平易である」　3「私たちは物事を素早くする必要がある」1・3記述なし。　4「私たちは何かをするのに多くの時間を有している」ミオは第3段落で，時間を大切に使うことの重要性や時間が素早く経過する点に触れているので，不可。　エ「ミオの手段の1つは，${}_{3}$外国で学ぶこと」ミオの手段の3に一致。study in a foreign country ＝ go to university in a foreign country その他の選択肢は以下の通り。　1「世界の文化の報告を記す」正しくは，世界文化の本を読むである。　2「4か国語を学ぶ」仏語と他の5か国語を学ぶが正解。　4「看護師になり，地球温暖化の問題に取り組む」地球温暖化問題に関する言及はない。

(2)（全訳）ジャクソン氏はミオに彼の人生について語った。彼女は彼の話にァ^{5}影響を受けた。彼女は自分の目標と手段を決定した。ィ^{1}というのは，彼女はそれらを決めていなかったからである。彼女の目標は世界中の困っている人々をゥ^{7}助けることで，彼女の手段は彼女の目標のために行う物事のことである。　was influenced ← influence「影響する」の受身形の過去　because理由を表す接続詞　save ＝ help「助ける」　その他の選択肢は次の通り。2「共有する」3「疲れて，飽きて」4「覚えている」6「しかし」

(3)　第2段落の最後から第2・3番目の英文の内容をまとめること。**<原形 ＋ -ing>「～すること」動名詞**

2019年度英語　放送による検査

〔放送台本〕

(1)は，英文と質問を聞いて，適切なものを選ぶ問題です。問題は，ア，イ，ウの三つあります。質問の答えとして最も適切なものを，1，2，3，4の中からそれぞれ一つ選んで，その番号を解答用紙に書きなさい。英文と質問は二回読みます。

アの問題

This animal has a long nose and big ears. Which picture shows this?

イの問題

Taro has four things to do this afternoon. He will study before dinner. And he will help his mother after he watches TV. Which picture shows this?

ウの問題

Your friend wants to borrow a book from you, but it is your sister's. What will you say to your friend?

〔英文の訳〕

アの問題

「この動物は長い鼻と大きな耳を持っている。どの絵がこれを示しているか」正解はゾウの絵である2が正解。

イの問題

「タロウは今日の午後にやることが4つある。彼は夕食の前に，勉強をする。そして，テレビを見た後に，彼の母親の手伝いをする。どの絵がこのことを示しているか」＜勉強 → 夕食 → テレビ → 手伝い＞の語順の1が正解。

ウの問題

「あなたの友達があなたから本を借りたいが，それはあなたの妹[姉]のものである。あなたはあなたの友達に何と言うだろうか」

〔選択肢の和訳〕 1「えーと，あなたの妹[お姉さん]はどこにいるの？」(×) 2「実際には，その本は誰が書いたのだろうか？」(×) 3「いいえ。それは本です」(×) 4「ごめんなさい。でも，それは私のものではありません」(○)

〔放送台本〕

(2)は，外国語指導助手のマリアの，日本食についての話を聞いて，質問に答える問題です。問題は，ア，イ，ウの三つあります。はじめに，英文を二回読みます。次に，質問を二回読みます。質問の答えとして最も適切なものを，1，2，3，4の中からそれぞれ一つ選んで，その番号を解答用紙に書きなさい。

During my stay in Japan, Mr. Sato taught me cooking. He was a chef. He and I enjoyed cooking on Saturdays. I especially liked cooking Japanese food because it is good for our health. One day, I made sushi with him. The sushi he made was very beautiful and delicious. He worked in a Japanese restaurant for twelve years. After I went back to my country, I made sushi for my brother on his birthday. I wanted him to be interested in Japanese food. He liked my sushi very much.

ア　When did Mr. Sato and Maria enjoy cooking?

イ　How long did Mr. Sato work in a Japanese restaurant?

ウ　Why did Maria make sushi for her brother?

〔英文の訳〕

私の日本での滞在中に，佐藤氏が私に料理を教えてくれた。彼は料理人だった。彼と私は土曜日に料理をして楽しんだ。私は特に和食をつくるのが好きだった。というのは，私たちの健康に良いからだ。ある日，私は彼と寿司をつくった。彼がつくった寿司は，とてもきれいで，かつ，おいしかった。彼は日本料理店で12年間働いていた。私は帰国した後，私の兄[弟]のために，彼の誕生日に寿司をつくった。私は彼に和食に興味を持って欲しかったのである。彼は私の寿司をとても気に入ってくれた。

ア　「いつ佐藤氏とマリアは料理をつくって楽しんだのか」　［選択肢の和訳］　1「木曜日」(×)　2「金曜日」(×)　3「土曜日」(○)　4「日曜日」(×)

イ　「佐藤氏は日本料理店でどのくらいの期間働いていたか」　［選択肢の和訳］　1「2年間」(×)　2「7年間」(×)　3「11年間」(×)　4「12年間」(○)

ウ　「なぜマリアは彼女の兄[弟]に対して寿司をつくったのか」　［選択肢の和訳］　1「彼女の兄[弟]が彼女のためにケーキをつくってくれたから」(×)　2「彼女の兄[弟]が佐藤氏と話をしたから」(×)　3「彼女は兄[弟]にもっとよく和食について知って欲しかったから」(○)　4「彼女は日本料理店で働きたかったから」(×)

〔放送台本〕

(3)は，リサとダイスケの対話の一部を聞いて，質問に答える問題です。問題は，ア，イの二つあります。はじめに，対話を読みます。次に，質問を読みます。質問の答えとして最も適切なものを，1，2，3，4の中からそれぞれ一つ選んで，その番号を解答用紙に書きなさい。対話と質問は二回読みます。

アの問題

Lisa:　I like this sweater very much. I want to buy this.

Daisuke:　Good. But it may be too big for you. How about this one, Lisa?

Question:　What will Lisa answer next?

イの問題

Lisa:　I went fishing with my father last month.

Daisuke:　Oh, I went fishing last month, too.

Lisa:　Shall we go fishing next month?

Question:　What will Daisuke answer next?

〔英文の訳〕

ア　リサ：私はこのセーターがとても気に入ったわ。これを買いたいなあ。／ダイスケ：良いね。でも，君には大きすぎるかもしれないよ。これはどうかなあ，リサ？

［選択肢の和訳］　1「それを試着してみるわ」(○)　2「もう一度それを使ってみるわ」(×)　3「それは帽子です」(×)　4「それはとても真剣[重大]です」(×)

イ　リサ：先月，私は父と釣りに行ったわ。／ダイスケ：えっ，僕も先月釣りに行ったよ。／リサ：

来月，釣りに一緒に行きましょうよ。

〔選択肢の和訳〕　1「先月，僕は君を見かけたよ」(×)　2「もちろん。面白そうだね」(○)　3「多くの人々がしばしばそこへ行くよ」(×)　4「いいや，でも，僕の父が僕を手伝ってくれたよ」(×)

〔放送台本〕

(4)は，留学生のローザが，英語の授業で話したことを聞いて，質問に答える問題です。話の最後の質問に対して，あなたなら何と答えますか。あなたの答えを解答用紙に英文で書きなさい。ローザの話は二回読みます。

I like science the best of all the subjects in school. I study it every day. What's your favorite subject?

〔英文の訳〕

学校におけるすべての科目の中で，私は理科が最も好きです。私はそれを毎日勉強しています。あなたの好きな科目は何ですか？　〔解答例の和訳〕「それは英語です」

＜理科解答＞

1　(1)　ア　外骨格　イ　3　(2)　ア　胚　イ　1，5　(3)　ア　2　イ　水
(4)　ア　c[→]b[→]a　イ　(例)暖気は，密度の大きい寒気に押し上げられる。

2　(1)　ア　混合物　イ　0.91[g/cm^3]　(2)　ア　化学電池　イ　3，5
(3)　ア　電磁誘導　イ　1　(4)　ア　4　イ　20[g]

3　(1)　ア　胞子のう　イ　4　ウ　①　仮根　②　(例)からだを地面に付着させる　(2)　ア　単子葉類　イ　(タンポポやアサガオ)　(例)1枚につながっている。　(エンドウやアブラナ)　(例)1枚1枚離れている。　(3)　2

4　(1)　3　(2)　ア　(例)水が逆流してしまう　イ　塩化コバルト紙　ウ　$2NaHCO_3 \rightarrow Na_2CO_3 + CO_2 + H_2O$　(3)　ア　右図　イ　94[%]

5　(1)　ア　1.16　イ　1.80[N]　ウ　100[Pa]　エ　4　(2)　ア　3　イ　1.15〜1.23(の範囲内の数値)[N]

6　(1)　恒星　(2)　4　(3)　d　(4)　①　窒素　②　酸素　③　水素　(5)　1　(6)　(例)金星は地球よりも内側を公転しているのに対して，火星は外側を公転しているため。

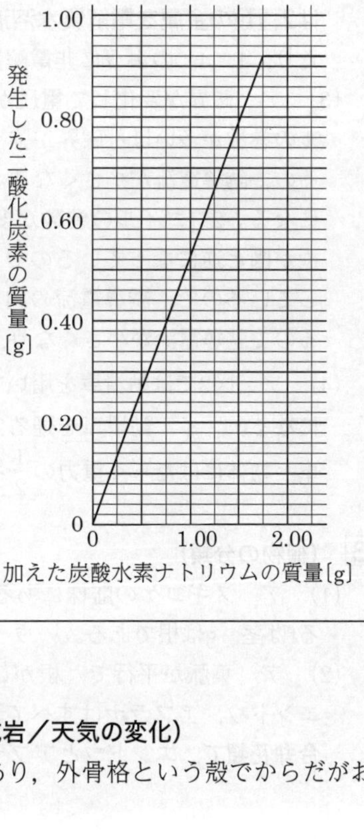

＜理科解説＞

1　**(無せきつい動物の分類／生物の成長と生殖／火山活動と火成岩／天気の変化)**

(1)　ア　節足動物は無せきつい動物の1つで，からだに節があり，外骨格という殻でからだがお

おわれている。　イ　カブトムシはからだが頭部・胸部・腹部に分かれている昆虫類，ミジンコはからだが頭胸部と腹部に分かれた甲殻類，クモはその他の節足動物である。

(2)　ア　受精卵が細胞分裂を始めてから食物をとり始めるまでの間の個体を胚という。　イ　**精子や卵のような生殖細胞1つあたりの染色体数は，受精卵や体細胞1つあたりの染色体数の$\frac{1}{2}$になっている**ので，AとBの染色体数は等しい。また，C～Fまでの1つの細胞にふくまれる染色体数は等しく，AとBの染色体数の2倍になっている。

(3)　ア　火山灰Pには，無色鉱物であるセキエイとチョウ石が多くふくまれており，火山灰Qには有色鉱物であるカンラン石とキ石が多くふくまれていることから，Qと比べてPのほうが白っぽい色をしていることがわかる。また，マグマのねばりけが大きいほど，火山灰などの火山噴出物の色が白くなる。　イ　軽石や溶岩などに開いている穴は，火山ガスが抜けたもので，火山ガスは90%以上が水蒸気である。

(4)　ア　日本付近では低気圧などが西から東へ移動するので，図の天気のあと，青森市を前線Xが通過し，あとから前線Yが通過する。前線X(温暖前線)が通過するときには層状の雲におおわれて弱い雨が長く降り，前線通過後は気温が上昇する。前線Y(寒冷前線)が通過するときには風向が南寄りから北寄りに変わり，激しい雨が短時間降る。　イ　暖気と比べて寒気の密度は大きいため，寒冷前線は寒気が暖気を押し上げて進む。

2　(身のまわりの物質とその性質／化学変化と電池／磁界／仕事とエネルギー)

(1)　ア　いつくかの物質が混ざり合ったものを混合物という。　イ　水の密度は1.0g/cm^3なので，アンモニア水の質量は，514.7－(142.0＋350.0)＝22.7[g]よって，アンモニア水の密度は，22.7[g]÷25[cm^3]＝0.908[g/cm^3]　より，小数第三位を四捨五入して，0.91g/cm^3

(2)　ア　化学変化によって電流を取り出すことができる装置を化学電池という。　イ　**化学電池は2種類の金属を電解質水溶液に入れてできる**ので，2，4，6のように同じ種類の金属板を用いたり，1，4，のように非電解質水溶液を用いると電流を取り出すことができない。

(3)　ア　磁界が変化して電圧が生じ，コイルに電流が流れる現象を電磁誘導という。　イ　コイルの巻数が多いほど磁界が強くなるので誘導電流が大きくなり，巻数が少ないほど磁界が弱くなるので誘導電流が小さくなる。また，磁石の極や動かす向きを逆にすると，誘導電流の向きも逆になる。2：コイルの巻数が多く誘導電流が大きくなるので針は大きくふれる。また，棒磁石の極が図と逆になっているので，針は右にふれる。3：棒磁石の極と動かす向きの両方を図と逆にしているので，誘導電流の向きは変わらず，針は左にふれる。4：コイルの巻数を少なくしているので誘導電流が小さくなり，針は小さくふれる。

(4)　ア　図2では動滑車を用いているので，ばねばかりの示す値は図1の$\frac{1}{2}$，ひもを引く距離は2倍になる。　イ　動滑車を通る2本の糸で動滑車と物体を支えているので，ばねばかりの値は動滑車と物体にはたらく重力の$\frac{1}{2}$となる。よって，動滑車の質量は，$\{(1.6\times2)-3\}\times100=20$[g]

3　(植物の分類)

(1)　ア　スギゴケの雌株にあるaは胞子のうである。　イ　イヌワラビのc・d・eは葉，土中にあるfは茎，gは根である。　ウ　図1のbは仮根で，からだを地面に付着させるはたらきがある。

(2)　ア　葉脈が平行で，根がひげ根である植物を単子葉類という。　イ　タンポポ，アサガオ，エンドウ，アブラナはすべて双子葉類だが，タンポポとアサガオは花弁が1枚につながっている合弁花類で，エンドウとアブラナは花弁が1枚1枚離れている離弁花類である。

(3)　スギとイチョウは被子植物の1つである，裸子植物である。スギゴケ(A)とイヌワラビ(B)は種子をつくらず，種子をつくる植物は被子植物(C，D，E)と裸子植物(F)の2つに分けられる。さらに，被子植物は，単子葉類(C)と双子葉類(D，E)に分けられる。

4　(化学変化と物質の質量)

(1)　二酸化炭素にはものを燃やすはたらきはなく(ア)，水に少し溶け(イ)，有機物を燃やしたときに発生する(ウ)。また，においはない(エ)。

(2)　ア　ガラス管の先を水に入れたまま火を消すと，加熱していた試験管内の気圧が低下することで試験管内に水が逆流してしまうおそれがある。　イ　炭酸水素ナトリウムを加熱すると発生する液体は水である。青色の塩化コバルト紙を水につけると，赤色(桃色)に変化する。ウ　実験2の化学反応式より，炭酸水素ナトリウムの化学式は$NaHCO_3$と表すことがわかる。実験1では，炭酸水素ナトリウム($NaHCO_3$)の加熱によって，炭酸ナトリウムと二酸化炭素(CO_2)，水(H_2O)が生じる。化学反応式では反応前後で原子の種類と数が変化しないことから，炭酸水素ナトリウム($NaHCO_3$)の係数を2とすると，炭酸ナトリウムの化学式はNa_2CO_3と表すことがわかる。

(3)　ア　実験2の結果より，加えた炭酸水素ナトリウムの質量と発生した二酸化炭素の質量についてまとめると，次の表のようになる。表の値を点(・)で記入して線で結ぶと，折れ線グラフとなる。　イ　炭酸水素ナトリウムxgと十分な体積のうすい塩酸が反応したとき，二酸化炭素が0.49g発生したとすると，0.50：0.26＝x：0.49

加えた炭酸水素ナトリウムの質量〔g〕	0	0.50	1.00	1.50	2.00	2.50
発生した二酸化炭素の質量〔g〕	0	0.26	0.52	0.78	0.92	0.92

x＝0.942…　より，約0.942[g]　よって，0.942÷1.00×100＝94.2　より，炭酸水素ナトリウムがふくまれる割合は，約94％である。

5　(力と圧力／力のつり合い)

(1)　ア　水面から物体の下面までの距離が5cmのとき，物体Aはすべて水中に沈んでいるので，浮力の大きさは水面から物体の下面までの距離が4cmのときと等しい。よって，ばねばかりの値は1.16Nである。　イ　物体にはたらく重力の大きさは水に沈んでも変化しないので，1.80N。ウ　水圧は水の深さに比例し，物体のBの下面と上面の面積は等しいので，水面から物体Bの下面までの距離が5cmのとき，物体Bの上面にはたらく水圧は，$500[Pa]\times\frac{1}{5}=100[Pa]$　エ　実験1の結果の表より，水面から物体の下面までの距離が4cmまでのばねばかりの値が一定の割合で減少し，水面から物体の下面までの距離が4cm以上ではばねばかりの値が一定となっていることから，浮力は，水面から物体の下面までの距離が4cmまでは一定の割合で増加し，水面から物体の下面までの距離が4cm以上では一定となる。

(2)　ア　水圧は，同じ深さでは等しく，深くなるほど大きくなるので，3が正解。　イ　この問題については，県教育委員会より公表があり，答えを導く方法が複数あることに加え，小数点以下の端数処理の方法を問題文で指示していないことから，端数処理により，1.15～1.23の範囲内にある数値であれば正解として扱われた。理由として次のような内容が公表された。実験１については，小数点以下２桁の数値を扱い，計算もやや複雑であるため，実験２においては，受検生の計算に対する負担を軽減する意図から数値を整数値としたが，そのことで結果的に二つの浮力の値が生じた。また，これに加え，実験２は，ばねの長さ(のび)から浮力を 0.60〔N〕と求め，答が1.20〔N〕となる問題であるが，実験１で求められる浮力 0.64〔N〕を計算の過程で用いた場合，小数点以下の端数の処理の仕方(四捨五入等)により，1.15～1.23 の範囲内にある数値が導き出されることが判明した。

6　**(天体の動きと地球の自転・公転)**

(1)　星座をつくる星のように，自ら光を放出する天体を恒星という。

(2)　満月から7日経過すると，午前5時ごろ南の空の高いところに下弦の月が見られる。

(3)　東の空に明け方に見える金星は，地球から見て太陽よりも右側の方向に位置しているa，dである。**地球の近い位置にあるほど金星は大きく欠けて見える**ことから，dが正解。

(4)　地球の大気は，体積の割合で約78%が窒素，約21%が酸素である。木星と土星などの大気で最も多い成分は水素である。

(5)　年周運動によって，同じ時刻に観察される星座は西側へ1か月に約30°移動していくので，おうし座は30日後に西の地平線に沈んで見えなくなる。

(6)　金星のように，地球よりも内側を公転している惑星は，地球から見て太陽とは反対側に位置することがないため，真夜中に観察することができない。

＜社会解答＞

1　(1)　本初子午線　(2)　白夜　(3)　地中海性(気候)　特徴　(例)夏は雨が少なく乾燥し，冬に雨が多い。　(4)　4　(5)　ア　ユーロ　イ　(例)EU加盟国の間での経済格差が大きい。

2　(1)　c　(2)　ア　シラス　イ　4　(3)　ア　2　イ　環境モデル都市
(4)　(例)雨水を一時的にためて，洪水を防ぐ

3　(1)　C→B→A　(2)　日本町　(3)　北条時宗　(4)　対馬藩　(5)　3
(6)　2　(7)　A　清　B　明　C　元

4　(1)　X　ベルサイユ条約　Y　サンフランシスコ平和条約　(2)　ア　ドイツ
イ　(例)物価が大きく上がり，貨幣の価値が低下した。　(3)　4　(4)　イギリス，フランス　(5)　1

5　(1)　ア　3　イ　国政調査権　(2)　比例代表制　(3)　国民審査　(4)　b(議員)
理由　(例)衆議院の優越により，衆議院の指名が優先されるから。　(5)　(例)国の権力が一つの機関に集中すること

6　(1)　サービス　(2)　直接　(3)　1　(4)　(例)貸し出しの金利と預金の金利の差が，銀行の収入となるから。　(5)　A　発券　B　政府　(6)　3

7　(1)　2　(2)　キリスト教　(3)　(例)焼いてできた灰を肥料として活用するため。
(4)　2　(5)　グローバル

＜社会解説＞

1　**(地理的分野―世界地理－地形・気候・資源，―地理総合)**

(1)　この線は**本初子午線**と呼ばれる。イギリスのロンドン郊外の**グリニッジ天文台**を通る子午線(経線)である。1884年の国際協定において，この線を経度0度とし，全世界の経度の原点として採用することが決定された。

(2) 真夜中になっても薄明になっているか，または太陽が沈まない現象のことを，**白夜**という。主に，北欧など北極圏付近や南極圏付近で見られる現象である。反対に，南北の極圏で，一日中太陽の昇らない状態が続く現象のことを，**極夜**という。

(3) 冬は気温10度前後で，一定の雨量があり，夏は気温が30度近く，雨がほとんど降らないのは，**地中海気候**の特徴である。

(4) cの国は**フランス**である。フランスは，ヨーロッパ最大の農業国である。**食料自給率**が，オーストラリア・カナダ・アメリカに次いで世界で4番目に高い国で，その自給率は121％である。小麦の自給率は200％近く，牛乳・乳製品の自給率は150％を超え，盛んに輸出をしている。グラフの4がフランスである。

(5) ア　**ヨーロッパ連合(EU)**加盟国で，2002年から使用されている共通の通貨は**ユーロ**であり，19か国が使用している。2019年5月現在1ユーロは約124円である。イ　資料2に見られるように，国民総所得が3万ドル以上の国がある一方で，1万ドル未満の国も存在し，EU加盟国の間での**経済格差**が大きいことを指摘する。

2 **(地理的分野―日本地理－人口・地形・農林水産業，―環境問題)**

(1) 九州の面積は，都道府県の中で最大の北海道の2分の1程度であり，中国・四国よりも小さい。また，人口は，都道府県の中で最多の関東地方の3分の1程度である。この2点から，九州地方はcであることがわかる。

(2) ア　九州南部に数多く分布する，火山噴出物からなる台地を**シラス台地**という。典型的な火砕流台地であり，シラスや溶結凝灰岩などで構成される。シラスは，雨水がしみやすい酸性の強い土壌である。　1　**稲作**が盛んなのは，九州北部である。　2　**きゅうりやピーマン**の**促成栽培**が盛んなのは，宮崎県である。　3　**さとうきびやパイナップル**の生産が盛んなのは，沖縄県である。　4　の**畜産**が盛んなのは，**鹿児島県**であり，豚は日本の最大生産量となっている。

(3) ア　**水俣病**は水俣湾周辺で発生した，**水銀**を含む**工場排水**による有機水銀中毒症である。典型的な**水質汚濁**の事例である。　イ　**水俣市**は，1992年に**日本で初めての「環境モデル都市づくり宣言」**を行い，ごみの高度分別や水俣独自の環境ISO制度など，市民と協働で様々な環境政策に取り組んできた。2008年にその取り組みが評価され，国の「**環境モデル都市**」に認定された。

(4) **大雨**が降った時に**洪水**を防ぐために，**雨水**を地下に一時的にためるプール状の施設であることを指摘する。

3 **(歴史的分野―日本史時代別－古墳時代から平安時代・鎌倉時代から室町時代・安土桃山時代から江戸時代，―日本史テーマ別－外交史・経済史・政治史・文化史，―世界史－政治史)**

(1) Aは，江戸時代の**長崎貿易**についての説明である。Bは，室町時代の**勘合貿易**についての説明である。Cは，鎌倉時代の**元寇**等についての説明である。時代の順に並べると，C→B→Aとなる。

(2) 16世紀後半以後，南方各地に進出した日本人の居留地のことを**日本町**，あるいは**日本人町**という。17世紀初頭の**朱印船貿易**に伴って船員・貿易商人らが多数海外に進出し，東南アジア各地に集団部落として発展した。

(3) 13世紀に，モンゴル帝国が築き上げた大帝国は，首都を大都に移し，国号を**元**と改め，東アジアの国を服属させようとした。日本には1274年と1281年の2回にわたって来攻した。いわゆる**元寇**である。この難局に対処したのが，鎌倉幕府の若き執権である**北条時宗**である。

(4)　江戸時代に，**朝鮮国王**が日本の将軍の代替わりの際などに，日本に派遣した外交使節を，**朝鮮通信使**という。**対馬藩**の**宗氏**が仲介し，江戸時代を通じて派遣は12回に及んだ。

(5)　明の第3代皇帝永楽帝が発行したのが，**永楽通宝**である。大量に日本に輸出され，日本では市場で通用する貨幣として用いられた。

(6)　1は，平安時代の**藤原隆能**の描いた「**源氏物語絵巻**」である。3は，江戸時代の元禄期に**菱川師宣**の描いた「**見返り美人図**」である。4は，江戸時代の化政期に**葛飾北斎**が描いた「**富嶽三十六景**」である。2が，室町時代に雪舟が描いた「**秋冬山水図**」である。

(7)　日本の江戸時代に，中国は**清**である。日本の室町時代に，中国は**明**である。日本の鎌倉時代に，中国は**宋**から**元**にかわった。

4　(歴史的分野―日本史時代別－明治時代から現代，―日本史テーマ別－外交史，―世界史－経済史)

(1)　X　日本は先勝国として，パリ講和会議に臨み，**ベルサイユ条約**で敗戦国のドイツとの講和条約を結んだ。　Y　日本は，1951年にアメリカなど48か国の西側諸国と**サンフランシスコ平和条約**を結び，独立を回復した。ソ連など社会主義国との平和条約は結ばれなかったため，**片面講和**であるとの批判もなされた。

(2)　ア　第一次世界大戦の敗戦国であり，第二次世界大戦末期に連合国に降伏したのは，**ドイツ**である。　イ　第一次世界大戦敗戦後のドイツでは，極端な**インフレーション**が起こり，物価が大きく上がり，貨幣の価値が低下した。

(3)　1　空軍ではなく，海軍の軍備を縮小する**海軍軍縮条約**が結ばれた。　2　インドの独立が確認されたのは，第二次世界大戦後である。　3　**第一次世界大戦**で日本がドイツの**膠州湾租借地**を占領し，1915年の**対華二十一ヵ条要求**で，**山東省**の旧ドイツ権益の譲渡を要求した。1・2・3とも**ワシントン会議**と関係がなく，4が正しい。1902年に結ばれた**日英同盟**は，太平洋の平和を目指す四か国条約によって解消された。4か国とは，日本・イギリス・フランス・アメリカである。

(4)　国際連盟の常任理事国は，イギリス・フランス・イタリア・日本である。国際連合の常任理事国は，イギリス・フランス・中国・ロシア・アメリカである。したがって，国際連盟と国際連合の常任理事国として，共通するのは，イギリスとフランスである。

(5)　1　**日英通商航海条約**が結ばれたのは，明治時代の1894年である。　2　**日ソ共同宣言**が調印されたのは，1956年である。　3　日韓基本条約が結ばれたのは，1965年である。　4　**日ソ共同声明**が発表されたのは，1972年である。1951年に**サンフランシスコ平和条約**が結ばれ，翌年条約が発効した後の，日本の外交政策として正しくないのは，1である。

5　(公民的分野―憲法の原理・国の政治の仕組み・三権分立)

(1)　ア　日本国憲法第53条に「**内閣**は，国会の**臨時会**の召集を決定することができる。いづれかの議院の総議員の四分の一以上の要求があれば，内閣は，その召集を決定しなければならない。」と臨時会のことを規定している。　イ　日本国憲法第62条に「両議院は，各々国政に関する調査を行い，これに関して，証人の出頭及び証言並びに記録の提出を要求することができる。」という明文の規定があり，これを国会の**国政調査権**という。

(2)　各政党の得票に応じて議席数が決まるのが，**比例代表制**である。日本では衆議院議員選挙でも参議院議員選挙でも，比例代表制の**ドント式**という方式を採用している。

(3)　**衆議院議員総選挙**の際に，**最高裁判所**の**裁判官**の信任・不信任を審査する制度が**国民審査**である。不信任の場合には，氏名の上の欄に×印をつけることになっている。

(4) **内閣総理大臣**に指名されるのはb議員である。　理由　憲法第67条に「衆議院と参議院とが異なつた指名の議決をした場合に，法律の定めるところにより，両議院の協議会を開いても意見が一致しないとき，(中略)衆議院の議決を国会の議決とする。」と**衆議院の優越**の規定があるからである。

(5) 三権分立によって，**立法・行政・司法の3機関**が互いに**抑制**し合い，**均衡**を保ち，また権力が一つの機関に集中してらん用されることがないようにする。

6 **(公民的分野―経済一般・財政)**

(1) 人間の欲望を充足させるものを一括して**財・サービス**という。 そのうち，機械や家具などの有形物が財であり，教育や医療などの**無形物がサービス**である。

(2) 株式会社が，株式を発行して資金を調達するのは，**直接金融**である。金融機関から資金を調達するのが，**間接金融**である。

(3) 2の証券会社と3の生命保険会社と4の農業協同組合は，いずれも広義の金融機関である。金融機関に当てはまらないのは，1の消費生活センターである。

(4) **銀行**は，企業に貸し出す金利を，家計からの預金の金利よりも，高くすることにより収入を得るからであることを簡潔に指摘する。

(5) A **日本銀行券**と呼ばれる紙幣を発行するのが**日本銀行**の役割であり，**発券銀行**と呼ばれる。なお，貨幣を発行するのは**財務省造幣局**である。 B 日本銀行には国の預金口座があり，この口座に国民が納めた税金・社会保険料などを受入れ，公共事業費・年金などは，この口座から支払われているため，**政府の銀行**とも呼ばれる。

(6) 1・2・4の文章にはどれも誤りや矛盾があり，3が正しい。**不景気**の時には，消費者の**購買意欲**が下がっているので，出回っている**通貨量**を増やし，景気を刺激するのが良い。

7 **(地理的分野―世界地理－地形・産業，―地理総合，歴史的分野―世界史－政治史，公民的分野―国際社会との関わり)**

(1) 地球は24時間で自転するので，**経度差15度で1時間の時差**となる。日本とリオデジャネイロの時差は12時間である。日本の標準時子午線は135度であるから，180度―135度で西経45度となる。

(2) **マルティン・ルター**の免罪符批判が契機となり，ルターやカルバンなどの指導者によって，ローマ教皇やローマカトリック教会の権威を否定する，**宗教改革**が展開され，ヨーロッパ中に広まった。これに対し，**カトリック**側では**海外布教**に力を注いだ。特に，フランシスコ・ザビエルらの，**イエズス会**はその中心となった。

(3) **焼畑農業**では，主に森林等を伐採して燃やすことによって炭や灰にして，その炭や灰を肥料として，キャッサバやタロイモ等のいも類を育てる。

(4) 2000年以降，経済成長著しい**ブラジル・ロシア・インド・中国・南アフリカ共和国**の新興5か国を指し，5か国の頭文字をとって**BRICS**という。先進国が軒並み低成長に悩まされているなか，**高い経済成長率**で推移している。これらの新興国5か国は，世界人口の約4割強，世界の国土の約3割，世界の国内総生産(GDP)の約2割を占め，世界経済に大きな影響を及ぼすに至っている。BRICSの中には，インドネシアは入らない。

(5) これまで存在した国家・地域などタテ割りの境界を超え，地球が一つの単位になる変動の動きや過程のことを**グローバル化**という。

＜国語解答＞

1　(1)　(例)日本語は奥が深いということ。　(2)　(例)優しさや華やかさを添える魅力。
(3)　3　(4)　(例)木枯らしの吹く季節になりました

2　(1)　ア　ほうこう　　イ　ききゃく　　ウ　しゅさい　　エ　つくろ(う)　　オ　つぶ(す)
カ　鉄則　　キ　汽笛　　ク　根幹　　ケ　率(いて)　　コ　委(ねる)
(2)　ア　2　　イ　4

3　(1)　おもい　　(2)　2　　(3)　ぞ　　(4)　(例)次の日にまた見るとひどく見劣りがし，この歌をよいと思っていた

4　(1)　2　　(2)　A　優柔不断　　B　くり返し自問　　(3)　3　　(4)　(例)登山を嫌がる気持ちから，歩いてきた登山道をふりかえり，高度をかせいだと知ったことで，登山を続けよう　　(5)　1

5　(1)　1　　(2)　A　今ほど一般的ではなかった　　B　教えを乞う　　(3)　(例)手軽に検索できるから頭の中に知識を入れる意味　　(4)　2　　(5)　4　　(6)　(例)本を読むことで知識が頭の中に入ると，知識どうしが結びついて，ふと新しい発想が生まれることがある

6　(例)　資料を見ると，仕事を選択するときの重要な観点として「収入が多いこと」を選んだ人は，「自由な時間が多いこと」を選んだ人よりも多いことがわかる。
　私は，この結果に納得できる。生きていくためにはお金がかかるし，好きなことを楽しむためには自由な時間だけでなく経済的な裏付けも必要だからだ。しかし，それでもやはり自由な時間は大切だ。私は，収入と自由な時間のバランスがとれた生活をしたいと思う。

＜国語解説＞

1　(聞き取り－内容吟味，短文作成)

(1)　田中さんは，初めのほうで「そのときに感じたのは，**日本語は奥が深いということ**です。」と言っている。

(2)　田中さんは，和語・漢語・外来語のそれぞれの特徴について述べたあと，「どの語ももちろん大切ですが，私は，日本で生まれ，受け継がれてきた和語には，**優しさや華やかさを添える魅力**があると思います。」と言っている。

(3)　田中さんは，資料1に**収集した情報を整理**して書き，資料2に三種の語の**比較**を示して説明したあとで**自分の考えを説明**しているので，3が正解となる。

(4)　手紙の日付けは12月1日である。解答例の通りでなくても，「木枯らしが冷たく感じられる今日このごろです。」「木枯らしが吹き，イチョウもすっかり葉を落としました。」など，「**木枯らし**」という語句を使って**初冬**にふさわしい時候の挨拶を書いていれば正解とする。

2　(知識－漢字の読み書き)

(1)　ア「**芳香**」は，いいかおりという意味。　イ「**棄却**」は法律用語で，裁判所が申し立ての内容を認めないこと。　ウ「**主宰**」は，その集団の中心にあって代表者として行動すること。　エ「**繕**」の音読みは「ゼン」で「修繕」などの熟語を作る。　オ「**潰**」の音読みは「カイ」で，「潰滅」「胃潰瘍」などの熟語を作る。　カ「**鉄則**」は，絶対に守らなければならないきまりのこと。　キ「**汽**」のつくりの部分を「気」と書かないこと。　ク「**根幹**」は，物事を成り立たせるいちばん大切な部分。　ケ「**率**」は「卒」と形が似ているので，混同しないように注意

する。　コ　「委ねる」は，まかせるという意味。

(2)　ア「就く」は，物事を始めるという意味。2「就寝」は「シュウシン」と読み，寝るために寝床に入ることを言う。　イ　「丘陵」は，なだらかな丘が続く地形のことである。

3　(古文－内容吟味，仮名遣い，品詞・用法)

〈口語訳〉　二位の位にあった家隆が言われたことは，「歌は不思議なものでございます。ちょっと見ると面白く悪くないと思われますけれども，次の日にまた見ますと，ひどく見劣りがします。これを良いと思いましたことが不思議でございます、などと思われるものでございます……」と言われた。誠にもっともなことである。

(1)　「ひ」を「い」に書き改めて「おもい」とする。

(2)　「きとうち見るに」は「ちょっと見ると」という意味。時間をかけずに見たときは「面白い」と思えたという文脈なので，2が正解となる。

(3)　最後のほうの「とぞ云はれける」の文末が，終止形の「けり」ではなく連体形の「ける」になっていることに注目する。これは係り助詞の「ぞ」がはいったことにより，係り結びの法則で文末の形が変化したものである。なお,「は」は中学校で扱わない内容ではあるが，係助詞であることから誤答とできないため正答として扱われた(県教育委員会より公表)。

(4)　本文の「次の日又又見候へば，ゆゆしく見ざめのし候。これを善しと思ひ候ひけるこそふしぎに候へ」の内容を，口語訳を手がかりにして30字以内で書く。後の語句につなげるため，文末に句点はつけない。

4　(小説－情景・心情，内容吟味，文脈把握，ことわざ)

(1)　それぞれのことわざの意味は次の通り。1＝悪い行いや評判はすぐに広まる。2＝大勢に対して少人数で勝てそうにない様子。3＝目立つことをしたり才能を表しすぎたりすると周りから不利な扱いを受ける。4＝上手な人でも時には失敗することがある。

(2)　A　「本心と異なる行動」とは，例えば「行きたくない」のに「歩きだす」ようなことである。「行きたくないのにずるずると歩きだす優柔不断さが～」から抜き出す。　B　初めのほうの「どうしてこんなことになってしまったのだろうと，くり返し自問する。」から抜き出す。

(3)　おじさんは，甥である「ぼく」をかわいがっており，登山初心者の「ぼく」が不満を抱きながらもがんばって歩いてきたことを喜んでいる。この心情にあてはまるのは3である。

(4)　「ぼく」は，初めは「行きたくない」「イヤイヤ歩いている」と登山を嫌がる気持ちであった。しかし，おじさんに教えられて歩いてきた登山道をふりかえり，高度をかせいだと知ったことがきっかけで，もう登山をやめることはできないと思い，登山を続けようと覚悟を決めたのである。この通りでなくても，変化前の気持ち，変化のきっかけ，変化後の気持ちが正しく書いてあれば正解とする。

(5)　さわやかな山道の情景を背景に，おじさんが「ぼく」に話しかける言葉や，それに対する「ぼく」の心情，答える言葉を重ねて，二人の心の交流と「ぼく」の心情の変化が描かれている。正解は1。「比喩的表現」は用いられていないし,「ぼく」は苦労しているものの「険しい山」とはいえないので2は誤り。「擬人法」は使われていないし「おじさん」の心は変化していないので3は誤り。4の「論理的説明」「細かい描写」は，この文章の特徴とはいえない。

5　(論説文－内容吟味，文脈把握，脱文・脱語補充，品詞・用法)

(1)　1「少なく」は形容詞の一部，2「歩かない」は助動詞，3「入れなければ」は助動詞，4「引いていられなかったり」は**助動詞**なので，1が他と異なるものである。

(2)　A「なんでも知っている人」が重宝されていた時代に，辞書がどのようなものであったかを読み取る。第4段落冒頭の「昔は，辞書というものが**今ほど一般的ではなかった**だろう。」から抜き出す。　B　第2段落に「なんでも知っている人」が「『先生』と呼ばれ，**教えを乞う**人々が集まった」と書いてあるので，そこから抜き出す。

(3)「ゼロの状態」は，「知識がストックされていない状態」のことである。では，なぜ知識をストックしないのか。「みんながスマホを持っていて，なんでも**手軽に検索できる**」から「**頭の中に知識をインプットする価値**」がないと考えるためである。「頭の中に知識をインプットする価値」をそのまま書くと字数が多いので，同じ内容の「**知識を頭の中に入れる意味**」と言い換えるなどの工夫するとよい。

(4)「なっていないから,『なんとなく……』と思いつく。思いついたとわかるのに，何を思いついたのか，なかなか引き出せない。」とある。思いつきを外に引き出すものとして適切なのは，2「**言葉**」である。

(5)　最後の段落に，「**思いついた**」ことが「**使えるかどうか**」は「**知識がないと判断できない。**」とある。「思いついた」は「発想した」,「使えるかどうか」は「実現の可能性」と言い換えることができるから，この内容と合致する4が正解となる。ネットと辞書の価値を比較した文章ではないので，1は誤り。「議論」の重要性については本文に書かれていないので，2は誤り。発想が生まれる際に「視覚」や「嗅覚」を伴う場合はあるが「常に伴う具体的な感覚」とは言えないので，3は誤りである。

(6)　本を読むことで**頭の中に入る**ものの多くは「**知識**」である。知識は一人で頭を使うとき，つまり「**思いつく**」ときに用いられる。頭の中の知識の「**どれかとどれかが結びついて，ふと新しいものが生まれる**」のである。「本を読む→知識が頭の中に入る→知識どうしが結びつく→新しい発想が生まれる」という流れを制限字数内でまとめていれば正解である。

6　**(作文)**

(1)～(3)の条件を満たすことが必要である。題名は書かず，**二段落構成**で第一段落に4つの観点のうち**2つを比較して気づいたこと**，第二段落に**自分の意見**を書く。解答例では，「収入が多いこと」と「自由な時間が多いこと」を比較して気づいたことや意見を書いている。それぞれの要素が抜け落ちたり混乱したりしないように書くこと。また，書き始めや段落の初めは1字空けるなど，原稿用紙の使い方にも注意する。制限字数は，**150～200字**である。

書き終わったら必ず読み返して，**誤字・脱字**や表現のおかしなところは書き改める。

解答用紙集

○月×日 △曜日 天気(合格日和)

◆ご利用のみなさまへ

＊解答用紙の公表を行っていない学校につきましては、弊社の責任において、解答用紙を制作いたしました。

＊編集上の理由により一部縮小掲載した解答用紙がございます。

＊編集上の理由により一部実物と異なる形式の解答用紙がございます。

人間の最も偉大な力とは、その一番の弱点を克服したところから生まれてくるものである。 ──カール・ヒルティ──

※データのダウンロードは 2024 年 3 月末日まで。

東京学参株式会社

※ 192%に拡大していただくと，解答欄は実物大になります。

受検番号

令和５年度県立高等学校入学者選抜学力検査

数　学　解 答 用 紙

【注意】　　の欄には何も記入しないこと。

総計
/100

1

			点
(1)	ア		/3
	イ		/3
	ウ		/3
	エ		/3
	オ		/3
(2)			/4
(3)	相対度数		/2
	累積相対度数		/2
(4)			/4
(5)	$a=$		/2
	$b=$		/2
(6)		度	/4
(7)		cm	/4
(8)			/4
小計			/43

2

			点
(1)	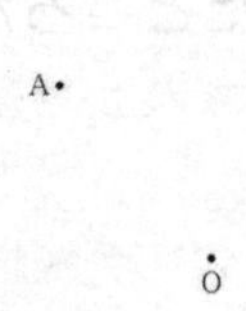		/3
(2)	ア	あ	/2
		い	/2
		う	/3
		え	/2
		X	/3
	イ		/15

小計
/15

3

				点
(1)	ア		cm	/2
	イ	(ア)	cm^3	/2
		(イ)	cm	/3
(2)	ア	あ		/2
		い		/2
		う		/2
	イ		cm^2	/3
小計				/16

4

			点
(1)	ア		/2
	イ	$a=$	/2
(2)	ア		/3
	イ	$a=$	/4
小計			/11

5

				点
(1)	あ			/2
	い			/2
(2)	ア			/3
	イ	え	(　,　), (　,　), (　,　), (　,　)	/4
		お	(　,　) りんご　　個、なし　　個	/4
小計				/15

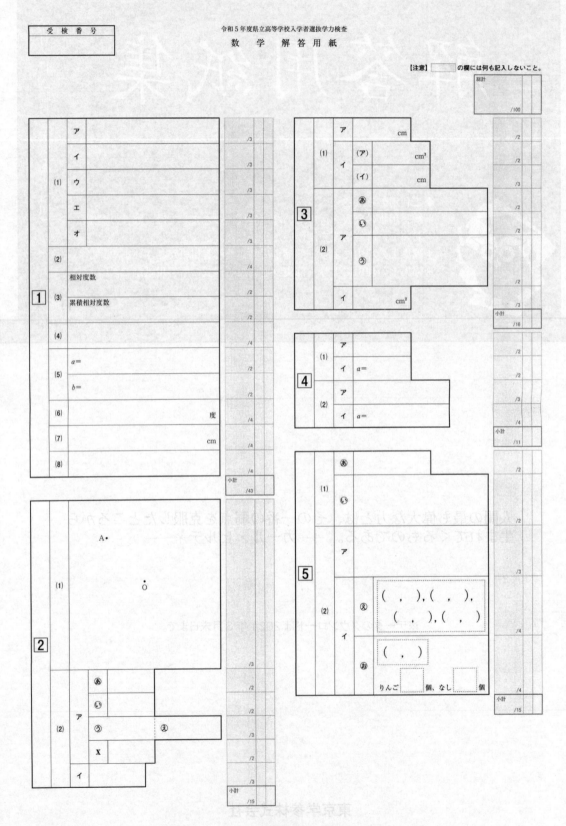

※ 192%に拡大していただくと，解答欄は実物大になります。

受検番号

令和５年度県立高等学校入学者選抜学力検査

英　語　解答用紙

【注意】　　の欄には何も記入しないこと。

総計 /100

1	(1)	ア		イ		ウ		/9
	(2)	ア		イ		ウ		/9
	(3)	ア		イ				/6
	(4)	(					)	/3

小計 /27

2	(1)	ア	(　　　　), please?	/2
		イ	(　　　　)?	/2
		ウ	This is a (　　　　) of numbers.	/2
	(2)			/2
	(3)	1		/3
		2		/3

小計 /14

3	(1)	A		B		C		/9
	(2)							/4

小計 /13

4	(1)	ア		/2
		イ		/2
		ウ		/2
	(2)	1		/3
		2		/3
		3		/3
	(3)			/6

小計 /21

5	(1)	ア		イ		ウ		エ		/12
	(2)									/4
	(3)	ア		イ		ウ				/9

小計 /25

※ 192％に拡大していただくと，解答欄は実物大になります。

受検番号

令和５年度県立高等学校入学者選抜学力検査

理　科　解答用紙

【注意】　の欄には何も記入しないこと。

総計 /100

1

(1) ア /2
(1) イ /3
(2) ア /2
(2) イ 器官A　血管 /3
(3) ア /2
(3) イ /3
(4) ア /2
(4) イ 時　分 /3

小計 /20

2

(1) cm³ /3
(2) ア /2
(2) イ ①　② /3
(3) ア /2
(3) イ /3
(4) ア /2
(4) イ cm /3

小計 /18

3

(1) ア /2
(1) イ /3
(1) ウ /3
(2) ア ①　② /2
(2) イ /3

小計 /15

4

(1) ア 　＋　→ 2MgO /3
(1) イ g /3
(2) ア /2
(2) イ /3

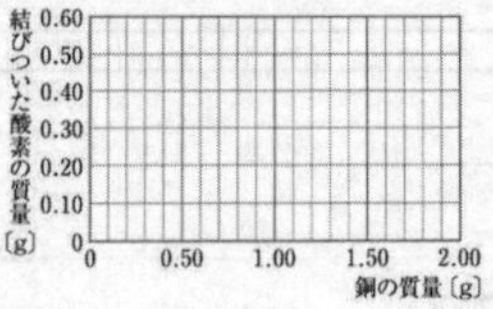

(3) /3
(4) g /3

小計 /17

5

(1) ア /2
(1) イ /3
(2) ア /3
(2) イ /3
(2) ウ /4

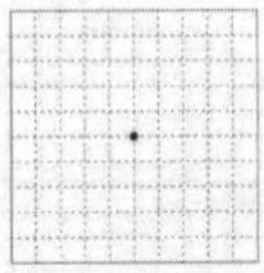

小計 /15

6

(1) ア /2
(1) イ /3
(1) ウ ① /1
(1) ウ ② /1
(1) ウ ③ /1
(2) ア 1月10日　1月11日　1月12日　1月13日　→　→　図2　→ /3
(2) イ /4

小計 /15

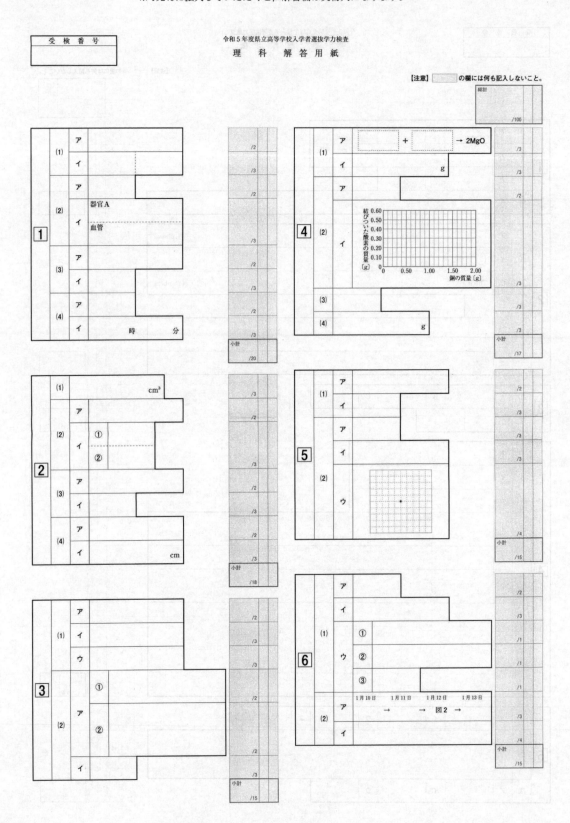

※ 192％に拡大していただくと，解答欄は実物大になります。

受　検　番　号

令和５年度県立高等学校入学者選抜学力検査

社　会　解答用紙

【注意】　　の欄には何も記入しないこと。

総計 /100

1

			配点
(1)			/2
(2)			/2
(3)			/2
(4)	ア		/2
	イ		/2
(5)			/3
		小計	/13

2

			配点
(1)	ア	市	/2
	イ		/2
	ウ		/2
	エ	A県　B県　C県	/3
(2)	ア		/3
	イ	中国・四国地方	/2
		九州地方	/2
		小計	/16

3

			配点
(1)	ア		/2
	イ		/3
(2)			/3
(3)	ア		/2
	イ		/2
(4)			/3
		小計	/15

4

			配点
(1)			/2
(2)			/2
(3)	X		
	Y		/3
(4)		→ →	/3
(5)			/2
(6)			/3
		小計	/15

5

			配点
(1)			/2
(2)			/2
(3)	ア		/2
	イ		/2
	ウ	C　D	/3
(4)			/3
		小計	/14

6

			配点
(1)			/2
(2)			/2
(3)			/2
(4)	A　月　B　ドル		
	番号		/3
(5)			/3
(6)	a　b		
	c　d		/3
		小計	/15

7

		配点
(1)		/2
(2)		/3
(3)	→ →	/3
(4)		/2
(5)		/2
	小計	/12

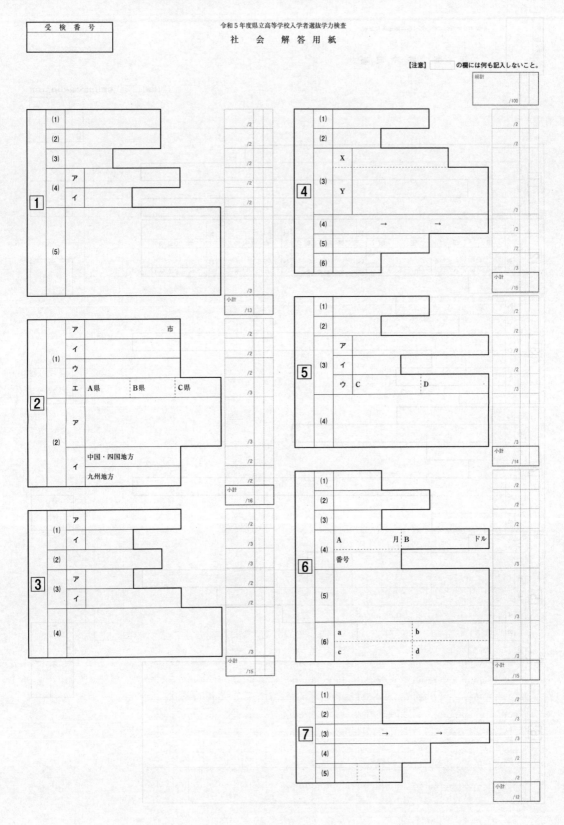

※192%に拡大していただくと、解答欄は実物大になります。

受検番号

令和五年度県立高等学校入学者選抜学力検査

国語解答用紙

【注意】□の欄には何も記入しないこと。

1

(1)　(2)　(3)　(4)

/4　/4　/4　/4　小計 /16

2

(1)
ア　褐色
イ　迅速
ウ　寡黙
エ　控（える）
オ　狭（める）

(2)
カ　フッキュウ
キ　ゴクヒ
ク　サンサク
ケ　コナ
コ　タ（らす）

/5　/5　/2　小計 /12

3

(1)　ア　イ　ウ
(2)　ア　イ

/2　/4　/4　/2　/2　小計 /14

4

(1)　(2)　(3)　(4)　(5)　A　B

/4　/4　/4　/4　/4　/2　小計 /22

5

(1)　(2)　(3)　(4)　(5)　A　B　(6)

/4　/4　/4　/4　/4　/2　/4　小計 /26

6

小計 /10

総計 /100

2023年度入試配点表(青森県)

数学	1	2	3	4	5	計
	(1)　各3点×5 (3)・(5)　各2点×4 他　各4点×5	(1),(2)アうえ・イ 各3点×3 ((2)アうえ完答) 他　各2点×3	(1)イ(イ),(2)イ 各3点×2 他　各2点×5	(1)　各2点×2 (2)ア　3点 (2)イ　4点	(1)　各2点×2 (2)ア　3点 (2)イ　各4点×2 (各完答)	100点

英語	1	2	3	4	5	計
	各3点×9	(1)・(2)　各2点×4 他　各3点×2	(1)　各3点×3 (2)　各2点×2	(1)　各2点×3 (2)　各3点×3 (3)　6点	(2)　4点 他　各3点×7	100点

理科	1	2	3	4	5	6	計
	(1)ア,(2)ア,(3)ア,(4)ア 各2点×4 他　各3点×4 ((1)イ,(2)イ各完答)	(2)ア,(3)ア,(4)ア 各2点×3 他　各3点×4 ((2)イ完答)	(1)ア,(2)ア 各2点×3 他　各3点×3 ((1)イ完答)	(2)ア　2点 他　各3点×5 ((1)ア完答)	(1)ア　2点 (2)ウ　4点 他　各3点×3	(1)ア　2点 (1)ウ　各1点×3 (2)イ　4点 他　各3点×2	100点

社会	1	2	3	4	5	6	7	計
	(5)　3点 他　各2点×5	(1)エ,(2)ア 各3点×2 他　各2点×5 ((1)エ完答)	(1)イ,(2),(4) 各3点×3 他　各2点×3	(3),(4),(6) 各3点×3 他　各2点×3 ((3)完答)	(3)ウ,(4) 各3点×2 他　各2点×4 ((3)ウ完答)	(4),(5),(6) 各3点×3 他　各2点×3 ((4),(6)各完答)	(2),(3) 各3点×2 他　各2点×3	100点

国語	1	2	3	4	5	6	計
	各4点×4	(1)　各1点×10 (2)　2点	(1)イ・ウ 各4点×2 他　各2点×3	(5)B　2点 他　各4点×5	(5)B　2点 他　各4点×6	10点	100点

※ 192%に拡大していただくと，解答欄は実物大になります。

受　検　番　号

令和４年度県立高等学校入学者選抜学力検査

数　学　解答用紙

【注意】　の欄には何も記入しないこと。

総計 /100

1

			配点
(1)	ア		/3
	イ		/3
	ウ		/3
	エ		/3
	オ		/3
(2)		cm²	/4
(3)			/4
(4)	連立方程式		/2
	ドーナツ　個	クッキー　個	/2
(5)	$a=$		/4
(6)		度	/4
(7)		回	/4
(8)			/4
小計			/43

2

(1)

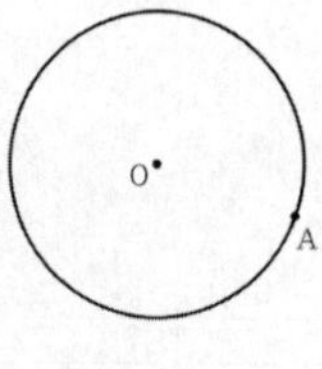

/3

				配点
(2)	ア	あ		/2
		い		/2
		う		/2
		え		/2
		番号		/2
	イ			/3
小計				/16

3

				配点
(1)	ア		cm	/2
	イ		cm	/3
(2)	ア	あ		/2
		い		
		う		/2
	イ	(ア)	度	/2
		(イ)	cm	/3
小計				/16

4

			配点
(1)			/2
(2)			/2
(3)	ア		/2
	イ	$t=$	/4
小計			/10

5

			配点
(1)	あ		/2
	い		
(2)			/2
(3)		日	/2
(4)	ア		/3
	イ	月　日	/2
			/4
小計			/15

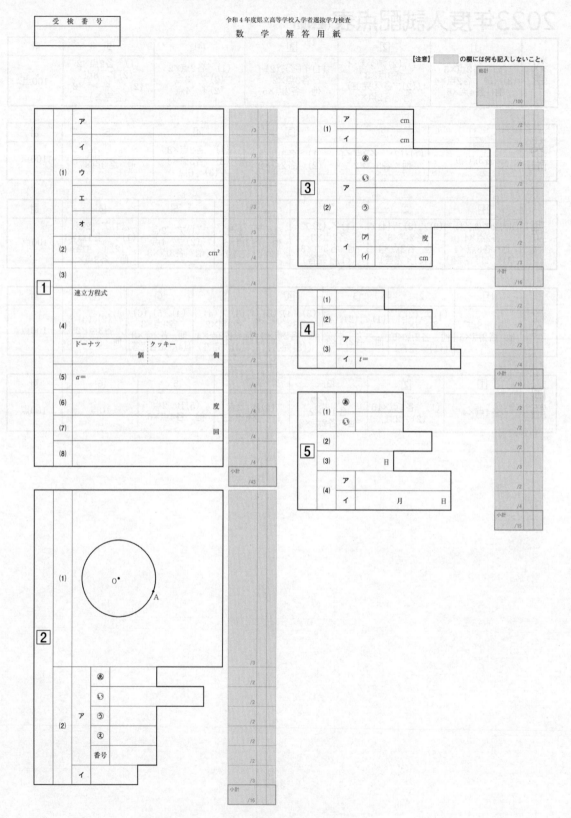

※ 185％に拡大していただくと，解答欄は実物大になります。

受検番号

令和４年度県立高等学校入学者選抜学力検査

英　語　解答用紙

【注意】　　の欄には何も記入しないこと。

総計
/100

1

							得点
(1)	ア		イ		ウ		/9
(2)	ア		イ		ウ		/9
(3)	ア		イ				/6
(4)	(					)	/3

小計
/27

2

			得点
(1)	ア	(　　) things.	/2
	イ	(　　) the coins?	/2
	ウ	(　　) a useful hole in your country's coins.	/2
(2)			/2
(3)	1		/3
	2		/3

小計
/14

3

							得点
(1)	ア						/2
	イ						/2
(2)	A		B		C		/9

小計
/13

4

			得点
(1)	ア		/2
	イ		/2
	ウ		/2
(2)	1		/3
	2		/3
	3		/3
(3)			/6

小計
/21

5

									得点
(1)	ア		イ		ウ		エ		/12
(2)									/4
(3)	ア		イ		ウ				/9

小計
/25

※ 192%に拡大していただくと，解答欄は実物大になります。

受検番号

令和４年度県立高等学校入学者選抜学力検査

理　科　解　答　用　紙

【注意】　の欄には何も記入しないこと。

総計　/100

1

			配点
(1)	ア		/2
	イ	①	/1
		②	/1
		③	/1
(2)	ア		/2
	イ		/3
(3)	ア		/2
	イ		/3
(4)	ア		/2
	イ	・　・	/3

小計　/20

2

			配点
(1)		g	/3
(2)	ア		/2
	イ		/3
(3)	ア		/2
	イ	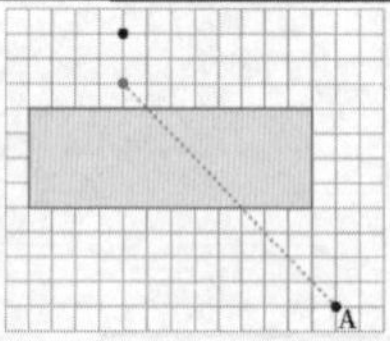	/3
(4)	ア		/2
	イ	時間	/3

小計　/18

3

			配点
(1)	ア		/2
	イ		/3
(2)	ア		/3
	イ	X	/2
		Y	/2
(3)	①		/1
	②		/1
	③		/1

小計　/15

4

			配点
(1)			/2
(2)	ア		/2
	イ		/3
	ウ	①	/3
		②	
(3)	ア	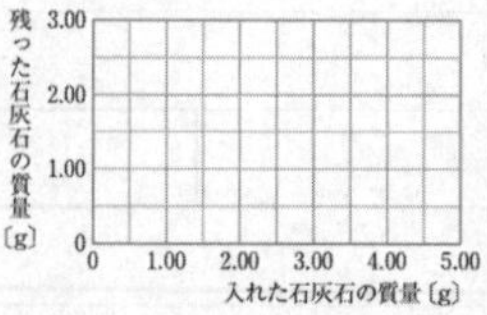	/3
	イ	g	/4

小計　/17

5

			配点
(1)	ア		/2
	イ	cm/s	/3
(2)	番号	記号	/3
(3)	ア		/3
	イ	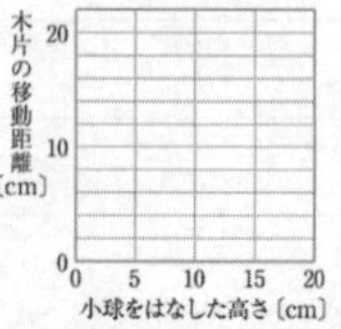	/4

小計　/15

6

			配点
(1)	ア		/2
	イ		/3
	ウ	①	/3
		②	
(2)	ア		/3
	イ		/4

小計　/15

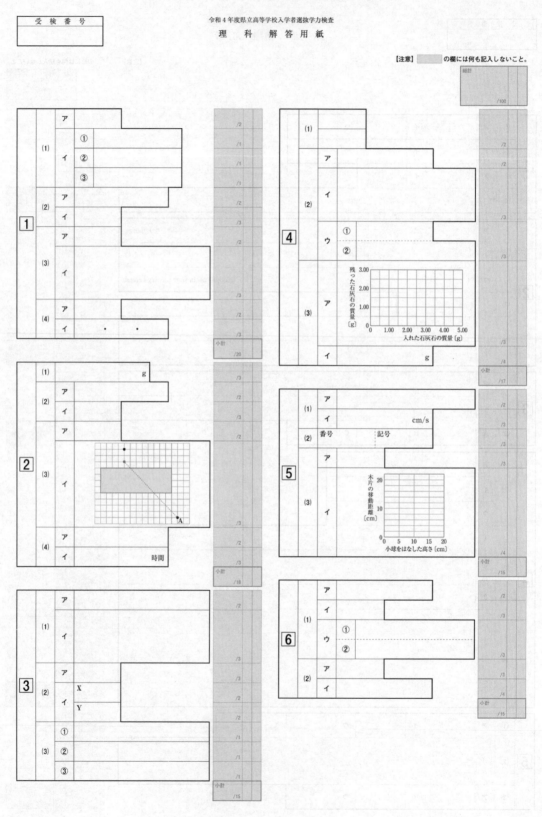

※ 189％に拡大していただくと，解答欄は実物大になります。

受検番号

令和４年度県立高等学校入学者選抜学力検査

社　会　解答用紙

【注意】　　　の欄には何も記入しないこと。

総計
/100

1

(1)			/2
(2)	度，　度		/2
(3)			/3
(4)	記号		
	国名		/2
(5)	ア		/2
	イ		/3
		小計	/14

2

(1)			/2
(2)			/3
(3)	記号		
	大都市圏名		/2
(4)			/2
(5)			/2
(6)			/4
		小計	/15

3

(1)			/2
(2)			/2
(3)			/2
(4)			/3
(5)			/3
(6)	A		/1
	B		/1
	C		/1
		小計	/15

4

(1)			/2
(2)			/2
(3)			/2
(4)			/3
(5)	→　→		/3
(6)			/3
		小計	/15

5

(1)	ア	A		/2
		B		/2
	イ	X		/1
		Y		/1
(2)				/2
(3)				/3
(4)				/3
			小計	/14

6

(1)			/2
(2)			/2
(3)			/2
(4)			/2
(5)			/3
(6)	すべての国民が，		/3
		小計	/14

7

(1)			/2
(2)			/3
(3)			/3
(4)			/2
(5)			/3
		小計	/13

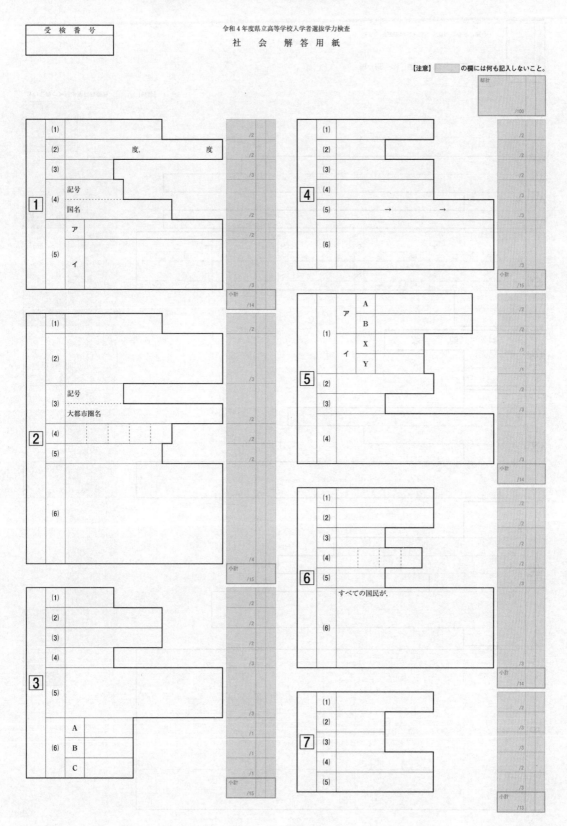

※１８９%に拡大していただくと、解答欄は実物大になります。

受検番号

令和四年度県立高等学校入学者選抜学力検査

国語解答用紙

【注意】　の欄には何も記入しないこと。

1

(1)　(2)　(3)　(4)

2

(1)

ア　不屈

イ　激励

ウ　剥製

エ　溶（かす）

オ　顧（みる）

カ　ソシツ

キ　チュウセイ

ク　ホシュウ

ケ　マネ（く）

コ　ノゾ（く）

(2)　ア　イ

3

(1)　有リ　適クモノ　呉ニ

(2)　(3)

4

(1)　(2)　(3)　(4)　(5)

5

(1)　(2)　(3)　(4)　ア　イ　(5)　(6)

6

/4　/4　/4　/4　小計 /16

/5　/5　/2　/2　小計 /14

/4　/4　/4　小計 /12

/4　/4　/4　/4　/6　小計 /22

/4　/4　/4　/2　/2　/6　/4　小計 /26

小計 /10

総計 /100

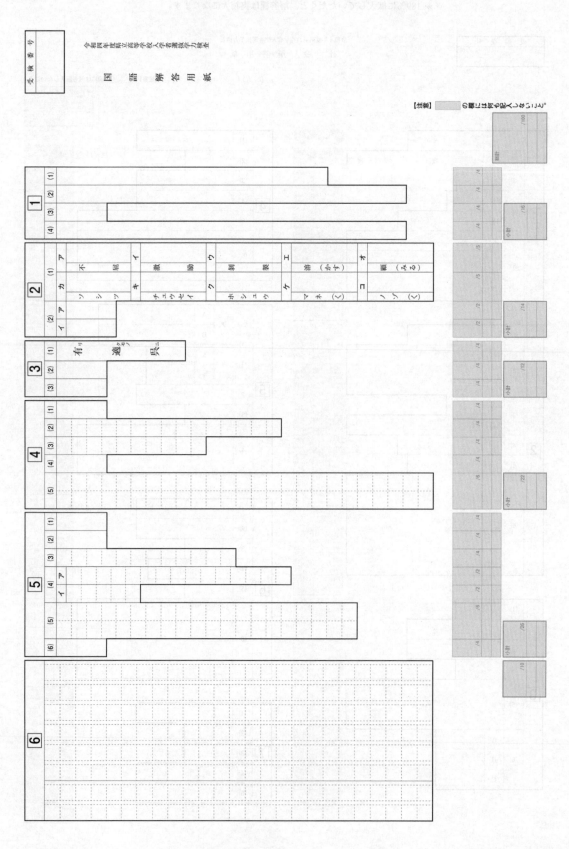

2022年度入試配点表（青森県）

数学	1	2	3	4	5	計
	(1)　各3点×5 (4)　各2点×2 他　各4点×6((4)ドーナツとクッキーの個数完答)	(1),(2)イ 各3点×2 他　各2点×5	(1)イ,(2)イ(イ) 各3点×2 他　各2点×5	(3)イ　4点 他　各2点×3	(3)　3点 (4)イ　4点 他　各2点×4	100点

英語	1	2	3	4	5	計
	各3点×9	(1)・(2)　各2点×4 他　各3点×2	(1)　各2点×2 (2)　各3点×3	(1)　各2点×3 (2)　各3点×3 (3)　6点	(2)　4点 他　各3点×7	100点

理科	1	2	3	4	5	6	計
	(1)イ　各1点×3 (1)ア,(2)ア,(3)ア,(4)ア各2点×4　他　各3点×3((4)イ完答)	(2)ア,(3)ア,(4)ア 各2点×3 他　各3点×4	(3)　各1点×3 (1)ア・(2)イ 各2点×3 他　各3点×2	(1)　各1点×2 (2)ア 2点　(3)イ 4点　他　各3点×3((2)ウ完答)	(1)ア　2点 (3)イ　4点 各3点×3 ((2)完答)	(1)ア　2点 (2)イ　4点 他　各3点×3 ((1)ウ完答)	100点

社会	1	2	3	4	5	6	7	計
	(3),(5)イ 各3点×2 他　各2点×4 ((4)完答)	(2)　3点 (6)　4点 他　各2点×4 ((3)完答)	(4),(5) 各3点×2 (6)　各1点×3 他　各2点×3	(1)～(3) 各2点×3 他　各3点×3	(1)イ　各1点×2　(3),(4) 各3点×2 他　各2点×3	(5),(6) 各3点×2 他　各2点×4	(1),(4) 各2点×2 他　各3点×3	100点

国語	1	2	3	4	5	6	計
	各4点×4	(1)　各1点×10 他　各2点×2	各4点×3	(5)　6点 他　各4点×4	(4)　各2点×2 (5)　6点 他　各4点×4	10点	100点

※ 161%に拡大していただくと，解答欄は実物大になります。

受　検　番　号

令和３年度県立高等学校入学者選抜学力検査

数　学　解答用紙

1	(1)	ア		(2)		(7)	回
		イ		(3)		(8)	
		ウ		(4)	$y=$		
		エ		(5)	$n=$		
		オ		(6)			

2	(1)	ア		イ		ウ	エ	オ	
	(2)	ア		イ					

3	(1)	ア	cm³	イ	cm		
	(2)	ア	㋐		㋑		
			㋒				
		イ	(ア)		(イ)	cm	

4	(1)		(2)		(3)		(4)	

5	(1)	㋐		㋑		㋒	
	(2)	ア	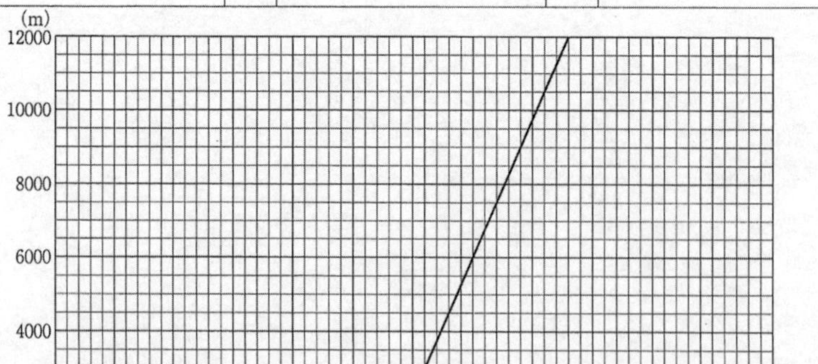				
		イ	午前　　時　　分	m	(3)	午前　　時　　分	

※164％に拡大していただくと，解答欄は実物大になります。

受検番号

令和３年度県立高等学校入学者選抜学力検査

英　語　解答用紙

1

(1) ア　イ　ウ

(2) ア　イ　ウ

(3) ア　イ

(4) (　　　　).

2

(1)
ア (　　　　) food in this restaurant ?
イ (　　　　) paella.
ウ (　　　　).

(2)

(3)
Hello, everyone. I'm あなたの名前. Today, I'm going to talk about Japanese culture.
〔

〕Thank you.

3

(1) ア　イ　ウ

(2) A　B

4

(1) ア　イ　ウ

(2) 1　2　3

(3) 1　2

5

(1) ア　イ　ウ　エ

(2) ア　イ　ウ

(3)

※ 159％に拡大していただくと，解答欄は実物大になります。

受　検　番　号

令和３年度県立高等学校入学者選抜学力検査

理　科　解 答 用 紙

1

(1)	ア	イ
(2)		
(3)	ア	イ　　g
(4)	ア	
	イ	

2

(1)	ア		
	イ		
(2)	ア	イ　名称	質量　　g
(3)	ア	イ　①	②　③
(4)	ア　運動エネルギー最大　　点	位置エネルギー最大　　点	イ　　倍

3

(1)		(2)	
(3)		(4)	
(5)	①　②	③	(6)

(4)

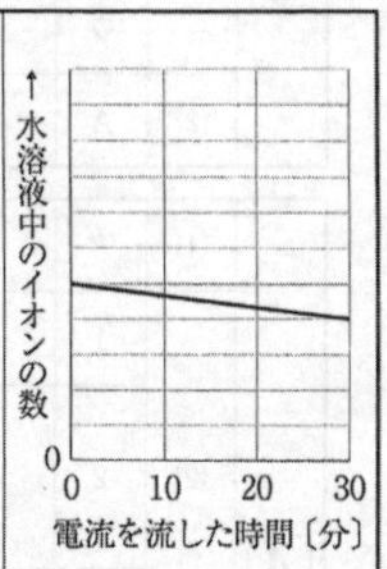

4

(1)		(2)	g	(3)	
(5)	g				

5

(1)	ア	イ	ウ　　Pa
(2)	ア　　N	イ	

6

(1)			
(2)			
(3)	化石	番号	(4)　ア　　m

イ

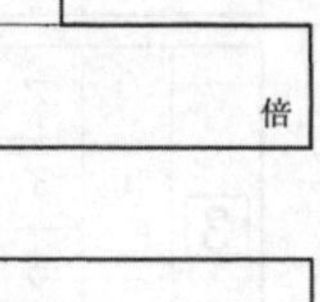

※ 156％に拡大していただくと，解答欄は実物大になります。

受　検　番　号

令和３年度県立高等学校入学者選抜学力検査

社　会　解答用紙

1

(1) ア 大陸 イ (2)

(3) ア イ

ウ カナダ，アメリカ，メキシコの３か国は，

2

(1) ア イ ウ

(2) (3) A B (4)

3

(1) (2) ア イ

(3) (4)

(5) → → (6)

4

(1) (2)

(3) ア イ

(4) (5)

(6)

5

(1) (2) (3)

(4) さん さん さん さん (5)

(6)

6

(1) (2)

(3) ア イ (4)

(5)

7

(1) (2) (3)

(4) (5)

青森県公立高校　2021年度

※164%に拡大していただくと、解答欄は実物大になります。

受検番号

令和三年度県立高等学校入学者選抜学力検査

国語解答用紙

1 (1) (2) (3) (4)

2 (1)

ア	丹精	
イ	網羅	
ウ	鋳造	
エ	促（す）	
オ	詣（でる）	
カ	ジュンジョ	
キ	カンケツ	
ク	コクソウ	
ケ	ノゾ（む）	
コ	ネ	

(2) ア イ

3 (1) (2) (3)

4 (1) (2) (3) (4) A B (5)

5 (1) (2) (3) (4) A B (5) (6)

6

2021年度入試配点表(青森県)

数学	1	2	3	4	5	計
	(1)　各3点×5 他　各4点×7	(1)ウ~オ 3点(完答) (2)イ 4点 他　各2点×3	(1)イ,(2)イ(イ) 各3点×2 他　各2点×5	(3)　3点 (4)　4点 他　各2点×2	(1)　各2点×3 (2)ア　3点 他　各4点×2	100点

英語	1	2	3	4	5	計
	各3点×9	(3)　6点 他　各2点×4	(1)　各3点×3 (2)　各2点×2	(1)　各2点×3 他　各3点×5	(3)　4点 他　各3点×7	100点

理科	1	2	3	4	5	6	計
	(1)ア,(3)ア,(4)ア 各2点×3 他　各3点×4	(1)ア,(2)ア,(3)ア, (4)ア　各2点×4 他　各3点×4 ((2)イ,(3)イ,(4)ア各完答)	(4)　各1点×2 他　各3点×5 ((5)完答)	(3)　2点 (5)　4点 他　各3点×3	各3点×5	各3点×5 ((3)完答)	100点

社会	1	2	3	4	5	6	7	計
	(2),(3)ウ 各3点×2 他　各2点×4	(2),(4) 各3点×2 他　各2点×5	(4)　3点 他　各2点×6	(6)　3点 他　各2点×6	(4),(6) 各3点×2 ((4)完答) 他　各2点×4	(3)ア,(5) 各3点×2 他　各2点×4	(1),(5) 各3点×2 他　各2点×3	100点

国語	1	2	3	4	5	6	計
	各4点×4	(1)　各1点×10 (2)　各2点×2	各4点×3	(5)　6点 (4)　各2点×2 他　各4点×3	(4)　各2点×2 (5)　6点 他　各4点×4	10点	100点

受 検 番 号

令和２年度県立高等学校入学者選抜学力検査

数 学 解 答 用 紙

1

(1)	ア	
	イ	
	ウ	
	エ	
	オ	
(2)		
(3)		
(4)		
(5)		
(6)		個
(7)		度
(8)		cm^2

2

(1)	ア	
	イ	
	ウ	
	エ	
	オ	
(2)	ア	度
	イ	

3

(1)	ア	cm
	イ	cm^3
	ウ	度
(2)	ア	㋐
		㋑
		㋒
		㋓
	イ	倍

4

(1)		
(2)		
(3)	ア	
	イ	

5

(1)	$a=$	
(2)	㋐	
	㋑	
	㋒	
(4)		cm
(3)		

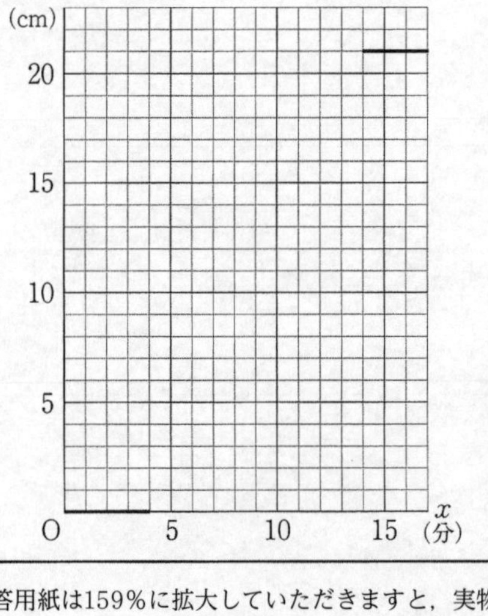

※この解答用紙は159％に拡大していただきますと，実物大になります。

受 検 番 号

令和２年度県立高等学校入学者選抜学力検査

英 語 解 答 用 紙

1	(1)	ア		イ		ウ	
	(2)	ア		イ		ウ	
	(3)	ア		イ			
	(4)	( ).					

2	(1)		
	(2)	ア	I have ( ) came to Aomori.
		イ	By the way, do you ( ) cruise ships in winter ?
		ウ	I think ( ) in winter in Aomori.
	(3)		Hello. I'm あなたの名前. Nice to meet you. 〔 〕 Thank you.

3	(1)	ア			
		イ			
		ウ			
	(2)	A		B	

4	(1)	ア		イ		ウ	
	(2)	1					
		2					
		3					
	(3)	1					
		2					

5	(1)	ア		イ		ウ		エ	
	(2)	ア		イ		ウ			
	(3)								

※この解答用紙は161％に拡大していただきますと，実物大になります。

受検番号

令和２年度県立高等学校入学者選抜学力検査

理　科　解　答　用　紙

1

(1)	ア		イ			
(2)	ア		イ			
(3)	ア		イ	km		
(4)	ア		イ	①	②	

2

(1)	ア		イ	$2Ag_2O$ → ＋
(2)	ア		イ	g
(3)	ア		イ	g
(4)	ア	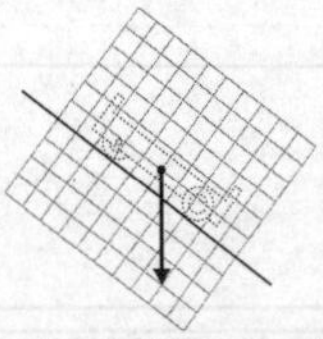	イ	倍

3

(1)		(2)
(3)	ア	イ
	ウ	a → → → → →
(4)		

4

(1)					
(2)					
(3)		(4)	ア　g	イ	ウ　g

5

(1)	ア	イ　V	ウ　A	エ	
(2)	ア	イ			

6

(1)	ア		イ	
	ウ		エ	%
(2)	ア		イ	

※この解答用紙は164％に拡大していただきますと，実物大になります。

受検番号

令和2年度県立高等学校入学者選抜学力検査

社会　解答用紙

1	(1)	ア		イ		ウ	
	(2)	ア			イ		
		ウ					

2	(1)		(2)		(3)	
	(4)					
	(5)	都市問題の解決に向けて,				
	(6)					

3	(1)	ア		イ					
	(2)	ア		イ					
	(3)	ア							
		イ		(4)	X		Y		Z

4	(1)	→ →				
	(2)	国名		理由		
	(3)		(4)		(5)	
	(6)					

5	(1)		(2)				
	(3)	ア		イ		(4)	
	(5)						

6	(1)						
	(2)	ア	ほうれん草の入荷量が				
		イ					
	(3)		(4)	ア		イ	

7	(1)		(2)		(3)	
	(4)		(5)			

※この解答用紙は164％に拡大していただきますと，実物大になります。

受検番号

令和二年度県立高等学校入学者選抜学力検査

国語 解答用紙

1

(1)

(2)

(3)

(4)

2

(1)

ア 抑揚

イ 廉価

ウ 曇天

エ 催(し)

オ 併(せて)

カ ソウキ

キ カンダン

ク ジシン

ケ アバ(れる)

コ サイワ(い)

(2)

ア

イ

3

(1) 以ッテ身ヲ親ラス之ヲ

(2)

(3)

4

(1)

(2)

(3)

(4)

(5)

5

(1)

(2)

(3)

(4)

(5)

(6) A B

6

※この解答用紙は161%に拡大していただきますと、実物大になります。

2020年度入試配点表（青森県）

数学	1	2	3	4	5	計
	(1)　各3点×5 他　各4点×7	(1)　各2点×5 (2)ア　2点 イ　3点	(1)ア　2点 イ・ウ　各3点×2 (2)ア　各1点×4 イ　4点	(3)ア　3点 イ　4点 他　各2点×2	(3)　3点 (4)　4点 他　各2点×4	100点

英語	1	2	3	4	5	計
	各3点×9	(3)　6点 他　各2点×4	(1)　各3点×3 (2)　各2点×2	(1)　各2点×3 他　各3点×5	(3)　4点 他　各3点×7	100点

理科	1	2	3	4	5	6	計
	(1)ア，(2)ア，(3)ア，(4)ア　各2点×4 他　各3点×4	(1)ア，(2)ア，(3)ア，(4)ア　各2点×4 他　各3点×4	(1)，(3)ア・イ 各2点×3 他　各3点×3	(1)，(3)，(4)ア 各2点×3 他　各3点×3	(1)ア・ウ，(2)ア 各2点×3 他　各3点×3	(1)ア・イ，(2)ア 各2点×3 他　各3点×3	100点

社会	1	2	3	4	5	6	7	計
	(1)イ，(2)ウ 各3点×2 他　各2点×4	(3)，(5)，(6) 各3点×3 他　各2点×3	(3)ア　3点 (4)X・Y・Z 各1点×3 他　各2点×5	(1)，(2)，(4) 各3点×3 他　各2点×3	(3)イ，(5) 各3点×2 他　各2点×4	(2)ア，(4)イ 各3点×2 他　各2点×4	(2)，(5) 各3点×2 他　各2点×3	100点

国語	1	2	3	4	5	6	計
	各4点×4	(1)　各1点×10 (2)　各2点×2	各4点×3	(5)　6点 他　各4点×4	(4)　6点 (6)　各2点×2 他　各4点×4	10点	100点

受検番号

平成31年度県立高等学校入学者選抜学力検査

数　学　解答用紙

1

(1)	ア		(2)	
	イ		(3)	
	ウ		(4)	
	エ		(5)	
	オ		(6)	

(7) 度

(8)

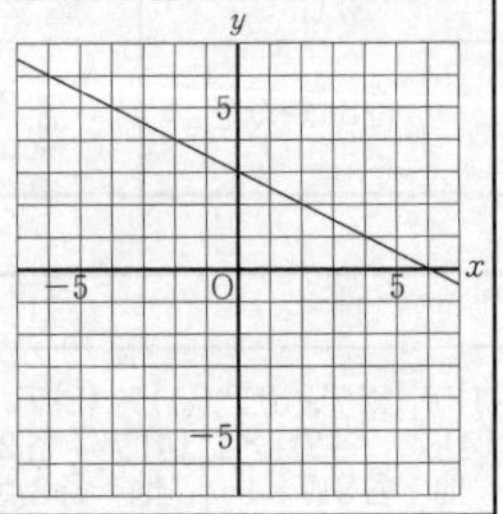

連立方程式の解

2

(1)

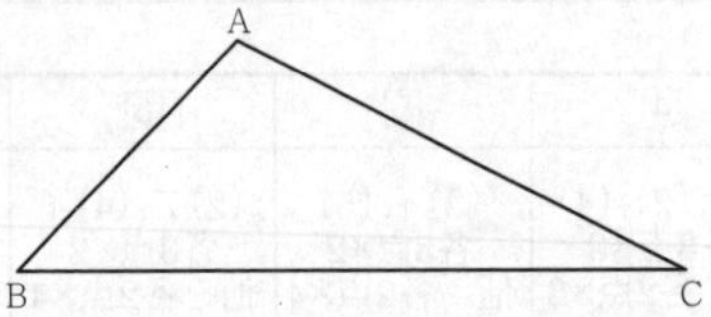

(2)	ア	
	イ	

3

(1) ア ［証明］

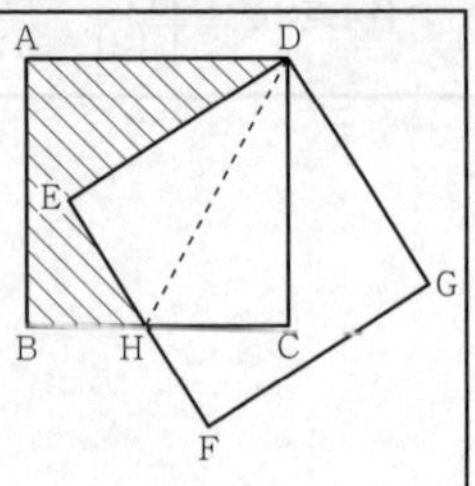

(1) イ cm

(2)	ア	cm²	イ	∠AOP 度	PB cm	
	ウ		エ	あ	い	

4

(1)	$a=$	(2)	
(3)		(4)	

5

(1)	1組30番 ページ	3組1番 ページ	(2)	ア	
(3)	イ	ウ	(4)	枚目の	

※この解答用紙は164％に拡大していただきますと，実物大になります。

受検番号

平成31年度県立高等学校入学者選抜学力検査

英語解答用紙

1	⑴	ア		イ		ウ	
	⑵	ア		イ		ウ	
	⑶	ア		イ			
	⑷	( ).					

2	⑴	ア	( ) those ?
		イ	Then, it is ( ) the activity C.
		ウ	( ) the museum.
	⑵		
	⑶		

3	⑴	ア			
		イ			
		ウ			
	⑵	A		B	

4	⑴	ア		イ		ウ	
	⑵	1					
		2					
		3					
	⑶	1					
		2					

5	⑴	ア		イ		ウ		エ	
	⑵	ア		イ		ウ			
	⑶								

※この解答用紙は161％に拡大していただきますと，実物大になります。

受検番号

平成31年度県立高等学校入学者選抜学力検査

理科解答用紙

1

(1)	ア		イ		(2)	ア	イ
(3)	ア		イ				
(4)	ア	→ →		イ			

2

(1)	ア		イ	g/cm³			
(2)	ア		イ				
(3)	ア		イ		(4)	ア	イ g

3

(1)	ア		イ	
	ウ	①	②	
(2)	ア			
	イ	タンポポやアサガオ	エンドウやアブラナ	
(3)				

4

(1)		
(2)	ア	
	イ	
	ウ	
(3)	イ	%

(3) ア

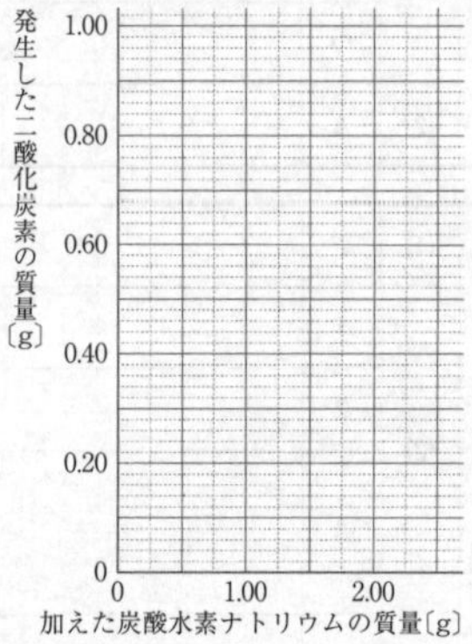

5

(1)	ア	イ N	ウ	Pa	エ	
(2)	ア	イ N				

6

(1)		(2)		(3)		
(4)	①	②		③		(5)
(6)						

※この解答用紙は164%に拡大していただきますと，実物大になります。

受検番号

平成31年度県立高等学校入学者選抜学力検査

社　会　解答用紙

1

(1)　(2)

(3)　気候　特徴

(4)　(5)　ア

(5)　イ

2

(1)　(2)　ア　イ

(3)　ア　イ

(4)

3

(1)　→　→　(2)　(3)

(4)　(5)　(6)

(7)　A　B　C

4

(1)　X　Y

(2)　ア

イ

(3)　(4)　(5)

5

(1)　ア　イ

(2)　(3)

(4)　議員　理由

(5)

6

(1)　(2)　(3)

(4)

(5)　A…　B…　(6)

7

(1)　(2)

(3)

(4)　(5)

※この解答用紙は164%に拡大していただきますと，実物大になります。

受検番号

平成二十一年度県立高等学校入学者選抜学力検査

国語解答用紙

1

(1)

(2)

(3)

(4)

2

(1)

ア 芳香

イ 棄却

ウ 主宰

エ 繕（う）

オ 潰（す）

カ テッソク

キ キテキ

ク コンカン

ケ ヒキ（いて）

コ ユダ（ねる）

(2) ア イ

3

(1)

(2)

(3)

(4)

4

(1)

(2) A B

(3)

(4)

(5)

5

(1)

(2) A B

(3)

(4)

(5)

(6)

6

※この解答用紙は156％に拡大していただきますと、実物大になります。

2019年度入試配点表（青森県）

数学	1	2	3	4	5	計
	(1)　各3点×5 (8)　各2点×2 他　各4点×6	(1)　4点 (2)　各3点×2	(1)ア　4点 (2)ア・エ　各2点×3 他　各3点×3 ((1)イ・(2)イ・ウ各完答)	(1)　2点 (4)　4点 他　各3点×2 ((3)完答)	(1)　4点 他　各3点×4 ((4)完答)	100点

英語	1	2	3	4	5	計
	各3点×9	(3)　6点 他　各2点×4	(1)　各3点×3 (2)　各2点×2	(1)　各2点×3 他　各3点×5	(3)　4点 他　各3点×7	100点

理科	1	2	3	4	5	6	計
	(1)ア,(2)ア,(3)ア, (4)ア　各2点×4 他　各3点×4	(1)ア,(2)ア,(3)ア, (4)ア　各2点×4 他　各3点×4	(1)ウ①　1点 (2)イ　3点(完答) (3)　3点 他　各2点×4	(1),(2)ア・イ 各2点×3 他　各3点×3	(1)ア・イ,(2)ア 各2点×3 他　各3点×3	(4)　各1点×3 (5),(6)各3点×2 他　各2点×3	100点

社会	1	2	3	4	5	6	7	計
	(3),(4),(5)イ 各3点×3 ((3)完答) 他　各2点×3	(1),(4) 各3点×2 他　各2点×4	(1) 3点(完答) (7)　各1点×3 他　各2点×5	(2)イ　3点 他　各2点×6 ((4)完答)	(4),(5) 各3点×2 ((4)完答) 他　各2点×4	(4),(6) 各3点×2 他　各2点×4 ((5)完答)	(1),(3) 各3点×2 他　各2点×3	100点

国語	1	2	3	4	5	6	計
	(1)　3点 他　各4点×3	(1)　各1点×10 (2)　各2点×2	(4)　4点 他　各3点×3	(2)　各2点×2 (4)　6点 他　各4点×3	(2)　各2点×2 (6)　6点 他　各4点×4	10点	100点

東京学参の
高校別入試過去問題シリーズ

＊出版校は一部変更することがあります。一覧にない学校はお問い合わせください。

東京ラインナップ

- あ 愛国高校(A59)
- 青山学院高等部(A16)★
- 桜美林高校(A37)
- お茶の水女子大附属高校(A04)
- か 開成高校(A05)★
- 共立女子第二高校(A40)
- 慶應義塾女子高校(A13)
- 国学院高校(A30)
- 国学院大久我山高校(A31)
- 国際基督教大高校(A06)
- 小平錦城高校(A61)★
- 駒澤大高校(A32)
- さ 芝浦工業大附属高校(A35)
- 修徳高校(A52)
- 城北高校(A21)
- 専修大附属高校(A28)
- 創価高校(A66)★
- た 拓殖大第一高校(A53)
- 立川女子高校(A41)
- 玉川学園高等部(A56)
- 中央大高校(A19)
- 中央大杉並高校(A18)★
- 中央大附属高校(A17)
- 筑波大附属高校(A01)
- 筑波大附属駒場高校(A02)
- 帝京大高校(A60)
- 東海大菅生高校(A42)
- 東京学芸大附属高校(A03)
- 東京実業高校(A62)
- 東京農業大第一高校(A39)
- 桐朋高校(A15)
- 都立青山高校(A73)★
- 都立国立高校(A76)★
- 都立国際高校(A80)★
- 都立国分寺高校(A78)★
- 都立新宿高校(A77)★
- 都立墨田川高校(A81)★
- 都立立川高校(A75)★
- 都立戸山高校(A72)★
- 都立西高校(A71)★
- 都立八王子東高校(A74)★
- 都立日比谷高校(A70)★
- な 日本大櫻丘高校(A25)
- 日本大第一高校(A50)
- 日本大第三高校(A48)
- 日本大第二高校(A27)
- 日本大鶴ヶ丘高校(A26)
- 日本大豊山高校(A23)
- は 八王子学園八王子高校
  (文理選抜・進学・総合,
  アスリート)(A64)
  (文理特進)(A65)
- 法政大高校(A29)
- ま 明治学院高校(A38)
- 明治学院東村山高校(A49)
- 明治大付属中野高校(A33)
- 明治大付属中野八王子高校(A67)
- 明治大付属明治高校(A34)★
- 明法高校(A63)
- わ 早稲田実業学校高等部(A09)
- 早稲田大高等学院(A07)

神奈川ラインナップ

- あ 麻布大附属高校(B04)
- アレセイア湘南高校(B24)
- か 慶應義塾高校(A11)
- 神奈川県公立高校特色検査(B00)
- さ 相洋高校(B18)
- た 立花学園高校(B23)
- 桐蔭学園高校(B01)
- 東海大付属相模高校(B03)★
- 桐光学園高校(B11)
- な 日本大高校(B06)
- 日本大藤沢高校(B07)
- は 平塚学園高校(B22)
- 藤沢翔陵高校(B08)
- 法政大国際高校(B17)
- 法政大第二高校(B02)★
- や 山手学院高校(B09)
- 横須賀学院高校(B20)
- 横浜商科大高校(B05)
- 横浜翠陵高校(B14)
- 横浜清風高校(B10)
- 横浜創英高校(B21)
- 横浜隼人高校(B16)
- 横浜富士見丘学園高校(B25)

千葉ラインナップ

- あ 愛国学園大附属四街道高校(C26)
- 我孫子二階堂高校(C17)
- 市川高校(C01)★
- か 敬愛学園高校(C15)
- さ 芝浦工業大柏高校(C09)
- 渋谷教育学園幕張高校(C16)★
- 翔凜高校(C34)
- 昭和学院秀英高校(C23)
- 専修大松戸高校(C02)
- た 千葉英和高校(C18)
- 千葉敬愛高校(C05)
- 千葉経済大附属高校(C27)
- 千葉日本大第一高校(C06)★
- 千葉明徳高校(C20)
- 千葉黎明高校(C24)
- 東海大付属浦安高校(C03)
- 東京学館高校(C14)
- 東京学館浦安高校(C31)
- な 日本体育大柏高校(C30)
- 日本大習志野高校(C07)
- は 日出学園高校(C08)
- や 八千代松陰高校(C12)
- ら 流通経済大付属柏高校(C19)★

埼玉ラインナップ

- あ 浦和学院高校(D21)
- 大妻嵐山高校(D04)★
- か 開智高校(D08)
- 開智未来高校(D13)★
- 春日部共栄高校(D07)
- 川越東高校(D12)
- 慶應義塾志木高校(A12)
- さ 埼玉栄高校(D09)
- 栄東高校(D14)
- 狭山ヶ丘高校(D24)
- 昌平高校(D23)
- 西武学園文理高校(D10)
- 西武台高校(D06)
- た 東京農業大第三高校(D18)
- は 武南高校(D05)
- 本庄東高校(D20)
- や 山村国際高校(D19)
- ら 立教新座高校(A14)
- わ 早稲田大本庄高等学院(A10)

北関東・甲信越ラインナップ

- あ 愛国学園大附属龍ヶ崎高校(E07)
- 宇都宮短大附属高校(E24)
- か 鹿島学園高校(E08)
- 霞ヶ浦高校(E03)
- 共愛学園高校(E31)
- 甲陵高校(E43)
- 国立高等専門学校(A00)
- さ 作新学院高校
  (トップ英進・英進部)(E21)
  (情報科学・総合進学部)(E22)
- 常総学院高校(E04)
- た 中越高校(R03)＊
- 土浦日本大高校(E01)
- 東洋大附属牛久高校(E02)
- な 新潟青陵高校(R02)＊
- 新潟明訓高校(R04)＊
- 日本文理高校(R01)＊
- は 白鷗大足利高校(E25)
- ま 前橋育英高校(E32)
- や 山梨学院高校(E41)

中京圏ラインナップ

- あ 愛知高校(F02)
- 愛知啓成高校(F09)
- 愛知工業大名電高校(F06)
- 愛知産業大工業高校(F21)
- 愛知みずほ大瑞穂高校(F25)
- 暁高校(3年制)(F50)
- 鶯谷高校(F60)
- 栄徳高校(F29)
- 桜花学園高校(F14)
- 岡崎城西高校(F34)
- か 岐阜聖徳学園高校(F62)
- 岐阜東高校(F61)
- 享栄高校(F18)
- さ 桜丘高校(F36)
- 至学館高校(F19)
- 椙山女学園高校(F10)
- 鈴鹿高校(F53)
- 星城高校(F27)★
- 誠信高校(F33)
- 清林館高校(F16)★
- た 大成高校(F28)
- 大同大大同高校(F30)
- 高田高校(F51)
- 滝高校(F03)★
- 中京高校(F63)
- 中京大附属中京高校(F11)★
- 中部大春日丘高校(F26)★
- 中部大第一高校(F32)
- 津田学園高校(F54)
- 東海高校(F04)★
- 東海学園高校(F20)
- 東邦高校(F12)
- 同朋高校(F22)
- 豊田大谷高校(F35)
- な 名古屋高校(F13)
- 名古屋大谷高校(F23)
- 名古屋経済大市邨高校(F08)
- 名古屋経済大高蔵高校(F05)
- 名古屋女子大高校(F24)
- 日本福祉大付属高校(F17)
- 人間環境大附属岡崎高校(F37)
- は 光ヶ丘女子高校(F38)
- 誉高校(F31)
- ま 三重高校(F52)
- 名城大附属高校(F15)

宮城ラインナップ

- さ 尚絅学院高校(G02)
- 聖ウルスラ学院英智高校(G01)★
- 聖和学園高校(G05)
- 仙台育英学園高校(G04)
- 仙台城南高校(G06)
- 仙台白百合学園高校(G12)
- た 東北学院高校(G03)★
- 東北学院榴ヶ岡高校(G08)
- 東北高校(G11)
- 東北生活文化大高校(G10)
- 常盤木学園高校(G07)
- は 古川学園高校(G13)
- ま 宮城学院高校(G09)★

北海道ラインナップ

- さ 札幌光星高校(H06)
- 札幌静修高校(H09)
- 札幌第一高校(H01)
- 札幌北斗高校(H04)
- 札幌龍谷学園高校(H08)
- は 北海高校(H03)
- 北海学園札幌高校(H07)
- 北海道科学大高校(H05)
- ら 立命館慶祥高校(H02)

★はリスニング音声データのダウンロード付き。

都道府県別 公立高校入試過去問 シリーズ

- 全国47都道府県別に出版
- 最近数年間の検査問題収録
- リスニングテスト音声対応

公立高校入試対策 問題集シリーズ

- 目標得点別・公立入試の数学
- 実戦問題演習・公立入試の英語(実力錬成編・基礎編)
- 形式別演習・公立入試の国語
- 実戦問題演習・公立入試の理科
- 実戦問題演習・公立入試の社会

高校入試特訓問題集 シリーズ

- 英語長文難関攻略30選
- 英語長文テーマ別難関攻略30選
- 英文法難関攻略20選
- 英語難関徹底攻略33選
- 古文完全攻略63選
- 国語融合問題完全攻略30選
- 国語長文難関徹底攻略30選
- 国語知識問題完全攻略13選
- 数学の図形と関数・グラフの融合問題完全攻略272選
- 数学難関徹底攻略700選
- 数学の難問80選
- 数学 思考力—規則性とデータの分析と活用—

〈リスニング問題の音声について〉

本問題集掲載のリスニング問題の音声は、弊社ホームページでデータ配信しております。

現在お聞きいただけるのは「2024年度受験用」に対応した音声で、2024年3月末日までダウンロード可能です。弊社ホームページにアクセスの上、ご利用ください。

※本問題集を中古品として購入された場合など、配信期間の終了によりお聞きいただけない年度がございますのでご了承ください。

青森県公立高校　2024年度

ISBN978-4-8141-2844-0

発行所　東京学参株式会社
〒153-0043　東京都目黒区東山2-6-4
URL　https://www.gakusan.co.jp

編集部　E-mail　hensyu@gakusan.co.jp

※本書の編集責任はすべて弊社にあります。内容に関するお問い合わせ等は、編集部まで、メールにてお願い致します。なお、回答にはしばらくお時間をいただく場合がございます。何卒ご了承くださいませ。

営業部　TEL　03 (3794) 3154
FAX　03 (3794) 3164
E-mail　shoten@gakusan.co.jp

※ご注文・出版予定のお問い合わせ等は営業部までお願い致します。

2023年5月30日　初版